Ethiopia

社会化される生態資源

エチオピア　絶え間なき再生

福井勝義……編著

京都大学学術出版会

Socialised Eco-Resources
Incessant Rebirth of Ethiopia
*
Katsuyoshi FUKUI (ed.)

Kyoto University Press, 2005
ISBN4-87698-652-5

扉写真：福井勝義 撮影

はじめに——社会化される生態資源

福井勝義

私たちにとって、資源とはなんだろうか。いうまでもなく、資源は私たちにとって「生きる糧」のすべてである。人類の歴史にとって、もっとも長い旧石器時代においては、まわりを取りまく多くのものが資源であった。アクセスすれば、入手できる。アクセスするまでは、だれもが共有する「共有財産」である。アクセスすれば、自分のものになる。

しかし、およそ一万年前に始まったといわれる「脱野生化」、いわゆるドメスティケーションは、その「共有財産」を変えてしまった。アクセスする以前から、所有がはっきりするようになった。野生動物は家畜化され、所有は基本的に個人のものとなった。野生植物は「栽培化」された時点で、特定の個人あるいは集団のものになった。

いまはどうなのか。かつてサンドラ・ウォルマン[1]が『家庭の三つの資源』で指摘していたように、時間も、情報も、そしてアイデンティティも資源なのである。そして、教育やネットワークも資源に含まれる。かつて、私は「資源としてのネットワーク[2]」をあらわしたことがあるが、ネットワークは人間社会の誕生以来もっとも基本的な資源であったと思われる。ところで今日おいては、一瞬にして地球的ネットワークを形成していく「IT」無くしては、私たちの社会が成り立っていかないほど不可欠な資源になっている。こう考えていくと、森羅万象を含めたコスモロジーも、古くから人間社会にとって欠くことのできない資源であった、ということができる[3]。

ところで、本書で指摘する「生態資源（eco-resources）」とは、現在も共通している土地、野生資源、作物・家畜である。それらの生態資源は、人類がおよそ一万年前以来日常的に依存しつづけてきた「生きる糧」である。この「生きる糧」は、人びとにとってどのような意味をもち、それを人びとがどのように維持し、今日まで伝えてきたのか。私たちは、このことをエチオピアの事例から浮き彫りにしていきたい。

資源に関して重要な論点は、二つある。まずは資源の認識・アクセスである。いくら重要な資源が周囲にあろうと、それに気づき、アクセスできなければ、どうしようもない。ついで重要なことは、その認識やアクセスの体系を次世代へ継承していくことである。ややもすると忘れがちな「次世代への継承」を、私たちはどのような文化や社会の装置に組み込んでいったらよいのか。

本書の主題を『社会化される生態資源』としたのは、まさにこの継承性にある。それぞれの世代で培ってきたものを次世代にどう継承していくのか。それは、次世代への継承システムを文化・社会装置に組み込む以外にすべはない。いまの私たちの社会では、この次世代への継承を学校教育に依存するあまり、さまざまな矛盾と問題に直面しているのではなかろうか。

学校がなくても、子どもたちは、親の世代におけるさまざまな文化、すなわち「もののとらえ方」を継承し、それぞれの社会においてりっぱな大人になっていく。それは、どうして可能なのか。地球上のどんな社会も、次世代に継承する装置を育んできたはずである。[4] 私たちは、エチオピア西南部の事例をもとに、この点を実証的に浮き彫りにしていきたい。

エチオピアは、「おもしろい」国である。いちど足を踏み入れたら、抜けられない。言葉では言い表せない独特の個性にみなぎっている。私などは、エチオピアに没頭し、いつのまにか四〇年近くたってしまった。一九八六年からは新たな若い世代と、おもに科学研究費の助成を受けて、エチオピア西南部の調査に取り組んできた。その後、本プロジェクトに参加していった本書の執筆者も含めて、いずれも長期間現地に住み込み、それぞれの社会の言語を習得し、調査を遂行してきた。ただ、そこから描き出したものは、まだ砂浜の「一握りの砂」でしかない。人びとの「智恵」は、まだまだ底が深い。本書は、その一里塚である、と私たちは思っている。

エチオピアでは、ひとつの峠に立つと、先の方に多くの山々が連なっているのが見える。私などは、その山々が気になって仕方がない。必然や理屈より、往々にしてロマンがまさってしまうことがある。

この十数年、私はエチオピア西南部の山々を文字通り歩いてきた。遠くかすかに見える山であっても、そこにたどりつくと、人びとは同じような日常生活を過ごしている。彼らの歴史をたどっていくと、仮に言語や生業が異なっていても、それぞれの社会は深いかかわりをもっているのである。しかし一方では、「我々」意識をもつ集団間で熾烈な戦いを繰り返してきた。

他のアフリカ諸国とくらべるならば、エチオピアは植民地政策の影響をほとんど受けていない、といってよい。エチオピアの植民地経験は、わずかイタリアによる五年だけである。一九世紀末にエチオピアは統一されたものの、それぞれの地域における多様な文化は比較的温存されてきた。ただこの多様性は、それまでの隣接の民族関係にくわえて、新たな外部からの影響を受容しながら、人びとが自分たちの生存戦略を育み、いまの世代に継承してきた累積である。

この地域を訪れる旅行者たちは、人びとに「素朴」なイメージをいだき、「野性」という概念をあてはめようとしたりする。しかし、この地域に一年間でも住み込めば、自分たちがいかに「素朴」で、周囲の自然に「無知」であるかを思い知らされる。

本書は、まず〈「地方」の誕生と近代国家エチオピアの形成〉という概説的な導入部からはじまる。それをあえて本書に取り込んだのは、これまでエチオピアの歴史や民族にかかわる和書がほとんど出版されてこなかったからである。それは、僭越かもしれないが、ひとえに長年エチオピアにかかわってきた私たちの責任にある。論集を含めて、多くの英文の著作をあらわしてきたものの、私たちは今日までエチオピアに関する体系だった和書をあらわしてこなかった。

本論において明らかにしたいのは、エチオピアという国家がどのように成立したのか、そして本書に登場するさまざまな集団が、どのような形で国家に組み込まれていったのか、ということである。エチオピアが統一される一九世紀末までは、それぞれの地域に「中央」が存在した。私が長年住み込んでいたボディ社会では、一九七四年頃は自分たちの首長コモルットゥをエチオピアのハイレ＝セラシエ皇帝と対峙するような発言をしていたほどである。しかし、ここ十数年自分たちの社会が「地方」であることをつくづくと認識しはじめてきた。ボディ社会ほど極端ではないにしても、エチオピア統一以来、一〇〇年あまりの間に中央集権が強固になればなるほど、一方ではしたたかに生きていく「地方」が誕生していった。

私たちが本書でとりあげる集団は、じつに多様である。それは、彼らの言語や文化にかぎらない。近隣社会との関係、中央との関係、世界経済とのかかわり、それらはもろに彼らの社会に新たな個性を培っていく。

エチオピアの政治的中心の比較的近くにいて、その影響を強く受けている人びとから、国境近くに住み、国家の直接的な影響をほとんど受けてこなかった人びとまでいる。それぞれの集団が、どのような生態資源の利用をシステム化し、それをどのようにして次世代に継承していくのか。それは、彼らの国家への組み込まれ方、そして今ではグローバルな世界経済とのかかわり方によって、大きく違ってくるはずである。本論では、その見取り図をおもに歴史の流れから試みたものである。

つづく第一章から第九章までは、テーマごとに四部に分かれている。「第一部　生存の多様化選択」では、それぞれの集団が周囲の生態資源の特性を最大限引き出すばかりではなく、近隣集団や中央とのかかわりの過程で、それらをじつに巧みに利用してきたことを明らかにする。

エチオピアは、多様な栽培植物、おびただしい変異の集積地である。旧ソ連の育種学者バビロフ[5]がエチオピアを栽培植物の変異から世界の五大中心地のひとつと位置づけたほどである。これほど多様な栽培植物やそれぞれの変異は、どのようにして育まれ、維持されてきたのか。彼らにとって多様性とは何なのか。

第一章で宮脇幸生は、西南部のウェイト川河畔でおこなわれるホール社会の氾濫原農耕をとりあげている。ホールは、氾濫原という生態資源を集団管理し、耕作者に分配している。耕作者たちは多様なモロコシの品種を利用して、なるべく耕作の失敗を最小限に抑えるような農耕戦略をとっている。宮脇は、このような農耕戦略が、じつはエチオピア帝国による徴税システムと密接にかかわっていく過程で育まれてきた、と指摘している。逆に、そのことは、国家に抵抗しながら彼らの集団としてのアイデンティティを支える装置ともなった。氾濫原の管理やそこで栽培されるモロコシの「品種」の継承という「生態資源の社会化」は、こうした国家の支配と切り離しては考えられない、というのである。宮脇は、エチオピア帝国の浸透に対応したホールの農耕戦略を詳細なデータから論証している。

松田凡が第二章でとりあげるムグジの事例は、ホールとは一見して対照的な資源利用のあり方を浮かび上がらせている。ムグジはオモ川河畔で河岸堤防農耕をおこなっているが、その生産と消費の戦略は、はるかに場当たり的で、状況依存的である。彼らは、モロコシが青く熟してくると、つぎからつぎと食べていき、備蓄をするということをしない。

なぜ隣接する河川で、これほどまでに異なった戦略が発達したのか。ムグジの状況依存的な生存戦略が、オモ川下流という場の「辺境性」に適応した戦略なのだ、と松田は指摘する。そこは、激動する世界の政治経済の影響が、紛争や武器の流入という形で国境を越えて導入される地域でありながら、一方では「辺境」として位置づけられるのである。それは、ムグジの人びとがこれらの予測不能な外部の力に対して、つねに即座の対応を迫られざるをえない「受動態」の身であったからである。彼らの柔軟で便宜主義的な戦略は、このような状況の中で維持されてきた、というのである。松田の分析は、ムグジという民族の生存戦略についてだけでなく、現代における「辺境」の意味についても再考を迫るものとなっている。

第三章で藤本武があつかうマロは、ホールやムグジとは異なり、高地に住む農耕民である。マロは非常に多くの作物を栽培しているが、藤本が本書で焦点をあてているのはコムギとオオムギである。藤本は、マロにおけるムギ類の品種や耕作法、そして調理法を丁寧に記述し、そのなかで異なる品種がそれぞれの目的や用途によって巧みに使い分けられていることを示す。しかしその中でも、商品経済の浸透や新たな調理法の普及によって、品種ごとの消長に大きな差が出てきた、という。藤本はこうした視点から、これまでの研究にみられるように、エチオピアにおける品種の多様性が農耕の原初性と重ね合わせて語られてきたことを批判している。彼らの農耕は絶えず動態的な過程の中にあり、農民の日常的な実践がそうした多様性を生み出してきたことを、藤本は指摘している。

エチオピアは栽培植物の多様性だけでなく、野生動物の豊かさでも知られている。とくにエチオピア西南部は、一九世紀の国家形成の時代から「野生の宝庫」とみなされ、貴重な交易品である象牙や麝香のための狩猟場となっていた。これらの野生動物は、いまでは貴重な観光資源であり、また世界的な「環境保護言説」によって、「原住民」の乱獲から保護されるべき「保護対象」とされている。「第二部　野生動物と人間の共存戦略」では、周辺に住む集団が国家支配や環境保護をめぐる言説にさらされる中で、野生動物という「生態資源」をいかに利用し、生き残りをはかってきたのかを明らかにする。

第四章で増田研が対象にしているのは、西南部の周辺に住む農牧民バンナの狩猟文化の変遷である。増田は生態資源の社会化を、「商品化」、「社会関係資本化」、「言説化」という三つの側面から検討する。バンナの狩猟動物のなかで、もっとも高く評価されるゾウの狩猟は、エチオピア帝国の支配がきっかけで開始された、と増田は指摘している。それは、バンナ社会が帝国へ編入されることにより、銃が流通し、象牙が「商品」として獲得するに値するものとなったから、と彼はのべている。象牙はまた、社会関係を構築するための交換財ともなり、入念な儀礼が発達した。

しかし現在では、ゾウは減少し、かつての狩猟場は保護区となっていった。それを支えるのは、野生動物を保護すべしという「保護言説」と、狩猟許可区はハンターの楽園だとする「楽園言説」である。この「生態資源」の「言説化」が帝国時代からの国家による野生資源の乱獲を隠蔽することにより、現地住民の権利を剥奪し、国家と外国人ツーリストのみに狩猟の権利を与えることを正当化する装置となっている。ところが、これに対抗する現地住民の視点は完全に抑圧されてしまっている、という。こうした現実を詳細に見ていくと、生態資源をめぐる現地住民と国家、そしてグローバルな保護言説の、複雑な権力関係が浮かび上がるのである。

象牙とならんでエチオピアの重要な野生資源だったのが、麝香である。石原美奈子が第五章で取り上げているジャコウネコの飼育は、一二世紀からムスリム社会でおこなわれてきた。石原は、伝統的なジャコウネコ飼育の実態を丹念に記述し、それが近年国家により規制を受けるようになった経過を報告する。どうして国家が伝統的なジャコウネコ飼育を規制し始めたのか。それは、国際的な動物保護団体による圧力を受けたからだ、と石原はいう。さきの増田と同じく、こうした動物保護の言説と、エチオピア周辺部のジャコウネコ飼育者の論理は、あくまですれ違っている、と石原はきびしく指摘する。また麝香の採取は、有名ブランドの香水の需要がなくならない限り、存続しつづけ、動物保護をめぐる戦いは、国境を越えた経済連鎖を背景に、複雑な様相を呈することになる。さらに近年はインターネットの普及にともない、動物保護団体の活動がエチオピアのジャコウネコ飼育者たちにも伝わるようになってきた。このような情報システムの発達が、さらに飼育者たちの飼育戦略を変化させていく、と石原はいう。生態資源が社会化されるそのあり方は、経済と情報のグローバル化によって、すでに世界的な状況と連動しながら絶えず再編されはじめているのである。

もうひとつの環境保護をめぐる言説として「森林破壊の進行」がある。エチオピアでも「森林破壊」という言葉が一九八〇年代から繰り返し語られてきた。ところが、森の中に住むひとびとが森林という生態資源をどのように利用し、生活の場を維持してきたのかには、ほとんど目が向けられてこなかった。「第三部　変化する森と人びとの持続戦略」では、エチオピア西南部の周辺地域で森とかかわって生きてきた、対照的な二つの集団をとりあげる。

ジンマ周辺の高地オロモ社会は、経済的な中核地域に比較的近く、早くから市場経済に組み込まれてきた。第六章で松村圭一郎は、この地域で農民が、「環境言説」の常識に反して、いかにしてコーヒー栽培を通して森を形成してきたのかを描き出す。彼らがコーヒーを栽培し始めたのは二〇世紀になってからであり、それが本格化したのは五〇年代以降にすぎない。だがこの「コーヒーの森」を育くむ農民たちは、輸出作物であるコーヒーの栽培に対して、内側から別のローカルな意味を付与しながら資源を社会化してきた、と松村は指摘している。彼らは、商品作物の栽培を受容し、それをさらに拡大させつつも、「コーヒーの森」をさまざまな人やモノ、信仰などがかかわる「社会空間」として再創造してきたのである。ここでは、国家支配のただなかで、自分たちの生存の場を形成していく、きわめて柔軟な戦略の実践現場をみることができる。

第七章で佐藤廉也がとりあげているマジャンは、松村のフィールドからさらに一五〇キロほど南西に進んだところに住んでいる。彼らはオロモの農民とは対照的に、伝統的に森の中で焼畑農耕をおこなってきた。マジャンにとって、森は生存に必要な資源を手に入れる場というだけでなく、個人、親族、民族集団などの間に生ずるさまざまな軋轢から身を守る「自然の要塞」であった。

幼少時から森に親しみ、森を熟知するマジャンにとって、敵の攻撃をかわし、縦横に移動し、そして反撃する戦術はお家芸である。彼らは、戦いをはじめとするさまざまな困難を生きのびるために、森という空間を社会化し適応する道を選んだのである。森のなかにひっそりと暮らしてきた彼らは、社会主義政権時代になると集住村にすむことを受け入れ、表面上の生活は大きく変わっていった。だが佐藤は、マジャンの森に依存する生存戦略は、基本的にいまなお変わっていない、という。ここには表面上の変化を受け入れつつ、特定の生態環境に結びつき、身体化された実践知を守り抜こうとする、したたかな持続の戦略をみることができる。

さて、松村や佐藤の報告に見られるように、集団にとって彼らの生きる特定の生態空間は、自分たちの社会集団という抽象的なものを具体的に想像するさいに、とても重要な基盤を提供している。だが他方で、それは、経済的資源としても欲望され、この地域における民族紛争の大きな原因の一つとなっている。「第四部　社会変動と空間の再編成」では、このような空間の利用と支配が、国家の政策の変換にともなって、周辺部の民族集団においてどのように変容しているのかを明らかにしていく。

第八章で田川玄がとりあげる南部エチオピアの牧畜民社会ボラナは、ガダという年齢体系を維持している。その特徴は、第一に、資源（土地や井戸、家畜）を所有するクランからその成員をボラナ全体の代表者として周期的に選出する仕組みにある。そして第二に、そこには周期的に開かれる儀礼空間においてボラナの社会構造と支配領域を可視化するという機能がある。ガダ体系は暦にもとづく時間循環を基礎としており、そのため直接に空間的な資源を支配することなく社会を統合してきた。その意味でガダ体系は、空間的想像力を媒介としない統治機構だった。だがガダ体系は、近年オロモ・ナショナリズムのシンボルとみなされ、オロミア州政府は自らの行政枠組みにそれを取り込もうとしている。田川が描くボラナのガダ体系の変容は、地理空間を媒介にして成立するナショナリズムという想像の様式と、周辺に生きる集団独自の想像のあり方が出会うときの「ねじれ」を鮮明に浮き彫りにしている。

最終章の第九章で福井が描くのは、ボラナの事例とは対照的に、土地という資源を求めて戦う人びとの姿である。福井は西南部のオモ川流域に住む牧畜民ボディで、三〇年以上にわたって継続的な調査をおこなってきた。そこで福井の目をとらえたのは、ボディが周辺の農耕社会にしかける執拗なまでの攻撃だった。やがてボディの文化に通じていく過程で、福井は驚くべき攻撃性の文化装置を見い出していった。彼らの名付けにともなう特定のウシへのアイデンティティが、他民族への攻撃を引き起こすというのである。ウシは、その多様な毛色を通じて、ボディのひとびとが環境を分類し、文化を構築していく重要な媒体であった。ボディはそれを通して、いきいきと誇り高く生きていくと同時に、環境をいつくしむ豊かな情緒を発達させる。しかしそれが、他者への攻撃を誘発する文化装置ともなっていたのである。

だが本章で福井は、さらに新たな視点を提示しようとしている。「我らと彼ら」という分類概念に、「統合と排他性」という対立的価値観が重ねあわされるとき、土地という生態資源が大きく関与することになる。この地域では、「我らと彼ら」を分かつ境界は、伸縮自在である。だがテリトリーとしての土地は、このような連続性を分断する媒体ともなる。私たちの目の前にいる集団は、けっしてもとから自明に存在するものではなく、土地という生態資源を媒介として構築されるものだという視点の転換を、ここにみることができる。こうして周縁における生態資源の社会化についての探求は、流動する社会における集団アイデンティティの構築という、きわめて現代的な問題を提起している。

＊

本書は、最近の平成一三―一六年度科学研究費補助金（基盤研究A（1））「国家・開発政策をめぐる環境変化と少数民族の生存戦略：北東アフリカ諸社会の比較研究」（代表　福井勝義）の成果の一部である。ほとんどの執筆者は、平成四―五年度科学研究費補助金（国際学術研究）「北東アフリカにおける民族の相克と生成に関する実証的研究」（代表　福井勝義）からはじまり、継続的な科学研究費の助成により、一〇年以上にわたる現地の調査経験をもっている。もっとも若い松村君でも、最初に調査地を訪れてからすでに七年が経過している。いずれの執筆者も、対象社会の言語を習得し、調査を遂行してきた。

これまでの調査研究から本書の執筆に至るまで、じつに多くの方々にお世話になった。エチオピアでは、アディスアベバ大学エチオピア研究所とは緊密な連絡のもと、調査許可をはじめ多くの面でご協力をいただいた。また在エチオピア日本大使館には、安全面や医療面などさまざまな面で、心強いサポートをいただいた。また、エチオピア在住のＪＩＣＡ（独立行政法人 国際協力機構）の方々に、長年にわたりお世話になった。この場をお借りして深謝の意を表したい。

本書は、財団法人京都大学教育研究振興財団より助成をいただいてはじめて、出版の日の目を見ることになった。また、京大学術出版会編集部の鈴木哲也さんと高垣重和さんには、なかなか進まない私たちの仕事ぶりを、辛抱強く見守っていただいた。厚くお礼を申し上げるしだいである。

註

（1）ウォルマン（1996）参照。

（2）Fukui（1993）参照。

（3）Croll, E. & Parkin, D.（1992）や Århem（1996）は、「人間―自然における関係性の統合モデル」として、〈eco-cosmology〉という概念を使用している。

（4）私は、かつて本書の発想の原点を「自然を内在化する文化装置」として発表したことがある（福井 1995）。また、一連の『講座地球に生きる』における二巻の『環境の社会化』（掛谷 1994）、三巻『資源の文化適応』（大塚 1994）も、本書の意図と重なるところがある。

（5）Vavilov（1926）参照。

社会化される生態資源◎目次

第4部　社会変動と空間の再編成

「地方」の誕生と近代国家エチオピアの形成

宮脇幸生・石原美奈子

I　エチオピアへの視点

イタリア人の歴史家コンティ＝ロッシーニの有名な言葉に、「エチオピアは民族の博物館である」というのがある(Conti Rossini 1929)。今では、当時のヨーロッパ人のアフリカに対する歪んだ視線《まなざし》を如実に表しているとして批判されるであろうこの言葉も、近年では似たような表現がエチオピア政府の観光用資料に用いられるようになった。二〇世紀の「上から」のアムハラ化や西洋的な価値観や生活様式の流入にもかかわらず、この言葉がエチオピアの実情を表しているとして内外で受け容れられているのは、エチオピアが依然として多民族国家であり、近年では政府がその多民族性を積極的に容認し利用していこうと企図しているからにほかならない。

エチオピア政府は一九九一年以来「民族自決」を重視する国家づくりを目指し、一九九五年には民族居住地域を基準に国内を九つの州にわけ連邦制を導入した。これら九州のうち多くが、人口の過半数を占める民族の名を冠している（アムハラ州・ティグライ州・アファル州・ソマリ州・オロミア州）。だが、そのなかで、多民族構成の際立っている

図0‐1　エチオピアの行政区分（2004年）

のは、南部諸民族州（Southern Nations, Nationalities and People's State）である。ここには四五もの民族がいるとされ、これはエチオピア全体で八〇余りあるとされる民族の半数以上にあたる。このほかに、西部のベニ・シャングル＝グムズ州やガンベラ州も多民族構成となっているが、南部諸民族州ほど多くはない。一方、総人口の四割を占めるとされるオロモの大半が住まうオロミア州も均質的であるとはいえない。同じオロモ語話者でも言語・生業・文化・宗教の面で、牧畜民である南部のボラナや東部のカライユと、農耕民である西部のマチャやジンマ周辺のオロモとでは、差異も大きい（図0‐1）。

　こうして民族的に多様な南部一帯は、動植物資源の豊かな地域であるがゆえに、北部に展開したキリスト教帝国から古くは略奪の対象に、一九世紀末以降は支配と搾取の対象とされた。一方、戦後本格的にエチオピアで実施された学術研究においては、文字社会である北部のセム系諸民族では歴史研究の層が厚いのとは対照的に、無文字社会である南部のクシ系、オモ系、ナイル・サハラ語族の諸社会は、主として社会・文化人類学の研究対象とされた。

　本書の執筆者もみな、一九世紀末のエチオピア政治経済の力学において一貫して「周縁」に位置づけられてきたエチオピア南部のいずれかの民族に焦点をあてている。テーマや視点はさまざまであるが、調査者として私たちが共通して関心を抱いたのは、その「周縁性」である。だが、私たちはエチオピア国内の「周縁」空間を生きていると思われた人びとと対話を繰り返すなかで、「周縁性」という受動的・否定的な言葉では語り尽くせない、豊かな創造力と能動性あふれる世界がそこにあることを実感している。それは、「周縁性」という土壌にしっかり根を張った草の如く、しぶとく、それでいて風に逆らうことなく身をまかせる姿であった。私たちが「社会化される生態資源」という言葉で表現しようとしたのは、このような周縁に生きる人びとの巧みな生存戦略に支えられた営みである。

世界システムの周縁に位置づけられるエチオピアのさらに周縁に生きる人びとの生存戦略をみていく前に、その「周縁性」がどのような生態環境と歴史のなかで作りあげられたのか、そして近年「周縁」が「地方」と「辺境」にどのように分岐していったのかについて、ここで若干説明する必要があるだろう。

II　生態環境と民族の多様性

エチオピアの独特の政治的・社会的風土を形作っているのは、まずその地形である。海抜高度〇から四〇〇〇メートルまで落差のある地形を特徴とするエチオピアでは、高度に応じた気候の差異がみられ、生態環境も高度と深いかかわりがある。アムハラ語では、標高一八〇〇メートル以下で年間平均気温が二〇度以上の低地をコッラ（k'olla）、標高一八〇〇から二四〇〇メートルで最高気温が二〇度までの高地をウェイナ・デガ（wäynä däga）、標高二四〇〇メートル以上の山岳地帯をデガ（däga）と呼び、区別している（Westphal 1975）。また高度の差は、年間降水量の差にも表れ、最も多い西南の高地部では年間降水量は二〇〇〇ミリ以上に達する。アビシニア高地の辺縁で標高が下がるにつれ、降水量も少なくなる。エチオピア西南部から南部にかけての低地は、年間降水量が二〇〇から六〇〇ミリ

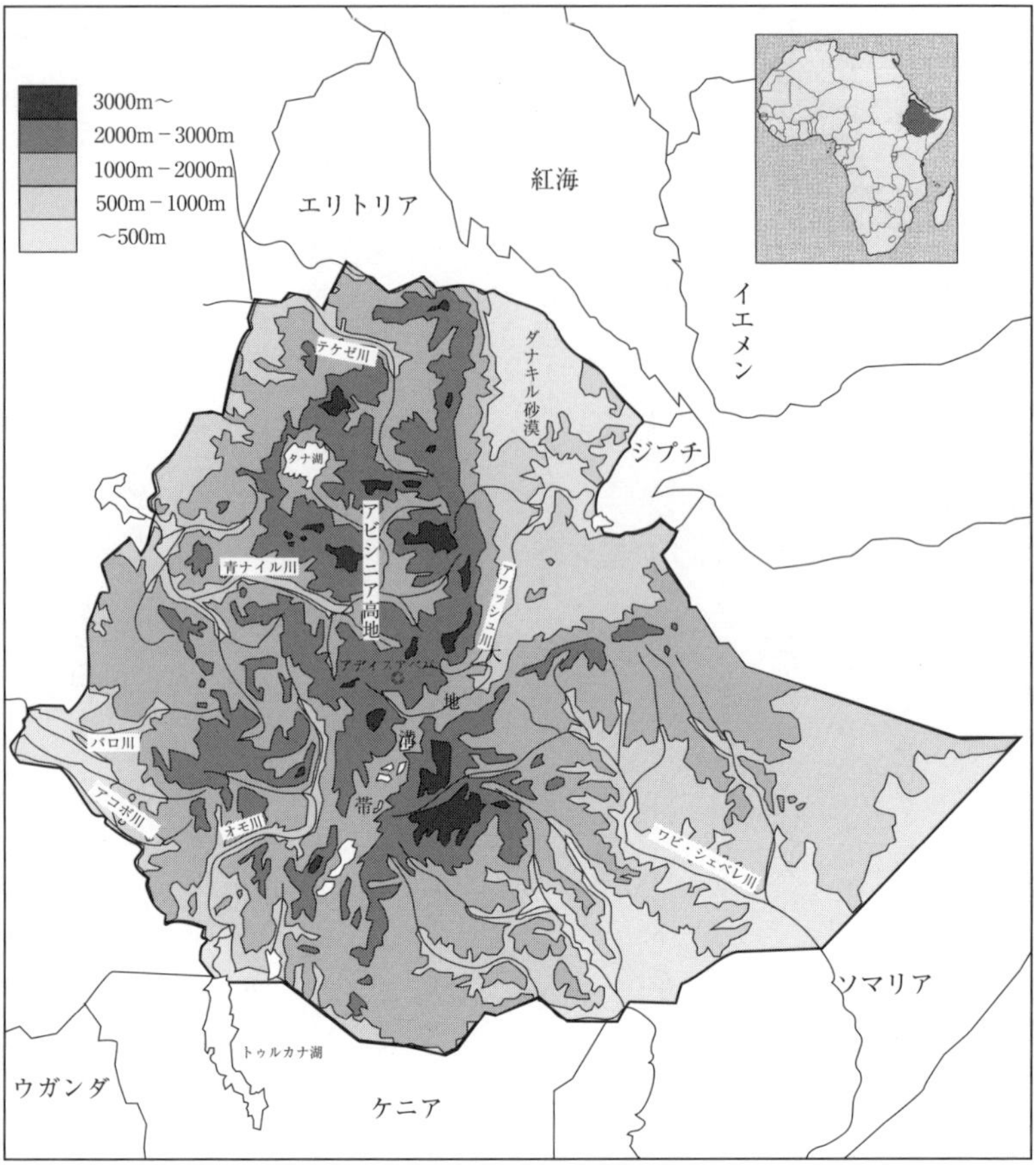

図０-２　エチオピアの地勢

の半乾燥地帯である（Daniel Gamachu 1977）（図０-２）。

この複雑な地形を形成している要因が、エチオピアを東北部から首都アディスアベバをはさんで西南部へと貫通している大地溝帯である。大地溝帯は、大陸を縦断する火山活動帯によって形成された褶曲地形であり、大地溝帯沿いには、火山活動によって形成された湖沼や鉱泉、火山地形が点々とみられる（諏訪 1997）。また大地溝帯がエリトリア国境と接するあたりに、アフロ・アジア語族に属するクシ系のラクダ牧畜民アファルが住むダナキル砂漠があり、その中央部の塩湖では、古くから岩塩が掘削されて高地に運搬された。ちなみにこの岩塩の板（amole）は、一九世紀末まで交換媒体として用いられていた。

大地溝帯の北西には海抜高度一五〇〇から四〇〇〇メートルの高地（アビシニア高地）が広がり、スーダンとの国境に向かってなだらかな傾斜をなしている。アビシニア高地のほぼ中央部に、青ナイル川の源泉の一つ、タナ湖があり、その北のゴンダールには一七世紀前半にエチオピア帝国の都が置かれ、世界遺産にも登録されている古城が残っている。このアビシニア高地こそ、アフロ・アジア語族に属するセム系民族であるティグレとアムハラがキリスト教の帝国を築き支配していた地域であり、一九世紀末に皇帝メネリクⅡ世（位一八八九〜一九一三）が都をショア地方のアディスアベバに移すまでは、皇帝の地位をめぐる政治的抗争の舞台であった（図0-3）。

アビシニア高地では、メソポタミア起源の犂《すき》を用いた穀物栽培農耕が行われる点に特徴がある。歴史研究におけるセム系中心主義ともいえる傾向の影響を受けて、一九七〇年代くらいまでアビシニア高地の農耕起源については、アラビア半島からのセム系民族およびその文化の導入（前一〇〇〇年以降）以降であるとする説もみられた。しかし近年では、メソポタミアからの犂農耕（および小麦・大麦）のアビシニア高地への伝播は、セム系民族文化の導入より以前に遡るという説が一般的である（Ehret 1979; MacCann 1995; Phillipson 1998）。さらに犂農耕導入以前に、すでにこの地にもともと住んでいたクシ系の人びとは、シコクビエ（*Eleusine coracana*）やエチオピア起源のテフ（*Eragrostis tef*）を栽培・利用していたとされる。現在でもテフから作るクレープに似た発酵食品インジェラ（injera）はエチオピア高地部の代表的な主食となっている。このようにエチオピアは、独特の地形によりアフリカの他の地域には存在しない栽培作物を保持してきた。上記のもの以外にも、エチオピアにしかみられない独自の栽培植物として、バナナに似たエンセーテ（*Ensete ventricosum*）をあげることができる。

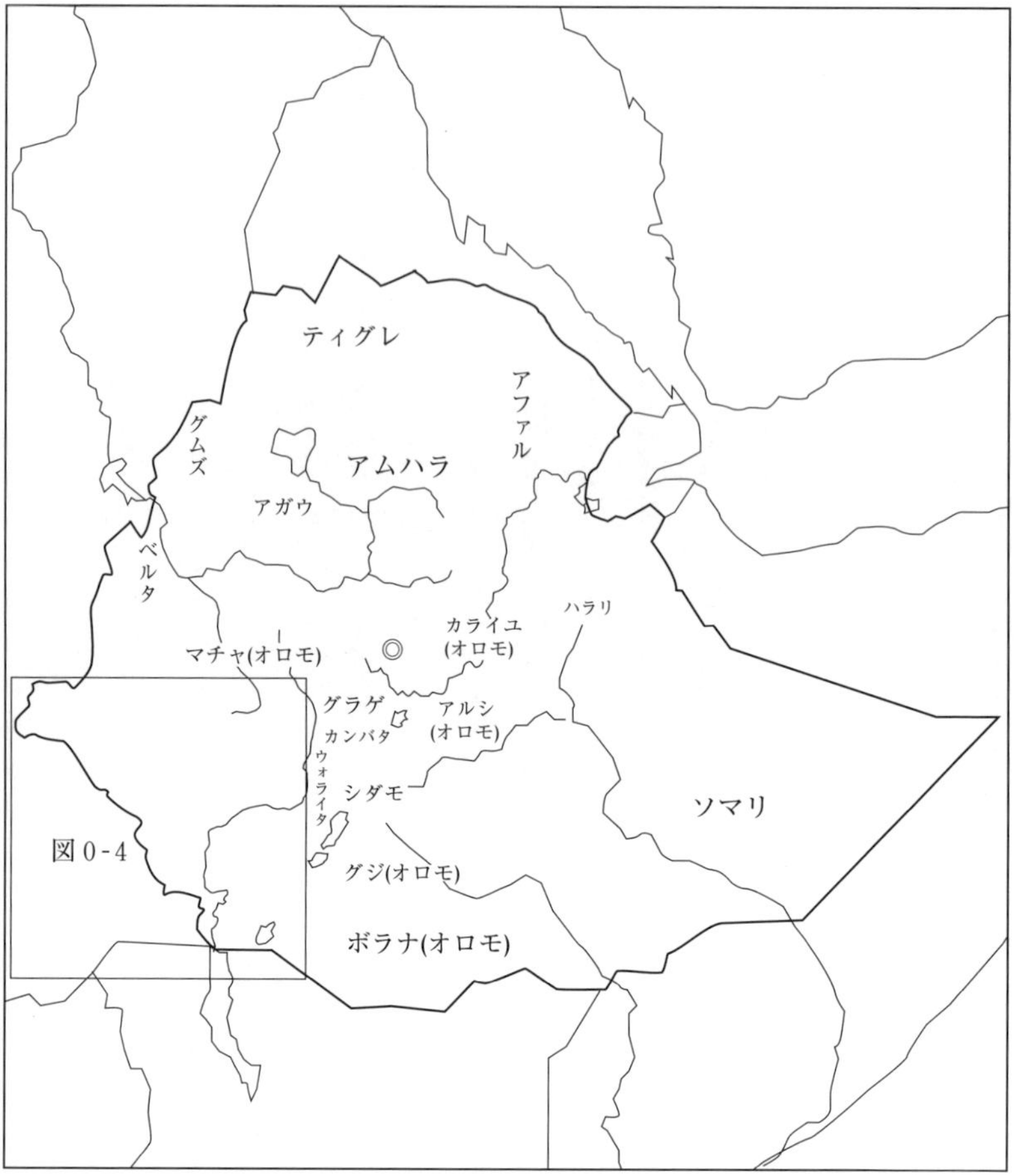

図0-3　エチオピアの民族分布

エチオピア起源でその後世界中で利用されるようになった作物としてアラビカ種のコーヒーがある。これはアラブ文化圏を経由して世界中に広まったが、それとは対照的にイスラーム文化圏にその影響が留まった作物としてカート(*Catha edulis*)がある。カートは弱い覚醒作用のある植物で、その葉を噛む習慣はイエメン、ソマリア、ジブチなどの地域に広まり、ムスリムの宗教儀礼や社交の場で用いられている。

西方にアビシニア高地を降りると、スーダン南部に住む諸民族と言語文化的にも近いナイル・サハラ語族に属するコムズ系（グムズ）、ナイル系（ヌエル、アニュワ）、ベルタ系（ベルタ）の民族が住む低地のサバンナが広がる。サバンナと高地部にはさまれた傾斜部の森林地帯には、スルマ系の焼畑農耕民マジャンが住んでいる（本書佐藤担当）。またスーダンとの国境を南に下った一帯には、スルマ系の諸民族（ンガラム、バーレ、スーリなど）が牧畜と焼畑を組み合わせた生業を営んでサバンナ低地を住み分けている。トゥルカナ湖に注ぐオモ川を北方に遡ると、スルマ系のムグジ（本書松田担当）やムルシ、ボディ（本書福井担当）がいる。これらスルマ系の諸社会は、年齢階梯制に首長制を組み合わせた政治形態を保持しており、政治的統合の単位は小規模である。かつてこれらの集団間の境界は流動的であり、旱魃や牛疫、戦いが生じると、彼らはしばしばもとの居住地を捨てて移動し、農耕や狩猟採集など牧畜以外の生業に生活の手段を求めた。ムグジは、クシ系狩猟採集民ワタのように、もともと狩猟採集と農耕を組み合わせた生業を営んでいた。牧畜社会とパトロン―クライアント関係を結んで従属し、牧畜民が困窮した際にはその受け皿としての役割を果たしていた（図0-4）。

これらの牧畜社会の分布する西南部低地と、中央を走る大地溝帯の間には、エチオピアでもっとも湿潤な高地が広がっている。ここに居住しているのが、アフロ・アジア語族に属するオモ系のマロ（本書藤本担当）やアリ、バスケートなどの農耕民族である。これらの人びとは、エンセーテと雑穀、ヤムやタロイモなどの根栽作物を組み合わせて栽培しており、かつてはそれぞれ半自立的な首長国を形成していた。

またオモ川の支流域には、クシ系の農耕民ホール（本書宮脇担当）やハマル、およびハマルと言語文化的に近似しているバンナ（本書増田担当）が農牧生活を営んでいる。南部の低地に住むこれらの民族の主要な栽培作物はモロコシである。このあたりは依然として野生動物が豊富で、ムグジやバンナにとって狩猟は経済のみならず社会的にも価値のある行為とされている。一九世紀後半には、ソマリア南部のベナディル沿岸から交易ルートをたどってソマリ商

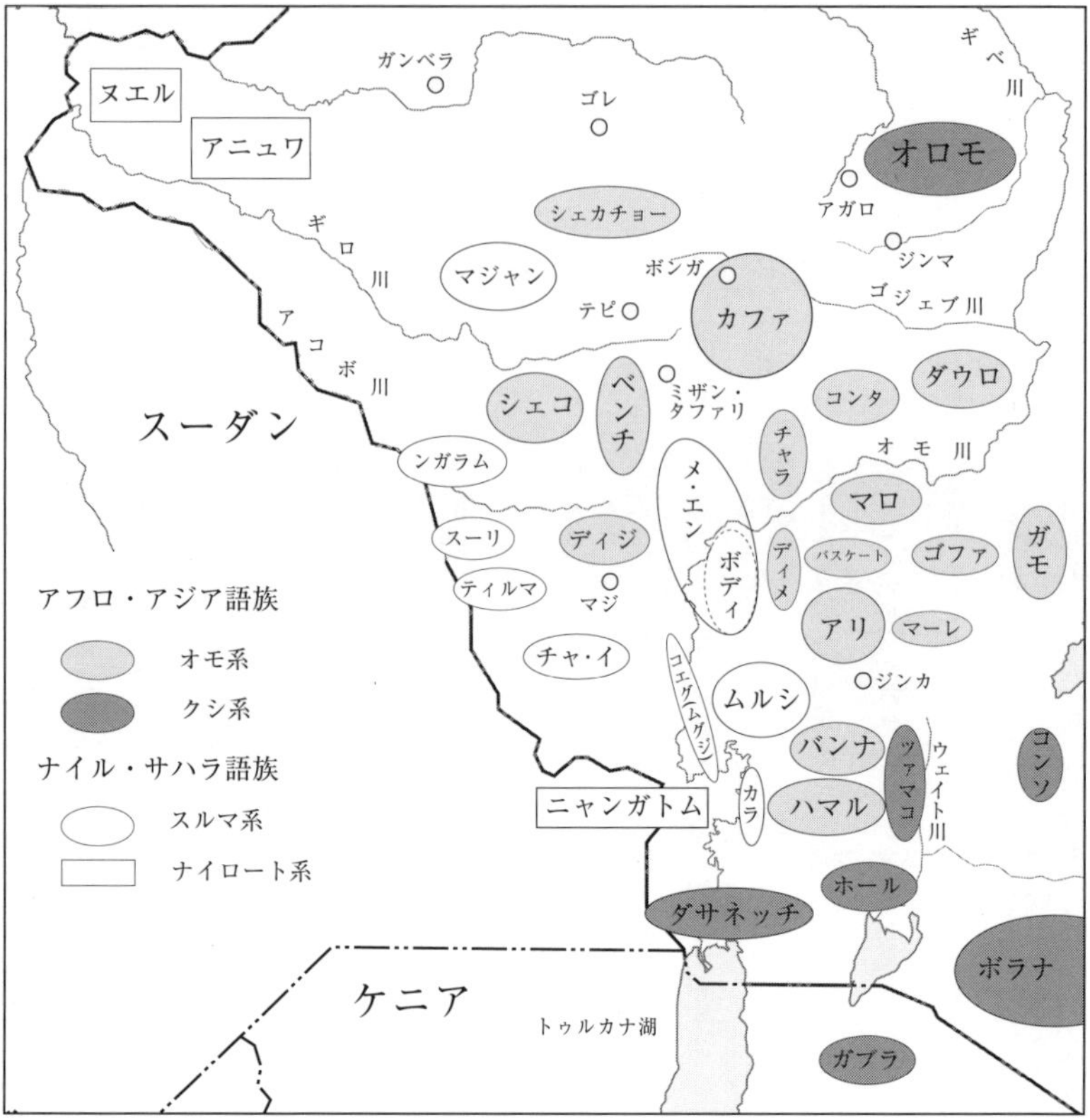

図0-4　エチオピア西南部の民族分布(2004年)

人がトゥルカナ湖近くまでやってきて、この地域の牧畜民や狩猟採集民と商取引を行った。ソマリ人隊商は、エチオピア西南の高地部に住むクシ系コンソやホール、牛牧畜民ボラナ（本書田川担当）およびラクダ牧畜民レンディーレ（北ケニア）と接触し、アメリカ製の綿布やビーズなどをいったん家畜と交換した上で、さらに西南部でそれを象牙や毛皮などと交換して沿岸部に持ち帰った（Dalleo 1975）。

　牛牧畜民ボラナはケニア国境沿いに住んでおり、エチオピア中央部にかけて広く住んでいるクシ系オロモ語の一方言を話している。オロモの起源は、エチオピア東南部とされ、一六世紀後半以降の大規模な民族移動の結果、エチオピア中央部に広範囲にわたって住むようになった（Mohammed 1990）。オロモは拡散移動する過程で、移住先の生態環境に適した生業形態を採用するとともに、それ以前に住んでいた異民族を吸収同化した。現在オロモ語を話す人びとの間で、生業のみならず言語・文化・宗教の面で差異がみられるのは、そのためである。オロモ語話者のうち、エチオピア西部から西南部にかけて住むマチャ方言のオロモは、農耕民として定着し、ギベ川支流域に住み着いた一派は、ゴジェブ川をはさんで南接するカファ王国の影響もあって、一八世紀後半から一九世紀初めにかけて階層社会が発達し、いくつかの拮抗対立しあう王国群が形成されるようになった。さらにこれら王国群はイスラームを受け容れることで、オロモの伝統的な年齢階梯制ガダを保持する周囲のオロモと差異化をはかった（本書石原担当）。この地域は、アラビカ種コーヒーの起源地としても知られ、現在も広大なコーヒー農園が経営されており、農民はコーヒー栽培とトウモロコシなどの穀物栽培との二本立てで生活を成り立たせている（本書松村担当）。ギベ川支流域に発達した王国群は、一九世紀末、そして一部は二〇世紀前半まで、肥沃な土壌と森林という生態資源だけでなく、南方のカファ王国に通じる交易ルートをたどって持ち込まれる奴隷や象牙、麝香などの交易商品の集散地としても栄えた。交易ルートのもたらす富は、さらに北方のキリスト教帝国をも潤し、紅海交易へと合流した。

このようにしてみると、本書で私たちがそれぞれとりあげている社会は、生態環境や社会形態は異なるものの、河川と交易ルートからなる複数の線で繋がっていることがわかる。だが分散した政治権力のもとに、長距離交易によってゆるやかに接合されていたいくつかの文化・経済圏は、一九世紀末の「中心」＝帝国の拡大・膨張によって、一つの政治システムに編入されることになった。以下にエチオピア帝国による国家支配が、征服地域における経済的な搾取にいかに支えられていたのか、そしてその支配がこれらの社会の政治体制や生態環境の利用に、どのような影響をおよぼしたのかについて、エチオピア西南部を中心に見てゆくことにしよう。

III　帝国の「中心」と「周縁」

1　列強の進出と帝国の拡大

古代イスラエルの王ソロモンの血筋をひくことを王統神話として掲げるキリスト教徒の王朝は、皇帝ファスィラダス（位一六三二〜六七）の治世下でゴンダールに居城が築かれ、安泰な国づくりに乗り出すかにみえた。だが、一六世紀後半以降、大移動を展開していたオロモの影響は、アビシニア高地の中心部にまでおよび、皇帝はオロモの有力者と姻戚関係を結び、帝国内の地方領主の台頭に対抗せざるをえなくなった。さらに皇帝の権威の低下は、紅海交易ルートの外港を掌握し銃器の入手をほぼ独占していたティグライ地方の領主との対立が深まるにつれて決定的となり、一八世紀後半以降、地方領主が拮抗対立する「諸侯の時代（Zämänä Mäsafint）」が幕を開ける。

一九世紀といえば、ヨーロッパでは産業革命の恩恵のもと、列強がさまざまな資源の供給地と製品の市場を外に求めていた時期であった。アビシニア高地のティグライ、ショワ、ベゲムデルの地方領主たちも、それぞれの外交ルートを用いて、同じキリスト教徒として当時アフリカ北東部に強い関心をいだいていたイギリスとフランスに対し、オスマン朝統治下のエジプトの脅威に対抗するよう訴え、銃器の提供を呼びかけた。

そのような対立拮抗と外国との交渉の中で頭角を現したのが、スーダン国境付近のクワラ地方のアムハラ領主、カサ・ハイルであった。アビシニア高地西部の覇権を確立したカサは、ティグライ領主との戦いに勝ちぬき、皇帝テオドロスⅡ世（位一八五五〜六八）となり、アビシニア高地の統一を達成し「諸侯の時代」に終止符を打った。だがテオドロスⅡ世は、当時の国際情勢を読み違え、イギリスがオスマン朝およびエジプトと緊密な関係を築き上げていたことに気づかず、かえってイギリス側の出兵を促してしまい、マグダラの戦いでイギリス軍の圧倒的な攻勢を前に自害する。テオドロスII世の死により、再び地方領主の対立が表面化した。マグダラの戦いに際してイギリス軍に便宜をはかったティグライの領主カサ・メルチャは、ワグ・ラスタ地方の領主ゴバゼとの戦いに勝ち、皇帝ヨハンネスIV世（位一八七二〜八九）となった。

テオドロスII世とは対照的に、ヨハンネスIV世は地方領主に一定の自治を与え、聖職者に対しても好意的であった。ヨハンネスIV世は、マッサワを拠点に内陸への侵入を企てたエジプト軍を追い返すことに成功し、皇帝としての威信を高めた。さらに南方のショアの王メネリクとも和解し、ショワとティグライの間に横たわるウォロのイスラーム主義化の動きを封印してムスリムをキリスト教徒に強制的に改宗させた。

一方、イギリス・エジプト共同統治下のスーダンでは、ムハンマド・アフマドがマハディ（救世主）を自称して支配領域を広げていた。イギリスは自国民を脱出させるために一八八四年ヨハンネスIV世と「ヒューウェット協定」を結び、交渉の結果ヨハンネスは念願のマッサワ港を奪還した。だが、それも一年ともたなかった。一八六九年のスエズ運河開通後、紅海へのヨーロッパ人の関心が高まるなか、国家統一を成し遂げたばかりのイタリアが、すでに一八八二年にアッサブ港を植民地としており、一八八五年にはマッサワ港を占領した。北方のイタリアの侵入に苦慮するなか、西方ではスーダンのマハディ勢力が、一八八八年にゴンダールを攻略した。ヨハンネスIV世は、更なる侵攻を阻止するための攻撃を展開するが、一八八九年に戦死した。

ショワ地方の領主メネリクは、ヨハンネスIV世の優位を認めていたため、政治的野心を南方に向けた。当時商品価値の高かった奴隷や象牙・金・麝香は、西南のオロモ王国群を通過する交易ルートを通じてショワにもたらされていた。ショワは、資源豊かな西南部とアラビア海に面した外港があるタジュラ湾の中間に位置していた。南部、とくに

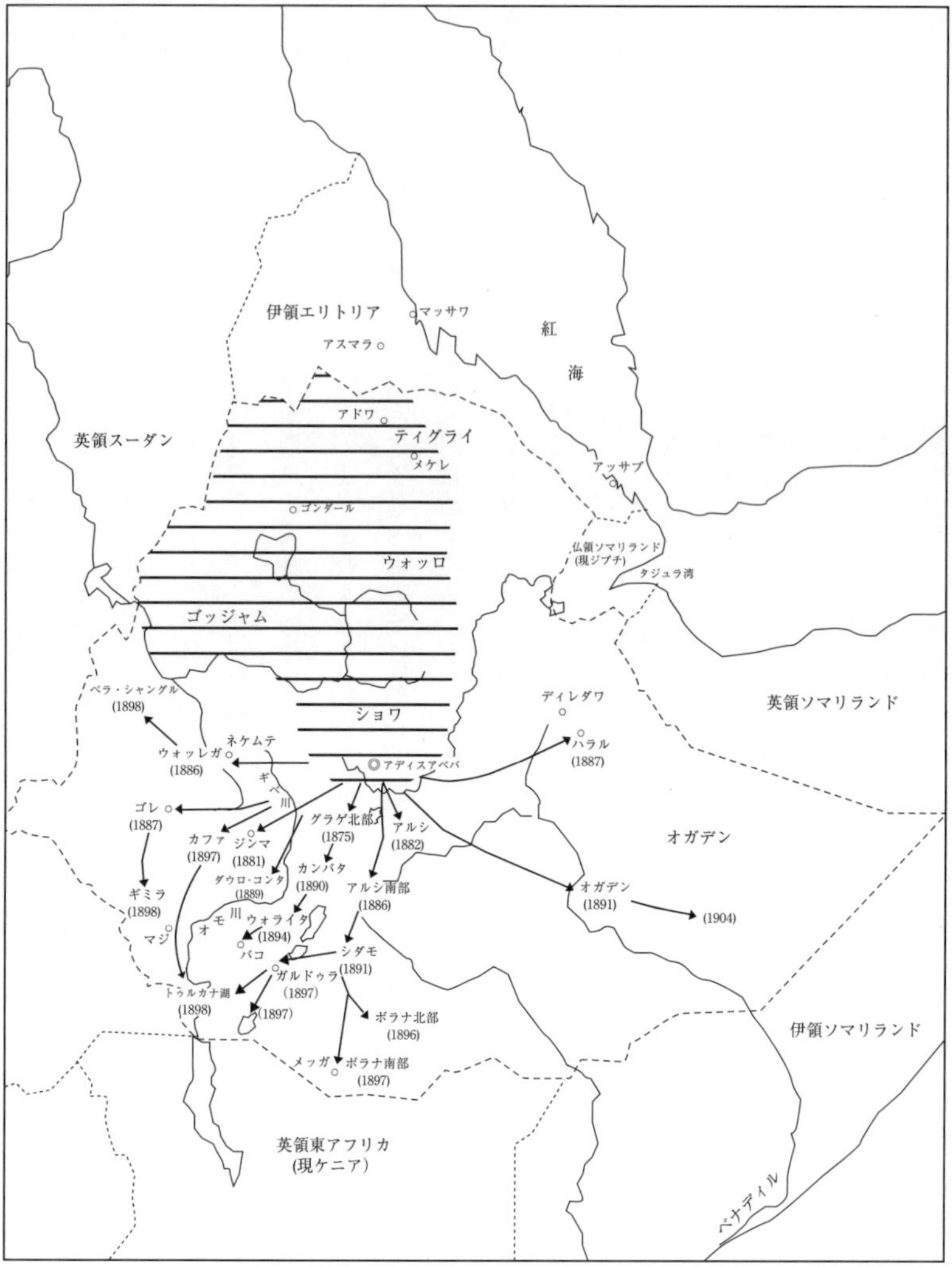

図0-5　19世紀末〜20世紀初頭におけるエチオピア帝国の拡大

西南部の征服は、ショワの政治的・経済的安定と繁栄にとって欠かせないものとなった。

一八七五～七六年、メネリクはセム系のグラゲを支配下においた。だが、メネリクの南方への領土拡張を快く思わなかったのが、ゴジャムの領主アダルであった。ヨハンネスⅣ世は、メネリクを牽制するために、一八八一年、アダルに「ゴジャムとカファの王」タクレ＝ハイマノートの位を授与した。カファへの進出を企図していたメネリクは、これに反発を示した。ショワとゴジャムの対立は避けられないものとなり、一八八二年エンバボにおける両者間の戦闘の結果、メネリクが勝利をおさめた。これにより勢いをつけたメネリクは、引き続き、一八八二～八六年には、西方のレカ＝ネケムテやケレム、ジンマをはじめとするギベ川流域の王国群、ウォッレガ、さらに南東方面のアルシなど、オロモ居住地域をつぎつぎに支配下に置いた。一八八五年エジプトが撤退したのを機に一八八七年にはイスラーム王朝の古都ハラルを征服し、一八八九年には南方のダウロ、一八九〇年にはカンバタ、一八九一年にはシダモ、オガデン、一八九四年にはウォライタを征服した（図0-5）。

だがメネリクを領土拡張へと衝き動かしたのは、経済的な野心ばかりではなかった。一八八四～八五年のベルリン会議以降、ヨーロッパ諸国による「アフリカの分割」が急速に進行していた。その圧力に抗して、エチオピアの領土支配の正当性を対外的にアピールすることが必須となっていたのである。一八七〇年代以来イタリアと良好な関係を築き上げてきたメネリクは、一八八九年三月ヨハンネスⅣ世の死後、五月にイタリアとウチャレ条約を取り結んだ。この条約で、メネリクは次期皇帝に戴冠することを公式に認められるとともに、イタリア植民地領土（マッサワ）を通じた武器の輸入を認められた。またイタリアは、この条約によりエリトリア高地北部の支配権を獲得した。だが、同条約第一七条が後に両者の対立を招くことになった。イタリア側は、対外的には内容を書き換え、エチオピアが諸外国と交渉する際にはイタリア政府を通すことを義務づけた。これは、エチオピアをイタリアの保護国とするものであったが、メネリクがこの事実を認識したのは、翌年のことであった。一八八九年一一月、皇帝メネリクⅡ世として戴冠したことを諸外国に外交文書で伝えると、翌年諸外国はこれを正式の文書として受け取ることを拒み、イタリア政府の外交ルートを利用するよう求めてきたのである。

一八九四年末、ティグライ地方領主の懐柔に失敗したイタリア軍は、メラブ川を渡ってエチオピアへ侵入を開始した。事前にフランスやロシアから大量に銃器を入手していたメネリクⅡ世は、一八九六年三月一日のアドワ戦でイタリア軍に大勝した。つづく一〇月、イタリア政府はメネリクⅡ世と和平条約を結び、ウチャレ条約の無効とエチオピアの独立が確認された。だが、この条約でエチオピアはイタリアのエリトリア領有を認めることとなり、またイタリアによる南ソマリア領有を認めるかわりにオガデンの領有権を確保した。

アドワ戦の勝利で対外的に威信を高めたメネリクⅡ世のもとには、英仏両国の使節が訪れ、それぞれのアフリカ進出戦略への協力を求め、外交駆け引きを行っていた。メネリクⅡ世は両者をうまくかわし、一八九七年にはフランス領ソマリランド（現在のジブチ）とイギリス領ソマリランド、一九〇〇年にはイタリア領エリトリア、一九〇四年にはイギリス領スーダン、一九〇八年にはイギリス領東アフリカ（現在のケニア他）との国境画定に関する条約を当事国との間で締結した。こうして近代国家エチオピアが成立したのである。

2　エチオピア帝国と西南部地域

アドワ戦に勝利したメネリクⅡ世は、手柄を立てた軍人たちに褒賞を与える必要があった。だが一九世紀末、エチオピア北部では、度重なる戦闘や牛疫の大流行に、旱魃とイナゴ等害虫の大発生が加わって、深刻な飢饉が続いており、土地も農民も疲弊しきっていた（Pankhurst 1985）。この頃、メネリクⅡ世が首都として常駐するようになったアディスアベバには、アドワ戦での勝利により政治的威信が高まったメネリクⅡ世の統治権を受け容れた地方領主や軍人が、市内に邸宅を構えるようになっただけでなく、飢餓被災民が施しを求めて流入するようになり、アディスアベバはさまざまな民族や宗教をもつ人びとの混住する都市に発展した。同時に商業活動も活発化し国内外から商人が集まるようになり、帝国の政治的経済的威信を支える上で豊かな環境資源を備えた西南部の支配がますます重要になってきたのである。

メネリクⅡ世は西南部への領土の拡大にあたって、一部の伝統的王国には、一定の自治を認める代わりに毎年莫大な貢税を納めることを義務づけた。すでに一八八四年、ジンマ王国アッバ・ジファールⅡ世は、巧みな交渉によって自治権を獲得していた。また西部のオロモ王国、レカ・ネケムテや、スーダン国境沿いにあるベラ・シャングル王国も同様な地位を獲得していた。だが、これらの王国も次から次へと中央の直接統治のもとに置かれるようになる。当初自治権を付与されたこれらの王国以外の地域は、アディスアベバから派遣されてくる行政官を通じて支配された。

アドワ戦の後に展開された南部征服は、アドワ戦の受勲軍人に下命された。ラス・メコネンはベラ・シャングルの征服を命じられ、デジャズマチ・テセンマはスーダン国境付近のバロ川流域一帯の征服を、そしてラス・ウォルデ＝ギオルギスはカファから南、トゥルカナ湖までの一帯を征服するよう命ぜられた。

西南部では、まず一八九七年、ウォルデ＝ギオルギスがカファ王国の征服に乗り出した。ウォルデ＝ギオルギスの率いる軍隊は、圧倒的な軍事力の差にもかかわらず、カファ王国側の頑強な抵抗のために困難な戦闘を強いられ、双方から大勢の死傷者が出た。カファの王ガリ・シェロコは王都アンダラチャから脱走を試みたが捕らえられ、アディスアベバに移送されて、カファはウォルデ＝ギオルギスの支配のもとにおかれた。

また同年、フィタウラリ・ハブテ＝ギオルギスが、南部のクシ系農耕民コンソ、ボラナの地に進軍し、さらにウェイト川流域の諸民族をも服属させ、オモ川まで侵攻した。また同年一二月、カファ攻略に成功したウォルデ＝ギオルギスが、オモ川を下り、トゥルカナ湖北岸に到達する。

こうしたエチオピア帝国軍による征服は、被征服民族にとっては災厄だった。帝国の軍隊は何千もの兵士を引き連れ、進駐する先々で食料を徴発した。帝国軍に反抗する民族は、容赦なく殺戮の対象となり、生き残った者は奴隷として連行された。そのため軍隊の通過した後は、集落から人影が消え、道端にはあちこちに死体が転がっていたという。

征服後、北部出身の兵隊や軍人は、尾根上の見晴らしの良い場所に要塞町（kätäma）をかまえて家族とともに住み着いた。こうした要塞町は占領地の要所につくられ、相互に密接な連絡を取り合っていた。地方統治は、皇帝が（元）軍人や土着の伝統的首長に対して徴税権（gult 以下「グルト」と表記）を付与する形式をとった。これは、帝国が古くからアビシニア高地において培ってきたやり方であった。

個人や集団に与えられるグルトと土地の世襲の耕作権（rist 以下「リスト」と表記）は、エチオピア帝国のアムハラ社会において臣民支配の基礎をなすものであった（Crummey 2000）。ある土地に対するリストは、男女ともに主張することができるとされ、父系・母系いずれを通じて相続されてもよいとされた。そのため、ひとつの土地に対し複数の個人や集団が耕作権を主張する事態がしばしば発生し、リストをめぐる係争は絶えなかった。グルトは、軍人および教会に与えられ、グルトを与えられた個人や集団は、与えられたグルト内にリストをもつ個人や集団から税を取り立てる権利をもつとともに、彼らを庇護し支配する行政権も与えられた。戦時にはグルト保有者は、リスト保有者からなる部隊を編成して領主あるいは皇帝の軍勢に加わることが義務づけられた。アムハラ社会におけるこのリスト保有者とグルト保有者の関係は、リスト保有者も機運に乗じてグルト保有者に転じることが珍しくない点において、固定したものではなく、かなり流動的であったところに特徴がある。

メネリクⅡ世は、北部で定着していたこのリスト＝グルト制を南部支配に利用した。ただし南部においては、リスト保有者とグルト保有者の間に被征服者と征服者という立場の違いがあり、それによって両者の関係が固定化されたという点で北部と異なる。南部においては征服者として住み着いたグルト保有者は、「銃をもつ者（näft'ännya 以下「ネフテンニャ」と表記）とも呼ばれ、それに対してネフテンニャに税を支払うよう義務づけられた土着の農民は納税者という意味をこめてゲバル（gäbbar）と呼ばれた。グルト保有者は、職階に応じて徴税対象となる農民の数がきめられ、少ない者で五人、多い者で一〇〇人にものぼった。農民は、グルト保有者に対して、貢納するだけでなく、しばしば労役にも駆り出された。一方、北部から行政官が派遣された場合でも、末端行政は現地の伝統的な首長が担う場合が多く、これら伝統的首長はバラッバト（balabbat）として徴税など一定の役割を与えられた（Donham 1986; Bahru 1991; Marcus 2002）。

南部においてリスト保有者とグルト保有者の関係を固定化した要因は、被征服者と征服者という立場の違いばかりではなかった。北部では、リスト保有者とグルト保有者が同じ言語・文化を共有し、同じキリスト教徒である場合がほとんどであり、親族関係でも結ばれていた。それに対して南部の住民は、北部出身者が長年シャンキラ（Shank'illa「黒人」の意）あるいはガッラ（Galla）などの蔑称で呼んでいた人びとにあたり、北部とは言葉や文化だけでなく容貌まで異なると考えられていた。こうして南部に入植したグルト保有者は、土着の納税農民を差別的に支配することによって一方的に搾取することができたのである。また入植の初期には、奴隷狩りをはじめとする略奪行為も横行した（Donham 1986）。

これに対して南部低地の牧畜民社会においては、ネフテンニャ＝ゲバル制は有効に機能しなかった。それは、農耕民社会出身のネフテンニャが、移動生活を基本とする牧畜民の統制を不得手としていたためであるが、かといって牧畜民社会が、帝国支配の影響をまぬがれていたわけではない。国境付近の牧畜民に対する支配のやり方が農耕民に対するそれと異なっていたのは、現在のスーダンおよびケニアを当時イギリスが植民地統治下においており、国境問題が絡んでいたからである。

牧畜民は移動生活を基本としていたため、定期的かつ組織的な徴税のシステムを適用することができなかった。そのため、ネフテンニャ入植民は、要塞町を拠点にして牧畜民に対して散発的に襲撃を仕掛けて家畜や人を奪い、時には国境を越えてイギリス領東アフリカに侵入することもあった。イギリスはエチオピア政府に対して越境行為を取り締まるよう圧力をかけたが、一九〇八年以降病床に伏せたメネリクⅡ世には、有効な対策も措置もとることができなくなっていた。当時政府内部では、伝統的な支配様式を堅持しようとする保守派と官僚的な中央集権国家を形成しようとする進歩派の間で熾烈な権力争いが繰り広げられていた。こうして「中心」の統制力が弱まると、「周縁」での収奪的支配はさらに激しさを増したのである。

メネリクⅡ世が病床に伏せると、その妻タイトゥが実権を握った。だが、メネリクⅡ世の重臣たちは、ティグライやゴジャムなど北部に縁故関係をもつタイトゥが政権の中枢を北部勢力に移管する恐れが出てきたために、一九一〇年、タイトゥに対しメネリクⅡ世の世話に専念するように勧告した。一九一一年、メネリクの孫で皇位継承者リジ・イヤスが一六歳で実権を握るが、彼の自由奔放で政治的伝統を無視するやり方は、革新的とはいえ到底時流に合ったものではなかった。折しも世界では第一次大戦が始まっており、イヤスはそれを、エチオピアを取り囲む諸地域を植民地支配から解放する好機ととらえて、以前からイギリスに対して反植民地抵抗運動を展開してきた英領ソマリランドのサイイド・ムハンマド・アブディッレと同盟関係をうちたてようとする。だが、イヤスのこのような政治行動を対内的にも対外的にも危険な賭けと読んだショワの貴族たちは、一九一六年、高位聖職者にイヤスを背教者として破門宣告させた。イヤス時代、帝国の「中心」は求心力を失い、自立性を強めた地方行政官による「周縁」の収奪は激しさを増した。

当時エチオピア西南部は、三箇所の要塞町から支配されていた。その一つマジには、ラス・ウォルデ＝ギオルギスの臣下が駐留し、カファからオモ川沿いにかけて支配した。もう一つはバコで、ガモからアリまで、大地溝帯沿いのオモ系首長国を支配下に置いた。そして三つ目はガルドゥラで、ここにはフィタウラリ・ハブテ＝ギオルギスの臣下が駐屯し、ボラナからウェイト川を横断してハマルまでの地域を統治した。マジを例にとり、地方行政官やその下僚がどのように、中央権力および植民地勢力との駆け引きの中で、「周縁」地域の牧畜民社会の収奪を行ったかについて見ておこう。

駐留当初、マジのネフテンニャは象牙交易に参加し、一部をアディスアベバに貢納していた。交易には、ケニアから北上してきたスワヒリ交易商人もかかわっていた。彼らはケニア側に象牙を搬出したが、現地住民との交渉が不調に終わると、しばしば現地住民に対する略奪を行なった。だが一九一〇年代半ばになると、乱獲によって象牙交易は低迷した。それに代わる財となったのが、奴隷であった。とくにマジのネフテンニャたちは、他所へ転勤の辞令が下ると、それまでの管轄地を離れる前に現地住民に対して大規模な略奪行為をはたらいた。現地民は、そうした一方的な略奪行為に対して力の限り抵抗したが、抵抗のためには武器が必要であった。彼らはそれを、互いに奴隷狩りをしてまで手に入れようとした。だが、新たな行政官吏が赴任すると、反乱は鎮圧され、ふたたび重税が課せられる。そして彼らはそれを払うために、自分の子供まで奴隷として売りに出さねばならない状況に陥るのである。このような象牙・奴隷・武器交易をめぐる暴力と搾取の悪循環は、マジ周辺の農耕民だけでなく、その周辺の牧畜社会にも影響をおよぼした（Garretson 1986）。

一九三〇年代になると、マジの支配地域の周辺部に居住し、低地の牧畜民とも文化的関係の深いスルマ系農耕民ティシャナが、特定のリーダーのもとに結集し、銃を入手して周囲の農耕民に対して奴隷狩りを行う一方で、しばしばマジを攻撃し、駐留するネフテンニャたちを脅かした。そのためマジ周辺では、象牙交易も奴隷交易も困難になっていった。それに対してマジのネフテンニャは、民族間の対立を利用して略奪を行うシステムを編み出した。エチオピア領内の牧畜民を尖兵として、ケニア領内の牧畜民に対して襲撃を行うのである。ネフテンニャ側と同盟を組んだのが、トゥルカナ湖北岸に住む牧畜民ダサネッチであった。ネフテンニャたちはダサネッチに銃を与え、軍事訓練を施した。ダサネッチが略奪の標的にしたのが、ケニアやスーダン領内の牧畜民であった。

エチオピアの地方行政官が組織的に展開するこのような襲撃行為に対して、イギリス側は東アフリカ領連隊（King's African Rifles）を組織して対抗措置をとる一方、国際連盟への加入資格を取引材料としてエチオピア皇帝に圧力をかけた。それに対してアディスアベバからは皇帝直属の官吏が地方統治に派遣されたが、一年もたたないうちにネフテンニャたちに懐柔され、略奪に加わるのだった。その後もトゥルカナ湖北岸には、イギリス側の駐屯地とエチオピア側の駐屯地が向き合い、エチオピア側では武装したダサネッチが駐留した。ダサネッチはエチオピア側にとって、国境を守護する防人の役割をもはたしていたのである。こうして国境を挟み、周囲の牧畜民も巻き込んだエチオピアとイギリスの対立は、その後イタリアのエチオピア侵入（一九三六年）まで続くことになる（Hickey 1984）。

3　ハイレ＝セラシエの近代化政策

イヤス廃位後の一九一七年、メネリクⅡ世の娘であるザウディトゥが女帝として戴冠し、後に皇帝ハイレ＝セラシエとなるラス・タファリが摂政職についた。第一次大戦後、国際連盟が成立すると、タファリは加盟国の仲間入りを目標にして、近代的な中央集権国家の建設に着手する。国の四方を囲む植民地勢力の脅威を排除し、富国強兵策を推進する上で必要となる武器の禁輸措置を撤廃に導く方途として、国際連盟への加盟は必須と思われたからである。だが、そのためにはまず前近代性の象徴ともいえる奴隷交易および奴隷制の廃止を実現する必要があった。そこで、タファリはひとまず一九一八年に奴隷交易の廃止令を出したが、経済成長を阻害することなく奴隷制を最終的に廃止するまでにはもう少し時間がかかると弁明した。

エチオピアの内情に通じていたイタリアとイギリス両国は、奴隷制と武器交易を理由にエチオピアの加盟に反対したが、最終的に一九二三年、エチオピアの国際連盟への加盟は実現した。加盟を果したタファリは、次に社会・経済諸分野の近代化に着手する。だが、当時のエチオピアは道路の敷設も進んでおらず、国民の大半は伝統的な農業に従事していた。唯一例外が首都アディスアベバで、ホテルや劇場・病院などの近代的な施設が建設されていたほか、ギリシア人やアルメニア人、インド人などの外国商人も商業活動を展開していた。タファリが、近代化の試みをアディスアベバで集中的に始めたのは、その成果が早期に実現できる見込みがあり対外的にもアピールできると確信したからである。一九二〇年代、タファリは印刷機を輸入し最初の週刊紙『光と平和（*Berhaminna Selam*）』を創刊する。また一九二四年エチオピア人皇族として初めてヨーロッパを訪問し、翌年にはフランスの口添えで武器の禁輸措置が解除される。一九二〇年代後半、コーヒーや皮革の輸出が伸び、首都を中心にエチオピア経済は活気づき、農業産品の運搬のために道路建設も始まった。

一方、タファリは地方行政においても主導権を発揮する。首都にはメネリクⅡ世統治下の一九〇八年以降、少数ながら西洋教育を施す教育施設が建設され、近代的価値観を身に着けた進歩派の青年たちを輩出していた。これら進歩派の青年たちが、旧態依然とした思考・行動様式に捕われたメネリク政権時代の家臣に代わる地方行政官として赴任していった。一方、北部では女帝ザウディトゥの前夫、ラス・ググサもタファリの進歩主義的政策や外国人顧問の登用に反発を強めていた。一九二九年、領内で起きた反乱の鎮圧に失敗したことの責任をとらされると感じたググサは、弁明の機会を放棄して反乱に打って出る。だが、そこでタファリは帝国軍の「秘密兵器」、飛行機を用いて勝利した。同じ頃、女帝ザウディトゥは病死し、翌日、タファリは皇帝ハイレ＝セラシエとして皇帝の地位につくのである。

ハイレ＝セラシエは、英・仏・米・独などヨーロッパ人顧問を雇用し、通信・郵政などの分野に近代的技術を導入し、道路網の建設に着手し、自国の通貨の発行にも挑戦する。一九三〇年一一月に行われた戴冠式は、こうした一連の近代化事業の成果を対外的にアピールし、近代国家としてのエチオピアの存在を主張する好機と捉えられ、貴族や商人の「寄付」からなる資金に支えられて、諸外国から大勢の来賓客を招いて盛大に開催された。そして戴冠式の直前に急ごしらえで設置・建設された電話や電線、舗装道路、凱旋門、歩道はアディスアベバの概観を一変させた。さらに知識人のなかで日本を近代化の手本とする潮流が現れるなか、一九三一年には日本の明治憲法を範にエチオピアで初めての憲法が制定され、同年初の国会が開かれた。ただ、皇帝が推進した近代化政策は、アムハラ文化を根幹に据えたものであり、アムハラ語を母語としない人びとも社会進出のためにアムハラ語を用い、アムハラ文化に自ら同化することを余儀なくされた。こうした「アムハラ化」は、地方では特に都市部を中心に全国的に適用され、アムハラ・ヘゲモニーとも呼べる体制が確立した（Donham 1986）。一九三〇年代前半、皇帝は、近代教育を受けた進歩派の忠臣を地方行政官に任じ、陸軍・空軍に支えられた中央集権的な国家としての体裁を整えようとした。だがハイレ＝セラシエが推進してきた近代化と中央集権体制は、一九三〇年代半ばに大きな試練を迎えることになる。

一九二八年、イタリア政府はエチオピアと友好条約を締結し、それを利用してエチオピアへの経済進出を企図していた。そして最終的には、すでにイタリアの植民地となっているエリトリアとソマリアとを合併して、一大植民地の形成を狙っていた。だがハイレ＝セラシエの機転により機を逸したイタリアは、軍事的な手段による併合という選択肢をとることになる。一九三四年、イタリア軍は、オガデン地方のワルワルでの軍事衝突をきっかけにエチオピアへの進撃を開始し、それと呼応してエリトリア側からもエチオピアに侵攻し、ついに一九三六年にアディスアベバを陥落させた。ハイレ＝セラシエは辛くも家族とともにジブチ経由でイギリスに逃れた。その後、イタリアはエチオピア全土を制圧し、ソマリアとエリトリアを合わせて「イタリア領東アフリカ帝国（Africa Orientale Italiana）」として一大植民地を形成した。

イタリアによるエチオピアの植民地統治は、わずか五年間で幕を閉じたが、エチオピアの「中心」同様、「周縁」に及ぼした影響は大きかった。イタリア植民地政府はエチオピア征服を、キリスト教徒アムハラの抑圧的支配のもとで苦しめられてきた人びとの解放と位置づけて正当化した。南部では、土着住民がネフテンニャに代表されるアムハラに対して抱いてきた反感や不満を利用してアムハラを排斥し、逆にムスリムやオロモ系住民に対しては優遇措置を取った。こうして「周縁」に収奪・搾取の拠点をもつネフテンニャは排除され、ゲバル制は放棄された。そうしたなかで、ハイレ＝セラシエ体制を支持する地方行政官や貴族は愛国主義運動に身を投じ、地方を転々と移動しながらイタリア軍に対するゲリラ活動を続けた。

イタリアはこの統治期に、アディスアベバと地方の町を結ぶ幹線道路を整備し、「周縁」の町の商業地区や行政府に近代的な西洋風建築物を残した。これら建築物のうち大部分は七〇年近くたった今日まで使用されつづけている。その意味でイタリア植民地統治は、それまで近代化とは地理的にも社会的にも距離があり、「中心」から取り残された感のあった「周縁」を、道路によって「中心」と接合しただけでなく、近代的な西洋風建築物や自動車など近代の所産を導入した点において重要であったのである。

こうして荒療治であったものの、五年間のイタリア植民地統治は、結果的に中央と地方の政治・経済的結びつきを強め、戦後のハイレ＝セラシエによる中央集権的な国家支配のための基礎を築くことになった。

4　中央集権国家のひずみ

イギリス軍の支援でエチオピアをイタリアの支配から解放することに成功したハイレ＝セラシエは、帰国後、戦前推進していた改革を再開した。だが、中央集権体制の復活に対して反発を抱いたのが、イタリア統治期に地方で権力を取り戻していた貴族層を中心とする地方権力者である。彼らは、戦後復興期に中央政府が一時的に弱体化したすきをついて、北部各地で地方自治を求め反乱を起こした。なかでも一九四三年のティグライ地方のウォヤネ（wäyane）と呼ばれる反乱は、ティグライ地方内の伝統的貴族同士の対立、伝統的貴族と中央から派遣された行政官との対立、中央政府による収奪的な徴税システムに対するオロモ諸集団の反発など、さまざまな要因がからんだものであった（Gebru 1996）。この反乱が、イギリス軍将校の支援を得た中央政府軍によって鎮圧された後、エチオピアはますます中央集権体制を強めた。

中央集権体制は、国軍の組織化と整備によって支えられた。それまで地方行政官は軍隊を保有することが許されていたが、それを禁止し、地方行政官は中央政府の末端としての役割に制限され、その報酬もグルト（徴税権）の下賜ではなく、給料によって支払われるようになった。同時に一般民衆に対する納税も、物品ではなく金銭によって行うことが義務づけられるようになった。それが可能になったのは、一九三〇年代からの商品経済の発展によって貨幣経済が浸透していたからである。

二〇世紀初頭エチオピアの主要な交易品目は、奴隷・象牙・金・麝香であった。象牙は、一九一〇年代後半以降象の頭数減少のため輸出量も減少し、奴隷も一九一八年の奴隷貿易廃止令と、イタリア植民地統治下での奴隷解放以降、激減した。一九二〇年代以降エチオピアの重要な輸出品目となったのはコーヒーであった。とりわけ一九二〇年代以降、生産量が飛躍的に増加したのは、温暖多雨なエチオピア西南部の高地においてであった。それまでコーヒーは、農民が主として自給用に小規模に栽培していたが、商品作物としての価値が上がると、中央の貴族や行政官・役人が小農から私有地を没収ないし安く買い上げて広大な農園の経営に乗り出すようになる。土地を失った農民は、小作農(chisennya)に転じるか、あるいは農業労働者となった。

農業生産の基盤となる土地制度も、この時期大きく変化する。北部では伝統的なリストによる土地所有システムが保持されたが、南部ではゲバル制が廃止され、富裕な有力者による土地の私有化が進行した。土地の私有化にともない、農民は小作農に転じることが多かった。小作農となった農民たちは、契約に応じて地主に収穫の二分の一から四分の一を支払い、それに加えて中央政府が課す十分の一税と土地税を支払った。政府も、土地の私有化の推進によって結果的に土地税が増えることで国庫財源が潤うとして、農村部で起きているこの社会変化を放置した。だが現実には地主層による税の横領は後を断たず、国家歳入に占める土地税の占める割合は、一九四〇年代半ばの三三%から、一九六〇年代後半には四%へと、相対的に減少することになった(Markakis 1974)。

コーヒーや穀物など商品作物の栽培に適した地域とは対照的に、統制の困難な牧畜民が住民の多数を占めていた西南部の低地部は、高地民にとっては経済的魅力を欠いていた。また、戦後の警察の配備や国境画定により、地方行政官が生存維持や利益の確保のために、かつてのように牧畜民に依存する必要がなくなった。そのため、低地部に住む社会は、高地人入植者からの干渉を以前ほど受けなくなり、地方の政治的中心との結びつきが弱まった。それにより、牧畜民同士の戦いが増加していった。牧畜民同士の戦いが激化した背景には、他にもいくつかの要因があった。その一つは、銃器の流入である。イタリア軍は、アムハラ愛国戦線のゲリラ掃討のために、現地人の中に民兵組織をつくり、銃を供与した。さらに牧畜民社会は、イタリア軍の侵入・撤退の過程で、イタリア側とアムハラ側に分かれて戦った。これが集団間に大きな遺恨を残し、後世の対立図式を形作った。それに加え、イタリア軍撤退後、牧畜民が放牧地や水場などの環境資源を求めて日常的に行っていた越境行動が制限されたことで、資源をめぐる争いが増えた。農村部における重税に対する農民の反発と、低地部における牧畜民の不満と相互対立が高じて、エチオピア東南部のバレ地方では、一九六三年にオロモ農牧民とソマリ牧畜民が反乱を起こした（Gebru 1996）。

このように、戦後のハイレ＝セラシエ統治期は、エチオピアの農耕地帯が国家経済の周辺に組み込まれる一方で、その縁辺に位置づけられる牧畜民社会は、国家権力による統制が行き届かず、「辺境」と化した時代でもあった（Fukui and Turton 1977）。

強力な中央集権国家づくりに専念するあまり、そこに生じてきたひずみに気がついていなかったハイレ＝セラシエは、一九六〇年外遊中にアディスアベバでクーデタ未遂事件が勃発したときは、少なからず驚いたに違いない。当時アフリカ大陸は、各地で独立闘争が実を結び、西洋人の支配に対する「民族自決」や人民の権利が高らかに叫ばれていた時代であったが、エチオピア国内の地方や諸民族の間からも湧き上がってきた「声」を、強力な軍事力で封じようとしたところ、軍の内部からクーデタが起きたからである。帝政の下で封建的な体制を続けることが時流に合わなくなってきたのである。それればかりか一九七三年、北部を中心に大飢饉が発生し、それに対し皇帝は有効な救済措置をとることができず、行政能力の不足をも露呈することになった。一九七四年、軍部を中心に都市部でさまざまな集団が糾合してクーデタを起こし、帝政はついに崩壊した。

IV　社会主義による近代化と挫折

1　社会主義政権の成立

一九七四年一月、南部の町ネゲレで始まった駐留部隊の下士官が上官に対して起こした反乱に始まった革命は、共産主義思想の影響を受けた学生や石油危機による燃料の値上げに反対するタクシー経営者によるデモなどと呼応しながら発展し、全国の主要地方都市にも広がった。六月にはメンギストゥ・ハイレマリアム少佐を議長とする軍部・警察合同委員会（通称「デルグ」）が設置され、九月には憲法を停止し、皇帝を廃位し、国会も停止した（Andargachew 1993）。

デルグは、旧政権の上級官僚を「エチオピア第一主義」の名目の下に処刑するとともに、デルグ内部のエリトリアの処遇をめぐる穏健派と急進派の対立が生じると、急進派が穏健派を粛清した。一九七四年末、左翼グループの圧力からデルグは、政治経済政策の方針として「エチオピア的社会主義」を掲げる。それに基づき、銀行・商社・各種製造会社が国有化され、さらに「余剰」家屋を所有する者は「余剰」分を国有化と称して押収された。続いて一九七五年三月には土地改革に着手し、全ての農地を人民の共有財産とし、私営の大規模農園を国営化した。さらに八〇〇ヘクタールの農地単位で農民を「農民組合（gäbäre mahbär）」に組織し、農民組合単位で行政の末端組織となるカバレ（qäbäle）を設置した。そして同時並行的に、農民への土地の再分配が実施された。一〇ヘクタール以上保有する大地主からの土地の没収と小農への土地の分配、さらに「農民組合」の組織化という外科手術を現場に赴いて先導・指揮するよう送り込まれたのが、教員や学生であった。「キャンペーン（zämächa）」と呼ばれるこの活動は、予想以上に急進的な変革を農村部にもたらした。南部では、大地主となっていた高地出身者ばかりでなく、在来の伝統的首長までもが「封建的」としてその権威を奪われた。

一九七五年九月、二大急進左翼組織のエチオピア人民革命党（ＥＰＲＰ）と全エチオピア社会主義運動（ＡＥＳＭ）の圧力が高じて、デルグはマルクス＝レーニン主義を国家イデオロギーとして掲げることとし、一九七六年にはそれに則した「国家民主革命プログラム」が策定された。だがその後ＥＰＲＰとＡＥＳＭの間で、デルグとの関係をめぐり対立が表面化し、ＡＥＳＭと連携していたメンギストゥは、一九七六年九月、自身に対する暗殺未遂事件をきっかけに、翌七七年二月ＥＰＲＰに対する殲滅作戦を展開し、さらに七七年にはＡＥＳＭメンバーに対しても「赤色テロル」の矛先を向けた。こうした強権政治と有力ライバルの処刑を通して、メンギストゥは独裁的権力を確立した。

このエチオピア内政の混乱に乗じてエチオピア侵攻を開始したのが、隣国ソマリアであった。エチオピアと同様に科学的社会主義を掲げたシアド・バレ政権は、また同じく内紛の要因を抱えており、大ソマリア主義の大義のもとでのオガデン「奪還」は国内統合の格好の口実となった。だが、一九七七から七八年にかけて行われたエチオピア＝ソマリア戦争は、ソ連とキューバの軍事的支援を勝ち取ったエチオピアの大勝に終わる。

ソマリアとの戦争の後、メンギストゥの独裁権力は不動のものとなった。それをきっかけにデルグ政権は、ソ連支援のもとにアフリカ最大規模の軍隊を保有することになった。それは、国外の敵に対応するためというよりも、むしろ国内の敵に対抗し政権維持をはかるためのものであった。国内各地で、デルグ政権に失望した知識人が中心となって民族主義を掲げ武力闘争を展開し始めていた。デルグは北部では、エリトリア独立を求めるエリトリア人民解放戦線（ＥＰＬＦ）やそれと共同戦線を張るティグライ人民解放戦線（ＴＰＬＦ）との、南部では抑圧されたオロモ人民の解放とデルグ政権打倒を掲げるオロモ解放戦線（ＯＬＦ）との内戦に本格的に突入することになる。デルグは成立当初こそ民族主義の重要性を認めていたが、最終的には「エチオピア第一主義」のもとで、それを「狂信的な他民族排外主義」として徹底して弾圧することになった。そして、ついには民族問題の存在すら封印してしまったのである（石原 2001）。

2　民族主義と社会主義政権の崩壊

デルグによる地方社会の国家への統合の程度は、地域によってさまざまだった。エチオピア南部から西南部にかけての農耕地帯では、北部出身の入植者による不当な取り立てや過重な課税に苦しめられていたため、革命の到来は総じて歓迎された。革命の動乱期には、地元住民は大地主や行政官の私財や不動産を略奪するなど報復的行動に出た。だがデルグ政権の独裁的な強権政治、強引ともいえる徴兵、飢餓や戦争犠牲者に対する義捐金と称した恣意的な課税が展開されるなかで、政権への期待は失望に代わっていった。「辺境」の牧畜社会では、革命の影響は選択的な形であらわれた。牧畜民たちは、帝政の終焉を歓迎する一方で、都市を中心とする教育や地方行政を介して浸透してくるアムハラ文化への同化には、強い警戒心をもっていた。オモ川沿いの農牧民社会は、国家の影響を受けつつも、自律的な政治組織を維持しようとした。そのため農民組合は十分に根づかず、政府の介入にもかかわらず、民族間の戦いはおさまらなかった。この時期の民族間の戦いは、資源の獲得を原因とするものである一方で、国家に抗して集団の文化的アイデンティティを保持する意味合いも帯びていた（Fukui and Markakis 1994）。

デルグ政権に対しては、エリトリアの独立を求めるエリトリア出身の知識人、さらに帝政期に抑圧意識に目覚め階級闘争を民族解放の機会と捉えていたティグライやオロモの知識人の間で失望感が広がった。そしてデルグ政権のかかえるさまざまな矛盾は、ソ連の崩壊による援助の停止と呼応して、一気に噴出することになった。一九八八年にはエチオピアの国家予算の五四%が軍事目的に支出され、対外債務は五・三億米ドルにまで膨れ上がっており、すでに財政面で破産状態にあった。一九八九年、もはや莫大な軍事費を投入することができなくなったデルグ政権は、一九九〇年三月、社会主義の放棄を宣言した。農村部では、デルグ政権の農村開発政策の象徴ともいえる農民組合や集村化計画・集団移住計画で作り上げられた新たな共同体が総崩れを起こした。そして、ついに一九九一年五月、デルグ政権打倒のために連携行動をとるようになっていたTPLF、OLF、EPLFは、首都アディスアベバを陥落させ、デルグ政権は崩壊した。

V 「地方」に突きつけられた新たな課題

一九九一年、ティグレ人民解放戦線(TPLF)を中核として複数の民族政党から形成されたエチオピア人民革命民主戦線(EPRDF)は、「民族自決」を重視する国家建設を公約し、一九九三年にはエリトリアの分離独立を承認した。一九九四年には新憲法が発布され、エチオピアは九つの州からなる連邦制を導入する(石原 2001)。また一九九二年、世銀・IMFが推奨する構造調整政策(市場の自由化や変動為替制など)を採用し、崩壊した国内経済と財政の再建に向けて歩み始めた。

さて、私たちが関心を向けている南部諸民族州やオロミア州西部では、政変後どのような変化がみられるだろうか。南部諸民族州は、民族の多様性と野生の動植物を観光資源として、観光産業に力を入れている。オモ川の「辺境」には、多くの外国人観光客が押し寄せるようになった。ツーリストたちは牧畜民の「伝統儀礼」を見物し、エキゾチックな姿を写真におさめ、その代償に金銭をばらまく。だがツーリズムの興隆は牧畜民たちに現金収入の機会を与えただけでなく、一方的に「白人」たちのまなざしにさらされることに対する反発や、それによるアイデンティティの混乱も引き起こしているといわれる（Turton 2004）。政治面でも多様な民族構成のために、教育や行政機関で使用する言語をめぐって対立が起きたり、行政区域の境界線をめぐる争いが起きたりしている。さらに一つの民族が独自の特別行政区をつくろうとする動きがしばしば起きており、南部諸民族州は常に内部分裂の可能性をはらんでいる。

一方、オロミア州西部では、自由市場経済の導入により、主要商品作物であるコーヒーの国際市場価格の変動が直接生産者の懐を直撃するようになり、コーヒー栽培地といっても常に安定した食糧の入手が保障されているとはいえない。オロミア州においても、オロモ以外の民族（アムハラやグラゲなど）を排斥しようとする動きがみられ、一九九二年以来非合法組織と指定されたオロモ解放戦線の地下活動も続いており、問題は山積している。

また民族主義を重視する政策によって、学校教育を受けた現地エリートにとっての政治権力は、中央集権的な社会主義政権時代にくらべ、より手近で容易に獲得しうる資源とみなされるようになった。そのため現地エリートたちのあいだで、政治権力をめぐる抗争が頻発する。そして複数の民族が混住する地域では、それが政治化した民族集団の地域の覇権をめぐる武力紛争に発展することもある。たとえばオロミア州南部のボラナとガリの間では、放牧地や井戸を含むテリトリー争いが原因で、一九九二年に大規模な紛争が生じている。また居住地域を南部諸民族州とガンベラ州に分割されたマジャンはそれを不満とし、一九九三年には政府軍と衝突している。さらに政治的統制が緩和された「辺境」地域では、ボディのマロに対する略奪のように、帝国に編入されて以来繰り返されてきた牧畜民による農耕民に対する襲撃行為が、いっそう激しさを増した。

現政権のもとでは、それまで搾取と同化の対象でしかなかった「周縁」が、地方分権と民族自決の原則によって、一定の政治的・文化的自決権をもつ新たな政治単位として位置づけられるようになった。だがそれによって、周辺的な位置にとどめられてきた人びとが、政治的な自由を獲得し、文化的な自律性を享受するようになったといえるのだろうか。

確かに現政権下では、複数政党制がとられるようになった。だがそれにもかかわらず、地方を支配しているのは、政権に忠実な「民族」政党に限られるし、そこで権力の座につくのは、学校教育を受けた者だけである。中央による統制が弱まっているとは、決していえないだろう。また確かに地方では民族教育が盛んになってきている。だがそれを支える民族主義イデオロギーは、一定の空間を特定民族集団が排他的に占有するものとしている。このような領域支配と結びつく集団のイメージは、確実に人びとの日常に浸透し、集団のアイデンティティを変化させている。現政権の政策は、かつての「周縁」を搾取や同化から解放しているというよりも、民族主義的イデオロギーでそれぞれの社会を再編していくことによって、新たな支配体制を構築しているのだ、と捉えるほうが適切なように思われる。そして資本主義的なプランテーション（これはしばしば中央の権力と結びついている）や国際的な援助団体の活動は、このような境界を貫いて浸透し、人びとの生活に直接・間接の影響をおよぼすようになってきた。生態資源の領有をめぐる争いも、国家を含むこれらさまざまなエージェントの関与を抜きにしては、もはや語ることはできなくなってきている。

私たちが「地方」の誕生というときにイメージするのは、このような複雑な歴史的過程を通して成立した地域のことである。「地方」はエチオピア帝国の成立にともない、それを政治・経済的に支える「周縁」として形成された。それが社会主義政権時代の同化政策をへて、政治的自決権を持つ今日の「地方」へといたる。だがそれとはうらはらに、国家支配とグローバル経済の浸透は、より捉えにくい形で、しかし着実に強まっているように思われる。「地方」に突きつけられた課題とは、分散し多方向から浸透する支配権力の中で、人びとがいかにしてしたたかに生き抜くための戦略を構築していくのか、という問いにほかならないのである。

●第1部　生存の多様化選択

第1章

氾濫原をめぐる文化抵抗

国家支配下におけるクシ系農牧民ホールの栽培戦略

宮脇幸生

I　牧畜社会をささえる氾濫原

エルボレは、首都のアディスアベバから車でまる2日の距離に位置する、ケニア国境近くの小さな町だ。周囲はアカシアの木の点在するサバンナで、吹く風は熱気をはらんでいる。町には警察の駐屯所と小学校のほかには、何件かの飲み屋と草ぶきの民家があるだけである。町に着くと、皮のショールを肩にかけ、鉛の鋲で縁取りされた皮スカートを身にまとう異装の少女たちが、木陰からそっとこちらをのぞいている。私がこれから紹介する、ホールの集落のひとつガンダラブは、ここから歩いて三〇分のところだ。

ガンダラブの周辺は、砂塵の舞う乾燥した地域だ。朝夕はウシやヤギが群れをなしてサバンナの放牧から帰ってくる。ここには典型的な牧畜社会の光景が広がっており、とても農耕ができるようには見えない。ところがそこから数キロ離れた川べりには、一面に緑色のモロコシの穂が風にゆれる、巨大な畑がある。海に浮かぶ小島のようにあちこちに作られている鳥追いの台の上では、少年や少女たちが、懸命に土くれを投げている。そのたびに小鳥たちが、まるでウンカのように群れをなしてわっと舞い上がり、弧を描いてふたたび畑に舞い降りる。私が河川の氾濫を利用する氾濫原農耕を目にしたのは、この地が初めてのことだった。

従来エチオピア西南部の低地には、国家支配の影響がほとんど及んでいないものと考えられてきた。私はここで、国家による支配にも、資本主義経済による商品化にも汚染されることのない、無垢な伝統農法を目にしているのだと思った。だがこのような前提に疑問をもち始めたのは、ホールの氾濫原農耕を、他の民族で行われている氾濫原農耕と比較してからである。

エチオピア高地に水源を持つ河川は、サバンナに流れ出て、そこで大きな氾濫原を形成する。この農耕地帯と牧畜地帯の境界域に展開する氾濫原での農耕は、周辺の牧畜経済を支え、突発的に生ずる危機を吸収する、強力なバッファーだった。中でも最も重要なのがエチオピア中央部に発してトゥルカナ湖に注ぐオモ川の河口部である。それに次ぐのが、ウェイト川の河口部だった。だがこの両河川の河畔で現在行われている農耕のスタイルは、対照的である。

オモ川沿岸に居住する民族の多くは、牧畜に文化的価値をおきつつ、河畔での農耕も行っている。彼らの農耕には、共通した特徴がある。第一に、生産と消費が、きわめてせつな的に行われるという点である。穀物は出穂したはしから未熟のまま消費される。端境期まで穀物が備蓄されることもなく、豊かな収穫の時期のあとは、空腹の欠乏期がくる。だが人々はそれを当然のことと受け止め、欠乏期には牧畜や狩猟採集に依存する（Almagor 1978；Gezahegn 2000；Tornay 1981；Turton 1973；松田 1988；松田 本書2章）。第二の特徴は、重要な資源である氾濫原の耕作地が、個人的なネットワークを通して世帯間で分配されるという点である。つまり生産資源の獲得が、世帯レベルで調整されており、それを超える親族集団や地域集団のような、高次の社会集団の介入にはよっていないのである。オモ川河畔の民族は、生産と消費の面から見るのならば便宜主義的な、資源分配の点からみれば個人主義的な戦略をとっているといえるだろう。

ホールの農耕戦略は、これとは対照的だ。耕作者たちは、端境期の食糧不足を最小限にし、収穫の安全性を最大限にする形で周到な栽培戦術を練る。農産物も畜産物も、年間を通してほぼ均等に消費される。このような栽培戦術は、氾濫原の集団的な管理・分配と密接にかかわっている。氾濫原は、地域集団の長老たちによって、シーズンごとに世帯に分配される。そしてこれらの長老たちは、それぞれの世帯の耕作プロセスにも儀礼や農作業の管理を通して介入し、播種から収穫までのプロセスを統制する。ホールは生産と消費では安定化を重視した、資源分配では集団的な戦略をとっているのである。

ホールが生活するウェイト川周辺の生態環境は、オモ川周辺の環境と、とても良く似ている。かつては周囲の困窮した牧畜民のアサイラムとなったという点でも、同じである。そのうえホールは、オモ川周辺の牧畜民とは頻繁な交流があり、文化的にも多くの共通点を持っている。それならばなぜ、河畔の穀物の栽培戦略において、これほどまでの違いがあるのだろうか。

私は本章で、オモ川河畔の農耕と、ウェイト川河畔で行われるホールの農耕の相違を、国家支配という歴史的要因の違いから見ていきたい。エチオピア帝国はこれらの地域に異なった徴税システムを課し、それが農耕システムの相違をもたらした。そしてホールは、徴税システムに適応する氾濫原農耕のシステムを作るだけでなく、それに支配に抗して集団アイデンティティを維持する場としての意味を付与した。それがこのような違いをもたらしたと、私は考えるのである。ここには国家支配のもとでの、氾濫原という生態資源の社会化の、複雑なプロセスをみることができ

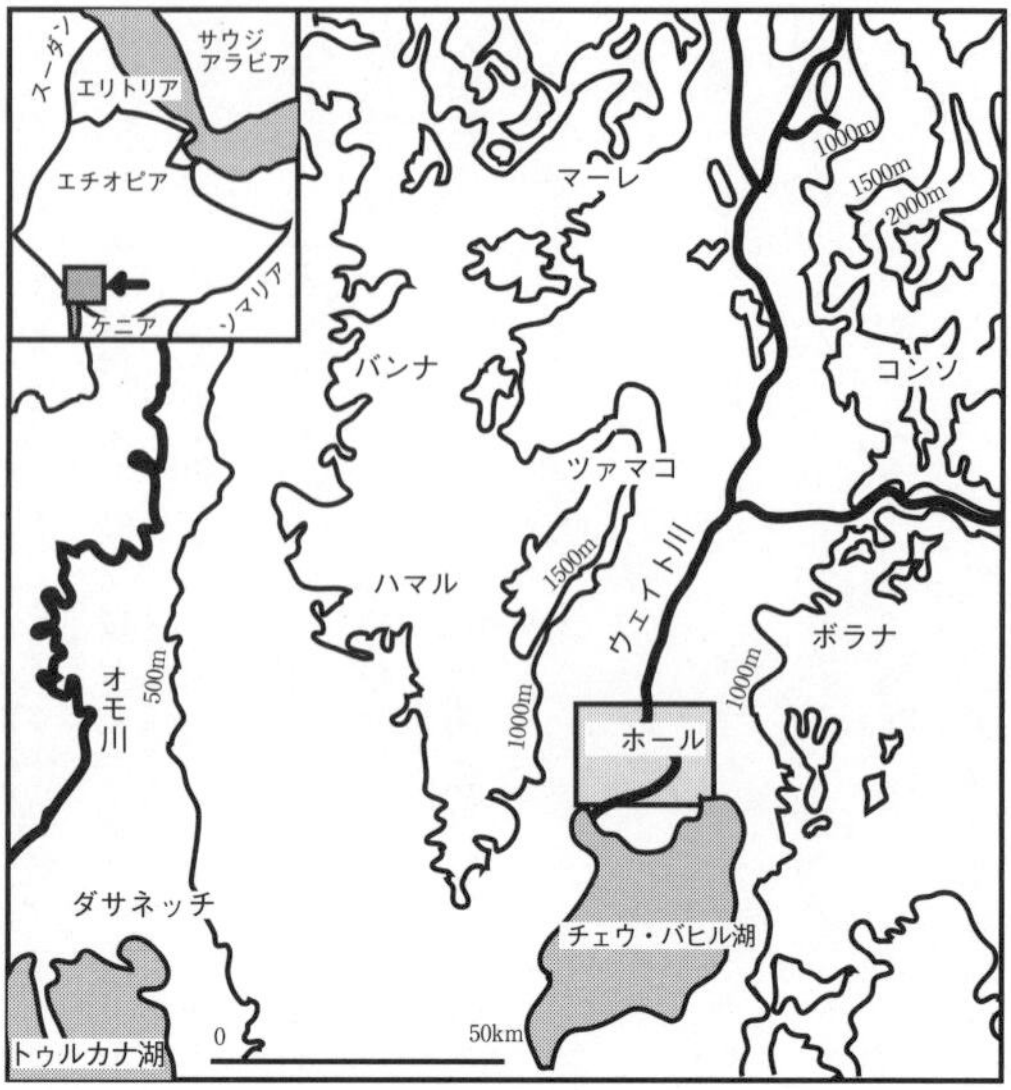

図1－1　ホールと近隣諸民族

るだろう。

次節では、ホールの環境利用についての概略を提示する。続いてⅢ節では、資源分配の方法と、そのもとで耕作者が用いる栽培戦術について記述する。そして耕作者の用いる安定化に向けた具体的な栽培戦術は、ホールの集団的な資源管理や耕作統制の戦略と、密接に連動していることを示す。Ⅳ節では氾濫原の長老による管理とそれを正当化するイデオロギーについて述べ、氾濫原の集団的管理が、ホールの集団アイデンティティの構成に、深くかかわっていることを示す。そしてⅤ節では、オモ川周辺からウェイト川周辺にいたる地域での、20世紀前半におけるエチオピアの帝国支配の状況を概観し、統治の様式の相違が、オモ川河畔とウェイト川河畔における氾濫原農耕のあり方の違いに、大きな影響をおよぼしたのではないかという解釈を提示したい。

II　氾濫原の環境利用

1　生態環境

ホール（Hor）のテリトリーは、ウェイト川河口付近の標高五〇〇メートルほどの半乾燥地帯である。年間の降水量は、二五〇ミリ以下、平均気温は、乾季の暑い季節で二四～二八度、雨季の寒い季節で一六度～二〇度である。（Daniel Gamachu 1977: 25-26）。（図1-1）

ウェイト川は、河口から北一四〇キロメートルほどのガモ高原に源をもっている。川は峡谷をうがち、河口から五〇キロほどのところで、沖積平野を形成する。両側を二〇〇〇メートルに達する山脈に囲まれたこの細長い沖積平野が、ホールの暮らすサバンナである。

ウェイト川は、過去に何度か流路を変えている。そのためにホールの住む下流部では、かつての河床が、網の目のようにからまりあった河跡（leba）として残されている。ウェイト川は河口付近で緩く蛇行し、湿原へと消えていく。湿原の背後は、広大な窪地となっている。この窪地は、一九世紀の末から二〇世紀の初頭にかけては、多量の塩水をたたえ、深さ六メートルにも達する巨大な湖だった。現在ここは、塩分の析出したコンクリートのような広大な不毛の地となっている。雨季にわずかに浅い水をたたえて、かつての面影を残すのみである。さらにその背後は、ケニアの牧畜民の遊動する乾燥地帯（chelbi）に続いている。

ウェイト川は、下流でも川幅は二〇メートルに満たない小さな川である。乾季には水がなくなり、河床がむき出しになる。ところが雨季になると、下流で大きく氾濫する。この氾濫が、ホールのテリトリーを、このあたりいったい

表1-1　季節と農事暦

月	1	2	3	4	5	6	7	8	9	10	11	12
季節	乾季		大雨季					乾季		小雨季		
ウェイト川の氾濫												
農事暦		収穫		播種				収穫		播種		
gofo irit												
simako												
daabante dersit												
放牧キャンプの移動		氾濫原へ	サバンナへ散開				川近くへ移動			氾濫原へ		サバンナへ

で飛びぬけて豊かな土地にしているのである。

このあたりには、年に二回の雨季がある。三月から六月が大雨季、九月から一〇月が小雨季で、四月に最大の降雨がある。集水域の比較的狭いウェイト川は、この水源地帯の降雨に敏感に反応し、上流で雨が降ればたちまち増水する。その水は本流から河跡に入り込み、その周囲を広く冠水させる。ホールは冠水した氾濫原をホール（hor）、水の届かないサバンナをアバール（abar）と呼んでいる。後に見るように、氾濫原は農耕の主要な舞台であり、サバンナでは牧畜が行なわれる。ホールが栽培する作物は、モロコシ、トウモロコシ、ササゲ、リョクトウ、カボチャ、タバコなどであり、なかでもモロコシは、最も重要な作物である。

ホールはウェイト側の河畔に、四つの地域集団に分かれて居住している。北から順に、ガンダラブ（Gandarab）、クラム（Kulam）、マルレ（Murale）、エグデ（Egude）という。さらに北方の二集団をあわせてアルボレ（Arbore）、南方の二集団をあわせてマルレ（Marle）という。[1] 世帯数は、ガンダラブは二〇〇、その他の地域集団はそれぞれ一〇〇ほどで、ホール全体でおよそ二五〇〇人から三〇〇〇人ほどの人口を擁している。それぞれの地域集団は、政治的に独立している。各地域集団には、最高の権威であるカウォットと呼ばれる首長（k'awot）、それに次ぐ権威をもつケルネットと呼ばれる首長（kernet）、年齢階梯で中心となる世代組から選ばれるジャラーブという評議員たち（jald'ab）、耕作地の分配者たちであるムラ（mura）がおり、

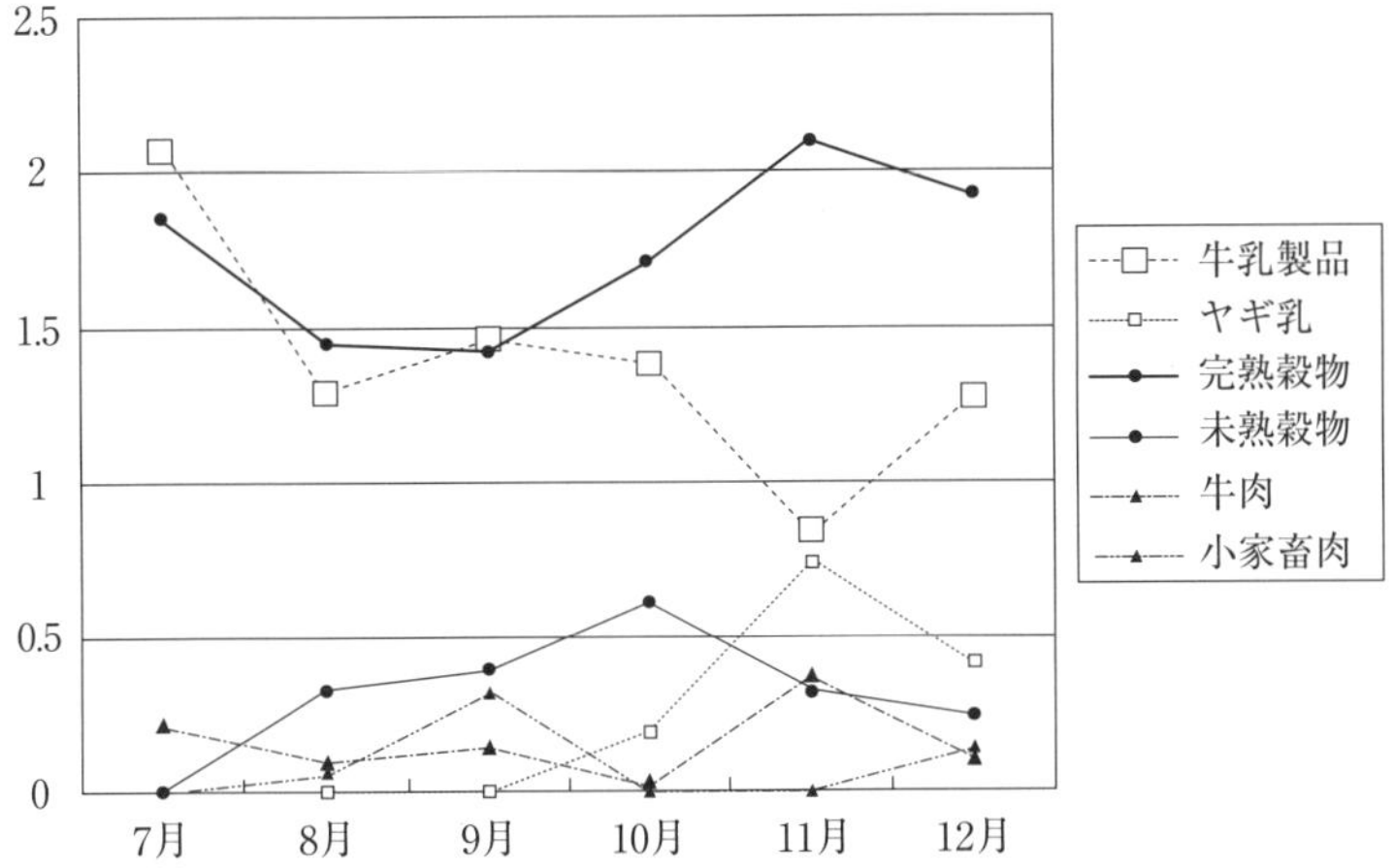

この図は，ある世帯が7月から12月までの毎日の食事に用いた食材の一覧をもとに作成した．縦軸は，1日あたりに食材が出現した頻度を表す．ホールは通常1日4回の食事をとる．そのうち2回は，コーヒーとミルクからなる簡単なもので，あとの2回は，穀物や肉を用いた本格的なものである．

図1-2　月別の食物消費の変化（1993年）

儀礼を行ったり、政治を取り仕切ったりしている。

2　季節と降雨

ホールにとっての一年の始まりは、三月から六月にかけてのグ（guh）と呼ばれる大雨季である。この季節には乾燥したホールの地にも、多量の雨が降り、サバンナはたちまち緑となる。（表1-1）

ウェイト川は、上流の雨を集めて氾濫する。氾濫した水は、川の河跡の中に入り込み、その周囲を冠水させる。雨季が終わり、この冠水が引いた後に、モロコシが播種される。雨季の始まりは前シーズンのモロコシが収穫される直後であり、食物の豊富な時期である。またこのとき、前年度の大雨季に妊娠したウシたちが出産のピークを迎え、ミルクも豊富となる。

七月から九月にかけて、小乾季となる。これをホールはマール（mar）と呼ぶ。マールとは、空腹という意味である。この季節は農作物の端境期であり、播種された穀物が収穫されるまで、前シーズンの穀物を食べつないでいかなければばならない。だが八月になると、サバンナに播種した早熟の穀物が熟してくる。人々はその一部を、青い未熟なままで消費し始める。この季節はまた農閑期でもあり、婚姻を初めとする儀礼が頻繁に行なわれる。

一〇月から一一月の小雨季を、ホールはハガイ（hagai）とよぶ。大雨季に比較すると、小雨季の降雨ははるかに不確実であり、まったく雨の降らない季節もある。河川の氾濫も不規則で、三年に一度は、氾濫が不十分で耕作地を氾濫原につくることが困難になる。このようなときに人々は、湿地に近い湿った土地を除草して、モロコシを植える。すでに大雨季に播種したモロコシのほとんどは収穫されており、食物は充分に豊かである。

一二月から二月にかけては大乾季となる。この季節も小乾季と同様に、マールと呼ばれる。ウェイト川は完全に干上がってしまい、河床がむきだしになる。小雨季の播種がうまくいったときには、三月の終わりには収穫が始まる。

ここでホールの世帯の、食物消費のパターンをみておこう。図1-2は、ある世帯の、半年間の食事における、食材の出現頻度の変化を示している。これからわかるのは、大雨季に播種した作物が収穫される直前の、九〜一〇月の端境期には、栽培中の未熟の穀物が消費されること、またミルクなどの畜産品が、農産物を補完していることである。だがオモ川河畔の他の社会と大きく異なっている点は、ホールの場合、未熟の穀物や畜産品に依存する割合が、非常に少ない点である。ホールでは年間を通して、備蓄された穀物が消費の中心でありつづける。それが可能なのは、ホールのモロコシ栽培が、長期的なスパンにたった計画性のもとになされるからである。

3　氾濫原の耕作地

ホールの農耕は、いくつかの異なった生態環境を利用して行なわれる。生態学的な環境と分配の方法の違いによって、ホールはこれらの耕作地を四種類に分類している。

サバンナに作られる畑を、ホールはゴファ・イリット（雨の緑地）（gofa irit）と呼ぶ。これは定住集落の近くの、雨水のたまる窪地に作られる畑である。面積からいえば、ホールの農業にとって大きな割合を占めるわけではない。けれども冠水の引くのを待たねばならない氾濫原の畑にくらべて、早く播種ができるので、端境期の食糧補給に重要な意味を持つ。

川辺林のある河岸堤防に作られる畑を、ルチ（luchi）という。ルチは、放棄されるまで、そこを開拓した者が使いつづけることができる。ルチがホールの耕作地のなかで占める割合は、わずかであるが、氾濫原の少ないテリトリーの北に作られる牧畜のための一時的集落にとっては、重要な耕作地となる。

氾濫原に作られる畑を、ビーエ・ダーバン（湿り気の土地）（biie daaban）という。氾濫原の畑はさらに、分配と管理のしかたの違いによってダーバンテ・デルシット（daabante dersit）とスマコ（simako）の二種類に分けられる。

ダーバンテ・デルシットは、集落の長老たちによってシーズンごとに分配・管理される耕作地である。デルシ（dersi）とは本来、儀礼のときにその場を囲うために用いられるいくつかの植物の総称であり、この場が耕作地としては唯一、儀礼の行われる場であることを示している。ダバン（daban）とは湿り気のことなので、この耕作地の名称の意味は、「結界で囲われた湿り気のある土地」という意味になる。ダーバンテ・デルシットは、全体で数百ヘクタールにもなる広大なものであり、ホールの穀物の主要な生産地となる。

氾濫原でダーバンテ・デルシットとして囲った部分をのぞく残余の部分は、オープン・アクセスの資源となる。労働力に余力のある世帯が、自由に耕作をすることができる。そこに作られた耕作地をスマコと呼ぶ。

ホールの各世帯にとって、もっとも重要な畑は、長老集団が分配するダーバンテ・デルシットである。だがダーバンテ・デルシットでは、播種から収穫にいたるまで、長老集団による徹底した管理が行なわれる。耕作者たちは、このような制約のもとで、それぞれの世帯の条件に合わせて、最適・最大の収穫を目指して、栽培戦術を練る。

III　耕作者たちの栽培戦術

ところで氾濫原は、なぜシーズンごとに分配されるのだろうか。それは耕作可能な氾濫原の規模や位置が、シーズンごとに変化するからである。ウェイト川の氾濫は不安定である。まず氾濫の規模が不安定であり、小雨季には、2～3年に一度は氾濫さえしない。氾濫によって冠水する場所も、年ごとに変化する。前年まで肥沃な耕作地だったところが、翌年はサバンナになったりするのである。こうした不安定性への対処法は、いくつかのやり方があるだろう。たとえばオモ川河口に大きな氾濫原をもつダサネッチでは、各世帯が個人間にはりめぐらされたネットワークを通して、シーズンごとに耕作可能な土地を、他の耕作者から借り受けるシステムが発達している（Almagor 1978）。それに対してホールでは、セクションごとに、長老集団が氾濫原を各世帯に分配することで、世帯ごとの耕作が平準化するように調整している。

すでに述べたように、ホールの耕作者は、端境期の食物の欠乏をなるべく最小限するような志向性をもっている。ここで安定を志向する耕作者たちの栽培戦略が、具体的な状況でどのような戦術となって現れるのかを、見ていくことにしよう。

ホールの作物栽培は、核家族である世帯単位で行われる。世帯の農作物の生産過程を、もっとも大枠で規定するのは、生態的条件である。降雨や川の氾濫、地形、土壌の種類や水分の含有量、作物の成長や収穫に影響を与える植生や動物層などがこれに含まれる。ホールの耕作者たちは、これらの条件のもとで、特定の土地を資源として用い、自分たちの世帯で調達できる労働力を利用し、自分たちの世帯に必要な種類と量の穀物を収穫しようとする。

だが世帯の栽培戦術を規定するのは、生態的な条件だけではない。むしろ彼らの作物栽培に空間的・時間的な制限を課しているのは、長老集団による統制である。長老集団は最も重要な資源である氾濫原を各世帯に分配し、なおかつその耕作プロセスに介入するからである。各世帯は、この枠組みの中で遭遇するさまざまな生態的条件を、自分たちが自由に利用できる資源を用いることでクリアし、リスクを最小化しようと試みる。

それならば、各世帯の利用できる資源とは何だろうか。それは大まかにいうと二種類に分かれる。ひとつは、ゴファ・イリットやルチ、スマコといった、オープン・アクセスの資源である。多くの世帯がこれらの耕作地を用いることで、長老集団によって統制される氾濫原耕作の限界を補おうとする。もうひとつの資源は、多様な在来品種である。ホールには、モロコシの品種が数多くあり、それらは収量や成長の速度、用途などで、異なった性質を示す。近年では、トウモロコシも栽培される。ホールの耕作者たちは、これら異なった種類の作物や品種を組み合わせることで、さまざまな生態的条件の困難に対処する。

世帯のとる栽培戦術とは、生態的条件と社会的条件のもとで、これらの資源を組み合わせ、リスクを最小化しようとする戦略を具体化する実践のことである。ここではまず、栽培戦術を条件づけている氾濫原における耕作管理のプロセスを、まず農事暦に沿ってみていくことにしよう。次いで、全体的な耕作プランと品種の選択のかかわりについて述べよう。

1　氾濫原の管理と栽培のサイクル

〈氾濫原の予祝儀礼1〉

氾濫原の分配と管理は、ムラとよばれる数人の長老たちによって行われる。彼らはヘル（her）と呼ばれる中心的な年齢階梯から選ばれた長老たちであり、同じくヘルから選ばれ、セクションの政治的な決定権を持つ評議員集団ジャラーブのもとで、その任にあたる。ムラたちは、氾濫原を各世帯に直接分配するだけでなく、儀礼の遂行者を通して、氾濫原における各世帯の耕作のサイクルも管理する。ムラの決定に従わないものは、ジャラーブによって処罰される。

ウェイト川が氾濫し、水が河跡を通って溢れ出すと、「湿り気の未経産ヒツジ（sube daban）」という儀礼が行われる。カウォットは集落の長老たちとともに、未経産の羊を連れて、氾濫原に行く。そこでヒツジを供犠する。

〈氾濫原の分配〉

およそ二週間後に、氾濫した水は引く。ムラたちは、ケルネットとともにダーバンテ・デルシットの耕作地となる場所をどこにするかを相談する。まず隣接する集落と、それぞれの耕作地の境界を定める。そして氾濫原の上に、結界を作るための草（dersi）を置く。さらに河跡の両側に、乾季の放牧地となる「ウシの氾濫原（hor ot）」を囲い込んでおく。

耕作地は、アーンケ（aanke）とよばれる杭によって、河跡と平行に五〇～七〇メートルほどの幅を持つ区画に区切られる。

アーンケで区切られた区画は、さらにサーバン（saaban）という、アーンケと直交して打たれる杭で、長方形に区切られる。これが各世帯に分配される一筆の耕作地となる。広さはおよそ一五〇〇～三〇〇〇平方メートルほどである。耕作地の分配を受けるのは、その集落に所属している既婚の男女世帯である。

〈除　草〉

耕作地が分配されると、除草が行われる。除草を行なうのは、男性である。氾濫する場所は、多くの場合前シーズンとは異なったところなので、しばしば潅木におおわれている。潅木を手斧（hikich）で切り倒し、先端に刃のついた堀棒（gaidan）で地面を覆っている草を取り除く作業が、農事暦の前半でのもっとも骨の折れる作業となる。利用可能な労働力に比べて耕作面積の大きな世帯は、モロコシのビール（parso）をかもして人を集め、共同作業（haila）で除草を行なうこともある。

〈氾濫原の予祝儀礼2〉

除草のおよそ1週間後に、ドゥーマブト（duumabuto）という儀礼が行われる。ムラが儀礼の執行者である「ドゥーマブトの男（moha duumabe）」役の男を任命する。この男は、耕作地に四つの穴を掘って、最初の播種を行うのである。「ドゥーマブトの男」は、鳥と穀物の病気を追い払い、豊かな実りをもたらすものと考えられている。この儀礼のおよそ四日後に、モロコシが発芽する。するとほかの耕作者たちも、播種を開始することが許される。

〈播　種〉

播種の日の前日から、播種用の種はヒョウタンの中で水に浸される。当日は、世帯の男性が2メートルほどの長さの木の棒（hoosan）で、およそ一メートル間隔で穴を掘ってゆく。女性はその後から、手で穴の中の土をかき出したり、堀棒で穴の形を整え、深さ二〇センチほどの漏斗型の穴にしてゆく。そしてそこに、五〇～一〇〇粒の、発芽しかけた種を入れていく。多めに播種することで、発芽の可能性を高めようとするのである。

この時期には、河川が再び氾濫することもある。播種した畑が冠水してしまわないように、畑の周囲に高さ三〇センチほどの土の壁を作ることがある。いくつかの畑を囲むものをヒド（hid）といい、多くの畑を囲む長大なものをモーシ（moosi）という。

〈間引き・鳥追い〉

およそ一月後、モロコシの草丈が三〇～四〇センチの高さになると、「ドゥーマブトの男」は、自分の畑で間引きを行う。「ドゥーマブトの男」が間引きを行うと、ほかの耕作者たちも、間引きを開始する。一つの穴には、七～八本程度のモロコシが残される。

播種から三ヶ月くらいしてモロコシの穂が出穂してくると、「ドゥーマブトの男」は、鳥追いのための台（konna）を自分の畑の中に立てる。人々もすぐさまそれに続いて高さ二メートルほどの鳥追いの台を作り、鳥追いを開始する。鳥追いは夜明けから夕方まで行われる。ヤマアラシやワートホッグなどの害獣を追うために、畑に泊り込むこともある。この鳥追いの時期が、農事暦の後半でもっとも労働力を必要とする時期となる。

〈収　穫〉

さらに半月後には、モロコシの穂は熟してくる。耕作者たちは、ムラたちに、翌シーズンのための種子（bado）を収穫することの許可を求める。ムラたちは、すべての畑のモロコシが、充分に熟していることを確認すると、種子をとることを許可する。人々はまず、自分の畑のそばに小さな出作り小屋をつくる。ついで畑から四つの穂を集め、それを食べる。その後に翌シーズン用の種子を収穫し、集落の家に持ち帰る。

ムラたちはその後一週間ほど耕作地を見回り、すべての世帯の畑で種子が収穫されていることを確認する。ついで人々に、収穫した穂を乾かすための台（doru）を作ることを命ずる。乾燥用の台ができると、ようやくムラたちは、モロコシの収穫を許可するのである。

人々は、モロコシを倒し、ナイフで穂を切り取る。収穫した穂は、乾燥台の上にモロコシの品種ごとに積み重ねられる。モロコシの収穫後には、ウシが畑に放たれる。この後充分な雨が降るのならば、切り株からはひこばえ（chakali）が出てきて、二度目の収穫をもたらす。

収穫した穀物は乾燥後、脱穀し、家の外にある作り付けの容器に貯蔵される。それを管理し、食物に加工するのは、女性の役割となる。

2　栽培戦略と品種の選択

氾濫原でのモロコシ栽培は、長老たちの管理によって、空間的・時間的な制限を受ける。各世帯の耕作者は、オープン・アクセスの資源を利用することで、その制約を補おうとする。労働力にゆとりのある世帯は、氾濫原にスマコと呼ばれる耕作地を作り、より多くの収穫をめざす。ダーバンテ・デルシットで分配された土地に不満をもつ者も、スマコを耕作することになる。端境期の蓄えに不安を持つ者は、播種と収穫が氾濫原よりも早い天水畑であるゴファ・イリットを耕作する。

こうした社会的資源の利用に加えて、耕作者たちは多様な品種を利用することによって、さまざまな制約を乗り越える戦術を構築する。次にこれらの品種を用いた栽培戦術を見ていくことにしよう。

ホールには多様なモロコシの在来品種がある。ホールで八〇人にインタビューした結果、彼らの認知している方名はのべ一三〇品種、実際に栽培している品種数はのべ七六品種にのぼった。栽培している品種数は、人によって異なっていた。最も多くの品種を栽培していると答えた人は、ガンダラブの中年の女性で、二一品種、最も少ないのは、ガンダラブの老人で、〇品種。彼はトウモロコシしか栽培していなかった。平均の栽培品種数は六・六品種、最頻値は六品種である[2]（Miyawaki 1994）。

これらの品種は、その外観も性質も多様である。ホールは主要な品種を、「赤い品種」と「白い品種」に大別することがある。「赤い品種」は、果皮が赤く、苦味のある品種、「白い品種」は、果皮が白く、甘味のある品種である。しかし実際の品種の形質はかならずしもすべてがこの二分法にあてはまるわけではない。

ホールの人々はそれぞれの品種の形態や有用性について、詳細な知識をもっている。八〇人へのインタビューの回答をもとに、主要品種の性質を分類すると、大まかに、「タンニンを含み苦味を持つ品種」（これはいわゆる「赤い品種」である）、「タンニンを欠き甘く食味に優れる品種」（いわゆる「白い品種」である）、「早熟で湿気を必要としない品種」、「晩熟で湿気を必要とするが多収量の品種」に分類できることがわかる。これらの品種群は、耕作者の栽培戦術にとって大きな意味をもっている。耕作者は、世帯での必要性、耕作地の土壌や水分の含有の多寡、労働力の有無、隣接する畑の状況などを考慮に入れて、それぞれの条件に応じた品種を選択し、播種するのである（Miyawaki 1996）。

〈世帯の必要性〉

端境期になると蓄えていたモロコシを早々に食べ尽くしてしまい、空腹を抱える世帯が出てくる。このような不安を持つ世帯は、ゴファ・イリットで耕作をする。雨水により給水されるので、氾濫のひくのを待つ必要がないし、長老の管理下にあるダーバンテ・デルシットのように、収穫時期を長老たちによって決められることもないからである。そのために播種も収穫も、ダーバンテ・デルシットよりも二ヶ月近く早くなる。このような世帯が栽培するのは、早熟品種である。

多くの扶養家族を抱える世帯は、翌シーズンまで十分な量の収穫を確保する必要がある。このために、二種類の戦術がとられる。ひとつは、複数の畑を耕作することで栽培面積を拡大することである。もうひとつは、単位面積あたりの収量を増やしたり、個人あたりの消費量を抑制したりすることである。そのために多量の収穫をもたらす品種を栽培したり、少量でも満腹でき、腹もちの良い種類の品種を栽培する。

食味も品種を決めるさいの重要な要因となる。モロコシは品種によってその調理法が異なる。パルソというビールに適するのは、タンニンを含む苦い品種であると言われる。ホールが最も好んで食べる料理は、ダヌットと呼ばれる紡錘型に練ったモロコシの食品だが、これには白く甘い品種が適している。また、白く甘い品種は、乳幼児の離乳食にも適しているとされ、家畜を持たない世帯では、家畜のミルクの代わりに白い品種を乳幼児用に栽培する。

〈耕作地の土壌との適合性〉

土に含まれる水分の量は、耕作者が播種を行なうさいに最も注意を払う要因である。天水畑であるゴファ・イリットは、スマコやダーバンテ・デルシットのような氾濫原の耕作地に比べて、含まれる水分の量が少ないと考えられている。そのためゴファ・イリットにはしばしば、乾燥に強い品種が栽培される。それに対して氾濫原の耕作地には、水分を必要とするけれども収量の多い品種が栽培される。

栽培する品種を決めるさいにもう一つの重要となる要因は、土壌の種類である。ホールは土壌の種類を、土壌のきめ、沖積土か風積土かの違い、沖積のしかたの違いなどによって、七種類に分類している。氾濫原に見られる沖積土は四種類あり、このうちコノン（konon）と呼ばれる赤茶色のシルト状の土壌、ムロ（muro）とよばれる黒い粘土状の土壌、およびコノンとムロが数ミリのはばで層状をなして沖積しているフルグブ（hurgub）という土壌が耕作に適しているといわれる。それに対して砂質のアガルテ（agarte）は、水分も保持せず養分もない。

耕作地は沖積土で層状に覆われているので、深さ三〇〜四〇センチごとに土壌の種類が変わる。こうした土壌の構成にあわせて、栽培する品種を選択することがある。何人かの耕作者は、播種をする前に、事前に畑を何箇所か一メートルくらいの深さまで掘ってみて、内部の土壌の様子を確かめると言う。表面がたとえ水分と養分に乏しいアガルテでも、奥に耕作に適した土壌がある場合は、根が長く伸びる品種を播種する。逆に表面に肥沃な土壌があっても、内部にアガルテがある場合は、早稲の品種を栽培する。根が砂状の土壌に届く前に、収穫ができるからである。養分ではなく、土壌のきめを問題とすることもある。粘土質のムロは、乾燥すると表面にひびが入る。このようなところには、トウモロコシのような根の短い作物を播種することは避ける。倒壊しやすくなるからである。

〈鳥追いと労働力の調達〉

ダーバンテ・デルシットは最も肥沃な耕作地だが、世帯あたりに配分される面積には限りがある。多くの収穫を求める世帯は、ダーバンテ・デルシットに加えて氾濫原のスマコを耕作する。ここはダーバンテ・デルシットと同様に肥沃であり、多くの収穫を期待できる。しかしスマコを耕作する場合の問題は、ダーバンテ・デルシットの耕作と時期が重なり、一時期に多くの労働力が必要となるという点である。ことに鳥追いは六週間近く続くので、大きな問題となる。

鳥追いの労働力不足を解決するための方法の一つは、どちらかの畑に鳥害に強い品種を栽培し、その分の労働力を省くというやりかたである。図1-3は、氾濫原で二つの耕作地をかけもちしているガンダラブのある若者の労働日数を示している。この二つの耕作地は、異なった氾濫原にあったために、耕作の時期がわずかにずれているが、鳥追いの時期は重なっている。このとき彼は、姻族から鳥追いの助けを得ると同時に、広いほうのAの耕作地には鳥害に強い品種を栽培することで、こうした労働の負担を最小限にとどめていた。

〈耕作地のプラン〉

これまでの議論でも明らかなように、ホールの耕作者は播種をする前に、どの耕作地にどのような品種を栽培するのか、また一つの畑の中で、どのような配列で品種を播種していくのかについて、はっきりとした見取り図を頭の中

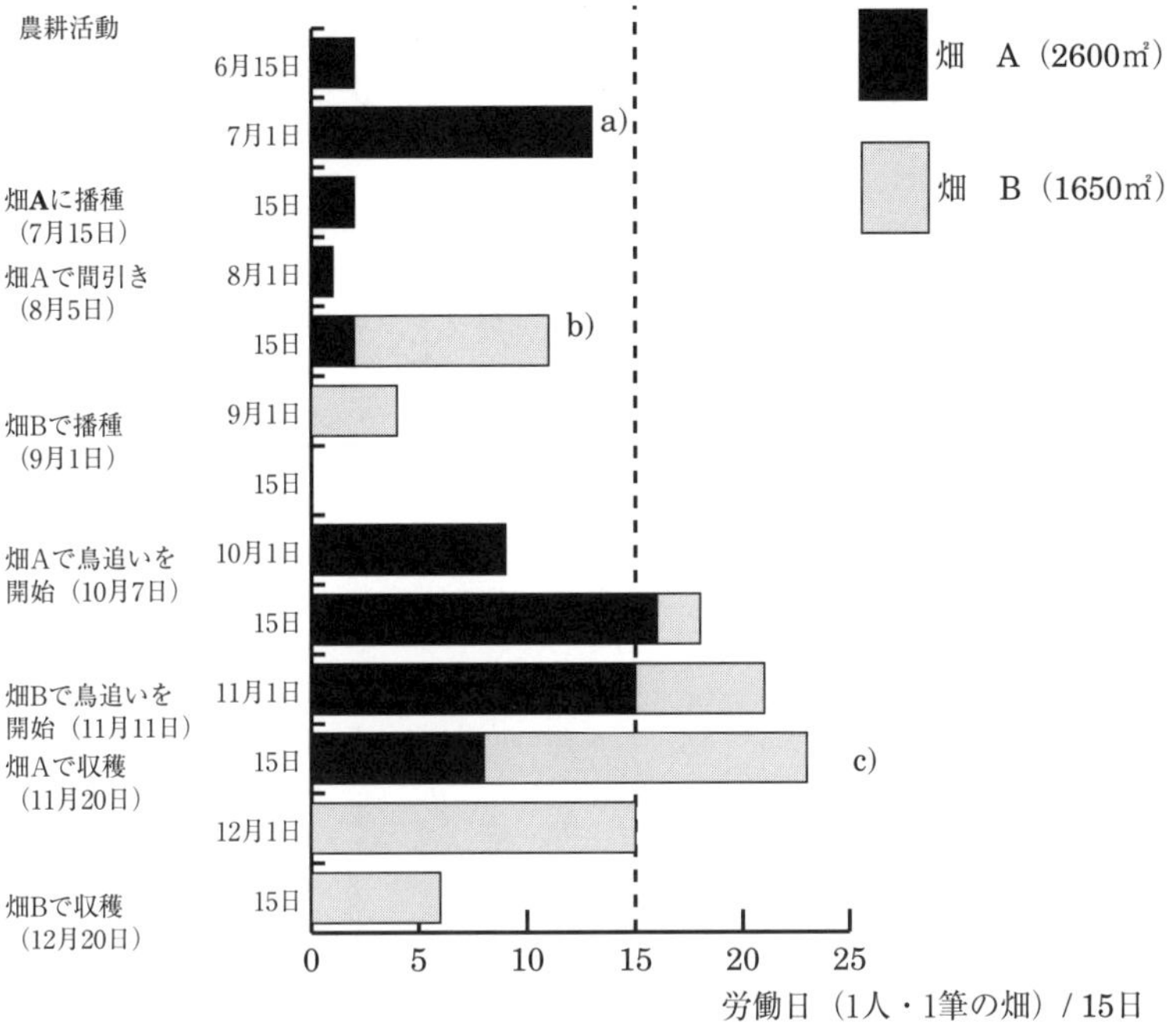

a）耕作者は自分の畑の除草に共同労働を組織した．彼自身は，7月1日から14日までを，自分の兄の畑の除草，播種を手伝っていた．兄の畑の面積は，畑Aとほぼ等しかった．この期間の労働量は，兄の畑の労働日数から推定した．

b）畑Bの除草に要した労働力は，兄の畑に要した労働力から推定．

c）耕作者は独身で，母は老齢のため，利用可能な労働力は，彼自身の労働力だけだった．点線で示したのは，この利用可能な労働力の限界線である．このとき彼は，自分の妹の夫の世帯から，鳥追いのために，何人かの兄弟姉妹を派遣してもらっていた．

図1-3　ある耕作者の労働記録（1993年）

に描いている。どくに一筆の畑内の播種プランを規定する大きな要因となるのが、鳥追いである。多くの耕作者は、労働力が限られているので、一筆の畑の中に鳥追いの台を一台だけしか作らない。彼らは通常鳥追いの台を畑の中央に作り、その周囲に鳥に食べられやすい白い品種を栽培する。そして畑の周辺に、鳥害に強い赤い品種を栽培する。また、鳥追いの台の周囲には丈の低い品種を栽培し、周囲に行くほど丈が高くなるように品種を配列する。鳥追いの台からの見通しを良くするためである。

図1-4は一九九五年にガン

ダラブの周辺のゴファ・イリットに作られた畑の中の、品種の配列を示している。耕作者は年齢が三十歳台半ばであり、子供はまだ小さかった。彼はこの畑には、早熟の品種を主として栽培している。なぜならゴファ・イリットの土壌は、あまり水分を含んでいないからである。それと同時に、多くの収量をもたらす品種も、いくつか栽培している。

この畑は、ゴファ・イリット全体の端のほうに作られていた。この耕作地全体は、害獣の侵入を防ぐために、刺のある木の枝で囲われていた。しかしその木の枝に鳥がとまり、そこから畑に侵入してくる。そのために囲いの周囲は、とくに鳥害にあいやすい。この耕作者はそのことを考慮して、鳥追いの台を囲いの近くに作っている。そしてこの囲いの周りに、最も丈の低い品種を栽培していた。そして台から遠くなるほど、徐々に丈の高い品種となるように配列していた。これは鳥追いを行なう彼の子供が、周囲までよくみわたせるようにするためだった。そして台から最も離れた畑の端には、鳥害に強い苦味のある品種を栽培していた。

この例からわかるように、ホールの耕作者は、播種を始める前にすでに、耕作地の種類、土壌の水分、畑の位置、利用可能な労働力を考慮し、品種ごとの成長の早さ、収量、鳥害への耐性、食味、丈の高さを勘案した上で、播種のさいの配列をきめているのである[3]。

IV　聖域としての氾濫原

ホールの耕作者は、周到な栽培戦術をとる。その戦術は、降雨や氾濫、土壌の状態といった生態的要因だけでなく、長老集団による氾濫原管理という社会的制約によっても、強く規定されている。

さてここまでは、長老集団による氾濫原管理を、もっぱら資源の社会的分配の側面からとらえ、耕作者の戦術を、

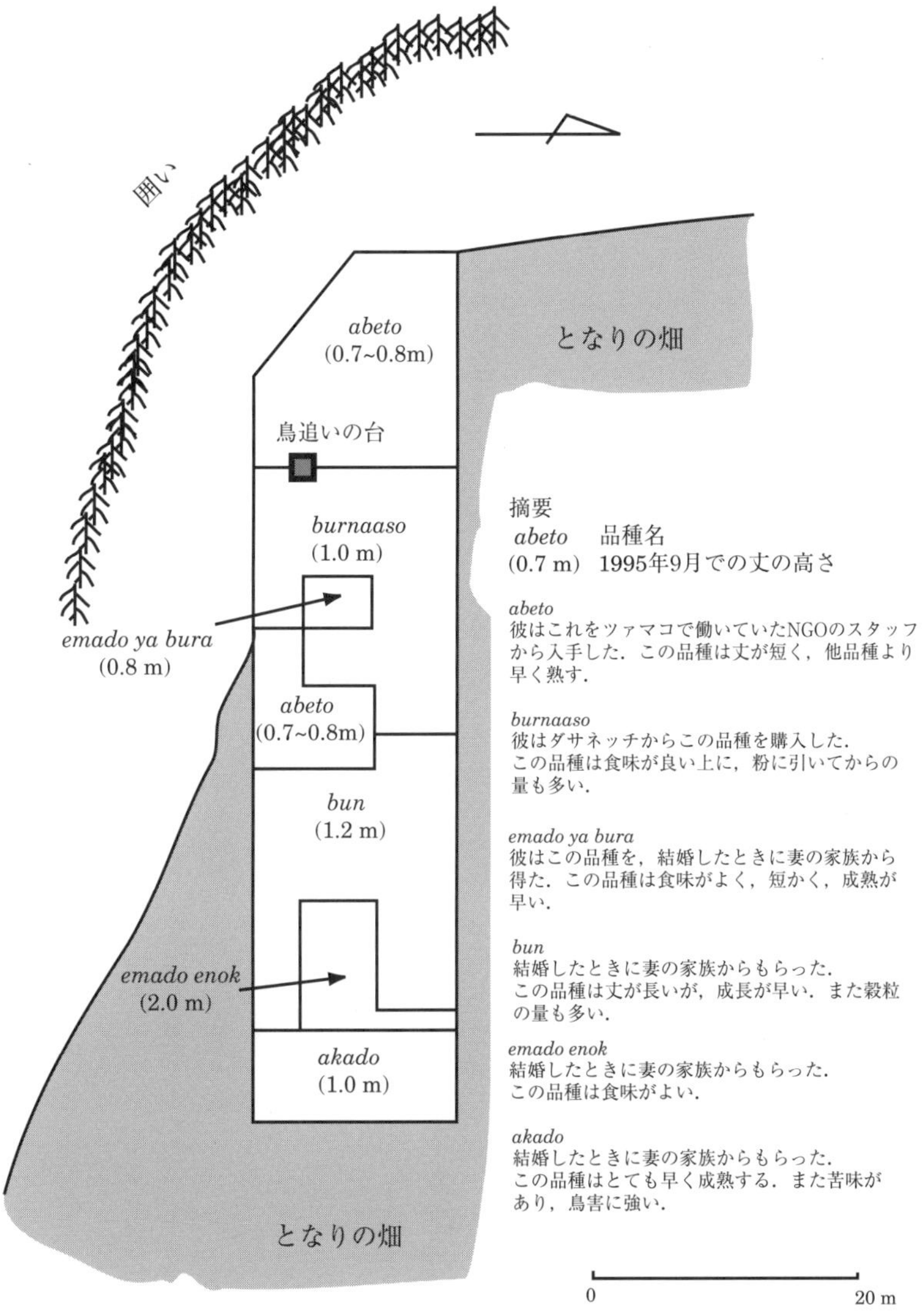
囲い
となりの畑
abeto
(0.7~0.8m)
鳥追いの台
burnaaso
(1.0 m)
emado ya bura
(0.8 m)
abeto
(0.7~0.8m)
bun
(1.2 m)
emado enok
(2.0 m)
akado
(1.0 m)
となりの畑
摘要
abeto　品種名
(0.7 m)　1995年9月での丈の高さ
abeto
彼はこれをツァマコで働いていたNGOのスタッフから入手した．この品種は丈が短く，他品種より早く熟す．
burnaaso
彼はダサネッチからこの品種を購入した．
この品種は食味が良い上に，粉に引いてからの量も多い．
emado ya bura
彼はこの品種を，結婚したときに妻の家族から得た．この品種は食味がよく，短かく，成熟が早い．
bun
結婚したときに妻の家族からもらった．
この品種は丈が長いが，成長が早い．また穀粒の量も多い．
emado enok
結婚したときに妻の家族からもらった．
この品種は食味がよい．
akado
結婚したときに妻の家族からもらった．
この品種はとても早く成熟する．また苦味があり，鳥害に強い．
0
20 m

図１-４　畑の耕作プラン

それの課す制約を乗り越えるための実践として記述してきた。だが長老集団による氾濫原の管理を、単に資源の社会的分配をつかさどるものとしてのみとらえることは、ホールが氾濫原に付与している象徴的な意味づけや、それを長老集団が分配することを正当化するイデオロギーの機能を読みそこなうことになる。私は次に、ホールの象徴システムのなかで氾濫原がどのような位置づけを与えられているのか、そしてそれを長老集団が分配するということは、ホールの家父長制権力にとってどのような意味があるのかを、明らかにしたいと思う。

1　実利的な意味づけ

ダーバンテ・デルシットには、なぜ厳格な管理が必要なのか。このことをホールの人々にたずねると、返ってくる答えは、きわめて実利的なものである。鳥追いの労働を調整するために、規制があるのだというのである。鳥追いが一斉に始められ、収穫も一斉に行われるならば、ダーバンテ・デルシット内部では、鳥害にさらされるさいの畑ごとの不均衡は回避されるし、耕作者たちはダーバンテ・デルシットを基準として、ほかの畑の耕作過程を調整することができるというのである。

だがムラたちがダーバンテ・デルシットの耕作者に対して厳格な規制を行なうのは、たんに実利的な理由によるだけではない。ダーバンテ・デルシットはホールにとって、神の恩寵がもっとも豊かに現われる場である。だからこのような規制がかけられるのである。それを次に示そう。

2　聖域としての氾濫原1――紛争と調停

ダーバンテ・デルシットでは、そこでの規範に違反した耕作者に対して、罰が加えられる。もちろん規範は明文化されたものではない。ムラやその背後にいるジャラーブたちが、耕作者たちのトラブルを仲介するプロセスで、どのような規範が侵害され、いかなる罰を受けるべきかについて判断をくだすのである。

仲介では、分配をめぐる公正さを維持したり、耕作の時期がうまく調整されるように裁定がくだされる。しかしなかには、このような「実利的」意味を超え、氾濫原に対する「形而上学的」な意味を持ちだして裁定が行なわれることがある。それが以下の例である。

事例：ケルネットの新芽を抜いた男

アルクロ・ドゥケという男がムロという畑地にいた。この男の畑の隣には、ケルネットであるワレ・バロの畑があり、その間はサーバンで境界が引かれていた。ケルネットがさきに畑地に播種をした。その四日後にアルクロが行くと、ケルネットはサーバンを越えて、自分の畑の中にまで播種している。それを見てアルクロは怒り、ケルネットの植えた4列分の新芽を引き抜いてしまった。

たまたまそこに、ケルネットとともに畑を耕作していたハマルの男がおり、怒ったアルクロは彼を打ってしまった。ハマルの男はその件を、ケルネットに話した。ケルネットは翌日畑に行き、新芽がひきぬかれているのを確認してから、ジャラーブたちのところへ行き、状況を話した。集落の集会所で、夜中にカウォット、ジャラーブ、ムラたちが集まった。ジャラーブたちは、アルクロに非があると判断した。

ジャラーブたちがアルクロに下そうとした罰は、重いものだった。始めは、彼をダーバンテ・デルシットから追放してしまえという意見があった。しかしそうすると彼は、家族を養うことさえ不可能になる。そこで結局、鞭打ちをしたうえで、焼酎を供出させることに落ち着いた。

一見してこの事例は、畑の境界争いに思える。ケルネットがアルクロ・ドゥケという男の畑に、境界を越えてモロコシを播種してしまったのである。アルクロは怒って、このモロコシの芽を引き抜いてしまった、というのだ。だがジャラーブたちは、境界を侵犯したケルネットではなく、アルクロのほうを罰した。

ここで問題となったのは、境界の侵犯ではなく、その後のアルクロの行為だった。新芽を引き抜くという行為は、神の与えた生命に対する侵犯行為である、とジャラーブたちは判断したのである。ある長老は、この事件に関して次のように語った。

「妊娠している妻には、腹に子供がいる。それを捨てる者はいない。ウシが妊娠して、出産ができなければ、助けて産ませなければならない。大地を掘って、モロコシを死者のように埋葬した。神が帰ってきて、芽が出る。大地を掘って、埋葬して、神が帰って出芽させるものを、人が引き抜いてだめにしてしまうということは、大きな罪だ。…妊娠している女性の腹から子供を取り出して捨てるものはいない。そのようなことはタブーである。モロコシを播種して、出芽して、それを引き抜いて捨ててしまうということは、われわれのしきたりでは、人間の子供の命を殺してしまうようなものだ。」

この長老は、ホールにとっては、人間の妊娠も、ウシの妊娠も、そして氾濫原でのモロコシの出芽も、いずれも神の力によって大地＝子宮に生命の豊かさが宿ったしるしだと語っている。氾濫原が結界で囲われるのも、神の力の宿る豊穣の空間とみなす意識があるからだろう。だからそこに出芽したモロコシを引き抜くことは、恐ろしい侵犯行為とみなされるのである。

ホールが氾濫原を、神の恩寵の宿る聖域とみなしているのは、そこで争いを起こすことを、とても忌まわしいことだと考えていることからもわかる。もしそこで争いがおこり、血が流されたなら、ムラたちが中心となって、「滴った血を洗う供犠」という儀礼を行なわねばならない。この儀礼では未経産のヒツジが供犠され、その血を畑にまくことにより、争った者たちの穢れをとり、土地を冷たくする。そしてそこの水分が乾かないようにと神に祈るのである。

2 聖域としての氾濫原2——氾濫原の儀礼

氾濫原の豊かさが外部の力によってもたらされるということは、ここで行なわれるふたつの儀礼からもはっきりとうかがえる。外部の力というのは、ホールが、豊かさの源とみなすふたつの力、すなわち神の力と、敵の血に含まれる力である。

(1) カウォットのおこなう儀礼——神の豊穣力

ウェイト川が氾濫し、水が河跡を通って溢れ出すと、「湿り気の未経産ヒツジ」という儀礼が行われる。カウォットは集落の長老たち、カウォットのクラン、ケルネットのクランから選ばれた四人の少年たちとともに、未経産のヒツジを連れて、氾濫原に行き、そこでヒツジを供犠する。そして、小さな壷で、ヒツジの脂臀を煮て、油を取り出す。胃袋に、ヒツジの腸間膜、脂臀、香木、胃の内容物を入れ、水のそばに穴を掘ってそれを埋める。そしてそこの水、その上に生える草、穀物が、香木のように良い香りを放つよう、草を食むウシが腸間膜のように多くの脂肪をもつように祈る。さらに少年たちに脂臀からとれた脂肪を塗り、集落に帰る道すがら、水溜りにヒツジの脂肪を入れていく。

この儀礼の目的は、ヒツジを供犠し、それを調理することで、天にいる神（神と空はおなじ言葉であらわされる）にその煙と匂いを送り、豊かさをもたらすことを求めることだと言われている。

この儀礼には、女性性の象徴が集中してあらわれている。儀礼を行なうカウォットは、武器を手に取らず、戦争にも参加しないので、まるで女性のようであると言われる。そこで供犠される未経産のヒツジは、雄ヤギとの対比で女性をあらわし、また神の使いであると言われる。そしてヒツジから取られる脂肪（これはバターを意味するシービン（siibin）という言葉でよばれる）は、水分の象徴である。水分や雨は、多産性や穏やかさをあらわし、女性と関連づけられる。さきの長老のことばにみられる、氾濫原を子宮とみなし、そこの神の力が宿るという考えに通じるシンボリズムである。

（2） 殺人者のおこなう儀礼——敵の豊穣力

除草のおよそ一週間後に、ドゥーマブトという儀礼が行われる。ムラが儀礼の執行者である「ドゥーマブトの男」役の男を任命する。この男は、耕作地に四つの穴を掘って、最初の播種を行なう。

「ドゥーマブトの男」の行なう儀礼は、鳥と穀物の病気を追い払い、豊かな実りをもたらすものと考えられている。現在ドゥーマブトを行なう者は、ツァマコのサンダル占い師だったり、いくつかの隣接した耕作地の所有者たちのなかから任意に選ばれた者だったりする。しかしかつては、マーレ（Maale）を殺した者が、この役に選ばれていた。マーレは北の山岳地帯に住むオモ系農耕民であり、ホールの宿敵であると考えられている。そしてマーレを殺した者は、その血によって豊穣をもたらす力を手に入れることができるといわれる。

ここでは外部の危険な力が、男性の力によって馴化され、豊穣をもたらすものとして氾濫原に導きいれられるようすをみることができる。

3 力の制御者としての長老集団

ダーバンテ・デルシットが聖域とみなされるのは、その豊かさが神や殺された敵といった、外部の力によっていると考えられていることと、密接に関連している。ムラが果たす役割は、たんに希少な資源の社会的な分配や耕作プロセスの調整だけではない。外部の力を制御しつつ氾濫原に導きいれるということ、そしてそのプロセスを補佐するということも、彼らの重要な役割なのである。

だが、資源の分配と、外部の力の制御は、別の次元に属する問題ではない。それどころかホールの観念のなかでは、このふたつは分かちがたく結びついている。そしてこの結びつきによって、ムラやその背後にいるジャラーブの権力が、正当化されるのである。

ホールの地域セクションは、いくつもの父系集団が、別々の時期にさまざまな方角からやって来てできあがったのだといわれている。これらのうちいくつかの父系集団は、恐るべき呪詛の力を持っていると考えられている。呪詛の力は、神と交流する力である。だからそれは、人を苦しめるだけでなく、豊穣をもたらすこともできるとされる。

このような外来集団がホールにやってきたときに起こしたと伝えられるトラブルのひとつが、氾濫原の独占である。そしてそれは、儀礼首長カウォットを輩出するガンダラブの首長筋オルモック（Olmok）の伝承にはっきりと伝えられている。この伝承をごく簡単に示せば、つぎのようなものだ。

オルモックの祖先は、東からやってきた。そして呪詛の力で、土着の人々を屈服させ、氾濫原を独占した。だが彼らは、土着の首長筋の反撃にあって、暴力的な力をふるうことを禁じられる。それ以降は儀礼を通して神と交流し、豊穣の力をもたらすことに専念するようになった。オルモックのメンバーは、ジャラーブやムラには加わらないことになった。なぜなら彼らは、呪力で自分たちに都合よく氾濫原を分配してしまうかもしれないからである。（宮脇 2002）

この伝承では、暴力によって資源分配の秩序が破壊される危険性について語られている。カウォットは、その両義的な力のゆえに、神との媒介者に祭り上げられ、実質的な分配からは排除されねばならない。

この論理は今でも生きており、首長筋はジャラーブになることもなければ、氾濫原の分配役としてムラの一員に加わることもない。そのうえで、もう一段の安全策がとられる。ムラの中に、一人だけ首長筋の人間を、枠外として入れておくのである。彼は、氾濫原の分配以前に呪力のある者が勝手に耕作を開始したときに、そうした無法者を対抗呪術によって追い出すために用心棒として参加しているのだ。

ここには、世俗的な権力が正統化される仕組みが、はっきりと現れている。カウォットの力とは、神から由来し、豊穣をもたらすこともあれば暴力的にもなるという両義的な力である。その力は、氾濫原で穀物を実らせ、家畜を増やし、女性に多くの子供を産ませる。ジャラーブに代表される世俗的家父長制権力は、この力を制御する。すなわちその暴力性を矯め、豊穣の力の果実を人々に分配するのである。だからこそ彼らの権力は、受け入れられねばならないのである。ここでは家父長制権力を正統化するイデオロギーにより、原因と結果が見事に転倒したかたちで語られていることがわかる。

氾濫原で未経産のヒツジを供犠する儀礼には、このような構造を見ることができる。女性的な力を制御するカウォット自身が、男性でありつつ女性的な存在である。そして水分の象徴であるヒツジの脂肪をふりまくのも、一人前の男性とはなっていない少年たちである。社会の周辺にあるこれらの者たちは、豊穣をもたらす儀礼において、集団の政治的中心にいる長老たちによって補佐されねばならない。

ドゥーマブトの儀礼も、このような家父長制イデオロギーの変奏であることが明らかだ。儀礼の構造は、よりシンプルである。敵の血という外部の力が、直接、男性によって制御・馴化され、導きいれられるのである。馴化された外部の力は、女性的な象徴によって表象される。その力のやどる氾濫原は、湿り気、豊かさ、平和、社会的公共性といった、地域集団の統合の強力なイメージとなるのである。氾濫原の耕作への徹底した介入は、そこにある豊かさの制御と分配が、家父長制を体現するジャラーブやムラによってなされていること、そしてそれが正当なものであることを、人々にはっきりと示しているのである。

V　帝国支配と徴税システムの構築

ホールの氾濫原農耕のあり方は、オモ川下流で行われている氾濫原農耕と、多くの点で対照的である。ひとつは資源分配の方法である。オモ川河畔の民族では、重要な耕作地は特定の父系集団によって所有されているが、実際にはさまざまな世俗的な社会的紐帯を通して、世帯に再分配される（Almagor 1978; Gezahegn 2000; Turton 1973）。それに対してホールでは、主要な耕作地は長老集団によって一元管理的に各世帯に分配される。

オモ川河畔の民族では、農耕は常に他の生業形態と補完的関係にある。収穫後の「豊かな時期」と端境期の「空腹の時期」がはっきりと区別され、端境期には穀物の備蓄が底をつく。そのようなとき人々は、牧畜や狩猟採集に依存する（Almagor 1978; Tornay 1981）。さらに栽培中の未熟の作物を積極的に利用することもある（Turton 1973; 松田 2005［本書2章］）。ホールでは、備蓄された穀物はコンスタントに消費され、収穫期と端境期に極端な差はない。他の生業様式に極端に依存することもなく、未熟の種子をたくさん消費することもない。

こうした相違の根底には、生産と消費に対するエートスの違いがあるように思われる。オモ川周辺の民族には、生産にせよ消費にせよ、場当たり的な楽天性がある。たとえばダサネッチの次のような言葉は、こうしたエートスを表している。「ダサネッチは先のことは考えない。たくさん穀物があれば、たくさん食べるんだ。」（Almagor 1978: 105）それに対してホールの耕作者は、はるかに周到で、計画的である。彼らは播種の段階から、収穫と消費の時期までのタイム・スパンで栽培戦術を練る。そしてそれにあわせて、最適な品種を選択し、播種するのである。

このような相違は、何によるのだろうか。なぜこれほど生態環境が似ており、文化的な交流もあるふたつの水系で、対照的な栽培戦略が発達したのだろうか。これには政治経済的な要因が大きいのではないかと私は考える。ここで一九世紀以降のこの地域一帯の歴史を、簡単に振り返ってみよう。

一九世紀のトゥルカナ湖周辺は、牧畜民のネットワークが緊密にはりめぐらされた巨大な文化圏だった。この地域の牧畜民たちは、交易や姻戚関係を通して、しばしば集団を超えた紐帯を形成していた。旱魃や牛疫で家畜を失ったとき、牧畜民たちは、このような紐帯を利用して、災害の影響の少ない他の民族のもとに移住した。彼らにとってもっとも有望な地域は、オモ川の下流とウェイト川の下流だった。ここは肥沃な農耕地帯となっているからである。家畜を失った牧畜民は、狩猟採集や農耕をおこないつつ、牧畜経済への復帰を目指したり、狩猟採集民や農牧民となってホストの集団に吸収されたりした。

現在オモ川河畔の農耕にみられる特徴は、このような牧畜経済に見られる生存戦略と、密接な関連性をもっていることをうかがわせる。牧畜民は不安定な生態環境の中で、とりあえず最大限の家畜を飼養し、危機的状況においても家畜の残存率を最大限にしようとする。それがうまくいかなければ、社会的紐帯を利用して他の生業形態に転ずる(Dahl and Hjort 1976)。この戦略では、常に複数の生業様式が生存確保の手段として選択肢の中に含まれている。そうした選択肢は、集団を横切る社会的紐帯によって保証される。彼らはあえて長期的なタイム・スパンにたった計画性をもたず、その場の状況に応じて行動を決定する柔軟で便宜主義的な戦略をとるのである。

ホールももともとは、オモ川の西岸に居住していた牧畜民であり、その一部が一九世紀の前半にウェイト川流域に移住し、アルボレになった。アルボレは一九世紀半ばにボラナからの多くの移民を受け入れ、ナイル系牧畜民の年齢組織にボラナ型の統治組織を組み合わせた独自の文化を形成する。そして一八八〇年頃には、西にいたマルレが、牛疫のためにウシを失い、アルボレの南に定住し、農耕を開始する。こうして現在のホールの集団構成が出来上がった。

この地域の人々は、頻繁に移住を繰り返し、生業を変え、アイデンティティを変化させてきた。そしてホールもその例外ではなかったのである。

こうした状況に大きな変化をもたらしたのが、一九世紀末のエチオピア帝国の拡大とイギリスによる植民地化である。一八九七年、ホールは侵入したエチオピア帝国軍に抵抗したために、徹底的に略奪され、人々はウェイト川河畔から離散することとなった。多くの人々は、オモ川下流のダサネッチのテリトリーに逃げ込んだ。

征服者として西南部の高地に入植したエチオピア人たちは、周辺の農耕社会を封建的な搾取関係に組み込んだ。そして征服先の土着のリーダーを、バラッバト（balabbat）やチカ・シュム（ch'ik'a shum）と呼ばれる帝国支配の末端に位置づけて仲介者とし、税の徴収にあたらせた。侵入時の事実上の征服地域が、入植者たちの支配地域となった。西南部の牧畜社会は、三つの領域に分断された。オモ川西岸は、その北にあるマジという地域に入植した高地人たちの支配下に、オモ川東岸からハマルのテリトリーの東を流れるカスケ川の西岸までが、その北のバコに入植した高地人たちの支配下におかれ、その東のウェイト川周辺からボラナにいたる広大な地域は、ガルドゥラに入植した高地人たちに統治されたのである。

帝国の辺境に位置する牧畜社会からは、高地の農耕民のように決まった割合の税を徴収するのは困難だった。そこで入植者たちが行なったのは、農産物にかわり家畜を徴集することと、牧畜民に銃を与え、ケニア側を略奪させることだった。とくにエチオピア側からのレイディングがもっとも激しく行われたのが、トゥルカナ湖周辺だった。マジの入植者たちはダサネッチを率いて、ケニア領の牧畜民から多くの家畜を奪ったのである。一九世紀に形成されていたネットワークは、国境線に沿って切断されていった。またエチオピア領内でも、じょじょに浸透していった銃が、農牧民の間の民族間紛争を激化させた（Hickey 1984）。

ホールはこのような状況のもとで、移住先の民族から過酷なあつかいを受け、苦難の時期を過ごしたと伝えている。そして一九二〇年代に、帝国に税を払うことを条件に、ようやくウェイト川流域に帰還することを許された。カウォットが家畜を供犠し、人々は集落を作った。そして社会を再建し始めた。だがホールを待っていたのは、オモ川流域の牧畜社会に対してなされたものとはまったく異なる支配のあり方だった。

この地域を支配するガルドゥラの入植者たちは、征服当初ウェイト川流域で象牙狩りを行ったが、乱獲のため一九〇〇年代の初頭にはすでに、象はウェイト渓谷から姿を消していた（Harrisson 1901: 270－271）。また離散生活から復帰したばかりのホールには、ウシもほとんどいなかった。そこでガルドゥラの入植者たちは、ホールにモロコシの貢納を要求した。そして侵略時にホールから連れ去り、高地で教育を授けた男をチカ・シュムとして派遣し、ホールの統治に当たらせたのである。ホールはこの国家支配の末端に位置する権力者たちを、ショーミ（shoomi）と呼んだ。

ショーミは、役人の命令を長老たちに伝え、税の徴収を行なった。ホールがモロコシを播種すると、高地から役人がやって来た。ショーミは役人とともに、一人一人の畑の面積を測り、それをもとにしてヒョウタン何杯分のモロコシが収穫できるのかを見積もる。ホールは文字が読めないので、木の棒に印をつけて、何杯分のモロコシを支払うのかを記録しておく。その棒をショーミが保管するのである。

収穫の時期になると、あらかじめ税として納めるモロコシを入れるための貯蔵庫を作っておく。そしてモロコシを収穫すると、乾燥させた後に、耕作者が一人一人呼ばれて、あらかじめ決められた量をその貯蔵庫に納めていく。自分の畑であっても、耕作者は納税してからではないと、モロコシを自由に利用することはできない。モロコシの茎を折ってその汁を飲もうとするだけで、ショーミとその手下にきびしく鞭打たれるのである。貯蔵庫に入れられたモロコシは、女性たちが粉に引く。それを皮袋に詰めて、男たちがロバに乗せてガルドゥラまで運んでいく。

この税は、カラット（k'alat）と呼ばれていたという。[4] 税の割合は、収穫の半分におよんだ。税の不払いが生じると、高地人は不払い者を探すために集落の人々すべてを集め、日向に囲いを作って、そこに何日でも閉じ込めた。人々はそれを恐れて、高地人に不払い者を差し出したのだった。この過酷な徴税は、ホールをとても苦しめた。

私がホールの伝統的な社会組織として描いてきたものは、ホールが三〇年近くにもわたる離散生活から復帰して後の一九二〇年代に、ようやく再建したものである。この「伝統」が、はたして帝国侵入以前のホールの文化をそのまま再現したものであるのか否かは、確かめようがない。だが再建された氾濫原の管理の様式が、帝国の統治にきわめてよく適合したものであったことは確かである。世帯ごとに耕作地を確実に分配し、播種から収穫にいたるまでのプロセスを、一元的に管理する。これは世帯ごとに税をかける帝国の徴税システムに、そのまま利用することが可能だった。そして耕作者が播種から収穫までのタイム・スパンで栽培戦略を練ることは、充分な家畜も持たず、自分が栽培した作物さえ自分の判断によって処分できないという状況においては、理にかなった戦略だっただろう。このことから私は、現在のホールの氾濫原農耕に見られる資源分配のシステムと耕作者の栽培戦略は、それが再建された一九二〇から四〇年代に、帝国の徴税システムと不可分の形で形成され、維持されたのではないかと考えるのである。

VI　氾濫原をめぐる文化抵抗

モロコシによる納税は、一九四〇年代初頭に廃止され、それ以降はウシによる納税に代わった。それならばホールの氾濫原農耕の「伝統」は、いかにしてそのまま存続し続けたのだろうか。それはいったん帝国の統治に政治・経済的に従属する形で構成された「伝統」が、ホールの内部からは、国家支配に抵抗するための象徴として意味づけられたからだと、私は考える。

エチオピア国家による支配は、ホールの中の権力関係を大きく変化させた。ホールでは仲介者が、大きな権力をもつようになったのである。彼らは支配者である高地人と親しく接し、自らも高地人のスタイルを真似たふるまいをした。そして取り巻きに銃を与え、それ以外の人々を徹底的に搾取した。ホールは、自分たちを搾取する高地人を敵とみなし、その力を背景にホールに君臨する仲介者たちを、「アムハラの毒を飲んだ者」と呼んで憎んだ。だが実際にはホールは、高地人を見ると恐怖にすくみ、仲介者たちにはまるで「女のように」あつかわれたのである。

このような中で、一般のホールが帝国の統治に抵抗するよりどころとしたのが、儀礼首長カウォットを中心にすえるアーダ（aada）とよばれる「伝統」だった。カウォットの呪いは、高地人による抑圧と搾取を鈍らせるものと考えられていた。そして仲介者をこの儀礼領域から隔離し、機会あるごとに長老集団を中心とする伝統的年齢組織の統制のもとに置こうと試みたのだった。「伝統」とは、家父長制集団による資源の統制を正当化するような、儀礼と伝承の総体だった。そのなかでホールの家父長制集団は、神の力を媒介するカウォットを統御するものとして位置づけられた。それに対して支配者である高地人は、こうした「伝統」とは対極に位置する罪深い敵であり、制御できない力とみなされた。ホールの「伝統」は、国家支配とそれに対する抵抗という緊張関係の中で、維持されつづけたのである。

ホールが「伝統」を維持しようとするやり方は、彼らが社会の統合と再生産の核心とみなすものを、徹底して近代と国家の影響から隔離することによっていた。そのひとつは女性であり、もうひとつは氾濫原だった。一九七四年に社会主義政権が誕生して以後、エルボレの町にも小学校が建設された。だが多くの人々は学校教育に対して懐疑的だった。とくに女性教育は導入されようとした初期に頑強な抵抗を受け、今でもまったく拒絶されている。ホールにとって女性とは、家畜と交換に婚姻によってクランを結びつけ、カウォットの祝福を受け集団を再生産するものである。

だが近代教育は女性を高地人化して「伝統」の領域から逸脱させ、集団の存続を不可能にさせるものとみなされているからである。

同様なことは、氾濫原にもあてはまる。氾濫原もホールの生存にとっては不可欠の資源であり、またカウォットを通じて神の豊かさがもたらされる象徴的な場所である。ホールは今でも、氾濫原で高地人のもたらした牛耕を行うことを忌み嫌い、コーヒーを栽培することをタブー視する。そして何よりも、氾濫原は、長老集団によって厳格に管理されることで、家父長集団の権威を可視化する場でもある。そのために氾濫原への外部からの介入を、ホールは容易に受け付けない。たとえば現政権によって一九九八年に開始されたウェイト川下流の灌漑プロジェクトでは、一〇〇ヘクタール近くの土地が開墾され、ディーゼル・ポンプまで設置された。だが人びとは、結局そこで耕作することをしなかった。なぜならばその耕作地の分配に、地方政府が介入したためである。長老集団はそれを嫌って、自然の氾濫によって冠水した氾濫原に結界をつくり、人びとに分配した。数年もたたないうちに、開拓地は荒れ果ててしまい、政府の莫大な投資は無駄になってしまったのである。

エチオピアの南部辺境は、世界でも数少ない伝統文化が残存している地域だと言われる。事実私たちはそこを訪れると、そのような印象を強く受けることになる。皮の衣をまとった少女たちは、伝統文化を視覚的に象徴する。そして集落の背後で行われている独特の氾濫原農耕は、そのような印象を確証するもののように思われる。だがこれらの「伝統」は、国家支配のもとでそれと対峙する形で形成されてきたものである。そしてそれは、氾濫原という生態資源を、経済的な資源としてだけでなく象徴的な資源としても社会化することにより、人々の栽培戦術まで規定し、ホール特有の文化的外貌を形作ってきたのである。

註

（1）彼らはふつう自分たちの民族名を名乗るときは、アルボレかマルレという自称を用いる。そしてこの二つの集団をひとまとめに言及するときに、「氾濫原の子供たち（ini Hor）」という表現を用いる。私はここではアルボレとマルレをひとまとめにして、ホールと呼ぶことにする。

（2）オモ川河畔の農耕でも、多くのモロコシの品種が栽培される。アルマゴールは、ダサネッチでは三五種の品種があると述べているし、バッシはオモラテ（Omorate）周辺だけでも53品種を確認したという（Almagor 1978:41; Bassi, Personal Communication）。ゲザヘンニュによれば、カロでは二一品種のモロコシが栽培されており、それぞれが異なった用途、重要性、成長の早さを持つという（Gezahegn 2000:23）。だがこれらの社会で、どのような基準によって品種が選択され、利用されているのかについては、充分な調査はなされていない。福井によれば、ボディでも多様なモロコシの品種があるが、これらは個人が生涯になう色・模様であるモラレと密接に関連するという。ボディでは、ホールの実利的な基準に基づいた品種選択とは対照的な、文化的選択がなされているのである。これは栽培戦略の比較を行なう上でも、非常に興味深い指摘である（福井 2000:27-31）。

（3）このような栽培戦術により、ホールのモロコシ栽培は、この地域でもとくに生産性の高いものとなっている。松田はカロのモロコシの単位収量を、三〇キログラム毎アールと計算している。これはアメリカ合衆国の一九七八～八〇年の平均収量に匹敵し、同年のエチオピアの平均収量の三倍以上であるという（松田 1988:60-61）。アルマゴールのデータからダサネッチのモロコシの単位収量を計算すると、一五キログラム毎アールとなる（Almagor 1978:43）。それに対してホールのモロコシの単位収量は四三・五キログラム毎アールであり、年間にして世帯ごとに二人分あまりの余剰を生産している。これらは穀物の不足するハマルに、小家畜や蜂蜜、さらに粉引きの労働力と交換に与えられる。

（4）カラッド（k'alad）とは、エチオピア帝国が二〇世紀初頭に行なった土地測量のことをさす。この測量の目的は、そこでの耕作密度や人間の居住密度によって土地を三段階に分類し、課税の割合を定めることにあった。だが後には、測量され登録された土地が、国家に接収されたり、入植者の個人財産にされることもあった（Bahru 1991:88-90）。

第2章　青いモロコシの秘密

余剰なきムグジの生存戦略

松田　凡

I　余剰を蓄えない生き方

エチオピア西南部のオモ川下流平原に住むムグジ（自称コエグ）の人びとは、主食であるモロコシがたわわに実り始める一二～一月ころが一年中で一番よい季節だという。いわゆる収穫期で、おいしい食べ物が腹いっぱい食べられるからだ。なかでも、目にもまぶしい鮮やかな黄緑色をしたモロコシの穂（写真2-1）を、軽く火であぶったティーシは人びとの大好物であり、家族や友人たちが集まってこれを口に頬張りながらコーヒーをすする姿は、この季節の風物詩といってもよい。

だが、彼らはどうしてまだ青臭いモロコシの実をこれほど喜んで食べるのか。日本はもちろん、他のアフリカ地域でもこうした例を私はあまり知らない。確かにおいしいと思うが、二ヶ月近くも青穂を刈り続けた結果、最終的な収穫量が極端に少なくなってしまうこともある。穂が白く乾燥するのを待って収穫するまで耐えられないほど食料事情が逼迫しているのも事実だが、モロコシだけでなく他の食料についても毎年同じことが繰り返され、生活習慣という

写真2-1　ティーシ用に刈り取られた青いモロコシの穂

以上に文化と呼んでいいほど、余裕のないこの消費生活を彼らは変えようという気はないようなのだ。未開墾の土地はある。川には大量の魚もいる。ホロホロチョウなど野鳥も多い。これらの資源を十分に活用して食料を生産し、余剰を蓄え、安定的な生活を築くことを志向しないのはなぜなのか。モロコシがあるときには存分に飲み食いをし、なくなると友人や援助団体に頼ることを繰り返す無計画さ、あるいは楽天的ともいえる彼らのエートスをどう理解すればよいのだろうか。

ところで、オモ川下流平原の東にあるハマル山地の反対側には、同じくウェイト川の氾濫原を利用してモロコシ栽培を営む農牧民ホールが暮らす。ここではオモ川沿いとよく似た生態環境にありながら、ムグジとは正反対に計画的な食料生産活動が行われているという。本書の第一章で宮脇が記述するのは、「端境期の食糧不足を最小限にし、収穫の安全性を最大限にする形で周到な栽培戦略」をとり、「農産物も畜産物も、年間を通してほぼ均等に消費される」というホールの人びとの暮らしぶりである（本書三七ページ）。さらに彼らがこうした戦略をとるようになった要因は、「それが再建された一九二〇から四〇年代に、帝国の徴税システムと不可分の形で形成され、維持されてきたのではないか」（本書六七ページ）と述べている。つまり宮脇は、国家支配という歴史的要因がホールの周到で計画的な戦略とオモ川周辺民族のせつな的な戦略との違いに作用した、と指摘している。

本章では、宮脇の描くホールの計画的なモロコシ栽培戦略と対比するかたちで、ムグジの状況依存的な経済生活を描いてみることにする。しかし、近代エチオピアとの直接的接触という点から見れば、オモ川下流平原はウェイト川沿いの地域と比較してその影響は相対的に小さく、国家支配という歴史的要因からムグジの経済のありかたを考察するのは難しい。むしろ、場当たり的で状況依存的なムグジの生存戦略は、近代における「辺境」というオモ川下流平原の場所としての特性に根ざした、激動する世界の政治経済との、国境を越えた直接的な結びつきに起因すると考える。その前提として、状況への柔軟な対応を優先するために、ムグジは経済余剰を物質的なかたちで共同体内に蓄積しないという戦術をとるようになったことを明らかにしたいと思う。これによって、ムグジにとっての河川環境という生態資源は、人びとがグローバルな政治的変化に対応して、この地での生活を維持しようとする過程で社会化されてきたということを主張したい。

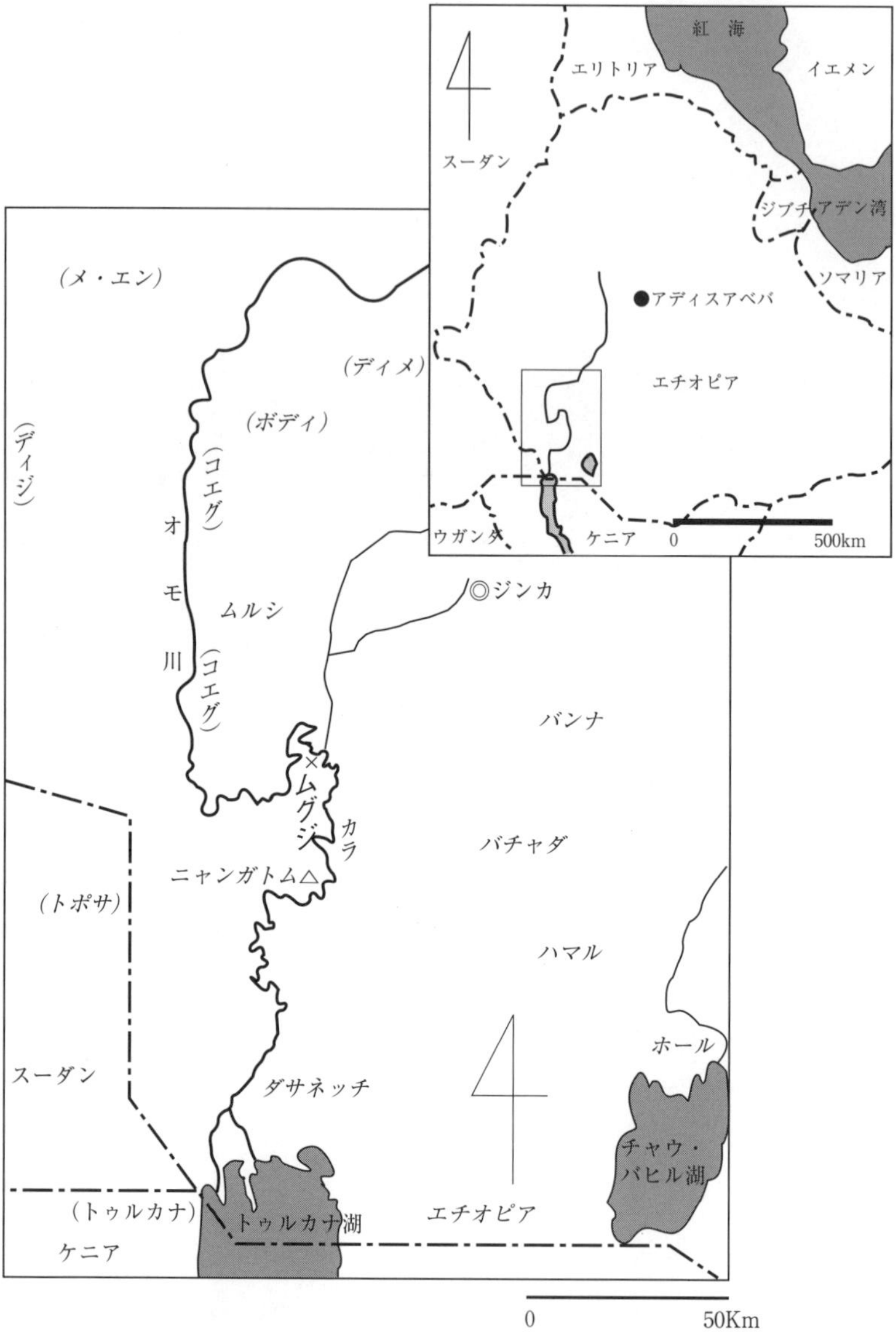

註1. 斜字体は民族集団名。ただしカッコ内はムグジのベルモがいない近隣集団。
註2. ×印はクチュル村、△印はガルギダ村。

図2-1　オモ川下流平原

II　オモ川下流平原とムグジ

1　「辺境」としてのオモ川下流平原

エチオピア西南部のオモ川下流平原は、首都アジスアベバからおよそ八〇〇キロメートル離れた、ケニアおよびスーダンとの国境地帯に位置する。オモ川の下流半分は標高五〇〇メートル前後の熱帯サバンナの中央を流れ、南北二〇〇キロメートル、東西一〇〇キロメートルの沖積平野を形成している。この地域の年平均降雨量は約七〇〇ミリメートルと推定され、川沿いを軸として川辺林から低木林帯、イネ科草原、そして周辺山地へと至るにつれ再び山地林へと変化に富んだ植生が展開し、そこに暮らす人びとは、牧畜や農耕、漁労など、それぞれの生態環境を巧みに利用した複合的な生業を営んでいる。(図2-1を参照)

ムグジの領域はその平原の中央部、オモ川が大きく蛇行を繰り返す部分に展開している。樹冠二〇メートルになろうかという川辺林が発達し、そのなかは昼間でも薄暗く、涼しく、湿り気がある。アビシニアコロブスは一般的によく見ることができ、またヒョウの姿もある。雨季には川辺林のそこかしこに氾濫した水が入り込み、沼地化する。そこはモモイロペリカンや多くの水鳥たちの餌場となるとともに、人間にとってはよい漁場ともなり、また水が引くのを見計らって耕作地としても利用されることになる。

歴史的に見ればこの地域は、一九世紀末にようやく旧エチオピア帝国領内に組み入れられたが、近年にいたるまで中央政府とのかかわりが他の地域に比べて比較的薄かった。もちろんそれは、この地域が外部世界との接触がなかったということを意味するものではないが、エチオピアの公用語であるアムハラ語と国教であるエチオピア正教（キリスト教）はこの地では普及しておらず、リストと呼ばれる税制も敷かれなかった。いわゆる「アビシニア化」はこの地域では進行しなかったといえる（Donham 1986:11）。

したがってこの地域は、文化的にはエチオピア高地文化圏というより、ブラックアフリカに起源をもつスーダン文化圏に属する。現在の行政区分では、ムグジの居住領域は南部諸民族州の南オモ・ゾーン（地方）、クーラズ・ウォレダ（地区）に属し、二つのカバレを有している。また、オモ川下流平原にあるオモ、マゴの二つの国立公園のうち、マゴ国立公園に隣接している。この地域にはエチオピア高地人が定住することがなかったために、役所や学校、病院といった行政サービスやマーケットなどをともなった町の建設は大きく遅れ、とくに商品流通の面を考えると、人びとの生活は自給的にならざるを得なかった。

こうした地理的、歴史的、政治的環境を総合して表現するならば、オモ川下流平原はまさに「領域としての辺境（フロンティア）」であり、近代にはいって中央集権国家が建設される過程で取り残された存在である。T・モーリス＝鈴木は、「辺境」をF・ターナーの表現を借りて「国家／国民相互を分離する線ではない。むしろそれは、徐々に移動する可能性のある領野であり、国家／国民をもたず、領土認知されていない原野として（誤って）認識される世界へと絶えず少しずつ拡がってゆくものだ」（モーリス＝鈴木 2000:3）と捉える。さらに、そこに生きる人びとの生活を探査するということは、「アイデンティティと異種混交性（ハイブリディティ）」を問うことだとも述べる。彼女が述べる歴史学上の認識を現在のオモ川下流平原にそのままあてはめることはできないが、本章もまたこうした問題意識を共有しながら、オモ川下流平原という場所とムグジの暮らしについて考えていきたいとおもう。

2　ムグジの経済生活と余剰

この平原のほぼ中央に暮らすムグジは人口およそ五〇〇〇人の小さな集団で、二つの集落に分かれてすんでいる。おもに農耕、漁労、わずかな家畜、ハチミツ採取などで生計を立て、嗜好品のコーヒーを除いて食料の自給率はほぼ一〇〇%といってよい。日常生活用品も、男性が着用する布製衣類と鉄製農具を除いてほとんど自作する。人びとの間で現金は使われているが、集落には商店やマーケットはなく、賃金労働の機会もほとんどないので、日常生活に現金経済が浸透しているとはいいがたい。

一九八〇年代後半、わたしがムグジの村クチュルを初めて訪れたころ、人びとが習慣として青いモロコシを食べる理由は、慢性的な食料不足のせいで穂が乾燥するまで待っていられないからだと単純に解釈していた。「まったくの生存経済」、「不断の食物探し」、「わずかな、相対的にあてにならない」自然資源、「経済的剰余の欠如」、「最大限人数による最大限エネルギー」。これらはいずれもアメリカの人類学者M・サーリンズが『石器時代の経済学』のなかで、かつて平均的な人類学者が狩猟採集経済を描写するのに用いた表現としてあげたものだが（サーリンズ 1984:10）、ムグジは狩猟採集民ではないにせよ、私も当初、彼らの生活に対してこうしたイメージを抱いていた。なかでも「経済的剰余の欠如」、つまり最低限の食料備蓄すらもたないことが印象的で、主食のモロコシでさえほとんど蓄えのない家族もあった。

いったい、どのようにして一年間をまかなうのか、少なくとも主食の穀物がどう確保されるのか、そのシステムについては次章に譲るとして、その前にムグジが絶対的な物量としての余剰をもとうとしない理由について考えてみたい。

まず第一に、モロコシであれ現金であれ、親族や友人、盟友からねだられると、それが余剰であろうと必要分であろうと、とにかく分け与えなければならない。寛容と分与の精神は強迫的なまでに人びとのあいだに定着している。その意味でここは徹底した互酬の世界である。第二に、オモ川下流平原全体が民族間紛争の激しい地域であり、集落が焼き討ちされ、家畜などが掠奪される場合も少なくない。また、一時的な避難のために村人全員が集落を離れる場合もある。人力で運べない重量のかさばる財産を所有するのは得策ではない。むしろ、持つことで身の危険が増すことすらある。第三に、穀物庫や袋がヒヒやネズミなどの小動物に荒らされるケース、腐敗やカビなどによる損失といったケースも無視できない。

このようにサバンナ世界では食料資源の保存、蓄積は困難を伴う。努力の結晶である財産が、一瞬のうちに無に帰することがあるとすれば、だれが多く生産しようとするだろうか。意図して蓄財をすることの少ないムグジの人たちだが、唯一の例外はハチミツである。しかし、このハチミツも以下のような仕組みですぐに姿を変える。

ムグジは地域社会の視点から見れば、人口が少なく経済力のない弱小集団である。近隣集団の多くは人口五千から一万程度、ウシなどの家畜を所有する牧畜民集団であるが、ムグジはわずかしか家畜をもたない。彼らには常に民族集団として外からの併合、同化の圧力がかかっている。こうした地域で生き延びるためには、近隣集団との微妙なバランス関係を維持することが重要であり、人びとの関心も、食べることよりもむしろこの民族間力学に集中する。

それがよく表われているのは、ムグジが近隣集団とのあいだで結んでいる、個人間のボンド・パートナーシップ（ムグジ語でベルモ）である。成人であれば一人平均四～五人のベルモをもつ。この関係は、互いの不定期、不等価の財の交換を軸に成り立っている。たとえばムグジの側からは、ハチミツ、モロコシが贈られ、相手側からは、ヤギ・ヒツジ、銃弾、牛皮の敷物、コーヒーの殻などが贈られる。この関係は親から子へと引き継がれるほど紐帯が強い。ベルモに贈られるハチミツは、ムグジの男性にとって蓄財可能な余剰と呼びうる唯一の財である。彼らが自家消費分を

写真２－２　オモ川の堤防上から見た川辺林と収穫前の河岸堤防の畑

はるかに超えて、できる限り多く集めようとする物品はハチミツだけといってよい。成人男性であれば、五〇個以上のハチミツ箱を森に仕掛けている例も珍しくない。その主たる目的は、ベルモへの贈与と、銃および弾丸購入のための資金としてである。

以上のように、ムグジ社会において絶対余剰と呼べるものはハチミツのほかにはない。しかし、人間の手元にないだけで、魚や野生の動植物、土地、氾濫湖沼など潜在的に利用可能な資源は、自然のなかに備わっている。一方、食料生産に従事しない政治的リーダーや宗教的職能者のいないムグジでは、ベルモという社会関係やダンスに費やされるエネルギーにも余剰は蓄えられるといってよい。ダンスは結婚相手を見つけるという意味で、これも社会関係への余剰の転化である。南アジアをフィールドとする中村尚司は、南アジア社会の持続的な豊かさにとって最も重要な要因は、循環性、多様性、関係性であるという（中村 1989）。ムグジの場合も、余剰の存在様態として、同様のまとめかたができるように思う。狭義の経済、あるいは物質的側面にこだわっていては、ムグジ世界の余剰のゆくえは見えてこない（余剰をめぐる議論については、松田 1998 を参照のこと）。

III　モロコシの生産と消費

1　二つの農法

それではムグジの農業生産システムについて詳しく見てみることにしよう。生産の中心となるのは川沿いの自然堤防斜面で行われるモロコシ栽培で、河岸堤防農耕と呼ばれるものである（写真2-2）。オモ川は雨季と乾季の間の水量変化が激しく、その差は場所にもよるが一五メートルほどにもなり、その高低差を利用して乾季に堤防斜面を利用するのがこの農法である。年間の降雨量が七〇〇ミリメートル程度と推定されるこの地域では、地中に残されたわずかな水分をも利用できるこうした小規模な自然灌漑システムは合理的といえるだろう（松田 1988）。

この川沿いの畑（コエグ語で daaran と呼ばれる）は、さらにその蛇行の外側すなわち凸斜面（deele）と内側すなわち凹斜面（karin）が区別して認識され、外側は内側に比べ若干遅れて播種される。その理由は、播種時期である乾季の初めに時折訪れる増水によって外側の岸は水没する危険があるからといわれる。さらに、人によっては播くモロコシの品種を変えるという場合もあるという。また、外側の斜面には生長期間の短い品種を植えると人びとはいうのだが、確認できたケースはほとんどなかった。

こうした川沿いの堤防を乾季の間だけ耕す農法に対し、オモ川の蛇行、増水の結果できた氾濫湖沼（kiani）を利用する農法がある。ムグジの領域内には十以上のこうした沼地が川辺林の間に点在するが、水量の多い間はまったく利用できない。水量が減ると、まず魚をモリで突く突き漁の漁場として利用される。さらに水がほとんどなくなった

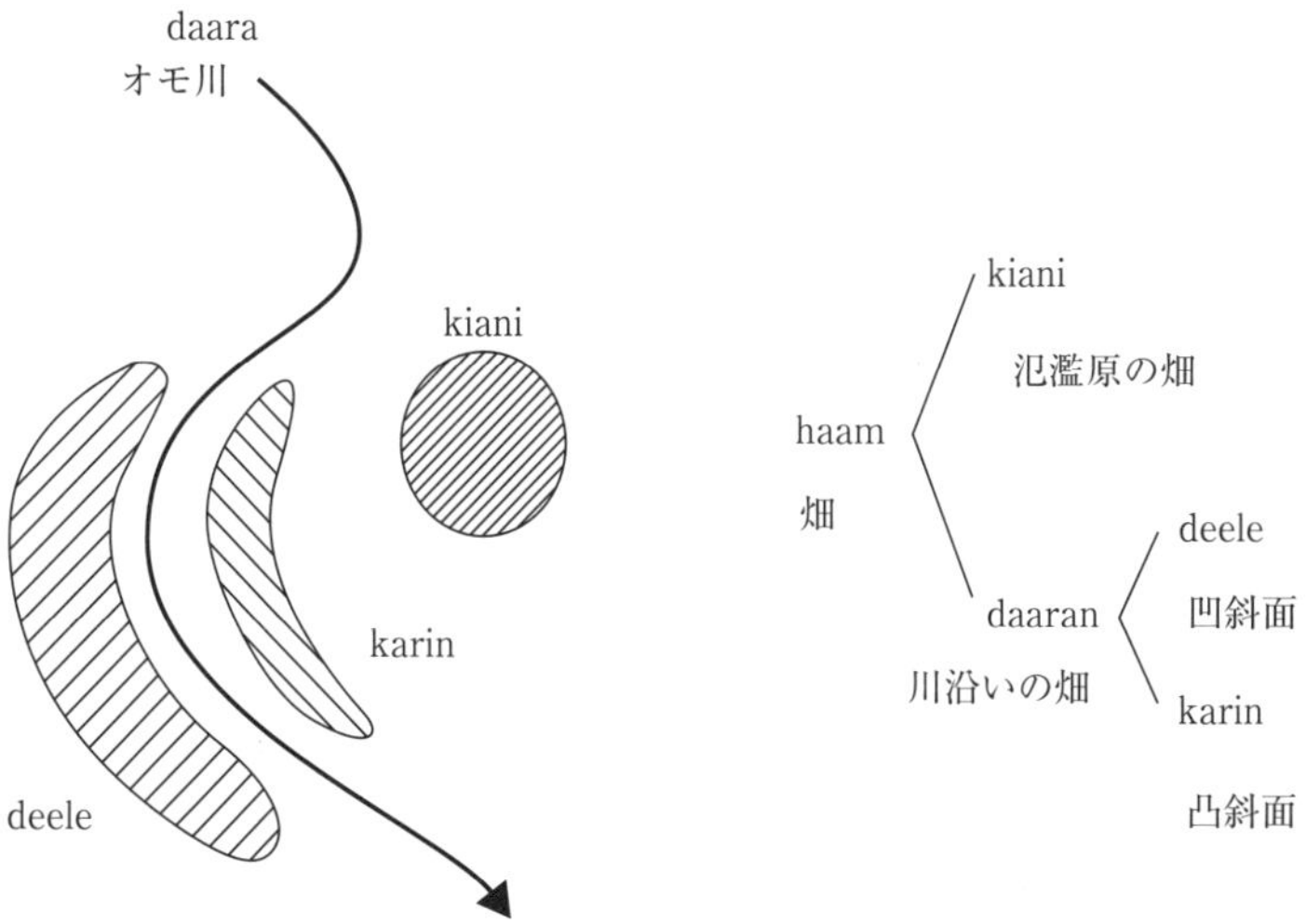

図2-2　ムグジの畑の概念図

時点で草や低木を刈り、干上がった場所から順に掘り棒で穴を開けてモロコシやトウモロコシを播く。

これらムグジの農業（haamo あるいは畑を指す）を整理すると図2-2のようになる。また、農耕暦を図示したものが図2-3である。図2-3は筆者が年間を通して観察することができた一九八八／八九年のシーズンについてのみ記している。まず河岸堤防農耕はほぼ一一月から翌年三月にかけて行われる。年によって若干のずれはあるが、耕作期間はほぼ例年このとおりであり、収穫量も変動はあるにせよ、ある程度のまとまった量は期待できる。それに対し、氾濫湖沼での耕作は耕作期間、収穫量ともに一定ではない。一〇ヶ所以上ある候補地のうち、どこがいつから耕作可能であるかはまったく予定をたてることができない。播種してから後も、十分な降雨量がないと発芽や生長に支障をきたすが、これも「運（人びとは神 bariyo ということばを使う）しだい」といわれる。また、隣接する集団との関係によっては、境界に近い場所は耕作中であっても放棄せざるをえないことも多い。ちなみに、八八／八九年シーズンはムルシおよびカラと紛争のさなかにあったため、氾濫湖沼の畑はただ一ヶ所、クチュル村から徒歩で

月　H	1988 10	11	12	1989 1	2	3	4	5	6	7	8	9
季節　N	／／／		乾　季				／／／		雨　季			
川沿いの畑												
ソルガム	******・・・・・・・・#######											
トウモロコシ	****・・・・・・#####											
氾濫原の畑												
ソルガム						（この年は栽培例なし）						
トウモロコシ							****・・・・・・#####					

（1988－89）

註　＊＊＊播種期　・・・成長期　＃＃＃収穫期

図２－３　ムグジの農耕暦（1988-89）

三〇分ほどのMauと呼ばれる場所が耕されただけだった。

このようにムグジの農業は、一年のうち約四ヶ月の乾季に集中して行う河岸堤防農耕を軸に、時期、収穫量ともに不安定な氾濫湖沼の畑を随時組み合わせて、主食であるモロコシおよびトウモロコシを生産している。しかし、次に述べるようにその生産量は十分とはいえない。穀類だけでなく食料を日常的に外部から購入することはなく、一時的な食料不足に対しては、近隣集団（とくにバンナ）のなかにいるボンド・パートナーとの交換でまかなったり、海外の援助団体からの食料援助を受けることがある。そのこともまた彼らは考慮に入れて、生産システムを成り立たせているようにおもわれる。

2　収穫量

さて、今度は収穫量の観点からムグジの経済余剰について検討してみよう。筆者は八八／八九年シーズンにおける川沿いの畑の収穫量を、調査村の全戸（七五戸）に聴き取りをすることで把握しようとした。その方法は、三月にすべて収穫を終え、天日で乾燥させた後に村に持ち帰ったモロコシを袋の数で答えてもらい、その結果、七三戸から回答を得ることができた。図２-４は戸別の収穫量を一〇〇キログラムきざみであらわしたも

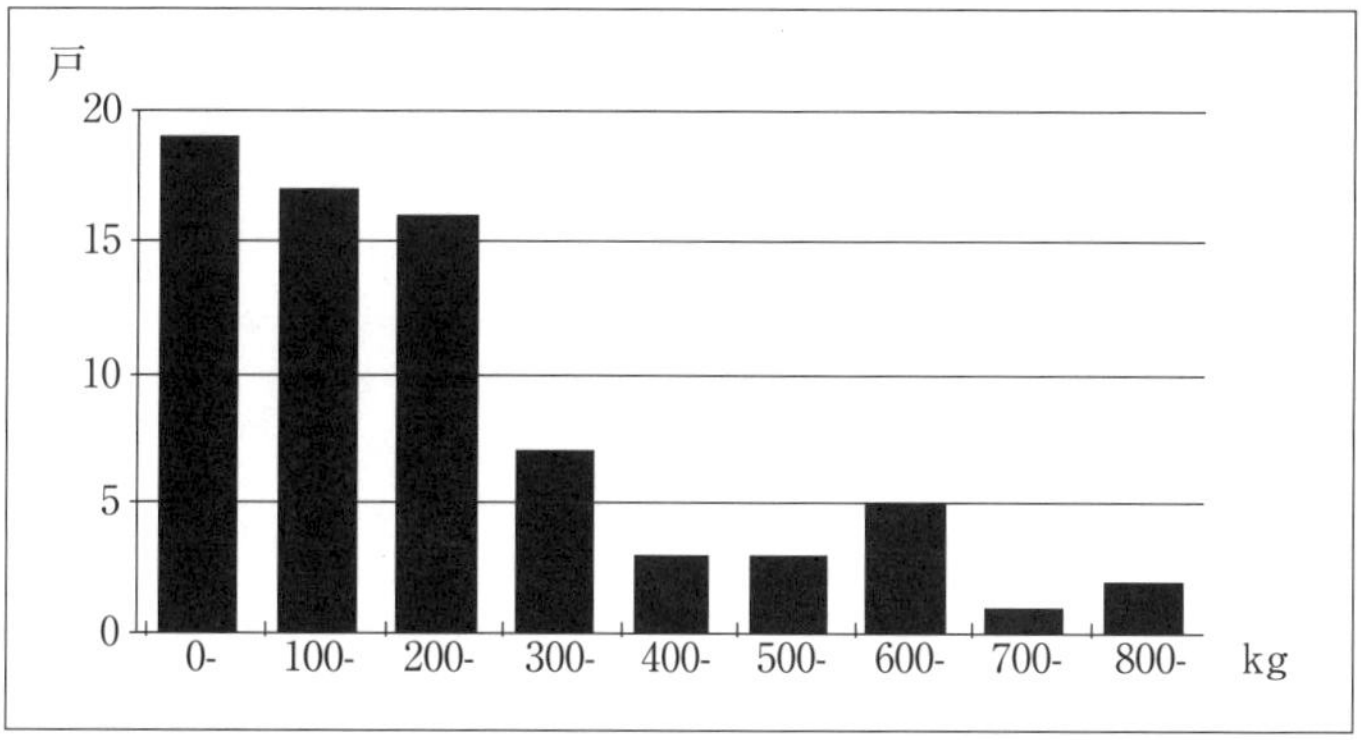

図2-4　戸別収穫量

のである。

川沿いの畑でのムグジの収穫には大きな特徴がある。最終的な収穫期は二月末から三月にかけてだが、人びとはモロコシの穂が育つとすぐに食べ始める。具体的には一月に出揃ったまだ青い種子を、完熟するのを待たずに順に食料として食べていくのである。したがって、三月に村に持ち帰るモロコシはその残余分であり、図2-4に表れた数字は、総生産量から一～二月に消費された分量を差し引いた純生産量ということになる。

また、上で述べた「戸」というのはムグジの生産・消費の単位で、それは建築物としての「家」と一致するが、いわゆる「世帯」とは異なる。ムグジは一夫多妻制をとり、妻とその子供たちが一軒の家に住み、割り当てられた畑を耕す。夫は複数の妻の畑にかかわるが、子供がまだ小さい妻の労働をおもに支えることになる。消費の面でも妻とその子供たちが単位であり、子供を持った複数の妻が共同で食事をすることは原則としてない。ちなみに調査時点での複婚率は一七％であった。

図2-5からわかるのは、七三戸のうちおよそ半分にあたる三六戸の家で収穫量が二〇〇キログラムに満たないことである。これは試算によれば一戸あたり約四ヶ月分でしかない。その根拠は、筆者が食事日記の記録を依頼したある家族で、三月の聴き取りの時点で一八〇キログラムあったモロコシが

七月には完全に底をついた。この家族は大人二人、一〇才以下の子供二人（六才と二才、消費人数は〇・五×二とする）という構成で、翌年の播種分二〇キログラムを差し引いた一六〇キログラムを合計の消費人数三・〇人が一二〇日で食べ尽くしたとして計算すると、一消費人数あたり約〇・四四キログラム／日となる。平均的な家族のサイズを大人二人、一〇才以上の子供一人、一〇才以下の子供二人とし、さらに一夫多妻の世帯が多いことを考慮して夫の消費人数を〇・五として計算すると、一戸あたりの平均消費人数は三・五となる。したがって、平均的な家族にとって二〇〇キログラム（翌年の播種分二〇キログラムを含む）のモロコシは約一一六日分の食料ということになる。

確かに、筆者が観察した八九年の食料消費の動向は、この試算を裏付けるものだった。つまり、図2-3にも示したように、七月になってMauという氾濫湖沼の畑で収穫ができる前には、ほとんどの家族がモロコシの蓄えを食べつくし、村人たちは魚ばかりを食べていたことが筆者のフィールドノートに記されている。

表2-1　戸別の標準必要量に対する収穫量の割合（1988-89）

戸別の標準必要量に対する収穫量の割合	戸　数（戸）	全戸に占める割合（%）
100%以上	17	23.3
75.0～99.9%	9	12.3
50.0～74.9%	13	17.8
25.0～49.9%	17	23.3
24.9%以下	17	23.3
合計	73	100.0

さらに、調査村の全戸の人口センサスを元に、各戸ごとに四ヶ月分の標準必要量を計算し、実際の収穫量が戸別の標準必要量をどの程度満たしているかを表したものが表2-1である。この表からも、標準必要量を満たす収穫を得た家族は全体のおよそ半分であることがわかる。逆に残りの半分の家族は標準必要量に満たない収穫しかあげられなかったことになる。これはいわゆる「世帯の失敗」（サーリンズ 1972:69）であるが、筆者が調査村をその後一五年にわたって観察している限り、このシーズンはとくに凶作の年とはいえず、むしろ平年並みであったように見える。そ

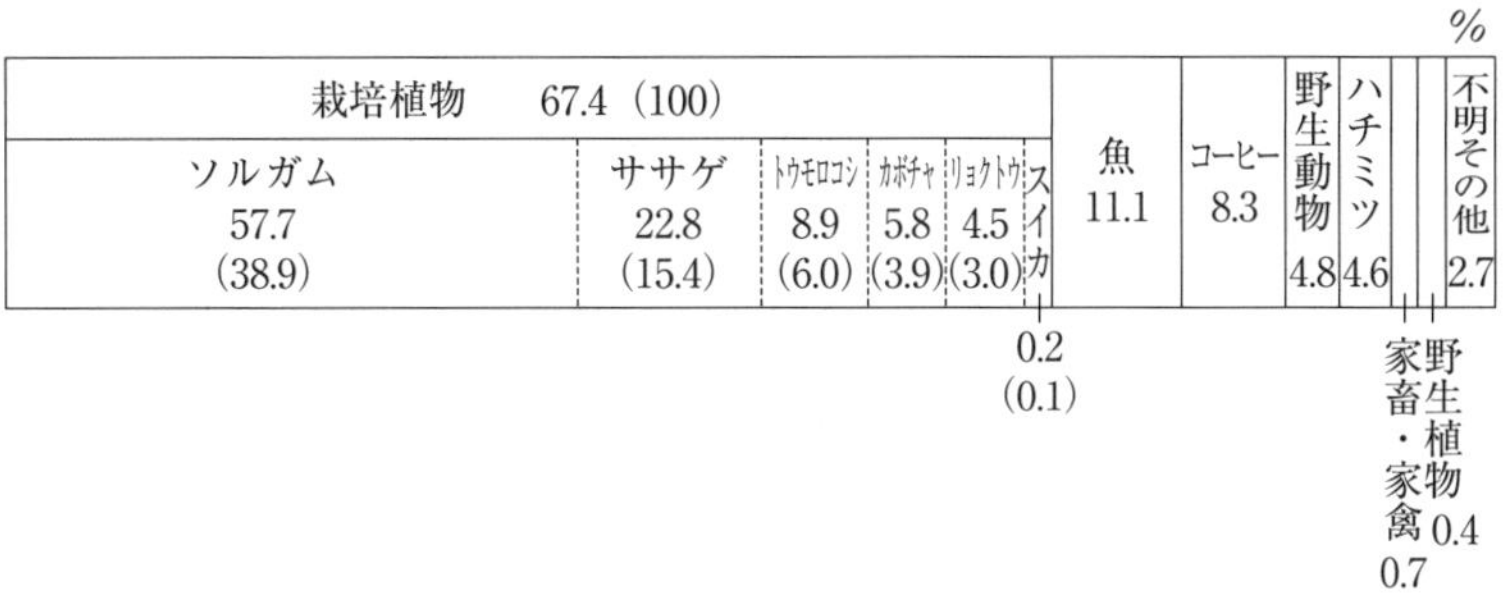

図2-5　食事における品目の構成（1989年2月2日〜5月25日の113日間）

う考えると、標準必要量に満たない収穫しかえられなかった家族は、生産に「失敗」したわけではなく、こうした家族が存在することを前提としてムグジの食料生産システムは成り立っていると考えるべきだろう。つまり、ムグジの農業生産は主食であるモロコシの標準必要量を満たすことを絶対的に必要な要件として備えていないといえる。それではどうして彼らの食生活は成り立っているのだろうか。次節では、モロコシ以外の食料を含めたムグジの食生活を検討し、経済余剰を持たない生活の仕組みについて検証することにする。

3　食生活と調理法

ここではムグジのある男性（年齢推定三五才、妻一人、子供二人）に、一九八九年の二月から五月にかけての一一三日間につけてもらった食事日記をもとに、ムグジ流の食べ方を検討してみよう。調査方法は、この男性に毎日何を食べたかを詳細に記録し、報告してもらった。したがって、以下に表した数値は重量やカロリーがベースではなく、記録に表れた原材料の頻度をベースにしている。また、これは一人あるいは一家族の記録であり、ムグジ人全体に敷衍して考えるのは無理な点もあるが、筆者の経験からいえば、この家族の食生活は平均的なものに見えた。

まず、図2-5に示したのは食事の原材料の構成比である。これを見ると農作物が全体の六七・四%を占め、そのうちの半分以上がモロコシであることがはっきり

写真2-3　ササゲのまめと葉を混ぜたモロコシがゆ（ダーノの一種）

とわかる。これは記録期間が収穫期とその直後にあたり、農作物の割合が他の時期に比べてかなり高いことは明らかである。その結果、相対的に魚（一一・一%）、野生動物（四・八%）、ハチミツ（四・六%）の割合がやや低くなっている。しかし、これらを摂取した日数で見ると、魚は三日のうち二日、野生動物は三日に一日、ハチミツは三日に一日以上の割合で食べられていることになる。

次に主穀類であるモロコシとトウモロコシの調理方法と、その消費パターンについて検討してみよう。上記の食事日記によれば、ムグジは四〇種類以上のモロコシ（ruubu）とトウモロコシ（kolmorsho）の食べ方をもっている（写真2-3）が、その調理方法は種子の状態によって大きく二つに分けることができる。一つはまだ未完熟の青い種子を用いる方法で、もう一つは完熟し十分に乾燥させた種子を用いる方法である。それぞれの代表的な料理名を整理したのが図2-6である。

モロコシについては、未完熟の種子をb'aada（b'はbの吸気音）あるいはruubu chagure（青いモロコシ）と呼び、他方、

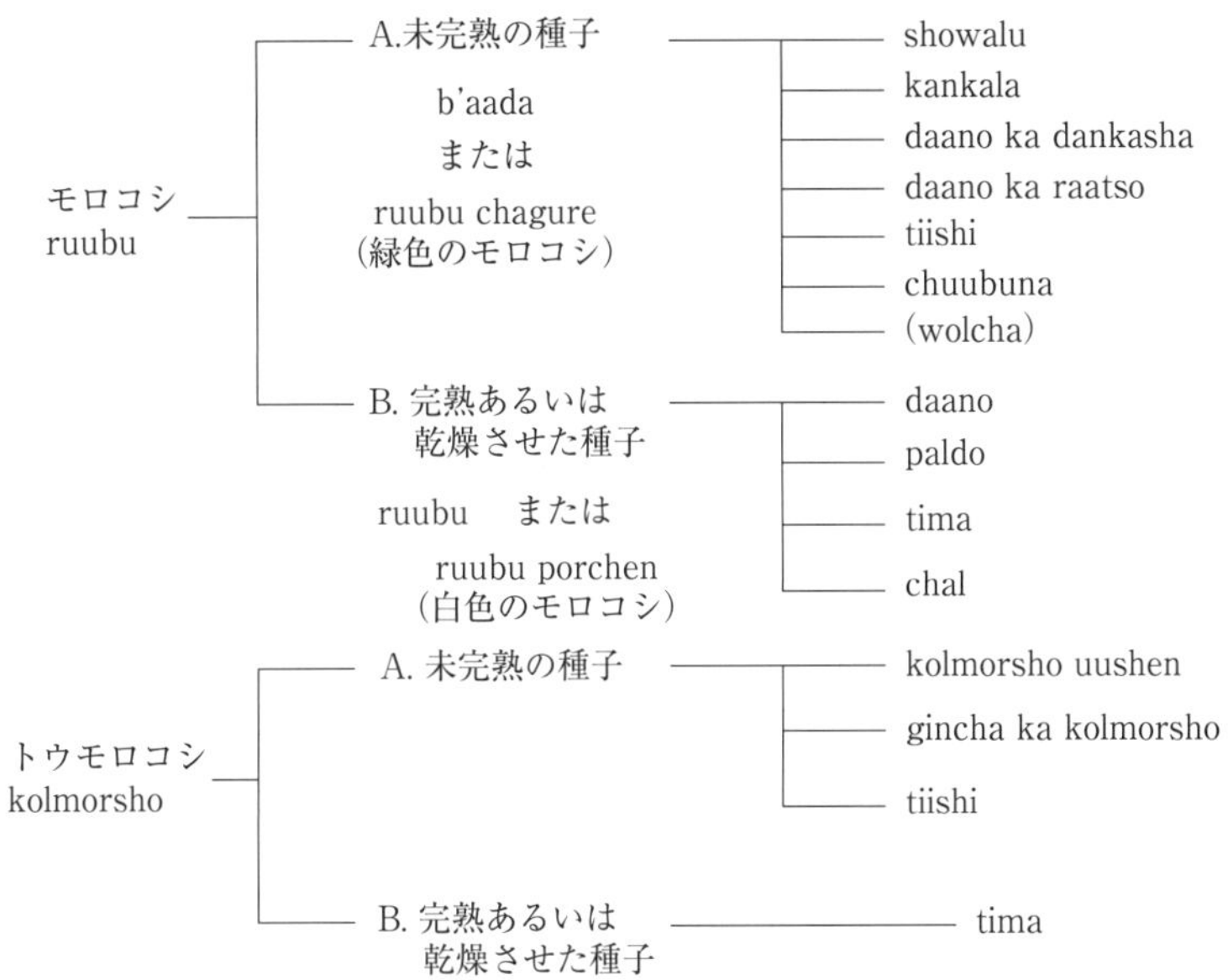

図2-6　モロコシとトウモロコシの基本調理法

乾燥させた種子を単に ruubu あるいは ruubu porchen（白いモロコシ）と呼ぶ。このようにムグジ自身の中に、これら二つのカテゴリーを弁別する認識があることは重視してよいだろう。トウモロコシについては、kolmorsho という単語自体がカラ語からの借用であり、その位置づけもモロコシに比べて補足的なものであり、完熟あるいは乾燥の種子についてそれぞれ固有の名称はない。

　ムグジの食生活を大きく特徴づけるのは、この未完熟の青い種子を積極的に利用する点にあるといえる。こうした利用例がアフリカを含めたほかの地域でどれくらいあるのかについて、筆者は十分な情報を持たないが、調理方法として定着している例はあまりないと想像される。前節で見たように、収穫のかなり早い段階から未完熟の種子を利用し始め、これらは一ヶ月以上ものあいだ主食となる。畑からとってきたばかりの青い種子を軽く炒った tiishi をたべることは、人びとのあいだで大きな喜びの一つにもなっている。またこの時期、甘い水分を多く含んだ若いモロコシの茎 wolcha も重要な食料の一部となる。

図2-7、図2-8はモロコシとトウモロコシについて、未完熟の種子を利用した料理と完熟の種子を利用した料理のそれぞれが、男性が記録した食事日記のいつごろに表れるかをグラフ化したものである。モロコシについていえば（図2-7）、未完熟種子の利用は二月の第二週をピークにして、第四週の半ばには利用が終わり、ちょうどその時期から完熟種子の利用が高まっていく。トウモロコシについても（図2-8）、三月の第二週を境に未完熟種子と完熟種子の利用が交代することがはっきりと表れている。

こうした未完熟の種子を食べることが発達したのは、収穫が完全に終わるまで主穀類の備蓄がなく、早くから食べざるをえないからであることはたしかである。実ったらすぐに手から口へと運ぶ行動は、狩猟採集民を思わせる。しかし、ムグジの食生活で野生動物、野生植物の利用はわずかでしかなく、彼らの生活様式を狩猟採集と呼べない。農業について、しかも穀物栽培に関して、こうした「即時消費システム」（Woodburn 1982:432）に近い摂食パターンは珍しいといえるだろう。現実には、年間を通して十分に食べられるだけの収穫を川沿いの畑から一回の収穫であげることは、家族労働という形態と、家畜を耕作に使わない完全な手作業という技術的要因を考えると困難であり、次の収穫期までのあいだにどこかの氾濫湖沼が利用可能になるというのも事実である。川沿いの畑での耕作に周到な計画と必要以上の勤勉をもってのぞむことをしないのは、これらを考慮すれば自然なことのようにおもわれる。

さらに、ムグジの「即時消費」というパターンは、魚と動物の肉の調理方法を考えたときに明瞭に表れる。その特徴は塩蔵、燻製といった保存のための技術をまったく施さないことである。肉についてはとりあえず短冊状に切って干すことはするが、それらは一週間ほどのうちには食べ尽くしてしまう。魚を干物にすることをまったくしないのは、魚はいつでも川か沼へ行けば獲れるもの、というように考えられているからで、魚網などを用いて一度に大量に獲る

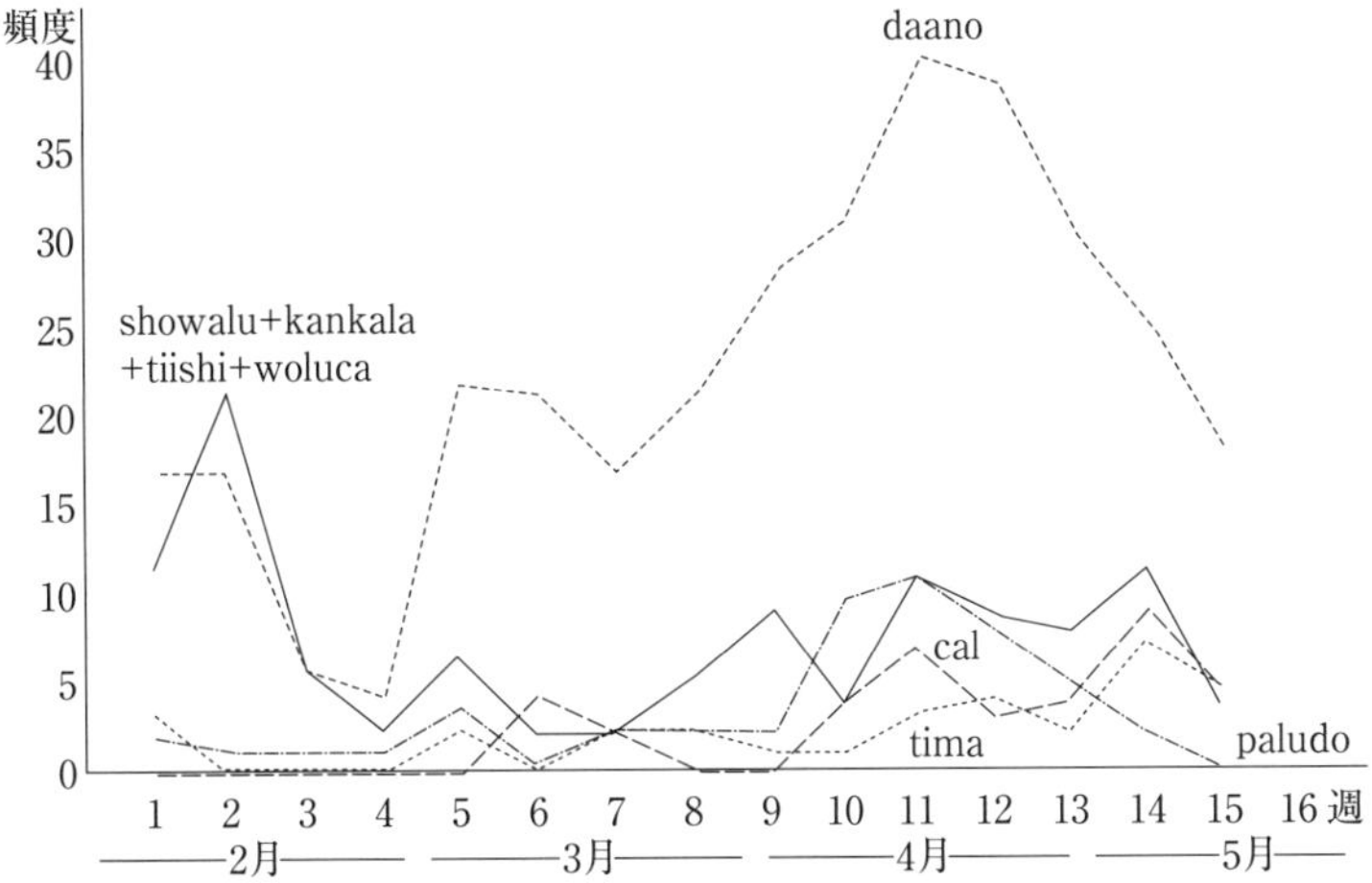

図2-7　食事にあらわれるモロコシの頻度

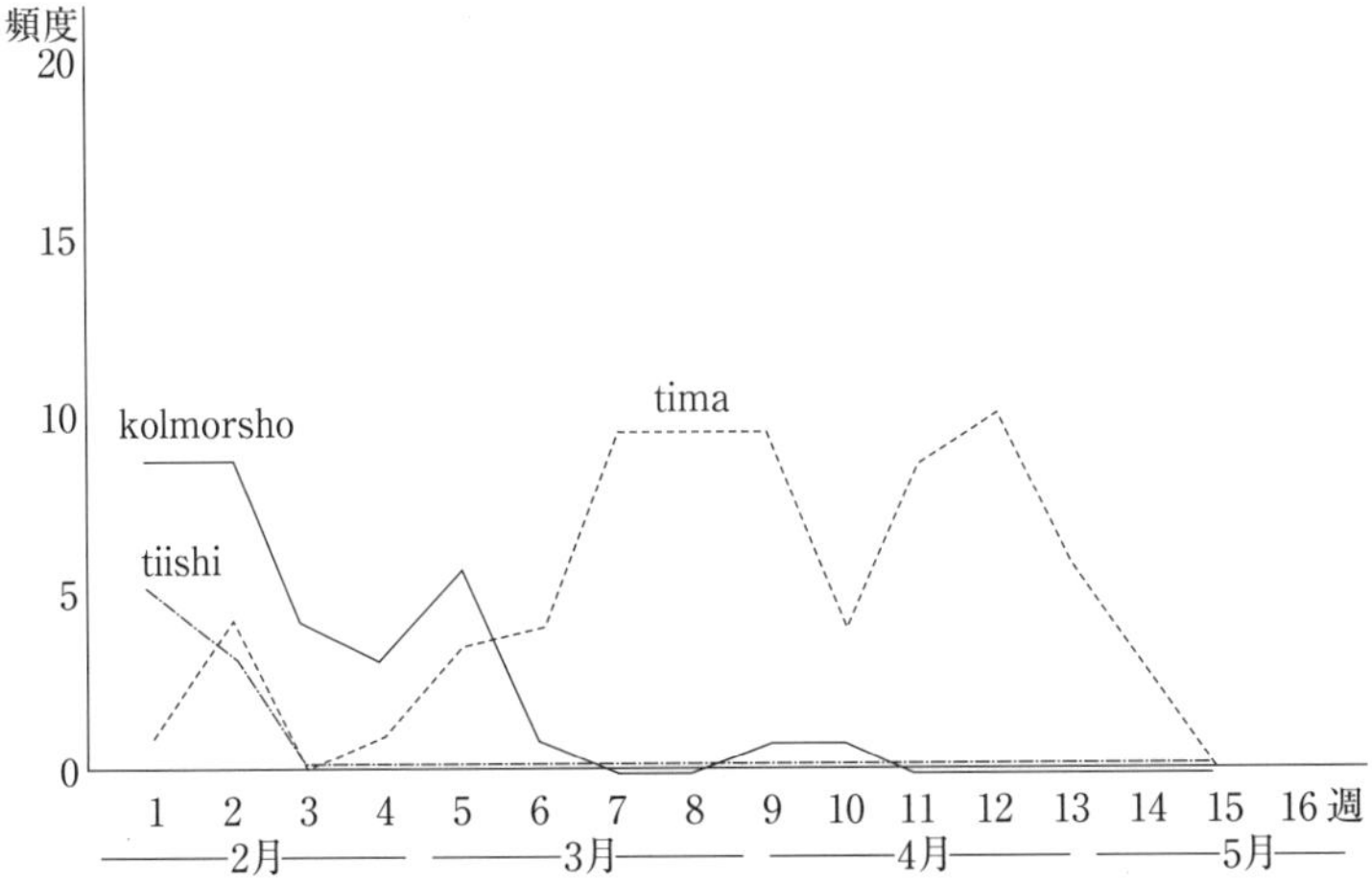

図2-8　食事にあらわれるトウモロコシの頻度

ことはない。調理方法としては、生の魚と肉を焼くか煮るという方法に限られる。副食としての利用しかできないとはいえ、魚や肉を保存して食料不足の事態に備えるという発想はない。こうした点が、ムグジの経済思考をもっともよく表現しているとわたしは考えている。

IV 近代化と「辺境」

1 一九世紀におけるムグジの民族形成

さて、ここまで述べてきたムグジの状況対応的な生存戦略はどこから生まれてきたのだろうか。この節では一九世紀に行われたとみられるムグジの民族形成の歴史、そして次節以降では一九七〇年代から九〇年代にかけて生じたいくつかの現象を手がかりに、その要因について考えてみることにする。ムグジの人びとは元来、自分たちの歴史について多くを語る習慣をもちあわせていないようである。一般的に、自分たちがどこから来て、どんな経緯で今日に至っているかを儀礼などの際に共同体内で確認する行為は、その集団のアイデンティティを強化することにつながる。だがムグジはそれとは対照的に、自分たちの過去を語ろうとすることの少ない人たちである。したがって、ムグジの民族形成史についてはよくわかっていないことも多く、ここでは紙幅の関係もあるので要点だけに絞るが、詳しくは稿を改めて述べる予定である。

現在のムグジは五方向から来た人びとによって構成されているという。彼らはそれぞれ①ドゥーユ（ドゥイ）、②アダラ、③ドゥクレ（マルシャ）、④バーダ（バダ）、⑤ワルバという名で呼ばれている。さらに①は現在のムルシ方面から、②は同じくムルシかあるいはニャンガトムから、③はアリ方面から、④はボディ方面から、⑤はホール方面から、現在のオモ川沿いの領域に来た人とされる。また、こうした人びとの来訪時期についてはほとんどわかっていない。ただし、⑤についてホールを研究する宮脇は、一九世紀末の牛疫がトゥルカナ湖地域に広がり牧畜民のあいだで困窮が増し、さらにエチオピア帝国の拡大とイギリスによる植民地化が圧力となって、ホールからオモ川沿いへ移動した人びとがいたことを述べている（本書六五ページ）。また、②についてはニャンガトムの民族形成は一八〇〇年以後（Tornay 1979:98）、①④については、ムルシとボディというスルマ系農牧民の分裂が約一〇〇〇年より前（Turton 1991:160, Ehret 1982:22-23）であることから、ムグジの歴史もそれを上回るものではないと考えられる。このように一九世紀のオモ川下流平原は、北ケニアのトゥルカナ湖地域、南部スーダン、北東ウガンダを含む広域的な民族ネットワークのなかに位置づけられており、一九世紀のイギリス、イタリアを始めとするヨーロッパ列強の争いと、それに伴うエチオピア帝国の南進によって、その民族編成を大きく変えることになった。ムグジという集団も、そうした過程で生まれたと考えてよいだろう。

ムグジのもつ集団としてのアイデンティティの希薄さは、一つにはこうした民族形成の過程ともかかわっているとおもわれる。現在、ムグジと同じコエグ語系集団は少なくとも三集団、約一五〇〇人がオモ川流域に住んでいるが、ムグジは他の二集団の存在は知ってはいても日常的な交渉はまったくない。ムグジ自体もおもに二つの集落を中心に居住してはいるが、季節的には川沿いの川辺林のなかに数家族ずつ散居する居住形態も続けている。外部の状況変化に応じて自らが離合集散を図ることは、個人が生き延びるための重要な方策であったにちがいない。

2　援助漬けと民族紛争の八〇年代

先に述べたとおり、ムグジが暮らすオモ川下流平原中央部には帝国南進の後も行政機関や商人、地主が定住することはなく、その支配はあくまで間接的なものだったとおもわれる。定住がすすまなかった理由は、酷暑という気象条件やそれに付随するマラリアなどの伝染病、食べ物などによるものと想像できるが、何よりもこの地がサバンナの広がる原野だったために、エチオピア高地人にとって魅力ある資源とは解釈されなかったことにあるだろう。

一九七〇年代にはオモ川下流平原で激しい民族間の戦いが繰り広げられていたことを述べた論集がある（Fukui and Turton 1979）。そこにはムグジについての記述はないが、聞き取りによると、当時はオモ系言語集団のカラとともにカロと呼ばれる民族ユニットを形成し、ダサネッチ、ハマルと共に、ニャンガトムに激しい攻撃を仕掛けていたようである。ニャンガトムを長年調査しているトルネイによれば、七〇年代初頭にはニャンガトムは弱小な一集団に過ぎなかったらしいが、スーダン内戦が激化するに伴い、同じ言語グループ（東ナイロート系）に属する南部スーダンのトポサから大量の武器、弾薬を入手して強大化したといわれる（Tornay 私信）。わたしがはじめてカラの村を訪れた一九八六年には、すでにニャンガトムとカロの勢力差は大きく、小さな小競り合いは見られたが、両者のあいだには七〇年代のような大きな衝突はもはやなかった。

八〇年代の大きなトピックといえば、やはりエチオピア北部の飢餓が深刻化し、世界中から大きな注目を集めたことである。各国政府や世界的なNGO団体による緊急食料援助が常態化し、西南部にも穀物粉や食料油、古着、毛布などが配布された。わたしはオモ川下流平原に暮らす人びとが政治的弱者であることはまちがいないと考えるが、彼らが食料不足にあえぐ「飢餓」民であるかどうかには疑問がある。しかもこの援助物資の分配をめぐって、かつて一つの集団を作ってきたカラとムグジのあいだに軋轢が生じ、八九〜九〇年に起きた紛争の末、分裂することになったのである（松田 1991）。

このカラとの紛争の際には、いくつかの点で彼らの行動の特徴を物語るエピソードを知ることができた。九〇年一月にはカラとの緊張が頂点に達し、ムグジはついにクチュル村を放棄してニャンガトム領域内に集団避難することになった。ちょうど川沿いの畑でのモロコシの収穫が最盛期を迎えていたにもかかわらず、そのすべてを残したまま村を去らなければならなかったのである。またこの紛争によって、カラの村に残って暮らすことを選択したムグジと、集団として独立して生きることを選んだムグジとのあいだに決定的な分裂が生じることになった。さらに独立の道を歩む人びとのあいだにも、従来の生活様式を踏襲するクチュル村と、より牧畜に重点を置きニャンガトムとの関係を強くもつガルギダ村とのあいだに明確な差が見られるようになった。

計画的な生産体制を構築して物質的な経済余剰を所有することが、共同体外の世界の政治的変化によって簡単に無に帰してしまう場合があるのを、ムグジの人びとはよく知っているのだろうとおもう。容易に崩壊させられてしまう富であるならば、むしろそれを日常的な社会関係のなかに蓄積させておくことを選ぶのは理解できる。そして、このことがさらにはっきりとするのは、次に述べる九〇年代の出来事であった。

3　連邦政権の誕生とムグジの武装化

エチオピア社会主義政権はソビエト連邦が崩壊してまもない一九九一年に倒れ、一九九五年に民主連邦国家が新しく誕生した。民族自立を標榜するこの政権は、ムグジのような少数民族をも国政に参加させるため、その公的認証の機会を与えた点で大きな影響力をもつようになった。ムグジは従来からあったカバレという最小行政単位を集団内に二つもつことを許可され、援助物資を分配される制度上の権利を得たうえ、地方政府に書記官を一名送ることになった。ウォレダ（地区）レベルでの行政的帰属についても、かつてのカラと同じだったハマル・ウォレダから、ニャンガトムと同じクーラズ・ウォレダへの変更が認められた。

また、エチオピア新政権の誕生とともに終結したエリトリアとの内戦は、戦闘で用いられた武器をはじめとする軍事物資の流出という事態を招いた。とくにムグジでは九〇年代に入って、自動小銃の普及が急速にすすみ、現在では三五〇人の村に一〇〇丁以上の自動小銃がある事態となっている（松田 2002）。こうしたムグジ社会外部に生じた政治的変化に対し、彼らはどのように対応したのだろうか。

物質的なかたちで経済余剰を持っていないと考えられていたムグジが、大量の自動小銃を入手できたプロセスには、ウシの預託制度と「弾丸ビジネス」が大きくかかわっていた。ウシの預託制度とは、東アフリカの牧畜民社会で広く見られる個人間での家畜の貸借のことであり、その背景には強固な社会的紐帯の存在をみることができる。ムグジの場合は、ボンド・パートナーであるバンナの牛群のなかに自らのウシを預け、乳や血の利用を相手にゆだねる一方、預けたウシと生まれた仔ウシの所有権はムグジに帰するというものである。これは、ツェツェバエの多いオモ川沿いではウシを飼えないこと、少数の家畜を飼うために牧畜生活を営むのは労働力の制限上むずかしいこと、他の牧畜民からのレイディング（略奪）を避けることができる、といった点で非常に合理的な方法である。

「弾丸ビジネス」は、ムグジの特産物であるハチミツやソルガムをもとに現金を作り、ニャンガトムの村へ出向いて弾丸一発を二ブル（およそ三〇円弱）で購入する。ニャンガトムは南部スーダンのトポサとの強い結びつきによって大量の弾丸を安価に入手しており、ムグジにはそれを安く売ってくれるという。それをバンナなどのところに持ち込んで一発につき三ブルで売る。こうした取引を何度か繰り返し、四〇〇〜八〇〇ブル貯まるとウシに換えてバンナに預けるのだという。

こうしたムグジのいわば錬金術は、バンナとニャンガトムという近隣集団との良好な民族間関係が維持されていることが基礎となって成り立つものである。ムグジが食料の絶対的必要量に影響することも承知の上で、近隣集団のボンドパートナーに贈与をするのは、こうしたローカルな状況変化への対応がしばしば求められるからだろう。さらに、東西冷戦構造の崩壊による政治的変化、南部スーダンにおける内戦の長期化、武器市場の市民社会への拡大といった世界規模での動きがダイレクトに及んでくるのは、オモ川下流平原がまさに国境に位置する「辺境」であるからだと考えられる。

V　おわりに

ここまで述べてきたことをまとめてみよう。本章ではまずムグジの農耕を中心とした経済体制が状況依存的であることを描いたが、それがウェイト川下流に住むホールの農耕システムと対照的であるのは、世界との直接的な接触という「辺境」に特有な環境に生きるためであることを述べた。ムグジの場合は、ホールに比べれば徴税の支払いに多大な無理を強いられず、また販売目的の商品生産を意識する必要がなかったことが、余剰をもたない経済を可能にし、場当たり的とも思えるエートスを生み出したと考えられる。

その結果、ムグジの生活領域であるオモ川下流平原のほぼ中央部、オモ川が大きく蛇行を繰り返すあたりは、他と比べて川辺林が多く残り、そのなかで氾濫原や河岸堤防面を耕作地として利用する、自然のリズムに合致した農耕が行われてきた。すなわち、今日わたしたちの目に映るこの河川環境は、とくに近代以降の歴史のなかで、国家から無価値の土地として見放される一方、国境を越えた地域および世界と直接につながる「辺境」の地で人びとが培ってきた、状況依存的な経済によって形作られてきたということを結論としたい。

また、こうしたムグジの経済行動を戦略や戦術ということばで表現することについて述べておく必要がある。計画性のないことが彼らの特性であるのだから、そこに戦略という計画性を強く意識させる概念をもちいるのはどうかとはおもう。しかし、「抵抗」という概念が広く解釈されるのと同じように、戦略や戦術ということばもまた、近代という時代によって強いられた条件の下で、抑圧された人びとがかろうじて生き延びるために選んだ方策の一つとして、再考されてもよいことばだともいえる。

近代における外部社会の変化は、ムグジの人びとにとっていつも何の予兆もなく、突然に、また脈絡のないかたちで降りかかってくるものであった。少しずつ変化の兆候が現れるとか、情報として伝わるということもほとんどなかったとおもわれる。また、たとえ情報があったとしても、それを分析し、対処するだけの準備が彼らにできたかどうかは疑問である。変化はいつも無防備な彼らの生活の前に突如として現れ、かき回し、即座の対応を迫った。その意味で、彼らの社会はヴァルネラブルな（傷つけられやすい）存在であることはまちがいない。与えられた自然、社会条件のもとで、このように唐突に降りかかる事態に対処するためには、それを跳ねのける強靭さを身につけるよりも、柔軟で便宜主義的な戦術をとるほうが都合がよかったのだとわたしは考える。

農業を通してアフリカにおける人びとと環境のかかわりを探ってきた掛谷は、「環境の社会化の諸相」と題した論文のなかで、「それぞれの民族文化は、（中略）安定化への強い指向性を基調としつつ、変化をとりこむ社会的過程を内蔵している。人間の営みと自然とのバランスは、ゆるやかに変化をくりこみながら安定化していくダイナミズムによっても支えられてきたのである」（掛谷 1994:5）とする。しかしその一方で、国家レベルや世界レベルの動向と結びついた近年の変化は、「地域の生態・社会・文化の基盤から乖離した急激な変容を誘導し、地域内・地域間の経済格差を拡大させ、自然に依存して暮らす人びとを貧困化の過程へ追いやっていく。このような趨勢が民族社会や地域の自立的な調整機能を弱め、地域の環境破壊を助長し、ついには地球的規模の環境問題へとつながっていく」（掛谷

1994:5）と述べている。ムグジの便宜主義的で状況依存的な生存戦略も、生活の安定化を阻まれた人びとのささやかな抵抗だったといえるだろう。とすれば、青いモロコシのほろ苦さはムグジの背負ってきた歴史の味なのかもしれない。

第3章

多様な作物資源をめぐる営み

山地農耕民マロにおけるムギ類の栽培利用

藤本　武

エチオピアの首都アディスアベバにむかうフライトは、アフリカ大陸上空に達してもしばらくは一見無人地帯かと思われる荒涼たる大地を眼下にみながら進んでいく。ところがエチオピア高地に入るや今度は一転して、いかにも人間の営みが感じられる、不規則ながらも方形にふちどられた畑が、起伏のある大地に連綿と続く印象的な光景に出会う。アフリカのなかできわだって高地の卓越するエチオピアは、人口の半分以上が高度二〇〇〇メートル台の高地に暮らす、世界でもまれな高地国家であるとともに、そこでは古くから農耕が営まれてきた。

一九二六年から翌年にかけてエチオピアを訪れた栽培植物起源学の大家バビロフは、その栽培植物の多様な変異に目をみはり、かの地を栽培植物の多様性の五大中心地の一つとみなした（Vavilov 1926）。エチオピアは、その地でもっとも広く栽培される雑穀テフ（*Eragrostis tef*）をはじめ、世界的飲料アラビア・コーヒー（*Coffea arabica*）、キク科の油糧作物ヌグ（*Guizotia abyssinica*）、西南部地域で重要性の大きい根栽作物エンセーテ（*Ensete ventricosum*）などの栽培化の一次起源中心地とされる一方、西南アジアで栽培化されたものが伝播してきたコムギ、オオムギ、ソラマメ、エンドウなどの二次起源中心地とされる（Harlan 1969; Westphal 1975）。その地が植物遺伝子資源の世界的宝庫の一つと認識されていることはたしかだろう。そのため、実際そうした作物資源の保護を模索する研究も始まっている（Brush 1999; Engels *et al.* 1991 など）。とりわけコムギやオオムギなどの穀物については関心が高い（Hailu *et al.* 1991, 1996）。

しかしながら、そうした国内外の作物資源の専門家と、実際に日々作物を育てながら利用している農民とのあいだには、容易に埋めがたいギャップが存在するように思われる。エチオピアのほとんどの農民にとって「遺伝子」はもちろん「資源」といった概念すら、あまり身近なものではない。むしろ「エンマーコムギ」や「カワオオムギ」あるいはその個々の品種について、その形態的特性や、いつどういう土地に何と一緒に播くか、収穫物はどのように利用するのが適切か、過去数十年間で作付けがどう移り変わってきたのかといった、実践的で具体的な知識で彩られているように思われる。逆に、作物や育種の専門家、あるいはもう少し広く、筆者自身も含めた多様な分野の研究者にとっては、エチオピアにみられる植物遺伝子資源の希少性とその保護の必要性といったことは、多少なりとも認識しうるものである。ところが、実際どこにどのような植物資源があり、その各々が日常どう利用され維持されてきているのか、また近年変化があるとすればそれはどういったものか、その背景を含めた具体的状況に対する理解は極度に不足しているというべきだろう。そうした具体的文脈への理解が少ないまま、植物標本が各地から収集され、研究機関に一部保存されるかたちになっているのが現状であるように思われる。

作物は人びとによって維持されてはじめて存在することができる、そもそも「社会化」された「生態資源」であるといえる。ただ、本章が対象とするムギ類は作物の中でもとりわけその産物がグローバルにやりとりされ、また遺伝子操作など最先端のテクノロジーが駆使される一方、世界各地の食文化と分かちがたく結びついた、グローバルからローカルまでの多面的な側面をあわせもっている。歴史的にも大きく変動しながら今日にいたっており、現在も新たな社会化の過程にある資源といえるだろう。ただ実際には今みたように、エチオピアというローカルな範囲に関しても、その実際の栽培利用は十分あきらかになっていないのが現状である。したがって本章は、その一つの社会におけるムギ類の栽培利用について具体的な記述をおこなうことで、エチオピアにおけるその特徴を多少とも明らかにしようとするものである。

I　エチオピアにおけるムギ類の多様性

エチオピアのムギといっても、ぴんとくる人は多くあるまい。そもそもアフリカで温帯的なムギなど栽培しているのかと思われる方も少なくないだろう。たしかに、地中海世界の一部である北アフリカ、入植後にヨーロッパ式の農業が導入された南アフリカをのぞけば、アフリカにおけるムギのイメージは希薄かもしれない。しかし、そのなかでエチオピアは、アフリカ大陸に約四%しかない高度一五〇〇メートル以上の高地の四三%にあたる四八万九五二〇平方キロメートルを有し、それが国土の四〇%を占める例外的に高地の卓越した土地である。しかも、その地帯にエチオピアの人口の八〇%以上の人が暮らしている（Amare 1990; McCann 1995）。そこでは、温帯起源の作物が古くに伝えられ、歴史的にさかんに栽培されてきた。そして現在、世界的にみた場合、たいへん特色のあるムギ類がみいだされるのである。

西南アジアに起源したムギ類はコムギ、オオムギ、ライムギ、エンバク（カラスムギ）が知られる。これらのなかでエチオピアで栽培されるのはコムギとオオムギである[1]。これらの穀物のエチオピアへの伝播は、これまでのところ、考古学的な発掘により十分明らかにされているとは言いがたいのが現状である。当初は、南アラビアからのセム系言語を話す集団が紀元前一千年紀前半にエチオピアに進出した際に中近東由来の作物をもたらしたという説が主張されていたが(Murdock 1960など)、むしろその後言語学や考古学の分析にもとづいて、もっと早く紀元前四千年紀から三千年紀のはじめの湿潤期に紅海沿岸の丘陵を伝い、犂などとともにコムギ、オオムギがもたらされたと推定されるようになっている(Ehret 1979)。

エチオピアに到達したムギ類がその後どのように各地で栽培利用されてきたのかはあきらかでない。もともと地中海近くの冬雨型の気候帯に起源したムギ類を、夏雨型で雨季・乾季の区別の明瞭なサバンナ気候のエチオピアで栽培するのは容易でなかっただろうと推測される。しかし、その過程を経るなかから、後述するようにコムギもオオムギもエチオピア固有の形質のものが出現するに至っている。

現在エチオピアで栽培される穀物で、コムギとオオムギは、トウモロコシ、テフ、モロコシに次いで、第四位と第五位の生産量となっている。継続的な統計資料のえられる過去三〇年ほどで推移を比較すると、コムギは徐々に生産をのばしてきているのに対し、オオムギの生産は停滞し相対的に重要性が低下してきている。実際一九七〇年代の一時期まで、オオムギはテフ、トウモロコシに次いで三番目だった[2]。

両者では利用法も異なる。エチオピアの五大穀物のなかで、コムギはテフについで売却の割合が大きいのに対し(一九・五四%)、オオムギは一〇・八二%でもっとも小さい(Central Agricultural Census Commission [CACC] 2003)。端的に言うと、オオムギは換金性が低く、多くが自家消費されている。オオムギの退潮傾向の要因の一つとみられる。とはいっても、エチオピアでのオオムギは世界的にみてまだ大きな位置を占めているのも事実である。一九九〇年の統計によれば、エチオピアの一人あたりのオオムギ消費量はモロッコについで世界第二位の一九キログラムであった（Zemede 1999）。退潮傾向のオオムギにくらべ、生産が増えてきているコムギも、じつは増加しているのは販売に回される特定のものに限られ、残りのタイプのものは停滞あるいは減少しつつあるとみられ、状況は決して一様ではない。したがって以下では、コムギとオオムギそれぞれについてより詳細にみていくことにする。

1　コムギ（***Triticum* spp.**）

コムギは後述するオオムギと同様西南アジア起源の穀物である。最初に栽培化（ドメスティケート）されたのは約一万年前とされる。植物学的にオオムギは一種（*Hordeum vulgare* L.）なのに対し、コムギの場合は複数種に分かれている。それでも、かつては形態的な差異にもとづいて膨大な数が別種として分類されていたのが、現在はゲノムの組成にしたがって五種のみに整理され、むしろその下位の亜種のレベルで多く区別されるようになっている。その五種とは二倍体の二種（*Triticum monococcum* L.と*T. urartu* Tuman.）、四倍体の二種（*T. turgidum* L.と*T. timopheevi* Zhuk.）、そして六倍体の一種（*T. aestivum* L.）である（Zohary *et al.* 2000; Feldman *et al.* 1995）。マロにみられるのはこのうち四倍体のエンマーコムギ（*T. turgidum* subsp. *dicoccum*）、マカロニコムギ（*T. turgidum* subsp. *durum*）とリベットコムギ（*T. turgidum* subsp. *turgidum*）、そして六倍体のパンコムギ（*T. aestivum* subsp. *aestivum*）の二種四亜種である。これらは同じコムギとはいえ、作物としての性質や地理的分布、歴史的変遷などが大きく異なり、現在のマロにおける状況を理解していくうえでも重要と思われる。

（1）エンマーコムギ

まず、エンマーコムギはコムギのなかでもっとも古く紀元前八〇〇〇年前ごろに栽培化されたとみられている（Zohary *et al.* 2000; Feldman *et al.* 1995）。エンマーコムギは四倍体であり、より単純な二倍体の栽培種である一粒コムギ（*T. monococcum* subsp. *monococcum*）より古いのは意外と思われるかもしれない。ただ、エンマーコムギと一粒コムギではもともとの祖先野生種が異なっている。新石器時代から後期青銅器時代までの西南アジアそしてヨーロッパで、オオムギとならんでもっとも広く栽培されていた。エジプトへは紀元前五千年紀に伝わり、プトレマイオス朝のころまで主要な穀物であり続けた（Wetterstrom 1993）。考古学的発掘で確認されているわけではないが、そのエジプトを経由して紀元前三〇〇〇年ごろにエチオピアに到達したと推定されている（Engels *et al.* 1991; Tesfaye *et al.* 1991）。

しかしそれらの地域では早くに重要性を失い、現在はユーゴスラヴィア、インド、トルコ、ドイツ、フランスなどで点々と残存するのみとなっている（National Research Council 1996）。エチオピアはそれにくらべると状況は異なっている。二〇〇〇メートル台の高地ならば、現在も畑や市場などでエンマーコムギはふつうにみられる。ただそうはいっても、一九三〇年代にはコムギ全体の一〇％を占め（Ciferri *et al.* 1939）、また一九六〇年代に阪本寧男と福井勝義により全国から収集された五〇〇系統のコムギのうち三二系統（六・四％）がエンマーコムギであったのが（阪本 1996）、現在は全体の二％台に低下している（CACC 2003）。他の地域にくらべればまだ残っているとはいえ、エチオピアでもエンマーコムギのマイナー・クロップ化は進行しつつある。その原因は栽培に関してというより、むしろ利用法に関係があるように思われる。

エンマーコムギの特徴は穎が硬く脱穀しづらいことである。現在の主要なコムギは起源的にはすべてエンマーコムギから派生してきたものだが、それらはみな穎が軟らかく脱穀しやすく変化しているのに対し、このエンマーコムギは旧来の性質をとどめている。そのため、他のコムギの脱穀作業のように穂を棒でたたいたりするくらいでは種子をうまくとりだせず、さらに竪杵で念入りに搗くなどの作業が必要で、加工に手間がかかる。世界各地で歴史的に重要性が失われたのもまさにこのためであった。

しかしすでに述べたように、世界的にみてエチオピアでは例外的と呼べるほどこのコムギが維持されてきている。背景には、エンマーコムギが特定の利用法と結びつき、他のコムギにない一定の役割が付与されてきたことが大きい。後述するように、エチオピアではコムギは炒ったりゆでたりしたものを粒食するか、あるいは粉に挽いてパンなどに焼いて食べるのがふつうである。しかし、エンマーコムギのみはそれらと異なり、粉に挽いたものを粥に煮て食べるのがもっとも一般的である。[3] 粥にはエンマーコムギだけでなく、モロコシやトウモロコシ、テフなども用いられることがあるが、エンマーコムギの粥は病人や産後の女性などに与える滋養食としてもっとも知られている食事なのである。

つまり加工に手間がかかるため日常食には適さないものの、エチオピアではその特定の料理（粥）が滋養食として位置づけられてきたため、現在まで一定の重要性を保ってきているのだと考えられる。

（2）マカロニコムギとリベットコムギ

他方、エチオピアで現在多数を占めているのは、同じく四倍体ながら穎が軟らかく脱穀しやすいマカロニコムギ（*T. turgidum* subsp. *durum*）とリベットコムギ（*T. turgidum* subsp. *turgidum*）である。

これらのやわらかい穎をもった四倍体のコムギも西南アジア地域で成立し、およそ紀元前七千年紀にまでさかのぼるとされる（Zohary *et al.* 2000; Feldman *et al.* 1995）。エチオピアへの伝播年代やルートは定かでないが、先のエンマーコムギの場合と同時期かそれよりやや遅れて到達していたとみられる。

注目すべきは、エチオピアでみられる四倍体コムギの多様さである。先のバビロフはその形態的変異の大きさから エチオピアこそが四倍体コムギの起源地とみなしたほどである（Vavilov 1951）。現在この考えは野生コムギの分布から認められないが、それでもマカロニコムギの形態を世界各地で比較した場合、エチオピアにもっとも多様な変異が存在する（Jain *et al.* 1975）。そうした一つの例として、たとえばエチオピアには粒が紫色のマカロニコムギがあり、これはエチオピア固有のものである（Vavilov 1951; Zeven 1991）。変異が多様であるため、各民族ごとに多数の品種が識別されており、マロでもコムギ品種の大半がこのマカロニコムギとリベットコムギで占められている。

量的にも、これらのコムギがもっとも多く、エチオピアのコムギの約六〇%がこのタイプとされる（Tesfaye *et al.* 1991, 1995）。しかし、一九三〇年代におこなわれた調査では七五%を占めていたとされ（Ciferri *et al.* 1939; Simoons 1960）、徐々に割合を減らしてきているとみられる。

エチオピアでコムギは簡便な軽食として穂ごと焼いたり、脱穀後に炒ったりあるいはゆでたりしたものを食べる粒食がさかんにおこなわれる。そうして消費されるものは通常このタイプのコムギである。他にも手のこんだ料理として、粉に挽いて水を加えてこねた生地を発酵させ、あるいは他のものと混ぜて未発酵のパンを焼いたり、一部ではてのひらほどの大きさに成形して葉に包んだものを土器に入れて蒸して食べることもおこなわれる。またビールの原料に用いているところもみられる。

（3）パンコムギ

世界的にみた場合、現在もっとも主要なのはこのパンコムギである。全生産量のじつに九〇%を占めるとされる（Zohary *et al.* 2000）[4]。やはり、西南アジア地域の起源だが、いわゆる「肥沃な三日月地帯」でなく、その北東側の地域で、すでに栽培化されていた四倍体のコムギとその畑の雑草だったタルホコムギ（*Aegilops squarrosa*）との交雑により、紀元前五、六〇〇〇年ごろに成立したとみられる（Zohary *et al.* 2000）。

エチオピアへの伝来のルートや年代は定かでないが、四倍体のコムギより遅くに導入されたことはまちがいないとみられる。一説では、一七世紀にやってきたポルトガル人、あるいはそれよりさらに遅く一九世紀のイタリア人によってもたらされたといわれてきた（Ciferri *et al.* 1939; Hailu 1991）。しかし最近になって、かつて王国として栄えた北部の都市アクスムの六世紀なかばから七世紀はじめの地層からパンコムギが出土した（Boardman 1999）。従来いわれていたより一〇〇〇年あまりもさかのぼることになる。ただそうはいっても、アクスム近傍の紀元前一千年紀なかばの地層からはエンマーコムギやオオムギは出土するものの、パンコムギはみられないという。つまりこの二つのあいだの時期にパンコムギは伝わっていたと考えられる。伝来時期が大幅にさかのぼったといえ、やはり他より遅い伝来であることにはかわりない。このあいだの時期はアラビア半島南部と交流が一時的にさかんだった時代であり、パンコムギは他のコムギと異なり最初アラビア半島から海路もたらされたのかもしれない。

いずれにせよ、エチオピアでは二〇世紀前半までパンコムギの重要性は概して低かった。一九三〇年代におこなわれた調査では、パンコムギとクラブコムギ（ごく少量）をあわせた六倍体のコムギはエチオピアのコムギ全体の一〇％を占めたにすぎなかった。それも、エリトリア、ハラール、アディスアベバ、アクスムなど北部から東部にかけての地域に分布が集中しており、南部や西部の高地ではわずかに〇・五～一％を占めたにすぎなかった（Ciferri *et al.* 1939; Simoons 1960）。しかし、改良品種の導入などにより近年栽培量が増えつつあり、コムギ全体のすでに三割以上に達しているとみられる。ただそれでも、世界のコムギ栽培の状況と比較すれば、例外的に少ないともいえる。

利用の仕方はマカロニコムギ、リベットコムギ同様炒ったり、ゆでて食べる粒食や、また粉に挽いたものを未発酵あるいは発酵パンに焼くこともちろんおこなわれる。しかし大半は販売に回され、ほかのコムギがおもに自給用に消費されているのにくらべると、換金作物としての性格が強い。販売後の正確な流通を把握しているわけではないが、村に近年普及しつつある発電器による小規模な製粉所での粗い製粉ではなく、全国に十ヶ所ほどある近代的な工場で細かく製粉されたのち、町のパン屋で西洋式のパン（yä-faränji dabo）に焼かれて、町の人たちに消費されているとみられる。つまり、パンコムギは西洋式の近代技術の導入や都市化の進展にともなって急速に増えてきている可能性が大きいのである。

このように同じコムギとはいっても、その成立、エチオピアへの伝来時期やルート、その後の歴史、そして現在の栽培量や近年の趨勢、利用法などがそれぞれのコムギで異なっており、後述するマロでの栽培利用にも直接間接に反映されている。なお、エチオピアの多くの民族社会に広くみられるように（福井 1971）、マロでも、コムギは利用時の脱穀の難易によって、エンマーコムギとそれ以外のコムギとが名称で明確に区別されている。すなわちエンマーコムギのことをk'anbara、それ以外のコムギをgisteと呼ぶ。両者が栽培および利用時に一緒にされることはない。そしてgisteには多数の品種が識別されている。

2　オオムギ（*Hordeum vulgare* L.）

オオムギもコムギ同様西南アジアの「肥沃な三日月地帯」に起源するもっとも古い栽培植物の一つで、栽培種であることを示す非脱粒性の性質の遺物が現れるのは紀元前七五〇〇年ごろからである（Zohary *et al.* 2000）[5]。すぐにヨーロッパ、インドなど他の地域へ伝播し、紀元前五千年紀にはエジプトにも伝わり、新石器時代、青銅器時代を通じてエンマーコムギとともにもっとも重要な穀物であり続けた（Wetterstrom 1993）。エチオピアへはエンマーコムギと同じく紀元前三〇〇〇年ごろに伝わっていたと推測される（Zemede 1996）[6]。

現在オオムギはコムギと異なり、植物学的には *Hordeum vulgare* L. の一種とされる。ただその中身にはやはりいろいろなタイプがあり、かつては野生種と栽培種、栽培種のなかでも二条種と六条種とでそれぞれ別種と区別されていたこともあった。しかし、その後の研究で、ちがいは突然変異でもたらされたものにすぎず、雑種にも稔性のあることが確認され、遺伝的にも近縁であることが明らかとなって、一種にまとめられている（Zohary *et al.* 2000）。そのなかで、二条オオムギ（穂のそれぞれの節につく三つの小穂のうち中央の一小穂だけが結実し、他の二小穂は退化しているもの）は *H. vulgare* subsp. *distichum* に、六条オオムギ（三つの小穂すべてが結実するもの）は *H. vulgare* subsp. *vulgare* と亜種レベルで区別される。

（1）カワオオムギとハダカオオムギ

オオムギにはさらに皮性か裸性かという区別もある。これは成熟した種子を包んでいる外頴と内頴が種子に密着しているかどうかをいい、密着しているカワオオムギは通常の脱穀のみでは種子だけをとりだすのが難しいのに対して、外頴と内頴が種子から容易に分離するハダカオオムギでは容易である。これは一つの遺伝子により支配された形質で、もともとすべてカワオオムギだったのが、劣性の突然変異でハダカオオムギが生じたとされる。カワオオムギとハダカオオムギは二条オオムギと六条オオムギのどちらにもあり、したがって栽培オオムギには、二条カワオオムギ、二条ハダカオオムギ、六条カワオオムギ、六条ハダカオオムギの四つのタイプがある（阪本 1996）。

もともと野生オオムギから栽培化された当初、二条カワオオムギのみだったが、まもなく六条カワオオムギが、やがてそれぞれからハダカオオムギが出現した。紀元前四千年紀には六条カワオオムギがメソポタミア地域の主要な穀物として確立され、各地に広がっていった（Zohary *et al.* 2000）。日本や中国など歴史的にほとんどが食用に供されてきた東方の地域では、六条オオムギ主体のまま推移し、ハダカオオムギもまた重要であった（Briggs 1978）。ヨーロッパでも当初伝わったのはハダカオオムギも含んだ六条オオムギであり、古代ギリシャの時代までオオムギは食用にきわめて重要だった。しかし、その後主食であるパン原料としての重要性は事実上コムギにうばわれ、オオムギはビールの原料あるいは家畜飼料としての役割に転じていった。そのなかで中世ごろから二条カワオオムギ主体に移行していった。ビールやウィスキーの原料としては、粒が大きく蛋白質含量の少ない二条種が適しているからとみられる（Purseglove 1972）[7]。

コムギがそうであったように、オオムギも、こうした世界的な状況とエチオピアでは異なった面がある。もっとも大きなちがいは二条か六条かという区別より皮性か裸性かという区別がはるかに重要である点である。皮性か裸性かが第一に識別されるのは、脱穀した際に種子が容易にとりだせるかどうかという実際上の問題と関係していると思われる。調理についても、カワオオムギは粒のまま炒る以外にビールなどさまざまな飲料の原料にしたり、はったい粉にして食べたり飲んだり、あるいはパンの原料に用いたりと粉食がさかんである。その一方ハダカオオムギは炒って食べることが多く、粒食が主体である。そのため名称も皮性か裸性かで大きく区別されている[8]。すなわち、先のコムギで、脱穀しづらいエンマーコムギと脱穀の容易なそれ以外のコムギとで、名称や調理法が区別されていたのと似ているようにみえる。

しかし、コムギの場合と異なり、オオムギは脱穀に手間のかかるカワオオムギの方が手間のかからないハダカオオムギより重要である。これはある程度世界的にみられる傾向のようで[9]、栽培上の特性に関係すると思われる。つまり、ハダカオオムギにくらべて、カワオオムギは栽培に労力がかからず高い収量がえられるのである（Zemede 1999）。後述するマロでも、たしかにハダカオオムギは肥沃な畑でだけ栽培され、限られた場所で作られるのみである。ただ、二〇世紀前半におこなわれた調査では、オオムギ標本の三〇％以上がハダカオオムギで占められていたとされ、各地でその後カワオオムギへの大規模な転換が起こってきたといわれる（Zemede 1999）。たしかに、利用の仕方にこれといった特徴のないハダカオオムギは市場でもみいだすのがもはや困難で、コムギにおけるエンマーコムギよりめだたない存在になっている。そのため、もはや「オオムギ＝カワオオムギ」とみなされているところも実際には多くなっている。

（２）二条オオムギと六条オオムギ

それでは、エチオピアで二条と六条の方の区別はどうであろうか。世界的にみられる両者の利用法のちがい、すなわち、前者がビールなどアルコール性飲料の原料用、後者が食用や非アルコール性飲料の原料用および飼料用といった区別はこれまでのところまったく聞いたことがない。エチオピアでは伝統的にビール原料にも食用にもオオムギがさかんに用いられてきたことはまちがいないが、二条と六条で利用法を使い分けてきたようではなさそうである。ただし、両者は栽培するうえでは明確に区別されている。二条のものは早生であり、主要な栽培時期と別の時期にも播いて二期作をおこなったり、また幅広い高度で育つとされ、栽培地帯の周辺部でよく栽培されている。他方、主要な栽培地帯では六条のものが多く栽培される。これは六条の方が収量が高いからと考えられる。ただし、ハフナーゲル（Huffnagel 1971）によると、エチオピア南部ではたしかに六条オオムギが主体だが、北部ではむしろ二条オオムギが優占するという。事実だとすれば、北部は南部に比べて気候が乾燥していることが関係しているのかもしれない。実際北部と南部の中間に位置する中西部のマチャ・オロモにおける報告（Zemede 1990）をみると、六条オオムギと二条オオムギの品種数や頻度はほとんど同程度となっており、明白に六条オオムギ優勢のマロとは異なっている。いずれにせよ、六条オオムギと二条オオムギでは栽培面でちがいがあるものの、利用の仕方で両者は明確に分化している

写真3-1　収穫間近の二条ハダカオオムギ．世界的には栽培が少ない．

わけではないのである。

以上はじつはカワオオムギに関する議論であって、ハダカオオムギはまた別である。ただハダカオオムギは全体的に量が少ないため、情報が少なくよくわからないのが正直なところである。マロでみる限り、六条と二条でどちらが多いか、カワオオムギのように明らかでない。世界的にみた場合、二条のハダカオオムギ（写真3-1）はきわめて少なく、エチオピアでも北部と西部、西南部の一部地域にのみ分布するとされる（Huffnagel 1971）。マロはそうしたものはや数少ない二条ハダカオオムギを保有する民族社会の一つである。二条ハダカオオムギはほかのタイプより穂が長いものが多く、一〇センチメートルをこえるものもある。品種ごとの形態的特徴も顕著で、なかば芸術作品のような趣がある。

なお、エチオピアの二条カワオオムギには退化した側列小穂が細くなっている deficiens と呼ばれるタイプがあり、また二条と六条の中間で稔性のある小穂が不規則についている irregulare というタイプがこの地に固有に分布し、古くに伝わったオオムギが独自の発達をとげてきたことを示している（阪本 1996）。

マロではカワオオムギを banga、ハダカオオムギを murk'a といい、両者は別々に栽培と利用がおこなわれ、多数の品種に分類されている。それぞれに六条と二条のタイプがあり、カワオオムギには deficiens と irregulare もみられる[10]。以下ではマロにおける事例に即して記述していく。

II　ムギ類はいかに栽培されるか

1　マロという社会

マロ（Malo）はエチオピア西南部の山岳地帯に暮らす農耕民である。資料によりばらつきがあるためはっきりしないが、人口はおよそ三、四万人と推測される。アフロ・アジア語族のオモ系言語を話す。彼らの社会は出自によって大きく四つの社会集団に分かれている。そのうち二つが農業をなりわいとする農民集団でゴカ（Gok'a）とドコ（Doko）という。もう二つが土器作りと鍛冶をそれぞれ営む世襲の職人集団マニ（Mani）で、前者はオタ・マニ（Ota Mani）、後者はギタ・マニ（Gita Mani）と呼ばれる。人口の大半を占める二つの農民集団は、クラン、起源地、居住分布、食習慣、農業以外の生業の割合などが異なっており、両者の区別はいったんマロが形成された後に二次的に分化してきたというより、そもそもの民族形成の歴史に関係しているものとみられる（Fujimoto（in press）、藤本（印刷中））。ごく少数派の二つの職人集団は調理具や農具など生活必需品を農民に供給するが、概して農民から侮蔑的な扱いをうけており（Fujimoto 2003）、マロは階層的な社会である。以下ではとくに断りがない限り、マロの高地集落の一つガイツァ（Gaytsa）における、ゴカの農民からのききとりにもとづいて記述している。

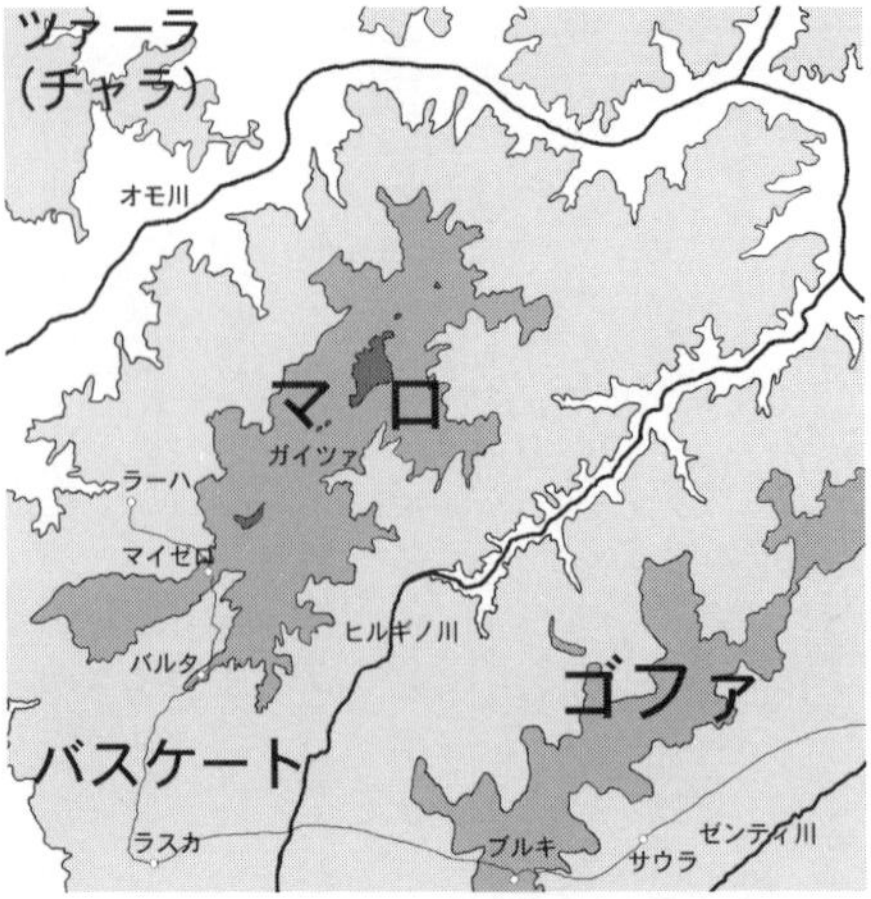

図3-1　マロとその周辺地域

2　高度分布

マロの領域は北東から南西方向に広がり、中央を高度二〇〇〇メートル台後半、一部では三〇〇〇メートル以上になる山脈が貫く（図3-1）。現行の行政区分では、領域は南部諸民族州ガモ・ゴファ地方（ゾーン）マロ・コザ地区（ウォレダ）に含まれる。その山脈から、高度差二〇〇〇メートルほどをかけおりる急峻な尾根が無数に分岐している。そのためマロには平坦地はないといってよく、集落はやや傾斜のゆるい斜面の中腹に形成されている。高度六〇〇メートルから三四〇〇メートルにわたる土地を、人びとはgad'a「低地」（高度約一五〇〇メートル以下）、dollo「中間地」（同一五〇〇〜二三〇〇メートル）、gezze「高地」（同二三〇〇メートル以上）の三つの高度帯に区分し、うち約一〇〇〇メートルから三〇〇〇メートルの地帯に居住している。そのなかでもっとも多くの人たちが暮らすのは、高度二〇〇〇メートル以上の高地で、過去数十年間に人口が急増してきたとみられる。

本章でとりあげるムギ類が栽培されるのは、そうした人口密度の大きい高度帯である（図3-2）。ただし、コムギとオオムギでは分布が同じではない。コムギは高度約二二〇〇メートルから二七〇〇メートルの地帯に集中的に分布する。他方、オオムギは二五〇〇メートルから三〇〇〇メートルとそれより少し高い高度に分布の中心はあるものの、その一方でコムギの栽培域より低い高度一八〇〇メートルくらいまで広く分布する。ただ、そうした主たる栽培高度

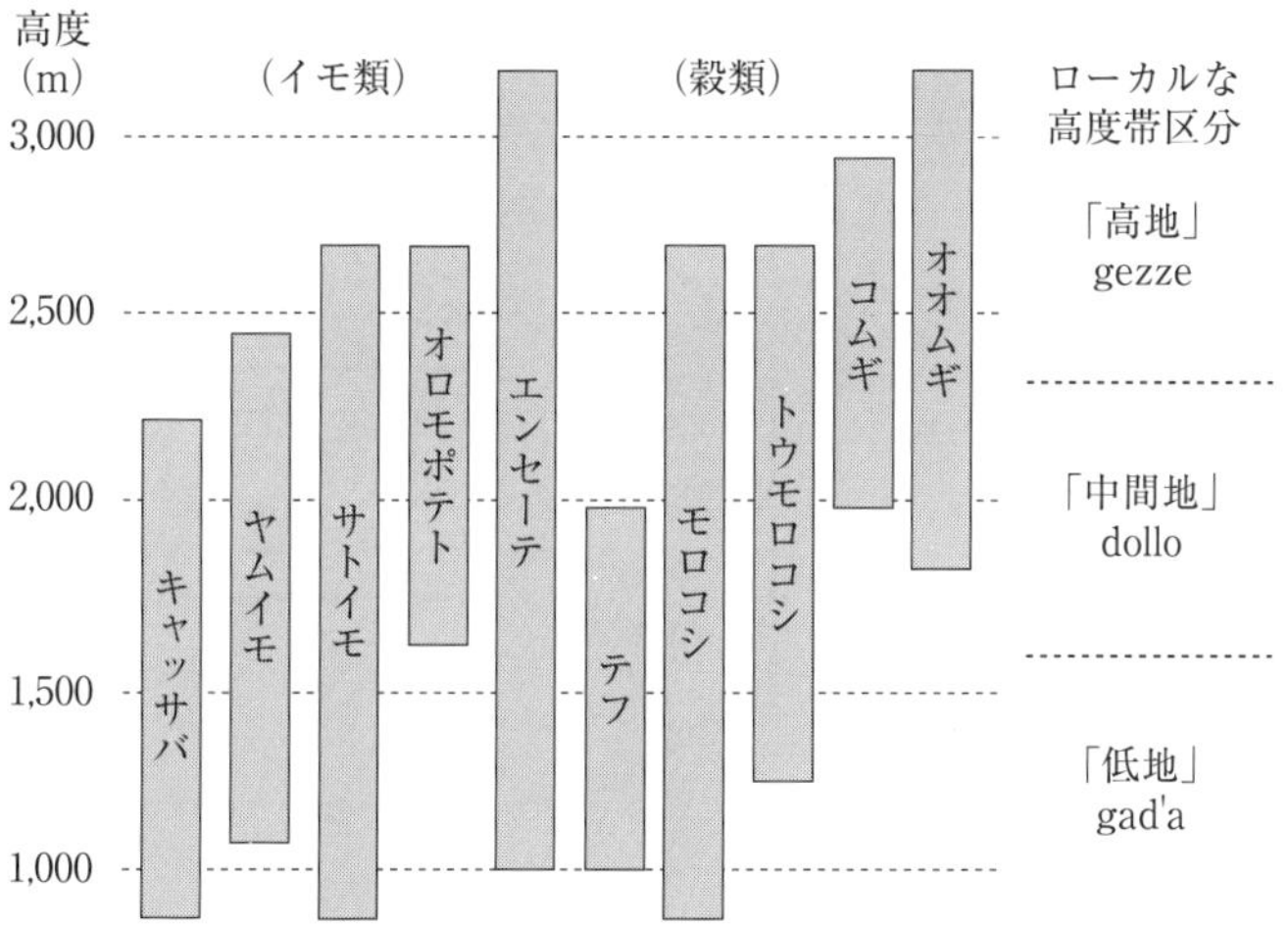

図３－２　主要作物の高度分布

（二五〇〇～三〇〇〇メートル）より低い地帯のオオムギは、ほとんど二条カワオオムギで、全体量では大半を占める六条カワオオムギはほとんどみられない。これは二条と六条のカワオオムギの性質によるとみられるが、いずれにしても、コムギとオオムギ、そしてオオムギのなかでも二条と六条のカワオオムギでは、高度分布が異なる傾向がみられるのである。

3　土地利用と空間配置

マロでは、家を中心にそこから離れるにしたがって、利用度が下がっていく同心円型の土地利用が認められる（図３-３）。脱穀作業などをおこなう家の正面のならした庭に接する耕地はひんぱんに施肥がなされ、一年じゅう何かの作物が栽培される一方で、その周囲は、一年のうち限られた期間だけ耕作される土地であり、さらにその外部は、毎年ではなく何年かに一度耕作される長期休閑型の耕地へ移りかわっていく。こうした多様な差異をともなう土地利用に対応するように、作物や農具、担い手の労働形態や性別、などもそれぞれ異なる。大きくは、屋敷畑 kara kale と外畑 gade の二つに区別されるが、実際は両者の境は明確でないことも多く、屋敷畑、外畑

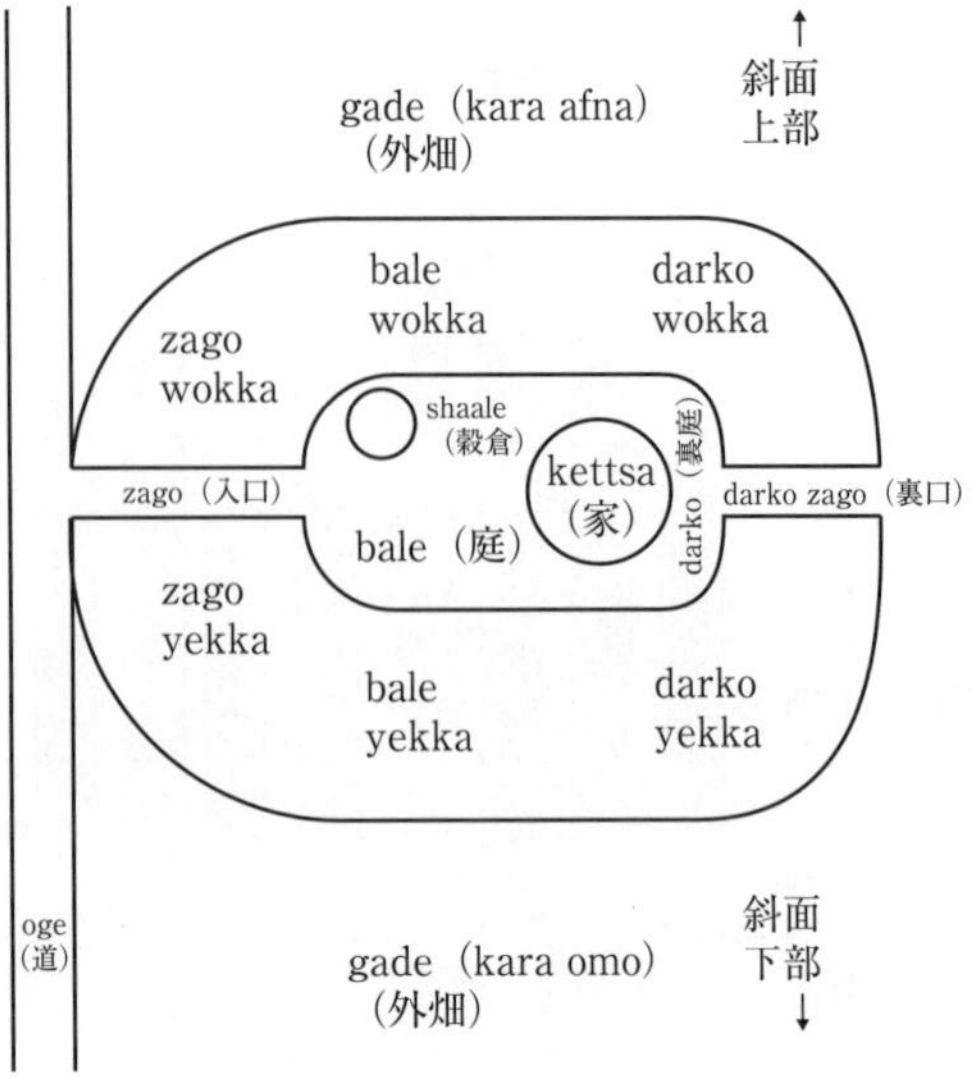

図3-3　マロの土地区分概念図

もそのなかでより細かく区分されている。こうしたなかで、ムギ類は基本的に高地の外畑で栽培されるため、以下では高地を中心とした外畑について説明する。

マロでは休閑との関係で耕地を三つに区別する。すなわち、一～三年の短期休閑後まだ一、二年しかたっていない耕地をmaasila、そのあと休耕するまで毎年耕作される常畑的な耕地をshook'a、四～一〇年ほどの長期休閑をへた後ほんの数年間だけ耕作する土地をottseという。家から遠くない外畑は短い休閑のあと、一、二年のmaasilaをへてshook'aとして三～八年ほど耕作され短期休閑に入る。他方、家から遠い耕地や谷筋の急傾斜地などは長期の休閑後、数年間ottseの耕地として耕作されたのち、ふたたび休閑に入るというパターンである[11]。

コムギはいずれのタイプも、家から離れておらず、短期休閑型の外畑でもっぱら栽培される。その一方でオオムギの場合、カワオオムギは短期休閑型の耕地での栽培とともに、家から離れた長期休閑型の耕地でも、多くはないが栽培される。その場合、後述するように耕作技術が通常とは異なり、ほとんど不耕起で播種される。また、ハダカオオムギは、急傾斜地などに残されてきた森に隣接した肥沃な土地で長期休閑型の土地利用のもとでわずかに栽培される。

4　土壌認識と作物選択

マロでは、家からの距離により個々の土地利用の仕方はおよそきまっており、そうした土地のなかに作物が配置されていることを述べた。実際にはそればかりでなく土壌の肥沃性に関する認識も作物を選択するで重要である。人びとは肥沃な土壌を aradda、それより劣るものの通常の耕作に問題ない土壌を ints'o、そして耕作には適さない土壌を ts'alda といって区別する。屋敷畑は厩肥が施されるため、aradda だが、もっとも広い短期休閑型の外畑は ints'o とされる。他方、それよりさらに周縁に位置する長期休閑型の外畑では aradda、ints'o、ts'alda のいずれの土壌のところもあるといわれる。

高地でもっとも広い面積を占める短期休閑型の外畑の土壌は中間的な肥沃度の ints'o であると述べた。そこではコムギとカワオオムギが栽培されるが、そのなかにも微妙な区別がなされている。すなわち、短期休閑型の外畑でも、屋敷畑に近い一部の土地はその外部より多少肥沃であるとされ、そうした土地にはできるだけパンコムギが播かれる。他にはトウモロコシやソラマメなどが輪作される。他方、その外側のより広い短期休閑型の外畑では、マカロニ・リベットコムギ、エンマーコムギ、カワオオムギ、モロコシ、エンドウ、アマなどが輪作される（写真3-2）。ただこれら二つの土地の差異はあまり明確でなく、実際にはどちらともいえないことも多い。それでも、マカロニ・リベットコムギやエンマーコムギは二年間、カワオオムギでは三年ほど連作をおこなっても問題ないとされるのに対し、パンコムギは同じ畑で連作すると二年目の収穫は大きく減少するといわれる。作物の要求する土壌条件と実際の耕地が適合しているかどうかについて人びとはたいへん敏感である。そのなかで、パンコムギは他のコムギより肥沃な土壌が必要とされるのである。

コムギの栽培地については、もう一つ言及すべき点がある。マカロニ・リベットコムギ、エンマーコムギ、カワオ

写真３-２　ムギ畑の眺め．積みあげられているのはエンドウ．

オムギなどを栽培する場所は近接するが、このうちエンマーコムギの耕地には際だった特徴がみられる。マロ語でgats'a（「端」の意味）という道に接する幅一～二メートルの細長い土地でいつも栽培されるのである。他の穀物とは異なり、このエンマーコムギは一筆の畑全体に播かれることはない。これは、この穀物は家畜などに多少踏み荒らされても、また小石がめだつようなやせた耕地でも十分に育つからといわれる[12]。

多くは人びとに利用しづらい周縁部にある長期休閑型の土地は実際にはいろいろなものがある。急傾斜地のため残されてきた森に隣接する土地はaraddaとされ、多くはハダカオオムギmurk'aが播かれる。また中間的な肥沃性の土地ではカワオオムギbangaがエンドウなどと交互に播かれるが、そこでは背丈より高い多年生草本の密生する薮を刈り払ったあと、耕さないで種を播き手鍬で軽く覆土するだけである。他方、農耕に不適なts'aldaとされるところでは、家の屋根を葺く茅場として利用されたり、あるいはタロイモが植えられたりすることがあるくらいである。

5　気候と季節

ここまで空間的な視点から記述してきた。以下では時間的な流れにしたがい記す。最初にマロの気候を紹介しよう。マロでは、三月から一一月ぐらいまで毎月百ミリ前後の一定した降水がある一方、一二月から二月にかけて乾燥する夏雨型のサバンナ気候である。ただ、通常のサバンナ気候とまったく同じではない。この地は山岳地帯で高地が発達しているためか、雨季の最盛期の七月から八月にかけて、雲に覆われ日照時間が顕著に短くなる。そのため日中の最高気温がもっとも低くなる。つまり、夏の時期に雨は多く降るが、同時にその時期が一年でもっとも寒いのである。この傾向は、雲に覆われることの多い高地ほど顕著である[13]。

こうした気象、とくに降水パターンは農耕暦を大きく規定している。マロでは一年を四つの季節にわけ、およそ一二月から二月にかけての時期をbone、三月から五月をassura、六月から八月をbalgo、九月から一一月をbellaと呼ぶ。boneは明白な乾季なのに対し、assuraとbellaはよく晴れた日の午後や夕方ににわか雨が降るタイプの雨季である。他方balgoは夜中や朝方に何時間も弱い雨が降り続く雨季で、降っていなくてもほとんど雲に覆われているため肌寒い。一年でもっとも生活のきびしい季節だが、同時にムギをはじめとした穀物栽培の作業の集中する時期でもある。

6　栽培技術

(1) 耕地準備

マロにおけるムギ栽培は六月から八月のbalgoに耕地準備と播種をおこない、bellaに除草をし、一二月からの乾季に収穫する、というものである（図3-4）。

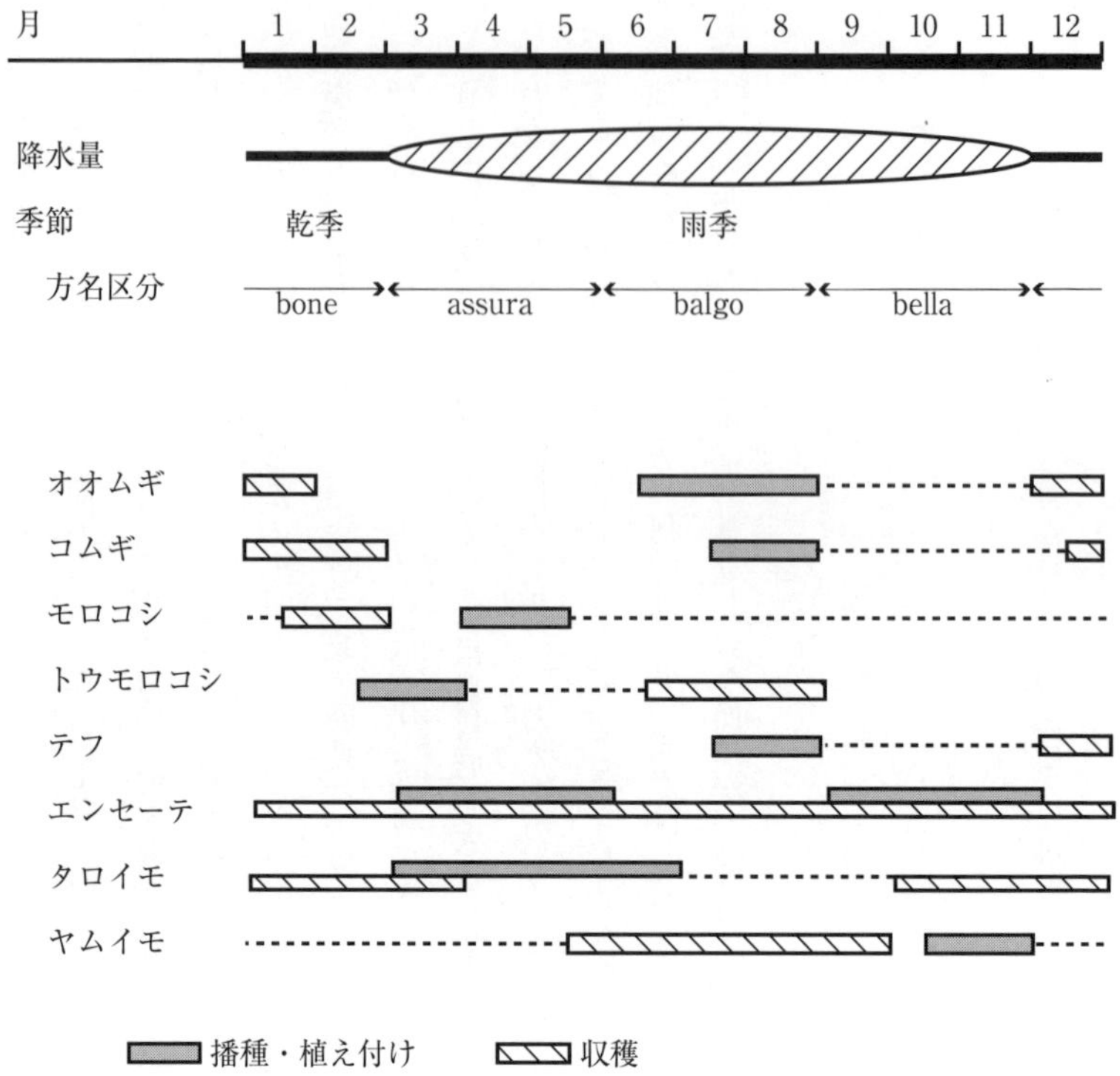

図3-4　マロの主要作物の農耕暦

このうち耕地準備は、長期休閑後の土地ottse、短期休閑後のmaasila、継続中の耕地shook'aのいずれであるかにより、作業量が大きく異なる。植生を切り払うman'eと呼ばれる作業が中心だが、背丈より高い多年生草本がびっしりと覆うottseの土地では、木質化している草本の根元を一人が手で引っ張り、もう一人が山刀waleをふるうといったかたちで二人組で作業することが多い。他方、maasilaの土地も腰くらいの高さの多年生草本に覆われているが、各自が山刀をふるって刈り払っていく。shook'aは一年生草本が生えているが、山刀をふるわなくても小型の鎌で軽く刈るだけで十分である。

そうして刈った植物は一週間ほどおいて乾燥させた後、畑の数ヶ所に集めて焼く。そして通常その日のうちに、耕起を開始する。その技術が他のムギ作地帯における方法と異なっている。すなわち、ウシにひかせた和牛などで耕すのではなく掘棒を用いて畑全体を耕すのである。

一般に掘棒は森林域での焼畑耕作で種子や種イモを埋めるための穴あけ棒として用いられることが多い。こうした利用法はエチオピアにもみられるが、同時にエチオピア西南部にはそれ以外の多様なヴァリエーションがあることが知られている（Gascon 1977; Simoons 1959）。おもには屋敷畑でのエンセーテ栽培と関連した使用だが、それ以外にこのように外畑で土地の耕起に用いている場合もあるのである。

マロの掘棒 mangattso は長さ一〇〇〜一二〇センチメートル、太さ三、四センチの柄に、長さ三、四〇センチメートルで細長い鉄製の刃がソケット状に装着されたものである。柄はふつうアカテツ科の *Manilkara butugi*（マロ語名 gassa）が用いられ、農民が用意した柄に、鍛冶師が刃をとりつけて作る。人びとは畑を耕す際、両方の手に一本ずつもち、両方を同時に地面に垂直に打ちおろす。ついで、地中に刺さった状態の棒を握ったまま腕をまっすぐ伸ばし、体をゆっくり前傾させる。するとてこの原理で、地面から土の塊が分離される。さらに棒を手前に引き寄せることで、土塊を足下で反転させる、というものである。この作業を畑の下部からはじめ、横に移動しながら少しずつ上方にむかって耕していく。通常二人組または四人組になって横一列に並んで一斉に打ちおろす。労力を要する作業であるが、地中深く耕せるため、人びとはムギ類の栽培に適しているという。マロ高地の短期休閑型の耕地すべてと長期休閑型の耕地の大半がこの方法で耕されている[14]（写真3-3）。

他方、長期休閑型の土地利用をおこなう一部の耕地では、こうした深耕をせず、不耕起のまま種をばらまき、そのあと手鍬で地表を掻くようにして覆土するだけである。ムギ作のおこなわれる高地ではカワオオムギやエンドウなどに対してまれにしかおこなわれないが、長期休閑型土地利用が中心の低地では、この方法によってテフ栽培の多くが

写真３-３　掘棒による畑の耕起．マロ高地でもっとも主要な方法である．

なされている（Fujimoto 2003a）[15]。

（２）播　種

マロで穀物の播種は、屋敷畑でのトウモロコシの場合をのぞけば、基本的にすべて散播、つまり、ばらまく方法である（写真３-４）。ムギ作も例外ではない。ばらまきというと、無秩序な印象を与えるかもしれないが、実際はどれとどれは一緒にまき、どれとどれは区別するといったことは相当事前に決まっている。マロでは、コムギとオオムギの混作は一切みられず、それぞれの穀物も、エンマーコムギとそれ以外のコムギ、あるいはカワオオムギとハダカオオムギとで、混作されているのを筆者はみたことがない。後述するが、マロでは、利用法と栽培時期が同じいくつかの品種を混ぜて播くことがあるくらいである[16]。マロではコムギは七月なかばから八月なかばにかけてまき、そのあと九月上旬くらいまでにオオムギを播くのがふつうである。オオムギは七月中に播いても問題ないが、コムギは遅く播くと実らないため、こうした順になっているという。なお同じコムギでも、マロに近年導入され、おもに販売用に栽

写真3－4　耕起後の播種．マロでは穀物は基本的に散播する．

培されるパンコムギの品種は生育に時間がかかるとされ、七月中にすべて播かれる。

（3）除　草

ムギ類の除草は播種後一ヶ月したころに一度おこなわれる。マロでは除草作業も対象となる作物に応じてさまざまに使い分けられているが、ムギ類の除草は yooshe といわれる手で雑草をひきぬいていくシンプルなものである。その後、収穫に至るまでトウモロコシやモロコシでは、野生動物からの食害を防ぐため見張り作業が不可欠であるが、森林に接する耕地など一部の場合を除けば、ムギ類では収穫前の見張りはおこなわれない。低地より高地は人口密度が高く、作物を荒らすアヌビスヒヒなどの野生動物が少ないためである。

（4）収　穫

マロでは収穫もトウモロコシとモロコシ以外の穀物は手で引き抜いておこなう（mats'o）（写真3－5）。引き抜いた穀物を畑の何ヶ所かに積みあげる（duure）。一週間以上して乾燥したら、今度はそれを藁でしばって束を作り

写真３−５　コムギの収穫作業．手で引き抜いて行う．後ろにはウシが放牧されている．

(mirk'e)、根元の部分を手斧 kalta で切りおとす。そして束を肩に担いでもち帰り、屋敷内にある竹を編んで作った穀倉に束のままいれて貯蔵する（写真3-6）。そして、自家消費や売却の際に必要な分だけの束を穀倉からとりだして脱穀する。脱穀の際には、家の正面の平らにならしてある庭先で穀物束を棒でたたいておこなう。これらの作業はコムギもオオムギも同様である。

オオムギは成熟後も畑にあると穂が折れ収穫できなくなってしまうため、収穫期の前半の一二月から一月なかばくらいまでにすべて収穫される。コムギもその時期に収穫されることもないわけでないが、むしろ一月なかばから二月にかけての乾季の後半に多くが収穫される。コムギは畑に長くおいたままでも問題ないのである。また、近年導入されたパンコムギは成熟に時間がかかるため、二月に入ってから収穫される。このように収穫作業は播種とほとんど反対の順序で進められる。

マロで未脱穀のまま貯蔵することはすべての穀物で共通しているが、しかし、その一方、この方法はエチオピ

写真3-6　穀倉への収納．マロではこのように未脱穀の束の状態で貯蔵する．

ア北部ではまったくといってみられないものである。そこでは、鎌で刈りとって乾燥させた穀物を、畑近くのきまった脱穀場で家畜に踏ませるなどして脱穀し、粒だけもちかえって土器などに入れて貯蔵している。世界的にはこのやり方が主流で、マロでの収穫・貯蔵の方法が珍しいのだと思われる。家まで藁ごともち帰り、そのかさばる状態で貯蔵するのはなぜなのだろうか。人びとにきいてもはっきりしないが、北部にくらべて降水量が多く湿度が高いことから、穀物がいたまないよう保存するための技術なのかもしれない。いずれにせよ、収穫・貯蔵の方法も、耕地準備や播種などの技術と同様、エチオピア北部のものとは大きく異なっている。

(5) 副栽培期

耕作技術に関して補足すべきは、オオムギではこうした主栽培期 sira 以外に haage という副栽培期というべきものが存在することである。だいたい三月から四月なかばごろにかけて種をまき、七月なかばから八月にかけて収穫する。これは一つの土地をできるだけ有効に利用する二毛作や二期作をめざしたものではない。むしろ毎年穀物が不足しがちになる雨季の食糧事情を多少とも改善するためにおこなわれてきた慣行と考えられる[17]。高地ではオオムギ以外にコロハ（*Trigonella foenum-graecum*）やインゲンマメ（*Phaseolus vulgaris*）などのマメ類が、低地ではトウモロコシやササゲ（*Vigna unguiculata*）がこの時期に栽培される。低地ではかつてこの時期早生のモロコシ品種もさかんに作っていたが、ここ数十年でトウモロコシにおきかわり、現在ほとんど消滅している。そしてそのトウモロコシが高地でも市場を通じて大量に出回るようになってきたために、副栽培期でのオオムギ栽培も意義が失われつつあるように思われる。現在も副栽培期のオオムギ栽培が比較的存続しているのは、オオムギの栽培地帯では周辺部の高度二〇〇〇メートル前後の地帯で、そこでは早生の二条のカワオオムギがおもにビールの原料用に栽培されている。ビール造りにはトウモロコシよりオオムギの方がいいとされるからである。

7 品種

表3-1と表3-2にコムギとオオムギの品種分類を示した。

コムギといっても、エンマーコムギとそれ以外のコムギでは名称が区別され、別々に播いて作っていることを述べた。しかし、それだけでなく実際には同じ giste と呼ばれるコムギも一様に扱われているわけではない。すなわち、mots'oro と呼ばれるパンコムギの品種は生育期間が他のコムギより長く、利用も自家消費より売却用中心のため、ほかの giste 品種とはつねに区別して播かれる。また、tuchulo、muduso、bawndo、innimaho というパンコムギ品種も mots'oro ほどではないが、やはり単一品種で栽培することが多い。これらはみな人びとが記憶している近年に外部からもたらされたものである。他方、それ以外の giste 品種は基本的に区別されずに一緒に播かれる。これらは malo giste（「マロのコムギ」の意）と総称され、個々に区別されるのがみな外来のパンコムギだったのと対照的に、malo gisite のほとんどはマカロニコムギとリベットコムギからなり、後述する一品種をのぞいて昔からマロにあったものとされる。エチオピアでは、マロでのように六倍体のパンコムギは品種ごとに栽培する一方、四倍体のコムギは多品種が混ざった状態で作ることが一般的とみられる。[18]

マロでは品種ごとに区別された状態を tillo または til'o（「純粋」の意味）といい、反対に多品種が混ざった状態を wach'e という。人びとにこれらをきくと、前者は外部に販売するには単価が高くなることがあっていいが、自分たちが食べるうえでは wach'e で作ったものの方がおいしいのだという。マロでは、エチオピア北部でみられるようにエンマーコムギとそれ以外のコムギ、あるいはコムギとオオムギなど加工方法が異なるものどうしを危険分散の一手段として意図的に混ぜて作るといったことはおこなわれない。しかし、マロでの栽培の基本は多品種を同所的に作ることだと思われる。

malo giste は古くからある在来のコムギとみられるが、じつはそこに含まれる furuno という品種だけは六〇年あまり前のイタリア統治期（一九三六～一九四一）あるいはその直後に入ってきたとされる。[19] そしてこの furuno 一品種だけで、じつは malo giste の全体量の半分以上を占めるまでに現在なっている。なぜ furuno が区別されることなく malo giste に組み入れられたか今では定かでないが、伝わった当時 giste はみな区別することなく一緒に播いており、そこに混ぜて作っても問題なかったからだと思われる。しかしそうして一緒に作っているうちに今度は古くからあった品種よりむしろ多くなってしまったのが現在の状況だろう。

その後も新しいパンコムギ品種が外部から伝わってきたが、それらの利用法は malo giste のものと異なるため、わけて作ることが多くなっていった。とくにもっとも新しく伝わった mots'oro では利用法だけでなく栽培技術も異なるため完全にわけて作っているのだと思われる。

表3-1　マロにおけるコムギの分類

方名	品種名	学名	形態的特性	混播	栽培量	来歴
giste	mots'oro	*T. a. aestivum**	穂長く白い，芒数本で短い，穂密度は疎	×	+++	皇帝ハイレ＝セラシエの時代（1941-74）にもたらされた．別名多数
	tuchulo	*T. a. aestivum*	穂短く白い，芒ほとんどなし	△	++	数年前にはじめて入ってきた
	muduso	*T. a. aestivum*	穂長く茶色，芒なし	△	++	社会主義政権時代（1974-91）に入ってきた．zok'o mots'oroともいう
	bawndo	*T. a. aestivum*	穂白い，芒多く斜め上に平行にのびる	△	++	ハイレ＝セラシエ時代にケニアから救援物資として入ってきた
	innimaho	*T. a. aestivum*	穂白い，芒多くやや広がる，穂密度は疎	△	++	ハイレ＝セラシエ時代にケニアから救援物資として入ってきた
	furuno	*T. a. aestivum*	穂茶色い，芒多く広がる，穂密度は疎	○	+++	イタリア統治期（1936-41）に入ってきた
	oych'ano	*T. t. durum***	穂白い，全体的にinnimahoに似る	○	++	古くからある
	suuto	*T. t. durum*	穂茶色い，芒多く長い，粒が暗赤色	○	++	古くからある
	walaytso	*T. t. turgidum****	穂茶色い，芒多く長い	○	++	古くからある
	ch'ad'd'indo	*T. t. turgidum*	穂やや茶色，芒多く短い，穂密度は密	○	++	古くからある
	goosh ginbaaro	*T. t. turgidum*	穂やや茶色，芒多く長い，穂密度やや密	○	+	古くからある
	biiro	*T. t. turgidum*	外穎の縁に黒い筋入る，芒上方にのびる	○	+	古くからある
	wosollo	*T. a. aestivum*	穂茶色い，芒短く側方に広がる	○	+	古くからある
	washalo	*T. t. durum*	穂やや茶色，芒多く上方に長くのびる	○	+	古くからある
	gergech'a	*T. t. durum*	穂茶色い，芒多く長い，穂密度は疎	○	+	古くからある
k'anbara	boots k'anbara	*T. t. dicoccum*****	穂白色	×	+	古くからある
	karts k'anbara	*T. t. dicoccum*	穂灰色～黒色	×	+	古くからある．duuha k'anbaraともいう

* *T. a. aestivum* = *Triticum aestivum* subsp. *aestivum*（パンコムギ，六倍体）
** *T t. durum*=*Triticum turgidum* subsp. *durum*（マカロニコムギ，四倍体）
*** *T. t. turgidum*=*Triticum turgidum* subsp. *turgidum*（リベットコムギ，四倍体）
*****T. t. dicoccum*=*Triticum turgidum* subsp. *dicoccum*（エンマーコムギ，四倍体）

各品種の学名の同定はすべて阪本寧男博士による．

表3-2　マロにおけるオオムギの分類

カワオオムギ	品種名	条列	穂の色	混播	栽培量	その他の特性
banga	boorano	六条	白	ある	+++	gamo ともいう．インジェラに混ぜることある．
	duuha	六条	黒	ある	'+++	mazze ともいう．粥にするとおいしい．
	wolwoccho	六条	黄～茶	ある	++	やせた土壌でもよく育つ．いつも他と混播する．
	kandaje	六条	白	ない	++	穂がやや詰まっている（半密穂）．インジェラに混ぜることがある．
	biito (biwto)	六条	黒	ない	++	密穂で穂が短い．galila duuha ともいう．
	occho	二条	黒	ない	++	二条だが 2500m 以上の高い高度で栽培．未熟果を生食するとおいしい．
	boots lats'ana	二条	白	ない	++	高度 2000m 前後で栽培．早生．deficiens 変種．ビール原料用．
	karts lats'ana	二条	灰	ない	+	高度 2000m 前後で栽培．早生．ビール原料用．
	somolk'olo	二条	黒	ない	+	配列が不規則な irregulare (labile) 変種．炒ると容易に粒がとりだせる．
ハダカオオムギ	**品種名**	**条列**	**穂の色**	**種子の色**	**栽培量**	**その他の特性**
murk'a	luusho	六条	黒	黒	+++	炒るとポップコーンのようにはぜておいしい．
	aara ch'am'a	六条	白	白	++	半密穂型．南のアーリ Aari 由来．
	maago ch'am'a	六条	?	赤		現物未確認．
	barche	六条	白～桃	白	+	「シコクビエ」の意味．
	gints'o	六条	?	黒		現物未確認．
	ejilo	六条	?	緑		現物未確認．
	k'arta	二条	白	白	+++	種子が独特の丸みをもつ．エンセーテに同名の品種がある．
	antasho	二条	白	緑	++	苞穎が大きく張り出す．gashalo や sayde も同じものの模様．
	terzamo	二条	白	緑	++	苞穎の大きさ中間的．
	orgalle	二条	白	緑	+	苞穎小さい．
	gudaylo	二条	赤～茶	白	+	「ブッシュピッグ」の意味．
	asteero guppa	二条	白	黒	+	
	hero	二条	?	赤		野鳥の「シャコ」と同名．ノギがないという．現物未確認．
	zaage	?	?	?		マメ科の有用樹 *Millettia ferruginea* と同名．現物未確認．

しかしこうした結果、新しく伝わった品種は個別に扱われる一方、古くからあった品種は何ら区別されず一括して扱われるなかで、今やマイナーになってきている。おそらくマロはエチオピアのなかでも多様なコムギ品種を現在も栽培利用している社会の一つと考えられるが、その実際の中身をみてみると、新しく伝わった品種ほど重要で、古くからあった品種は影が薄くなりつつある傾向は認めざるをえないだろう。ただし人びとは先程も述べたが、販売用には外来のコムギが高く売れるのでいいが、自給用には多品種で作る malo giste の方が味覚が優れているといい、単純にパンコムギにおきかわってしまうような状況ではないことも事実である。

オオムギについては、カワオオムギとハダカオオムギが方名で区別され、両者は別の作物として栽培利用されていることを述べた。エチオピアのほかの地域で進行してきたハダカオオムギからカワオオムギへの作付の転換がマロでも起こっている可能性は、ハダカオオムギが一部の周縁域にしかない現在の分布からたしかに否定できないだろう。[20]ただ、そうした話はいわれたことがなく、起こっているとしても急速ではないのかもしれない。ではカワオオムギ、ハダカオオムギ、それぞれのなかではどうだろうか。

オオムギには、コムギのように外から新しく伝わってきた品種が古くからあったものを圧迫しているような構図は存在しない。外部由来とされるものもあるが、重要ではない。品種間で栽培量は異なるが、オオムギは概して品種ごとに畑をわけて栽培しており、そのなかで同じ性質・用途をもつ品種どうしで混ぜて作ることがあるといった程度である。すなわち boorano、duuha、wolwoccho という三つの六条カワオオムギの品種は混ぜて播くことが多く、その収穫物はほとんどビールの原料にされる。他方、個別に作ったものはそれぞれの特性にあわせて調理される。そこには、一部の品種のみが手厚く扱われるような品種間の序列はない。これは、オオムギは概して市場価値が高くなく、自家消費かせいぜいマロ域内での流通にとどまっていることが関係していると思われる。ききとりによれば、過去数十年でも、品種構成はほとんど変化していない。

こうしたコムギとオオムギの対照的な事例から、マロの穀物品種のあり方は、そこでの利用の仕方とともに、むしろ外部とのつながり方に大きく左右されていることがうかがわれる。すなわち、過去数十年のあいだにもたらされたパンコムギ品種が重要となってきたコムギでは、古くからあった品種はマイナーとなるなど大きく変化してきたことがうかがわれた。他方、外部とのやりとりがさかんでなく多くは自家消費用に栽培されるオオムギでは、特定の品種が重要となるような変化は起こってきていないのである。

ところで、カワオオムギとハダカオオムギを比較した場合、カワオオムギの方が栽培量がずっと多いのに、品種数ではハダカオオムギの方が上まわっているのはなぜだろうか。たんなる偶然だろうか。これはマロの作物全体でみるとよりはっきりするが、古くからありおもに自給用に栽培されてきた作物ほど、品種数が多いのに対して、マロへの到来が新しかったり、あるいは販売用に作られる作物は概して品種数は少ないという傾向がみられる[21]。カワオオムギとハダカオオムギの場合もそれにしたがっているようにみえる。

すなわち、カワオオムギは、後述するように用途が広く、ビール原料として域内で一定の市場価値があり、栽培地も他の作物と重なるため、作物選択にある程度競争原理が働いている。他方、ハダカオオムギは栽培地が肥沃な長期休閑型の土地にほぼ限られ、luusho と k'arta という二品種以外もっぱら自家消費用に栽培されるだけである。そのため高地に暮らすマロの人たちでも、ハダカオオムギはこの二品種しか知らない人がほとんどである。逆にいえば、ハダカオオムギは栽培する人と消費する人が一致し、それ以外の人は知らないのである。その栽培地は特殊な周辺環境に限られるが、逆にそこでは他の作物との競合がない。そのため、品種ごとにわけて丁寧に栽培され、いつのまにか品種が消滅していたといったことが起こりにくいのかもしれない。反対に、カワオオムギは市場でやりとりされる際にはすでに脱穀されていて、品種の区別はできない状態になっている。そこで重要なのは、単価はほとんど決まっているため、品種ごとの細やかな区別といったことではない。むしろ、どれだけ量を用意できるかということが主要な関心となる。こうした作物に対して働く作用のちがいが品種の多様性に微妙なちがいとなって現れているのでないだろうか。

先にみたようにハダカオオムギはエチオピアでもはや忘れられつつあるのが現状で、とくにその二条タイプは一部の地域にあるだけといわれる。それがマロで残っているのは、その地が交通が不便な場所に位置するといった地理的な条件によっているとともに、マロのなかではハダカオオムギの用途は自家消費にほぼ限定されていること、そして栽培地が一部の森林に隣接した地帯に限られていることが、逆説的ではあるが大きいのではないだろうか。これまでの作物遺伝子資源保護の議論では、こうした実情に対する理解が十分であるようには思われないのである。

8　労働の分業と協同

ここまで誰がどう作業を担っているのか記してこなかった。マロでは屋敷畑での自家消費用の一部の作物をのぞけば、一連の農作業はすべて男性が担っている[22]。穀物栽培ではその際に zafe という労働交換の集まりによって協同して進められるのが特徴である。ただしすべての作業でではなく、まとまった労働力が必要な作業でおこなわれる。具体的には、植生の刈り払い作業と耕起作業である。これらは多いと十人以上が集められる。また収穫作業でもこれほど多くないが、三～五人ほどでおこなう[23]。成員が固定された組織があるわけではなく、個々の作業で臨機応変に形成され、順にそれぞれの人の畑の作業をすすめていく。

マロでは、この zafe と別に kottse と呼ばれる分益小作の慣習が定着している。この慣習は土地をもたない小作に土地を保有する地主が貸与するといった社会階級的なものではない。土地の保有面積は世帯間にたしかに格差がみられる。また kottse をおこなう二者の一方が土地を提供する。しかし kottse をとりおこなう双方が労働を等しく負担するのが原則で、収穫も厳密に折半される。また kottse の相手は固定しておらず一年ごとに更新され、数年ごとに相手をかえるのがふつうである。多いのはたとえばコムギ畑を自分の土地で誰かと kottse を結んで栽培し、別のより遠い場所でその土地の持ち主と kottse を結んでオオムギを作るといったパターンである。この制度のおかげで、自分の保有する土地で作ることのできない作物にもアクセスできるだけでなく、自分で自分の土地を耕作するだけより、怪我などで十分働けない場合も、人に手伝ってもらって作業が進められ、労働をやりくりできる。さらに収穫が全滅するような不測の事態を回避する効果も考えられるだろう。このため、現在マロの穀物畑のほとんどはこの kottse で労働と収穫を二者で分担しながら営まれている。ただし、kottse を結ぶ者どうしは zafe で一緒に作業することはなく、二者がそれぞれ別の zafe を組織して、日が重ならないよう調整しながら畑での作業をすすめている。

収穫物を家まで運び、穀倉に収めるまでは基本的にすべて男性の仕事だった。ところが、その先の脱穀作業は、播種用種子を確保する際と売却用に用意する時は男性がおこなうものの、自家消費用に加工調理する時はすべて女性がおこない、その後の加工調理もすべて女性の仕事である。このように、マロでは農作業は男性、加工調理は女性と、性によって明確な分業がみられる。

III　ムギ類はいかに利用されるか

マロにおけるムギ類の主要な利用法はいうまでもなく食用および飲用利用である。それを表3-3に示した。個々

表3-3　マロにおけるムギ類の食用・飲用利用

	マロ語名称	エンマーコムギ k'anbara	マカロニコムギ giste	パンコムギ giste	カワオオムギ banga	ハダカオオムギ murk'a
（粒食）						
擦った未熟粒	shicch'a		△		○	△
焙った未熟粒	ts'iits'a		○			
炒った未熟粒	shurakka		△			
蒸した未熟粒	tik'e		○			△
穂焼き完熟粒	haradda		○	△		△
炒った完熟粒	shaasha		◎	○	◎	○
ゆでた完熟粒	koke		◎	△		
（粉食）						
無発酵パン	boora	△	◎	○	△	
厚焼き発酵パン	dabbo		○	◎		
薄焼き発酵パン	sollo		△	△	△	△
蒸しダンゴ	d'ufe	△	◎	○	△	△
固粥	shendera		△	△	△	
汁粥	ware	○			○	
炒り粉食物	gabula		△		◎	△
炒り粉飲料	muud'e				◎	
炒り粉牛乳	turp'e				△	
炒り粉発酵飲料	bushbusho				○	
メイズ発酵飲料	k'arabo				△	
地ビール	daana				◎	
黒ビール	amaara daana				○	
蒸留酒	arak'e		△		◎	△

記号は頻度の目安（◎ひんぱん；○ときどき；△まれ）

の加工調理法については、稿を改めて報告することとし、ここではそれぞれの概略を以下で紹介する。

1　粒食（1）——未熟果に関して

ムギ類はトウモロコシとともに、tija と呼ばれる未熟な段階で収穫したものを簡単に加工調理して食べることがおこなわれる。なかでもマカロニコムギ・リベットコムギの未熟果はたんに手で擦ったものあるいは簡単に火で焙ったものをおやつとして食べるのがさかんである（写真3-7）。他にも円盤型の土器の焙烙 beshe の上で炒ったり、あるいは土器の底に水を張り、中に藁を敷きつめた上に未熟果を入れて蒸す料理 tik'e など独特な料理もある。[24] ただ、場所にもよるが、トウモロコシが半分近く未熟果で消費されるのにくらべると、ムギ類は本格的な収穫期の前に少し先取りして風味を楽しむといった程度で、量的には重要でない。また、トウモロコシのように未熟果を石臼でつぶして本格的に加工する料理

写真3-7　コムギの未熟果の焙り焼き．手でこすって粒を取りだして食べる．

もムギ類にはなく、すべて簡便な粒食である点も異なっている。

2　粒食（2）――完熟果に関して

完熟果 mela の粒食もマカロニコムギ・リベットコムギでもっともさかんである。束ねたまま屋外でざっと焼いたり（穂焼き（毛焼き）、写真3-8）、脱穀したのち焙烙の上で炒ったり（炒り麦）、土器で大量の水とともにゆでたりしてを食べる。[25] また、量的には限られているが、炒ったハダカオオムギは絶品というべきもので、人びとにも高い人気がある。ポップ・コーンのようにはじける爆粒タイプもある。ただし、そのハダカオオムギはマカロニコムギでよくするようにゆでて食べることはない。

これらの食べ方としては、朝食 daytsʼe に前日の晩ご飯の残りを焙烙で温めたものと、炒ったムギ類 shaasha を食べ、日中の畑仕事の合間の屋外での昼食 kʼuma にはゆでた穀物 koke を食べることが多い。そして一日の農作業をおえた夕方の軽食 omarse daytsʼe でこれらを食べることは

写真3－8　コムギの穂焼き（毛焼き）．燃えかすを手で取りさればすぐに食べられる．

あっても、夜のより本格的な晩ご飯 kaho で食べることはない。

3　粉食（1）――食用の場合

反対に、粉に挽いて作る料理は手間がかかるものばかりで、一日四度の食事のなかでもっともぜいたくな晩ご飯に食べるのがふつうである。いろいろな種類の料理があるが、一般的なのは、小麦粉を発酵したエンセーテと一緒に混ぜて焼く ginditsa と呼ばれるパンである。他にもトウモロコシ、モロコシ、テフなどを混合した無発酵パン boora によくする。エチオピアでも西南部以外の地域ではこれらの穀物に加え、オオムギも用いることがあるようだが（Asmare *et al.* 1998: NRC 1996: Zemede 1990）、マロでは一度きいたことがあるだけで一般的ではない。西南部高地社会ではエンセーテが豊富にあることが関係しているとみられる。いずれの無発酵パンでも、直径五〇～六〇センチ、厚さ二センチほどの円盤状にし、エンセーテの葉で包み、焙烙の上で焼く。

それに対し、形状は煮ているが、おもに祝いの際などに作る厚焼きの発酵パンがあり、こちらは対照的にコムギだけで他のものは混ぜないのが原則である。アムハラ語でyäbesha-dabbo（「アビシニアのパン」の意）として知られるものである。無発酵パンよりふくらんでいるが、同時に乳酸発酵による酸味の強烈なサワー・ブレッドの一種である。低地ではムギ類が実らないため、テフで同様の発酵パンを作ることがある。

そのテフが必須に用いられるのがエチオピアでインジェラという名で広く知られるクレープ状の平焼きのやわらかい発酵パンである。こちらも焙烙で焼いて作るが、実際にはインジェラ専用の焙烙を使い、独特の焼き方で焼かれる。このインジェラの増量剤に、ムギ類が多少用いられることがある。

他には、先の無発酵パンと同じ材料で、つまり発酵エンセーテや他の穀物粉と混ぜたドウ（生地）をはじめに用意し、掌で握り、エンセーテの葉に包む。それを水を張り藁を敷いた土器に移して蒸すd'ufeという独特の料理がある。先の無発酵パンbooraとこの蒸し料理d'ufeが数十年前までは毎日食べていた料理だったと年長者からいわれるが、現在このd'ufeを食べる頻度は少なくなっている。その減少の理由はさだかでないが、こうしたドウの蒸し料理は、筆者の知る限り、主食として穀物がより重要なエチオピア北部にはどうも存在していない。そこは穀物粉の食物といえば、基本的にパンか粥に限られるのである。資料が乏しいが、この料理はイモを蒸し煮する料理の分布圏とおよそ重なっているのでないかと筆者は推測している。実際この料理を作る時には、同じ土器にエンセーテなどのイモ類をいっしょに入れて蒸し煮することが多いのだ。つまり、イモの蒸し煮を日常的に調理してきた西南部の根栽農耕地域の中から、このドウを蒸す穀物料理は独自に成立してきたのではないかと考えられる[26]。

固粥shenderaと汁粥wareは作り方や加えられる調味料などが多少異なっているが、いずれもバターを加えたぜいたくな料理であり、月に数回食べることがあるかどうかである。このうち、エンマーコムギの汁粥はマロではもっとも重要な滋養食として知られている（写真3-9）。病人や出産後の女性に与えるとともに、新郎新婦も結婚後の儀礼

写真3-9　滋養食としてしられるエンマーコムギの粥.

でこの粥を小さな杯に入れて二人同時に飲みほすことで繁栄を祈願する。穀物を用いるマロの料理のなかでこの二つ、とくに固粥はもっとも手間がかかるぜいたくな料理である。なお、エチオピア北部にみられる粗挽き粥は南部にもともと知られておらず、マロの粥はすべて粉粥である。他方、東アジアでさかんな粒粥はエチオピアできいたことがない。

4　粉食（2）——飲用の場合

穀物料理の系統として他に、炒った穀粒を粉に挽いたものがある。いわゆるはったい粉である（写真3-10）。少量の水などを加えて手で粉（麦こがし、香煎などともいう）をにぎって食べるものと、水や牛乳を多く加えて飲むものがある。後者には水を加えてかき混ぜてすぐ飲むものと、数日おいて発酵させたのち、香辛料を加えて飲むものなどがあり、さまざまである。これらに用いられるのはほとんどカワオオムギに限られる[27]。

ムギを水に浸して麦芽（モルト）を出し、それに含まれ

写真3－10　カワオオムギを炒って粉に挽いたはったい粉料理と焼いたヤムイモ.

る酵素の力で澱粉を糖化しアルコール発酵をおこなうビールもムギ類の利用法として重要である（写真3－11）。マロには二種類のビールがあり、一つは麦芽と穀物の粉を蒸したものを発酵させる在来のビールで、もう一つは麦芽製のパンを焼き、それを砕いてビールの原料の一部とするエチオピア北部から伝わってきたものである。どちらもいくつもの長いプロセスを経てできあがるものだが、技術的にたいへん異なっている。できあがったビールも前者は白っぽい色でどろりと濁っているのに対し、後者はパンに焼いたり炒る工程が含まれているため、黒っぽく澄んでいて苦い「黒ビール」である点も対照的である。エチオピアでビール造りはマロの方法に限らず、民族によってじつにさまざまなものがみられる。パンにしても粥にしてもこのようなことはない。

ただし、そのように多様なばかりでなく、共通した点もみられる。すなわち、麦芽の利用はビールや蒸留酒というアルコール性飲料にほぼ限定されている。はったい粉は食物から発酵・非発酵飲料までさまざまに利用されるのとは対照的ですらある。これはとりもなおさず、麦芽の利用はビール造りとセットで伝わってきた外来の技術であることを示唆しているのだとみられる。別の機会にくわしく議論してみたい。

またアルコール性飲料としてさかんとなってきているのは、蒸留酒である。こちらも先の黒ビール同様、二〇世紀になってマロに伝わってきたものである。日本の焼酎の場合のように幅広い材料から造ることができ、イモも一部用いられる。またこの蒸留技術はエチオピア北部から伝わってきたものだが、そのベースとなる醸造酒は北部の黒ビール造りの技術でなく、在来のビール造りの技術によるものであることも興味深い。ただ、マロではビールにせよ、蒸留酒にせよ、近年プロテスタント・ミッションのキリスト教徒が増え、その信仰にしたがって禁酒する人が半数程度にまで増えており、アルコール消費が以前より減ってきている。高地でオオムギ（カワオオムギ）、低地でモロコシの作付けが減少していることはまちがいない。

写真 3－11　炒ったコムギとオオムギのビールを儀礼時に精霊に捧げる.

5　多様な利用法の特徴

このようにマロにはムギ類の料理法として二〇種類あまりがみられる。一民族社会にムギ類に関してこれほど多彩な料理法がみられることは、前述の多様な品種や栽培技術のことともに注目されるべきことであるように思われる[28]。

コムギのなかでも、エンマーコムギ、マカロニ・リベットコムギ、パンコムギではどの料理に用いるか異なっており、またオオムギもカワオオムギとハダカオオムギではほとんど一致していなかった。つまりそれぞれのムギ類は、料理法によっておよそ分かれているのである。大きくみて、コムギはマカロニ・リベットコムギを中心に粒食とさまざまなパン加工が発達している。他方、オオムギではカワオオムギがはったい粉の食物や飲料、そしてアルコール飲料でもっとも主要な原料となっていた。

このうち穂焼きや炒り麦など、マロに限らずエチオピアでさかんな簡便な粒食の調理法は、世界の麦作地帯に広く分布しもっとも古くに伝播したと考えられるが、もはや世界的には限られたものとなっている。また、それほどではないが、オオムギによるはったい粉料理も同様の傾向にある。逆にコムギを主要な原料とした無発酵パン、さらには発酵パンが各地域で広まってきたのであった（中尾 1972）。マロ、そしてエチオピアにはこうした世界の新旧さまざまな調理法が一堂に会している感がある。さらにマロには、おそらくイモ類の蒸し煮料理と関連して発生した独特な蒸し料理が存在するのであった。

なお、ムギ類はその藁が家畜飼料として役立つばかりでなく、オオムギではその藁が家や穀倉を葺く茅として大変有用である。

IV　変動しつつある多様なムギ類をめぐる営み

本章での分析を通じて以下の諸点が指摘できるだろう。

エチオピアには多様なムギ類があり、現在の植物遺伝子資源という観点からみて、世界的に注目すべき地域であることはまちがいない。ただし多様であるといっても、それぞれが個別で対等なかたちに展開してきているわけではない。多様性をめぐる議論にはこうしたややロマンティックな見方が示されることがあるが、事実はむしろその反対というべきである。つまり、性質を異にするいくつかのグループに分かれており、そのグループどうしではこれまでの歴史や近年の動態などが対照的に異なっていたりするのである。

具体的には、エンマーコムギはコムギのなかでもっとも古くに栽培化され、オオムギとともに古代文明の重要な担い手であったが、もはや世界的にはほとんど顧みられなくなっている。おもには脱穀が他のコムギより煩わしいためとみられ、エチオピアでもそのために、名称や栽培利用で他のコムギと区別されている。近年減少傾向にあるとはいえ、マロでみられるように道沿いの区画に播種され、その粥が滋養食として認められるなど、特異な位置を占めており、現在も一定の重要性を保持している。

一方、世界一の変異をもつことで知られるエチオピアのマカロニ・リベットコムギは現在もその地のもっとも主要なコムギで、人びとが日常的に炒って粒食したり無発酵パンに調理してほとんど域内で消費されている。しかし、その重要性は近年徐々に失われつつあるというのが実態で、在来品種はすでにマイナー化しつつあることがマロの事例からうかがわれるのであった。

反対に、エチオピアでは二〇世紀前半まで重要でなかったパンコムギは過去数十年間に急速に作付けをのばしてきている。背景には都市化の進展にともない、そこでのパン原料用の換金作物としておもに栽培されるようになってきていることがあるとみられる。そしてマロでも条件の恵まれた土地にほとんどが単一品種で播かれているのであった。オオムギも、エチオピアでは加工利用する際の実用的観点から、カワオオムギとハダカオオムギに大別され、両者は別の作物として一緒に栽培利用されることはないのであった。逆に二条と六条という条列の区別は栽培時には区別されるものの、利用時には明確にみられない、という特徴がある。

具体的には、カワオオムギは幅広い高度でさまざまな土地条件のもとで栽培でき、また炒ったものを粒食あるいはそれを粉に挽いたはったい粉がさまざまに加工され、さらにアルコール性飲料のもっとも重要な原料として用いられるなど用途が幅広く重要性が高いのであった。都市など外部へ供出されることはそう多くないがマロ域内では活発にやりとりされるのであった。

他方、ハダカオオムギはほとんど栽培が肥沃な長期休閑地に限られ、調理法も固有なものがあるわけでなく、たんに炒って食べることが多いために、カワオオムギにくらべると量的にわずかであり、地域内でも流通することなくほとんど自家消費されているのであった。しかしそのために、逆に品種ごとに区別して播くなど各人に注意深く作られており、カワオオムギより品種数は多いのであった。

エチオピアでハダカオオムギは急速に消失しつつあるといわれ、マロでもハダカオオムギからカワオオムギへの転換が起こってきた可能性がないとはいいきれない。だが、同時に現在の栽培の高度分布や播種される土地条件、さらには農耕暦に示される労働の季節配分などから示唆されることは、オオムギに対するコムギの優位、あるいはオオムギの補助的・周辺的位置づけといったものである。オオムギがコムギに急速にとって代わられつつあるわけではないが、世界的に起こってきた変化がマロにおいても確実に進行しつつあることがみてとれるのである。つまり、現時点だけみれば確かにマロ、そしてエチオピアのムギ類はその多様性によって特徴づけられるであろうが、今後どうなっていくかは予断を許さないのである。

エチオピアの農業についてはしばしば原初の農業の姿が現在もかわることなくみられるなどと表現されたりするが（*e.g.* Harlan 1969）、実際には動態的な過程の中に少なくとも現在はまちがいなくあるというべきである。

利用についても同様で、たんにマロのムギ類の調理法にはいろいろな種類がみられるということで事足れりとすべきではない。むしろ、これまでの歴史や近年の趨勢を異にするものをあわせもっている側面をこそみる必要があるだろう。つまり、穂焼きや炒り麦など、その成立はおそらくドメスティケーションの前の時期にまでさかのぼるほど古く、しかしながら現在の世界ではもはや消えつつある料理から、反対に発酵パンなど近年ますます主流となりつつあるものまでを幅広く含んでいるのであった。そしてムギの種類によって、それらのどの調理法に用いられるかもおよそ分かれているのであった。

あくまで大雑把な傾向にすぎないが、古くからあるとみられるムギ類（エンマーコムギ、マカロニ・リベットコムギ、カワオオムギ、ハダカオオムギ）には炒り麦やはったい粉料理などの古い調理法が多く用いられるのに対し、新来のムギであるパンコムギには発酵パンという新しい調理法が用いられるという作物と調理法とで新旧の対応関係を指摘することができるだろう。そこからは、作物の栽培と利用とは分かちがたく結びついていること、つまり作物と調理の不可分な側面をみることができるとともに、多様なムギ類は調理法と連動しながらじょじょに変化しつつあることがうかがわれるのである。

本章はあくまでマロという一社会における事例分析にすぎないが、エチオピアのムギ類の栽培利用の諸側面についても考察を試みた。今後の植物遺伝子資源をめぐる議論にこうした研究が多少とも寄与できることを願う。

註

(1) 実際には、エチオピアにはコムギとオオムギ以外に、アビシニアエンバクと呼ばれるエンバクの一種 (*Avena abyssinica* Hochst.) が分布する。ヨーロッパなどで栽培されるエンバク (*Avena sativa* L. 六倍体) は、もともとオオムギやコムギの耕地雑草として成立した雑草エンバク (*Avena fatua* L. 六倍体) が、苛酷な条件でも生育する性質のため、紀元前一〇〇〇年ごろからヨーロッパで栽培されるようになった、いわゆる二次作物(secondary crop)である(阪本 1996; Thomas 1995)。それに対し、アビシニアエンバクは四倍体で、ヨーロッパで栽培エンバクが成立する以前に、コムギやオオムギに混じって西南アジアから伝わった四倍体の *Avena barbata* に起源するとされ、エチオピアとイエメンのみに分布する。作物として栽培化されることはなく、現在までムギ畑の雑草にとどまる (Harlan 1993; Ladizinsky 1975)。穀物の収穫時に大半はよけられてしまうが、成熟しても種子がこぼれ落ちない非脱粒の性質をある程度もっているため、一部は穀物に混じって収穫・貯蔵され、翌年播種される。エチオピアには他にも、ドクムギ (*Lolium temulentum* L.) と呼ばれる非脱粒性の性質をもち生存を人間活動に全面的に依存しているムギ畑の雑草がある。これも西南アジアからムギ類とともに古くに伝播したとみられる。マロで採集されたサンプルの分析を通じて、ドクムギは芒の有無という穎果の形質を、混入するムギ類に近似するよう発達させてきていることがあきらかにされている (Tominaga *et al.* 2004)。

(2) また一九三〇年代後半にエチオピアを占領したイタリア人によってなされた調査では、オオムギは第一位とされていた。

(3) ただしエチオピア北部のティグライではエンマーコムギを炒って食べることもあるという (D'Andrea *et al.* 2002)。

(4) 他の地域では、一九六〇年代のインドでパンコムギが八六%、マカロニコムギが一三%、エンマーコムギが一%であった (Rao 1974)。

(5) これまでオオムギとコムギの栽培化はほぼ同時期で有意な差はないと一般に考えられてきたが、近年の研究でコムギにくらべるとオオムギの栽培化はわずかだが遅かっただろうと認識されるようになっている (McCorriston 2000)。

(6) 生化学的・遺伝学的な解析にもとづいて、オオムギの起源地の一つはエチオピアにあるとする説 (Endashaw 1983, Mulugeta 1985) もあることを申し添えておく。

(7) 麦飯や麦茶用の六条カワオオムギ、麦飯そして麦味噌の原料としての六条ハダカオオムギが重要だった日本でも、現在国産オオムギで栽培がもっとも多いのはおもにビールと焼酎の原料に用いられる二条カワオオムギとなっている（農林水産省大臣官房統計情報部 2003）。

（8）たとえば、エチオピアの主要民族の一つアムハラはカワオオムギを gäbs、ハダカオオムギを t'ämäj といって区別する。福井（1971）はほかにオロモおよびシェコにおける同様の名称区分を先行研究にもとづいて紹介している。

（9）ただし、先のチベットのようにハダカオオムギばかり作っている地域もある。

（10）マロ語には「六条オオムギ」「二条オオムギ」にあたる固有な語彙は存在しない。「六条」あるいは「二条」をあえて表現する場合には、muume あるいは locche という修飾語句を「カワオオムギ」（または「ハダカオオムギ」）につけていう。つまり muume banga で六条カワオオムギを、locche murk'a で二条ハダカオオムギを表すといった具合である。muume はもともと「丸い、ふくらんだ」という意味の、locche は「平らな、平面的な」という意味の一般的な形容詞である。

（11）実際には両者の中間的なものも多い。しかしいずれにしても、人口密度の高い二〇〇〇メートル以上の高地では外畑の大半が短期休閑型の耕地であるのに対して、二〇〇〇メートル以下ではほとんどが長期休閑型の耕地である傾向は指摘しうる。マロ低地の土地利用については Fujimoto（2003a）を参照されたい。

（12）こうした畑の端で栽培されるのはほかにアマ talba（*Linum usitatissimum* L.）があるくらいである。アマはエンマーコムギやオオムギとともに「肥沃な三日月地帯」で太古に栽培化され、古代の近東世界やヨーロッパで繊維作物としてもっとも重要だった（Zohary *et al.* 2000）。エチオピアにも遅くとも紀元前一千年紀なかばには伝わっていたが（Boardman 2000）、不思議なことに繊維利用は発達せず、種子をすりつぶし、その油分を香辛料としてもっぱら利用している。

（13）マロの東に隣接するゴファでの観測データによると、年間降水量は高度約一三〇〇メートルのサウラで一四五七ミリメートルなのに対し、高度二四〇〇メートルのブルキでは一七一六ミリメートルとなっている。いずれも三月から一一月までの間に年間降水量の九〇％以上が降っている。気温はサウラの平均最高気温が二九・一度、同最低気温が一七・一度なのに対し、ブルキではそれぞれ二〇・三度、一三・二度である。

（14）ただ、この方法はエチオピアでも多くないとみられる。根栽農耕の発達しなかった北部ではもともと掘棒の使用が一般的でなく、穀物栽培では、牛にひかせた犂で耕すのがふつうである。西南部でも、たとえばガモ（Gamo）では、掘棒でなく ts'oyle という大型の手鍬を用いて畑を耕している。

（15）これと同様の方法で南部に居住する大民族オロモの一集団マティ（Mati）がオオムギの栽培（とウシの飼養）をおこなっており、オロモが低地で牧畜民となって拡張を始める一六世紀以前から農耕をおこなっていたことの証左とされる（Haberland 1963）。

（16）ただしこれもエチオピア全体で共通するわけではない。北部のティグライやアムハラは、加工利用法の異なるエンマーコムギとそれ以外のコムギを混ぜ、あるいはコムギとオオムギの混播も、危険分散という観点からひんぱんにおこなっているとされる（D'Andrea et al. 2002, Simoons 1960）。それらは一緒に収穫し、箕で風選するなかで分離して、別々に調理するのである。

（17）この主栽培期と副栽培期はエチオピアの多くの農耕社会には共通してみられるようで、北部のアムハラでは前者を mähar、後者を bälg という。

（18）エチオピアにおける四倍体コムギの多様性は、多品種が区別されることなく混ざったまま栽培利用されるために品種間の交雑がひんぱんに起こってもたらされたものだともいわれる（Anderson 1960）。

（19）furuno という名はマロに限らずエチオピアのコムギ栽培地帯で広く知られ、イタリア語で「コムギ」を指す frumento から転訛した名称とも考えられる。

（20）マロの高地には現在、ハダカオオムギの栽培に適した森林は崖状の急傾斜地などに一部残るだけになっている。ただし一世代前の時代まで、高地はもっと森に覆われていたといわれ、ハダカオオムギの栽培がさかんだった可能性がある。

（21）マロで自給用の主食作物としてもっとも重要なのはエンセーテであり、ついでタロイモである。そしてこれらが品種数でも一番目と二番目の数を占めている。（Fujimoto 1997、藤本 2003）。

（22）ただし収穫物を家にもち帰る作業などでは女性や子供もよく手伝うし、女性が耕作するのもタブーというわけではない。

（23）ムギ類の畑ではおこなわれないが、他の穀物では除草作業も zafe でおこなわれる。

（24）ただし、西アジアのバルガー（中尾 1972）などのように、このあと乾燥貯蔵し適宜調理していく利用はみられない。

（25）穂焼きと炒り麦はムギ類の料理法でもっとも古くからのものと考えられるが（中尾 1972）、今でもマロに限らずエチオピアではごく日常的なものである。後者の炒り麦（と炒り豆）をアムハラ語で k'oro というが、町の道端やスーパーなどあちこちで売られ、軽食としてよく食べられている。コムギとヒヨコマメのものが一番多いと思われるが、それ以外のものもさまざまにある。

（26）エチオピア以西のスーダンはより乾燥したサバンナ気候で、蒸し煮料理をおこなう根栽農耕がそもそもほとんどないため、その方面からの伝播は考えにくい。

（27）これも世界的にみてまれなのかもしれない。というのは、はったい粉をバター茶で練ったチベット人の主食ツァンパや江戸時代ごろまで長く飲まれてきた日本の麦湯、中国の茶湯などは基本的にハダカオオムギを原料にしたはったい粉だからである。

（28）筆者が知る限り、エチオピアのムギ類の調理法について網羅的な記述がみられるのは Zemede（1990）と Asmare *et al.*（1998）があるくらいである。いずれもオオムギのみのものだが、一六種類と八種類の料理が示され、大半はマロのと重なっている。栽培技術に比べると調理法の地域的差異は小さいように思われる。

謝　意

本稿のもととなったマロにおける現地調査は一九九三年に研究協力者として本プロジェクトに参加して以来、現在にいたるまで行なってきたものであり、本稿はその成果の一端である。調査を通して、マロの人々をはじめ、多くの方々にお世話になってきた。本稿ではとりわけ、標本を見ていただいた阪本寧男博士（京都大学名誉教授）、および原稿に目を通してコメントいただいた冨永達京都府立大学教授に名を記して謝意を表したい。

●第2部　野生動物と人間の共存戦略

第4章
「野生の宝庫」の行く末

増田　研

I　「有害」な人間活動

一九九八年のある日、私の住んでいたバンナの村の長老が、歩いて二時間ほどのところで会議があるといって出かけていった。聞けば近隣の村の長老や役職者たちが警察によって呼び出されたという。議題は「狩猟の禁止」であった。

その数日前、バンナの若者がオモ川流域のマゴ国立公園内でバッファローを殺したかどで警察に逮捕されていた。今回の会議はそれをうけて招集されたもので、野生動物を仕留めることが法律で禁止されていることを再確認するためのものであったのだ。

バンナの、とくに若い男性にとって、狩猟に出かけ、大型のけものを仕留めることは重要な経験であり、彼らの人格形成にとって本質的ともいえる重要性をになっている。狩猟をすることはバンナの生業経済の中ではとくに大きな位置を占めてはいないが、それでも人びとの価値観においては無視できるものではない。それをエチオピア国家の法は禁じているのである。

会議に出かけるという長老にたいして私は、「でも、狩猟はバンナの文化ですよね」と水を向けてみた。それに対する長老の答えは、「タ　マリディニ（もう失われた）」である。

エチオピア国家に取り込まれてからすでに百年が経過し、その間バンナは国家からさまざまな規制を受けてきた。とくに一九七四年から一九九一年の社会主義政権期にはバンナのような周辺民族にも、直接間接を問わず中央政府から多くの規制がかけられた。そうした規制のひとつが「狩猟の禁止」である。

法的に禁止されているとはいっても、国家の法とは距離を置いて生活しているバンナは、警察の関知する大事件（ウシの略奪や町での殺人事件といったもの）に関わらないかぎり、バンナの「伝統」的な習慣に従って生活してきた。若者たちにとっても、警察や政府の目を盗んで狩猟をすることは、彼ら自身の価値観にしたがって行動することにほかならない。だが、過去に政府との確執を多く経験し、それに従うことを覚えてきた老人たちは、政府による「狩猟の禁止」を従順に受け入れているようにさえ見える。

エチオピア政府が野生動物の狩猟を禁止する背景には、野生動物の数が減少しているという隠しようのない事実がある。エチオピア南部においても、野生動物の減少・枯渇は社会的問題のひとつとして取り上げられてきた。たとえば、マゴ国立公園においてアフリカゾウの生息数調査をおこなったイルメッドとアフェウォルク（Yirmed and Afework 2000）は、公園内のゾウの個体数が確実に減少しており、危機的な状態であることを指摘している。ゾウに限らず野生動物が少なくなっていることはもはや疑いない。

だがここでは、動物の数が減っていることではなく、その原因がしばしば現地民の活動に帰せられていることのほうを問題にしたい。イルメッドらははっきりと、現地民の居住域が拡大しゾウの生活圏にまで食い込んできたことと、大量に流れ込んできた銃器によってゾウが乱獲されたことが個体数の危機的な減少を導いたと述べ、対応策の一環としてこうした「有害」な人間活動による被害を食い止めるための政策の実施を示唆している（Yirme dand Afework 2000）。

たしかに銃器が大量に流れ込んでいるのは事実であり、それによって狩猟が容易になり「乱獲」につながったことは否定できないだろう。また地域によっては現地民が国立公園の中に住まい、農地を拡大させているところもあるだろう。だが野生動物の減少は、決して現地民の活動のみに帰せられるものではないし、二人が言うような一九九〇年代に入ってからの新しい現象でもない。たとえば、北部エチオピアにおいてゾウが消滅したのは、十九世紀までのハンターや諸侯たちによる乱獲にその発端があり、それは国際的な象牙交易ネットワークによって支えられていた。乱獲が行われるには一定の条件があり、よしんば現地民による狩猟がゾウの個体数の減少を招いたとしても、その背景にまで目を向ける必要がある。

さらにいえば、オモ川流域で野生動物を殺すのは、現地民だけではない。現地民による狩猟が「有害」とされる一方で、観光的な要素の強いスポーツハンティングはライセンス料を支払うことで可能となっている。一方では現地民の狩猟を規制し、他方ではスポーツハンターに門戸を開放するという二重基準の存在が、南部エチオピアにおける狩猟をめぐる状況である。

エチオピア南部における野生動物の減少と枯渇の背景には、こうした社会的および歴史的要因が複雑に絡み合って横たわっている。その歴史的要因をここでは生態資源に関わる三つの社会化として取り出したい。ひとつは生態資源を流通させる「商品化としての社会化」、ふたつめは生態資源を社会関係を生産するための財と見なす「社会化としての社会化」、三つ目は生態資源のあり方を、それに関わる自然保護言説のあり方として捉える「言説化としての社会化」である。

元来、資源は、それが「資源」として見なされた時点ですでに社会化あるいは文化化されていると言える。そうしたなかから、ことさらにこうした三つの社会化を取り出すのは、客観的な数量の問題として捉えられがちな野生動物の減少という事態を、それ自体社会的な脈絡において捉え直そうとするからである。

本章ではこうした事態を、バンナというひとつの民族の狩猟との関わり方をとおして考えてみることにしよう。

II 周辺民族バンナとエチオピア国家

1 暮らしと生業

バンナはオモ川とウェイト川の間の海抜一〇〇〇から一五〇〇メートルの山地に住まう農牧民である。小高い山に登ってバンナの村を一望すると、広い範囲に家々が点在しているのが分かる。赤茶けた大地のそこここに畑が広がり、そのなかに家屋と家畜囲いが収まっているのがバンナの基本的な住まいのかたちである。

一年を通じて、バンナの人びとの一日はウシの乳搾りからはじまる。乳搾りは男の子の役割であり、彼らは乳搾りを終えると家畜を囲いからだす。朝食はとらないが、そのかわりコーヒー（豆ではなく果肉を乾燥させた「殻コーヒー」）を飲む。食事は一日に二回くらいとるのが普通で、モロコシやトウモロコシの粉を炊いたものと、脱脂した酸乳の組み合わせが一般的だ。穀物も牛乳も、彼ら自身が畑を耕し、ウシを世話して手に入れたものであるから、バンナの生活はいわゆる自給自足であるといえる。

このように彼らの生活は穀物の栽培と、ウシ、ヤギ、ヒツジを飼養する牧畜を二つの柱とする。穀物の栽培はおおよそ四月から八月までの雨期に行われる。九月以降の雨によって二度目の収穫が可能な年もあるが、これはほとんど期待できないため、例年七月から八月にかけての収穫の多寡が人びとの生活を左右することになる。バンナの生活は基本的に自給自足であるが、乾期には、定期市で家畜やハチミツ、バターなどを売って現金を手に入れ、その現金を用いて穀物を購入する場合が多い。

ここで家畜を飼養することの経営的な重要性が明らかだろう。家畜を所有することは、ある意味で財産のストック（貯蓄）であり、食料としてのミルクを供給するだけでなく、バターを作ることで、いざというときに穀物や現金に換えられるという利点を持つ。

ハチミツは雨期があけた直後から採れるようになる。もとよりハチミツはバンナに存在する唯一の甘味料であり、嗜好品として、また贈与のための財として重要な位置を占めてきたが、今日では換金のための貴重な「商品」として欠かせない。実際、一キロあたり一〇ブル前後というハチミツの平均的な相場は彼らにとって大変に魅力的であり、一〇キロのハチミツを売れば概ね一〇〇キロの穀物を得られるということを意味する。

以上に述べた、穀物、家畜、ハチミツその他の品物の直接的交換、あるいは貨幣を介した間接的な交換によって、バンナの資源サイクルは成立しているといえる。バンナの人びとにとって、市場を介して穀物を入手することはすでに年間の食料戦略のなかに織り込み済みであり、その意味では彼らは定期市と共存すること、すなわち貨幣経済を部分的に受け入れることで現在の生活を成り立たせているといえるだろう（増田 1995）。

このような定期市は一九五〇年代以降、南オモ地域の各地に行政府が設置され、それを中心とする町が形成されてから生まれたものである。この地域が国家としてのエチオピアの版図に組み込まれたのは一九世紀の末である。これ以降、エチオピアは四回にわたる政変や支配者の交代を経験しているが[①]、それがどのようなものであれ、バンナはつねに周辺的な存在として常に受動的に、支配される側に立たされてきた。

2　野生動物の宝庫としての「南」と「低地」

エチオピアに最初に銃がもたらされたのは一五世紀であると言われる（Pankhurst 1990:277）[②]。その多くがヨーロッパにおける廃銃であり、エチオピアには北部の海岸地方から流れ込んできた。したがって一九世紀までのエチオピアでは、銃の分布に「北高南低」というはっきりした傾向が見られた。

銃はさまざまな紛争に用いられたが、その一方で狩猟にも用いられた。王侯の狩猟（Royal Hunts）は全盛期のゴンダール期に起源を持つ。銃の名手と伝えられる皇帝イヤースⅠ世は一六八〇年代から九〇年代にかけて、取り巻きを連れてハンティング旅行をくり返し、ゾウ、サイ、バッファロー、カバなどの大型獣をはじめ、数え切れないほどの野生獣を仕留めたといわれる。また、後代の王たちもこぞって狩りに出かけ、一八世紀の皇帝イヤースⅡ世などはゾウやキリン、カバ、サイ、バッファロー、ライオン、ヒョウ、それに一〇メートルほどもあるヘビを仕留めたと伝えられる（Pankhurst 1990:289-290）。

こうした「王侯の狩猟」の事例からはいくつかの共通する特徴が浮かび上がる。まず王侯たちによる銃の独占的所有が、彼らの趣味的なハンティングを成立させたということが挙げられるだろう。銃を所有できるか否かは、各々の領土内における階級差を明示するひとつの徴となっていた可能性がある。

さらに狩猟の成功が男らしさと勇敢さを誇示する機会となっていたことも特徴の一つとしてあげられる。たとえば先のイヤースⅡ世は狩猟を、「男らしさ」を獲得するための手段と捉えていたようであり、また周囲の人びとも彼の勇敢さを賞賛したという。

こうした王侯の狩猟が、低地（コッラ）や黒人（シャンキラ）の土地で行われたとしばしば言及されていることは興味深い。すでに挙げたような大型獣のほとんどはおもに海抜一〇〇〇メートル以下の低地に分布しており、高地（たとえばゴンダールは海抜二〇〇〇メートル）から行くには遠征旅行を敢行しなければならない。当初から「低地」は自然資源の豊かなところとして捉えられていたのである。

一八世紀末から一九世紀初めにかけて、北部エチオピアでは王侯貴族以外の人びとにも銃が流通するようになり、こうした中から職業として狩猟をおこなう者、すなわちハンターが出てくるようになった。

二〇世紀になっても、このように野生動物を求めて南へ渡ってくるハンターたちは存在した。南オモ州の町カイ・アファールに住まう男性（一九九九年時点で七四歳）は、自分がエチオピア北部の生まれ故郷ゴッジャムから一九五〇年代に南へ来たのは、動物を仕留めるのは目的だったとうち明ける。こうした職業的ハンターが出現する背景には、交易における象牙の需要の高まりがあった。

裕福な商人のように十分な資本を持つ者は数丁の銃と多量の銃弾を仕入れ、それをハンターたちに渡して象牙を得ることで、短期間のうちにさらなる富を得ることができた。しかし、こうした乱獲によって、エチオピア北部の野生動物資源は一九世紀末にかけて急速に枯渇していったのである（Pankhurst 1968:248-250,1990:291）。

このような資源の枯渇にもかかわらず、エチオピアの象牙輸出は二〇世紀になっても続いていた。いうなれば南部エチオピアは一九世紀になって、世界規模の象牙流通システムによって、その供給地として見いだされたのである。ガレットソンのまとめによると、一九三五年のイタリア侵攻にかけて衰退していくものの、二〇世紀初頭の象牙輸出は毎年四〇トンから八五トンに及んだ（Garretson 1986:211）。こうした輸出を支えたのは新たな資源供給地として見いだされた南部エチオピアである。一九世紀末以降、バンナもまたそうした象牙の供給の一翼を担うのである。

3　銃の流入と資源の流出

バンナによる大型獣の狩猟が本格化したのは二〇世紀に入ってからであるが、その背景には、一九世紀末以降、南部エチオピアに銃が流通するようになったという事情がある。

バンナにとって銃はまぎれもなく外来品であり、しかもそのすべてがエチオピアではなく、外国で生産されたものである。その多くは、シリアルナンバーや刻印によって製造地が判明することはあっても、具体的にどのような経路を経てバンナにたどり着いたのか、その履歴を明らかにすることは難しい。その理由の一つは、銃という物質文化がまとう政治的属性にあり、その性質により、銃は持ち主が変わるごとに履歴を抹消しているのである[3]。

バンナが銃を獲得してきた手段・経路には三種類あるといえる。一九世紀末からの「贈与・供与」、一九三〇年代後半からの「戦利品獲得」、一九六〇年代ごろから一般的になった「商人からの購入」である[4]。

バンナを含めて、南部エチオピア地域は一九世紀末から二〇世紀初頭にかけてエチオピア帝国に組み込まれた。それぞれの地域では、現地の「首長」に相当する人物に服従を迫る一方で、その代価として銃を与えた。バンナでは、西側領域の儀礼首長が早い段階で帝国の傘下にはいり、銃を受け取ったといわれる。

帝国への編入当初は、エチオピア軍の軍人や行政官などは給与の支払いを受けていなかったと考えられ、それぞれが担当地域で野生資源や家畜、ときには奴隷を手に入れ、それを市場に流すことで収入としていたといわれる。バンナもこの時期には奴隷狩りの被害にあっているが、それと同時に兵士や役人に対して食料やハチミツ、家畜を提供する見返りに銃を受け取っていたようである。

こうして供与された銃はその後、野生動物を仕留めるために使用され、象牙やヒョウの毛皮などが税として兵士や役人に贈与された。このことは、銃の流入によって、自然に対する狩猟圧力が高まったことを意味する。国家の支配下に入ったことで、エチオピア南部からの資源の流出が始まったのである。

エチオピアが一九三六年にイタリア占領下に置かれると、エチオピア南部にもイタリア軍が進駐してきた。このイタリア軍には、イタリア人は指揮官一人か、あるいはいてもごく少数で、大多数は徴兵されたエチオピア人兵士だった。バンナではこうしたエチオピア人イタリア軍兵士を「バンダ」と呼んだ。バンナの人びとは荷運びに従事させられたほか、多くの人びとが殺害されるなど、イタリア占領期にはかなりの被害を被ったといえるだろう。

この時期、バンナの男たちの中には、アルバンニャ（「愛国者」）といわれるエチオピア人レジスタンスに合流するなどして、イタリア兵に対する抵抗活動に従事した者がいた。彼らは道ばたでの待ち伏せ攻撃によって兵士を殺害し、そこから戦利品として、イタリア軍が持ち込んだ新式の銃を手に入れたのである。オーストリア製モーゼル銃などは、この時期に戦利品として獲得されたものであろう。

イタリアが一九四一年に撤退し、皇帝ハイレ＝セラシエI世が亡命先のイギリスから帰国すると、バンナはふたたび北部人、すなわち彼らいうところのガル（敵）の支配を受けることになった。一九四一年以降の大きな社会変化としては、税が金納化されたことと、民族間戦争の激化、そして政府による圧政の開始である。

税が金納化されたことは、バンナの資源循環に貨幣が明確に割り込んできたことを意味する。バンナが貨幣を入手するためには、手持ちの資源を外部に流し、北部人たちから貨幣を引き込むほかなかった。そこに目をつけた商人たちがバンナの地に出入りする頻度は、この頃から高くなっていったと考えられる。生態資源はここで、商品として見

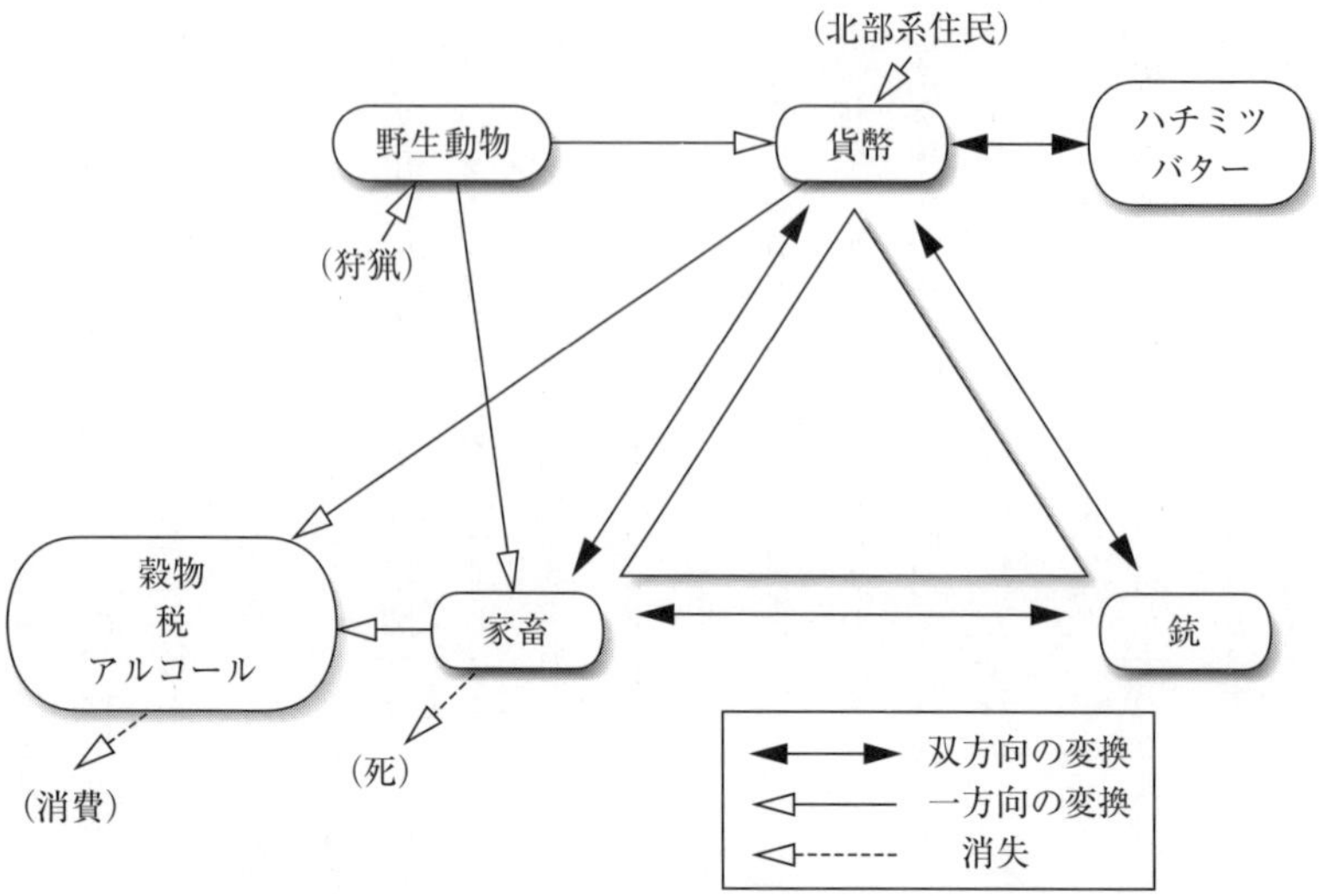

図4-1　資源の循環モデル

いだされたのである。

商人たちがバンナから買い取ったものは主として家畜（とくにウシ）とハチミツだが、その対価として彼らは貨幣のみならず、銃や弾丸を支払った。一九四一年以降にバンナが銃を獲得する手段としては、兵士や警察官を襲撃して銃を略奪する方法もあったが、大部分は商人から購入されたものであったと推測される。またこの傾向は、時代が下って襲撃が沈静化するにしたがってますます顕著になっていった。一九八〇年代以降に獲得されたSKSやAK（カラシニコフ銃[5]）といった銃のほぼ全てが、商人を通じて購入されたものである。

商人が介在するか否かにかかわらず、エチオピアに組み込まれたあとには、バンナに銃や貨幣といった外部のモノが流れ込み、家畜やハチミツ、それに野生動物といった資源が流出するというモデルによって捉えることができる（図4-1）。こうした変化は、バンナ社会内部における資源循環にも影響を及ぼしているといえるだろう。また銃の導入は、バンナ社会における狩猟の形態をも一変させるなど、あらゆる点での変化をうながしたのである。

III　バンナにとっての狩猟

1　獲　物

バンナでは動物一般をダビという。この中には昆虫、クモ、ヘビなども含まれるが、一般にダビといえば野生の（すなわち、家畜化されていない）哺乳動物を指す。以下に示すような大型獣が狩猟の対象として好まれるが、そのほとんどはバンナから西のオモ川方面に向かったマゴ平原に生息する。したがって日帰りで狩猟をおこなうことは難しく、七日から一〇日ほどの遠征が必要になる。またマゴ平原はバンナが敵と認知するムルシの居住地に近く、狩猟に出かけるということは、そうした敵に出会う危険性も伴っている。そのせいか、彼らの語る狩猟の武勇伝が、時としてムルシに遭遇した冒険譚にすり替わってしまうことがよくある。

この狩猟行には食糧を持たずに行くため、彼らは仕留めた動物の肉を食べながら狩猟を続けることになる。もちろん簡単には仕留められないため、こうした遠征は飢えとの戦いでもある。その場で食べきれない肉は村に持ち帰り分配する。

狩猟の対象となるおもな野生動物について概略を述べておこう。（括弧内はバンナ語の名称である。）

バッファロー（メーキ）

狩猟対象としてもっとも好まれる動物である。また獰猛で狩りには危険を伴うため、武勇を誇るためにはバッファロー狩りがもっとも手っ取り早い。肉は美味であり、狩りのあと村に持ち帰って分配する。また切り取った耳は、先祖を祀る場所（ケリ）にかざる。

バッファローの皮もまた利用される。今のように古タイヤ製のサンダルを買って使うようになる前は、バッファローの皮をつかってサンダルを作っていた。皮の表面は鮫肌のようにざらざらしており、今でも割礼師は割礼用のナイフを古いバッファロー皮製サンダルで研ぐ。またバッファロー皮は頑丈であるので、戦いの際に用いる盾を作るのにも利用したという。

ゾ　ウ（ドンガラ）

バンナでは、ゾウには白い種類と黒い種類があると言われている。かつてゾウは人間の力では太刀打ちできない相手であり、銃の導入によってはじめてゾウを狩ることができようになったという点で、人びとの意見は一致する。バンナに象牙を用いる文化がないこともあるだろう。ゾウの狩猟、首長や長老への象牙の献呈といった習慣（後述）は、一九世紀末から二〇世紀前半というごく限られた期間のものだったといえる。

ゾウはいまでも低地には生息しているといわれるが、近年では政府による野生動物保護の締め付けが強いこともあり、ゾウを仕留めた事例はない。牙以外には取り立てて使えるところはなかったようだが、皮も売り物になり、また肉を食することもあったという。

現在、ゾウの狩猟はおろか、所持している象牙を売買することも禁止されているが、実際には売却されないままの象牙がバンナをはじめ近隣の各地に眠っていると考えられる。現に商人が象牙を買い付けることはいまでもある。象牙（ドンガラ・カーリ）は根本の空洞の部分（オーロ）と中身が詰まった部分（ドゥーディ）に分類され、商人はこのドゥーディの部分をキロ単位で量り売りする。

キリン（ツァガズィ、ツァマズィ）

肉は脂肪が多くて美味だといわれるが、今日仕留めるのは困難であり、私の滞在中にキリンが仕留められたという話を聞かなかった。尾にある黒色の房毛は装飾品として売り物になる。

サ　イ（オソ）

かつては東バンナの村の中にまで迷い込んでくるほど多く棲息し、たいへん危険であるとされたサイだが、現在は南オモ地域ではほとんど絶滅したといっていいだろう。角が高額で取り引きされたが、バンナにとってはむしろ、銃を用いてサイを殺すことで生活圏をより安全なものにすることが期待されたようである。

ライオン（ゾボ）

ライオンを仕留めることは、武勇を誇ることができるという点でもっとも好まれる。ライオンは遠く離れたところから走って襲ってくるので大変危険であるという。肉は臭いがするので食することは難しいが、狩りの最中で食糧がないときなどは食べることもある。数は非常に少ないものの現在でもライオンは棲息しており、若者たちがライオンを仕留めたという事例が近年になってもぽつぽつ聞かれる。毛皮は商人に売ることもあるし、また自宅で来客用の敷物として使用することもある。

ヒョウ（シャウ）

商品として象牙と並んで需要の多かったものはヒョウの毛皮である。現在も生息するが、数は非常に少ない。一九五〇年代にヒョウを狩った男性は、一頭分の毛皮を多額の現金と引き換えに売却したという。

ヒョウもまたかつては生活圏を脅かす危険な動物であった。たとえば一九世紀半ば頃、バンナの領域に数頭のヒョウが村に迷い込んだ逸話が現在でも語られている。それによると、まず人びとは家に閉じこもってヒョウがいなくなるのを待った。しかし中には屋根を食い破って家屋に侵入してくるヒョウもいて、中にいる人間をかみ殺して食べたという。ヒョウたちは西から東へと移動した。東バンナのダッラという人物（この男の息子はいまでは最長老である）はヒョウにのしかかられ怪我をしながらも、そのヒョウを（おそらく槍で）殺したと伝えられる。

こうした逸話は、ヒョウを殺した人物の武勇伝であると同時に、当時の人びとがいかに野生動物を恐れていたかを示すものである。豹狩りを積極的に行うようになったのは、銃を使えるようになり、毛皮が貨幣と交換され、その経済的価値が見いだされてからではないかと推測されるのである。

その他の草食獣

ここでその他の草食獣についてまとめて述べておこう。

ブッシュバック（アンビあるいはグーミ）、およびディクディク（セゲレ）は村の中でも姿を見ることができるが、イボイノシシ（ガショ）は畑の作物を食い荒らす害獣と認識されているが、近年は村の中で見られることはない。そのため銃の支度のできていないときに出会ってしまうことが多い。

レッサークドゥ（ムルジャ）、オリックス（サーラ）、エランド（ロト）、グランツガゼル（ラーレ）、ウォーターバック（ダバ）、ハーテビースト（アルカ）、ガゼル（ウォシャ）などは、村からマゴ方面に行くにしたがって見つかる確率が高くなる。とくにレッサークドゥの皮には美しい縦縞があり、敷物として喜ばれる。またエランドの足の腱は丈夫な糸となり、弦楽器シュンギの弦にも利用される。

2　狩猟と「男らしさ」

ゾウやキリン、バッファロー、ライオンといった大型獣は、銃がもたらされてから仕留めるのが可能となったとされる。だが銃がもたらされる以前にも、バンナに狩猟文化がなかったわけではない。槍や弓矢、それに罠を用いた狩猟は銃導入以前からおこなわれていた。今日、こうした道具による狩猟は行われなくなっている。ヒョウなどは、イルダという、餌でつって石を落とすタイプの罠でとっていたといわれるが、いまではその技術は失われている。

槍と弓矢も、いまでは実際に狩猟に使われることはないが、これらはいまでも子供たち、とくに男の子たちの「男性性教育」にとってなくてはならないものである。ハマルの長老アイケ・ベリナスによると、男の子たちはまず石を投げて動物を殺すことを覚え、次に槍や弓矢を使った「狩猟」を学んでいくという。弓矢や槍は、最初は子供用にあつらえた木製の、いわば玩具である。殺す対象も、シロアリやバッタ、イナゴといった昆虫から、鳥類、トカゲ、ネズミ、リスといった小動物へと次第に大型化してくる。かつては、こうして武器の使い方を覚えたら、次はいよいよ狩りに使える本格的なもの（先端部に鉄製の刃をつけたもの）を渡したという（Lydall and Strecker 1979: 71）。

ここに述べられていることは、いまでもほとんど見ることができる。男の子たちは、ヘビやサソリなどを見つけ次第殺してしまう。木の枝を削ってつくった槍を、シロアリの巣を狙って正確に投げる練習をしている。木の枝に止まっている鳥を見つければ、即座に手頃な石を拾って投げつける。個人差もあるが、概してかれらのコントロールは素晴らしく、実際に小鳥に命中させることができる。

また私は一度ならず、弓矢（これは小型ではあったが玩具ではなく、矢の先に鉄の刃がついていた）をもって、野生動物を仕留めようと藪の中を徘徊している少年たちを見かけた。さらに少年たちは、牛の放牧中に小型のダイカーなどを見つけたら、すかさず手斧を投げつける。家の中で休憩中でも、そとで動物の気配がしたら小型の弓矢を持って飛び出してゆく。そうしたことが日常的にあるのだ。

伝統的には、狩猟の道具としては弓矢が用いられてきた。現在では青年期を迎えると銃を手にし、ふだんから肩にかけて持ち歩く。銃を「撃つ」という動詞「カツァ」は、もとは「矢を放つ」という動詞であったので、その点で弓と矢の組み合わせは、銃と弾丸の組み合わせにつらなっているといえよう。

かつて狩猟の実績の有無は、その少年が大人になれるかどうかを左右した。バンナでは婚約の前にアーツァとよばれる成人儀礼を経る必要があるが、かつて、この儀礼を受けてもよいかどうかを判断するのに、大型獣の狩猟実績が参考にされたという。

野生動物が減少し、狩猟実績を稼ぎにくい現在でも、若者たちは銃を担いで西の低地へ出向いてゆく。そのほとんどは徒労に終わり、彼らは手ぶらで腹を空かせて帰ってくることになるのだが、それでも狩猟に出かけていくのは、狩猟自体が興奮をかき立てるということのほかに、現在でも狩猟の実績が「男らしさ」や「一人前の男であること」を評価する重要な決め手となっているからである。

狩猟の実績は周囲に積極的に誇示される。バッファローや大型獣を仕留めた者は、前頭部の毛髪を剃り、そこに赤い顔料とバターを混ぜたものを塗って数ヶ月を過ごす。これによって自らの狩猟の実績を誇示するのである。

狩猟と男性性の評価はこのように密接に結びついているがゆえに、狩猟に関わる「見栄のはり方」もある。たとえばこのような例がある。少年Bのことを私は、彼が子供の頃からよく知っているが、残念なことに私が日本にいる間に成人儀礼をしてしまい、私は彼の晴れ姿を見逃した。バンナではかつて、狩猟の実績を積むことが成人式をおこなうための条件だとされていたので、私は彼に「バッファローは仕留めたのか」と聞いてみた。Bは間髪を入れず「仕留めた」と答えた。ついで私が「何頭殺したんだ」と聞くと、一瞬言葉に詰まってBは「バッファロー七頭を仕留めた」と答えた。私は「それはすごいね」といって、そのことをノートに書き留めたが、のちにBの父親にこのことを話してみると、「あいつはバッファローなんか仕留めちゃいない」とあっさり否定された。

野生動物が枯渇の危機に瀕し、バッファローのような大型獣を見つけにくくなったいまでは、狩猟の実績と成人儀礼とは必ずしも結びつけられていない。にもかかわらず少年Bは、やってもいないバッファロー狩りの「実績」をアピールしたのだ。「バッファローは殺していない」という事実を述べても、彼の成人儀礼が取り消されるわけではないし、また、周囲の人びとも彼にバッファロー殺しの実績がないことは承知しているのだから。

狩猟と男性性の評価の結びつきは、同時に「銃と男性性」という観念上の結びつきを生む。バンナの男たちは、その多くが日常的に銃をかついで歩いているが、彼らが肩にかけている銃のなかには、弾丸が入っていないものが多い。ここでは銃は、それを身につけること自体が「男らしい男性である」ことをことさらに主張する、ファッションの一部になっている。もちろん銃というモノの向こうには、狩猟や殺しといった男性性を規定する価値が横たわっているのである。

3　狩猟をめぐる社会関係

狩猟には社会関係についての諸制度が組み合わされている。その中で､現在もっとも多く見られるのが「ミソ関係」である。ミソとは狩猟友達、狩りの盟友のことである。一緒に狩猟に出かけ、獲物を仕留めた者どうしがミソ関係となり、終生続く盟友関係を築くのである。

バッファロー狩りを例にとろう。バッファローは二人で仕留めるものだとされる。まず最初の一撃でバッファローを倒したら、かならず二人目がとどめの一撃を食わせる。こうして、一頭の獲物を協力して殺したという関係ができる。倒したバッファローの耳を切りとり、それぞれが一つずつを右手に持ち、向かい合って立ち、手に持った耳をあわせて上下に動かす。動かしながら「ミソ、ミソ」と言うのである。これ以降、二人はミソ関係となる。

ミソ関係となった二人は、狩猟から帰ると先述のように前頭部の髪を剃り、バターと赤い顔料を塗って狩猟の成功を誇示する。また終生にわたってお互いを「ミソ」と呼び合う。

獲物はまず父か母方のオジ、時には村の長老に贈るものと決まっている。獲物がバッファローであれば、切りとった耳は父親に渡し、他の部分の皮や肉などを母方オジ[6]に贈る。狩りから帰ってきたときに、収穫があれば植物カッレ[7]のつるを首に巻き付け、仕留めた動物の種類に応じて異なる歌を歌いながら村に戻ってくる。ゾウの歌、ライオンの歌、キリン・バッファロー・サイの歌（以上三種は同じ歌だという）があり、なにを殺したかは歌の種類で分かる。狩りが成功したら、かならずカッレを首に巻いて、歌をうたい、何を狩ったのか人びとに知らしめなければならない。

贈り物は父親や母方オジばかりではない。たとえばミチャという儀礼的な姉弟関係を築き、狩りに成功した「弟」が「姉」に獲物の一部を贈るということもする。狩猟に出かける前に、既婚女性から首飾りを送られた男は、たとえば獲物がバッファローであったら、その皮の一部を「姉（ミチャ）」に贈らなければならない。

若者たちが数名（通常は三名）で連れ立って狩猟に出かけるときには、だまって出発することはできない。まずは父親や長老に相談し、出発する意志があることを告げる。ここで通常は大人たちが若者たちを引き留める一幕がある。狩猟に出るな、危険だぞ、といった説得を試みるものの若者たちの熱意に負けるかたちで、大人は彼らの狩猟の成功を願って祝福（ファツィ）[8]を与えるのである。私が住み込んでいた村で、村の最長老のところに狩猟に行こうとしていた若者が訪ねてきたことがあり、ちょうど私も居合わせた。長老は若者の銃を受け取り地面に寝かせると、まずナス科の植物ガランティ[9]の未熟果をナイフで半割にし、次にカルコ[10]を手に持って、言葉をかけながら、銃に向かってお払いをするような仕草をした。

さて、狩猟の成功にともなう贈与について、これまで論じてきたのはいわば親族あるいは擬似的な親族の関係といった側面である。これから取り上げるのは、そうした親族的なつながりの延長にあるものではあるが、本稿でこれまで論じてきた銃と狩猟が、経済と結びつく局面についてである。それは象牙の首長への贈与である。まずバンナの長老の一人が語るところを聞いてみよう。

狩りに出かけてゾウを狩ったときには首長に、右の牙を贈らなければならなかった。森のなかで死んだゾウを見つけてその牙を取ったときも、右の牙を首長に渡すことになっていた。左の牙を渡すことは禁止されていた。手に入れた象牙を売って得た牛が子供を産んだときは、その仔牛を首長に贈った。そうやって首長に贈り物をしないと、首長から直接呪われることはないが、人々の意見として「よくないことだ」という評判がたつ。

右の牙を贈られたら、首長はそれを売る。売って得たお金で牛を買う。その牛は首長のものであり、牙の送り主に一部返されたりはしない。牛を得たら、首長はパルシー（穀物酒）をつくり、同じ年齢階梯の友人達にふるまう。そしてゾウの牙を贈られ、牛を入手したことを知らしめる。そしてその牛は解体され、分配されて、みんなで食される。首長一人の財産となることはない[11]。

象牙はその持ち主が売ることも、あるいは税のかわりに政府に納めることも可能だったが、それは必ず左の牙であったという。また首長も、人びとから贈られた右の牙を、政府に提供することはしなかった。このような「右」のものを贈る習慣はもともとバンナの贈与慣習に埋め込まれていたものである。一例を挙げよう。遠方から来客があったときなど、バンナではヤギを一頭、来客に対して振る舞うことが多い。その際、贈るヤギの右前脚を差し出し、客は右手でもってその前脚をつかみ、いわばヤギと握手する格好でそれを受け取る。そのヤギを解体して火であぶってから食べるのだが、客には必ず右前脚を渡す。

このような象牙を首長に贈る習慣は、しかし比較的近年になって生まれたものである。以下の語りは、それぞれ東と西のバンナで首長に象牙を最初に贈った人物についての逸話である。

象牙を首長に贈るようになったのはわりと最近のことである。ゾウは銃がやってくるまでは仕留めることができなかった。初期のライフル、ラバンやワジグラがやってきてからのことである。これはトゥルガやドーレの時代（二〇世紀初頭）のことである。東バンナで最初に首長に象牙を贈ったのは、アデノ（現東バンナの首長）の母のキョウダイの子であるコツァという人物で、アデノが首長になったあとのことであった。西バンナで最初にゾウの牙を首長に差し出したのはドイデ・アダマだった。ドイデはカコ川下流の森の中で二頭のゾウが死んでいるのを見つけ、四本の牙を首長に差し出した。さらにマゴの方へいったソンガというところで、オルゴという銃をつかって白いゾウを一頭殺した。こうして得た六本の牙のうち、一本を首長ドーレに贈り、一本を自分の婚資の支払いに用いた[12]。

ゾウを仕留められるようになり、象牙を首長に贈るようになった時期として特定されている「トゥルガやドーレの時代」とはだいたい一九〇〇年代初頭であろうと推定される。ドーレはエチオピア軍征服の時の西バンナの首長であり、一九二〇年代まで生きたとされ、政府によってアディスアベバに連行されたこともある。一方のトゥルガは一種のアウトローであり、行政官に気に入られて下僕としてアディスアベバに行き、バンナに帰ってきてからは政府との関係を利用して私利私欲を追求した人物とされる。トゥルガは首長ではないが、当時のエチオピア政府からは東バンナの代表として認知されていたようである。ここからバンナにおける象牙の贈与という狩猟にまつわる習慣が、およそ百年前に、国家への編入と銃の到来という外在的要因によって成立したことが分かるのである。そして象牙を贈る習慣は、ゾウがいなくなった現在では行われなくなった。

IV　涸渇する野生資源

1　楽園言説

南部エチオピアでは生態資源は、一方では交換財や換金のための商品として見いだされ、またバンナ社会では男たちの「男性性」獲得や社会関係構築のための手段として見いだされてきた。だが他方では、そうした現地における用途を超越して、生態資源を捉える二つの言説が流通している。それは「楽園言説」と「保護言説」である。

南部はエチオピア帝国によって「野生動物の宝庫」として見いだされが、北部エチオピア人のハンターや現地民によって狩猟が行われることで、ゾウやキリンといった動物はその数を減らしていった。その一方でエチオピア南部は外国人のスポーツハンターたちにとっては格好の猟場として知られていた。

あるハマルの男によれば、マゴにおいて野生動物が消えてしまったのは白人のハンターたちが狩り尽くしたからである。

ファランジ（白人）が、低地の動物を殺し尽くした。

動物はみんな殺されて、いなくなってしまった、白人のせいで。

だから俺達は白人が好きではない。

（インタビュアー――あなたたちハマルがみんな殺したんじゃないの？）

まさか！　そんなことをするわけがない。俺達は狩りに行ったら注意深くやる。

腹を減らして行ったとしても、（うまくいかなければ）そのまま帰ってくる。腹が減っていても、そのまま帰ってくるしかない。
でかいバッファローがたくさんいたとすれば、一頭仕留める。そう、一頭だよ。あるいは二頭仕留める。
そうやってうまく仕留めて、俺達がほしいのは、男としての評価なんだ。[13]

エチオピア観光局から出版されたパンフレット「エチオピアのビッグ・ゲーム」(Blower n.d.)[14]には、国内の八つのハンティング・エリアが紹介されており、オモ川下流域の狩猟可能な大型獣としてバッファローやヒョウ、ライオン、ゾウ、カバなどが挙げられている。同パンフレットには野生ロバ、サイ、セミエン・フォックスなど狩猟を禁じられている動物も載せられているが、その禁止リストにゾウは含まれていなかった。したがってゾウの個体数減少を現地民だけのせいにするわけにはいかなくなる。野生動物保護言説を信じて、ハマル男の言うことを信じない理由はないだろう。

現在、南部エチオピアにはオモ国立公園とマゴ国立公園のふたつの保護区があるが、これらはエチオピア野生動物保護局[15]によって、いかなる資源の利用(居住、家畜の放牧、採掘など)も認められない「排他的保護区」として確定された。観光客のハンティングが認められているのはマゴ国立公園の南部に隣接する狩猟許可区(Hunthing Controlled Area)であり、ハンターはアディスアベバの保護局にライセンス料を支払わなければならない。

狩猟許可区でハンティングを楽しむのは、おもに欧米からやってくるハンターたちである。もちろん、バンナをはじめとする現地民は、ここで狩猟をすることは認められていない。ダックワースはこの狩猟許可区について「ディクディクしか見られなかった」と述べたうえで、動物の減少の原因を長年にわたるスポーツハンティングによるものとしている。「RS社(現地のハンティング代理店—筆者注)のオペレーターによるハンティングではレッサークドゥやゲレヌク、それにバッファローまでが標的にされている。過去二〇年間にわたるRS社による非倫理的なハンティング行為に輪をかけて、ハマル、カロ、ブメなどの武装集団が狩猟をおこなっており、マゴ国立公園からトゥルカナ湖にいたるオモ川東岸の野生動物を処刑し続けているのである。」(Duckworth 2002)

オモ川流域でのスポーツハンティングの経験を伝える資料として、ここではひとつのビデオを取り上げよう。ジンバブウェに拠点を置く制作会社が一九九三年に制作した「エチオピアとザンビアのハンティング」[16]である。ビデオはアメリカからやって来たデイヴィス一家のハンティング紀行として描かれる。前半は一家の息子、スチュアート(八歳)のはじめてのアフリカ体験という点がフィーチュアされ、七ミリのライフルを用いてガゼルやオリックス、ハーテビーストなどを次々と仕留めていく場面が紹介される。ついでスチュアートの母へザーがオモ川でクロコダイルを仕留める。父フランクはバッファローとライオンを仕留めるライセンスを購入しており、実際にバッファローを仕留めるのに成功した。

エチオピアでのハンティングを紹介する二〇分足らずの映像の中には、いくつかのナレーションも含まれている。まずオモ川流域平原を「草原獣の楽園」と紹介し、オリックス、ガゼル、ディクディクなどが多く生息することが強調される。その上で終結部ではこう結んでいる。「エチオピアにはいまでも豊かな自然が残されており、珍しい野生動物が見いだせる希有な地である。周辺に住まう人々はフレンドリーであり、また宿泊施設もととのっている。もしほかとは一味違うサファリを求めているなら、エチオピアを強くお薦めする」と。

このビデオはハンティングを楽しむ人々を視聴者に設定しているためか、現地民の野生動物の乱獲を非難するようなナレーションは用意されていない。冒頭部でさまざま独特の飾りをまとった現地の「部族」の存在を紹介し、彼らが第一次大戦時のイタリアの銃を持っていること、その弾丸が彼らにとっては途方もなく高価なため、銃は趣味的なハンティングには用いられず、もっぱらハイエナやライオンから家畜を守るためにのみ用いられていることが述べられているだけである。

一家族の二週間の狩猟の旅という、このビデオのシナリオに従うかぎり、ここでの外国人観光客によるハンティングは、ひっそりと節度を持っておこなわれているような印象を与える（映像によればデイヴィス一家は一〇頭以上を仕留めているが）。だが、国家によって囲い込まれた領域に、高額なライセンス料をドルで支払える観光客だけが思いのままにハンティングを楽しめるという構図は、西欧流の野生動物保護言説からみてもあきらかな矛盾がある。そうした楽園言説が、「希有な動物の分布」や「変わった服装の部族民」といった言辞によって観光的価値を付加され、その言説自体を脚色してしまっていることにも注意を向けたい。

狩猟許可区における狩猟には、これが「野生動物を乱獲から守るための保護区である」という大義名分がある。だが、ハマルやバンナといった現地民の受け取り方はどうであろう。一方で観光客のハンティングを許可しながら、他方で地球規模の環境問題や野生動物の減少が啓蒙されていない人々に対して狩猟を禁ずることには隠しようのない矛盾がある。結局のところ、現地民には彼らの「やり方」を否定する権力としてしか映らない。

2　保護言説

二〇世紀初頭から銃が用いられるようになり、狩猟が効率化することによって、南部からの資源の流出は加速した。その結果、野生動物の減少・枯渇は社会的問題のひとつとして取り上げられるようになり、また政府によっても狩猟許可区など一部の地域を除いて狩猟は禁止されるようになった。

イルメッドとアフェウォルクはマゴ国立公園におけるゾウの減少を、現地民による狩猟行為に帰し、こう述べている。「以前には密猟者はほとんどおらず、いても彼の使う伝統的な武器では大型獣に深刻なダメージを与えるにはいたらなかった。だが現在では状況は変化し、近代的な火器が流通するようになった。結果として、マゴとのその近隣地域では野生動物はオープンアクセスの資源となってしまったのである」(Yirmed and Afework 2000: 40)。資源の供給地として見いだされ、使い尽くされた末に、現地民を「密猟者」視する言説が残ったといえよう。

オモ川に注ぎ込むエルマ川流域に住まうムルシの人びとについて研究を進めているタートン(Turton 1995)は、このような「保存論者的アプローチ」に異議を唱える。

エチオピア野生動物保護局の保存論者的アプローチ、すなわちアフリカの現実よりも「野生のアフリカ」というヨーロッパ的神話に寄り添い、現地民を野生動物保護の敵とみなすアプローチからすると、国立公園の領域が確定された段階で、ムルシは国立公園内に不法に居住する人びととされてしまうだろう。(Turton 1995:32)

さらにタートンは、国家主導の野生動物保護プロジェクトが、現地民の生活という社会=文化的側面をまったく無視していると指摘し、より実現性の高いプロジェクトのためには、そうした社会的・文化的背景を調査し、なおかつ、現地の人びとの積極的な参加をうながす必要があると結論づける(Turton 1995:42)[15]。

同様の指摘はほかにもある。たとえば西崎(2001)は、エチオピア野生動物保護局がこれまで、野生動物の減少を地域住民による密猟や保護エリア内での放牧に原因があるとして非難してきたことを、もういちど地域住民の視点から問い直す必要があるという。

さきのイルメッドらの指摘は、事実を記述するという観点からは正しい。しかし野生動物を保護するという目的を持って書かれた報告においては、彼らの提言もまた現地民に対して厳しいものとなる。彼らは現地民による自由な狩猟は、厳格な野生動物保護政策と監視の欠如によるものであるとし、ゾウの保護のための明確な基準を定めた法規制を求めている。野生資源の保護が、生態系の保全や観光産業の発展といった観点から重要な課題であるのは間違いない。だが、野生動物が枯渇しかかってしまった背景には、象牙のような品物にたいする外部の欲望と暴力的な狩猟圧力があったことも忘れてはならない。またバンナをはじめとする現地民が積極的に狩猟に関わるようになった背景には、エチオピア帝国による南部の併合という政治的文脈が存在するのであり、これが環境保護言説による一方的な現地民批判だけでは解決し得ない問題であるのも確かである。

V まとめ

かつて、南部は野生の宝庫とされた。その「宝」たちは、人間の活動をつうじて数を減らし、現在では保護の対象になってしまった。こうした事態は、動物という生態資源が交換財や商品として、社会関係構築の手段として、そしてハンティングの楽園として、それぞれ認識されてきた結果である。

このような考察を経ていま言いうることは、野生動物保護の問題は、野生動物の個体数が減少しているという現実の問題であるとともに、その問題を取りまく人間社会のなかの、きわめて社会的な問題でもあるということである。たとえばジェイコブスとシュレーダーは野生動物保護政策に対して、一九九一年以降の地方分権化政策のもとでは、現地民にも保護区の運営に参加する権利を与えるべきであると提言する（Jacobs and Schloeder 2001）。だが、国民意識が希薄な人々に早急にそれを求めることも現時点では難しい。

ポンティングがいうように、人類が現れてから姿を消した野生動植物は数知れない（ポンティング 1994）。その点から見れば、狩猟し尽くされてゾウやバッファローが姿を消すのも人間中心社会の行く末として受け入れるべきものとなる。だが、いわゆる環境保護派はそれを受け入れないだろう。その一方で、ハンターたちにもハンティングをする権利を認める必要があるかもしれない。その場合はしかし、その権利は観光客だけでなく、バンナやハマルにも等しく認められなければならない。なぜなら彼らは野生動物のいる土地を生活圏の一部としているからだ。

バンナの狩猟文化はいわば「新しい伝統」であり、なおかつ野生動物が減少しつつある現状からいえばすでに「失われつつある伝統」でもある。経済の世界システムによって見いだされ、使い尽くされた後に残されたのは、わずかな野生動物と売るあてのない若干の古い象牙、狩猟にまつわる諸々の価値観、使い道の限られた多数の銃、そして野生動物保護を巡る外部との軋轢である。野生動物保護問題はすぐれて文化的・社会的な問題である。かつての「野生の宝庫」の行く末は、そうした人間の側の問題を見極めることからはじめるべきであろう。

註

（1）ここでいう四回の支配者交替とは、一九三六年のイタリア侵攻と一九四一年の撤退、一九七四年の革命、一九九一年のデルグ崩壊を指す。

（2）以下、北部エチオピアの一六世紀から一九世紀にかけての記述のほとんどを、パンクハースト（Pankhurst 1968, 1990）に依拠しておこなう。パンクハーストの研究は、エチオピアに滞在したヨーロッパ人が欧州言語で記述したものからテーマごとに切り出して編纂したものであり、本来ならば元資料をあたるべきであるが、入手が困難であるためパンクハーストの著作よりの引用という形をとりたい。

（3）バンナにおける銃のあり方については、拙稿（増田 2001）に詳しい。

（4）一九世紀末より以前に、キャラバンなどの手によってバンナに銃がもたらされていた可能性はある。しかし現時点で、人びとが語る歴史の中に国家編入以前の外部との関わりを示す言及はなく、また銃の到来についても、国家との関わりのなかでしか言及されていない。

（5）ＡＫはソ連で開発された三〇連発が可能な自動小銃であり、一九四七年以降ソ連をはじめ旧共産国で多数製造された。

ＳＫＳはソ連と中国で製造された銃で、一〇連発が可能だった。ともに共通の実包（銃弾）を使用し、エチオピア軍でも一九七〇年代から八〇年代にかけて広く使用された。一九九〇年代末の時点で、バンナの所有する銃の八割以上がＳＫＳかＡＫのどちらかであった。

（6）バンナ語でオジを表す言葉はいくつかある。「父の兄」と「母の姉の夫」には*eike*、「父の弟」と「母の妹の夫」には*imba*、「父の姉妹の夫」には*sodda*、「母の兄弟」には*arak*である。このうち*imba*と*arak*はそれぞれ「父」と「祖父」を指すことばとしても用いられるが、*sodda*と*eike*は特殊である。とくに*sodda*がひろく友人を指すのに用いられる用途の広い言葉であるのに対して、*arak*は「母の兄弟」にのみ用いられるという点できわめて特殊である。

（7）ライダルとストレッカー（Lydall and Strecker 1979:212）によれば、学名は*Cissus rotundi folia*である。蔓性で、肉厚の葉を持つ。

（8）ファツィ（*fatsi*）は元来は「唾液」を意味する言葉だが、唾液や口に含んだ液体を霧状に吹き出して祝福を与える行為をも意味する。

（9）ガランティ（*garanti*）はナス科の多年草で紫色の花をつける。プチトマトのような実は、はじめは緑色にスイカのような縞模様が入っているが熟すると全体が黄色くなる。学名における*Solanum anguivi*か*Solanumincanum*のどちらかであると考えられるが、正確な同定はまだ行っていない。ガランティの実は儀礼の際に供儀獣の代替物として用いられ、ここでもガランティを半割にすることで、供儀と相同の行為をしたことになる。

（10）ライダルとストレッカー（Lydall and Strecker1979:212）によれば、学名は*Ocimum canum* L.である。しそやバジルのような花を咲かせ、ミントのような香りの葉を持つ。

（11）Shelo Kara へのインタビュー（一九九八年七月）

（12）Shelo Kara へのインタビュー（一九九八年七月）

（13）民族誌映画「Women Who Smile」より。

（14）このパンフレットには出版年が記載されていないが、五ページ目に掲載されている空港免税店の広告に「ハイレ＝セラシエⅠ世空港」とあることから（ハイレ＝セラシエⅠ世は一九七四年に退位）、これ以前の出版物であると断定できる。

（15）Ethiopian Wildlife Conservation Organization：EWCO、一九六五年設立。

（16）ビデオ作品「Hunting Ethiopia and Zambia」より

（17）タートンによれば、エルマ川沿いに住まうムルシの人びとは、自分たちの居住地が国立公園の内部にあり、国家によって居住が禁じられていることを知らなかったという。（Turton 1995:42）

第5章
コーヒーの森とシャネル5番
ジャコウネコ飼育をめぐる動物愛護の主張とその影響

石原美奈子

I　ジャコウネコとの出会い

1　コーヒーの森と「シャネル5番」

私がジャコウネコとはじめて「出会った」のは、コーヒーの森の中であった。正しくはジャコウネコの「匂い」との出会いである。

一九九二年以来、私はエチオピア西南部に住むオロモ農耕民社会のイスラーム受容の歴史や宗教慣行について調査を行ってきた。一九世紀末から二〇世紀前半、エチオピアが近代国家としての歩みを始める中でムスリム宗教指導者は、民衆の心の支えとなってその支持を広げ、各地にその足跡を残している。それを追い求めてオロモの人々が住む農村や町を点点と歩き回る過程で偶々コーヒーの森に分け入った私は、調査助手のカーディルが「あっ、トリンニ

(ジャコウネコ)の匂いだ」と足を止めた時、さして気にも留めなかった。

それというのも、かつて歴史学者アビルが、一九世紀にエチオピア西南部に繁栄をもたらすきっかけとなった長距離交易について記述した論文のなかで(Abir 1970)、当時エチオピア西南部のジンマ地方周辺ではジャコウネコ飼育産業が発達したと書いていたのは知っていたが、さして根拠もなく、まさか今日までそれが残っているとは思わなかったからである。

だがそれが私の勝手な思い込みであったことはまもなく判明した。その後、私は知人・友人を介して、意外にもアガロの町中に住むムスリムの年配のジャコウネコ飼育者を紹介され、飼育の様子を見せてもらった。ジャコウネコは、住居内にその飼育部屋が設けられており、枝木を結い合わせた手製の檻の中で飼われていた。採取した麝香は牛角製の容器に保管されており、それは黄土色のねっとりした軟膏のような物質で、何とも形容し難い匂いがした。強いていうならば、バターと糞と(微かながら)香水を混ぜたような、とでもいおうか。

その印象深い「出会い」に衝き動かされて、帰国後インターネットでジャコウネコのことを調べてみた結果、麝香が「シャネル5番」をはじめ、世界的に有名なブランドの香水にも使われており、一部の動物愛護団体がジャコウネコ飼育を「残酷」であると批判しているということがわかった。さらにネット上では、それを皮肉るかのように、女性がジャコウネコを手で掴んでその尻尾の付け根の下から出てくる麝香を身体にふりかけているイラストが掲載されていた。女性の飽くなき美への追求が『残酷』なジャコウネコ飼育」を再生産しているというイメージ、それはジャコウネコと共に生きている飼育者の価値観や象徴が埋め込まれた社会的空間とは異次元の「ネット空間」で生産・消費されていたのである。

2　野生動物の資源利用をめぐる議論

人類は古来より野生動物を資源として利用してきた。野生動物は狩猟・捕獲の対象にされるだけでなく、時にはそれが定期的にもたらす富や栄養を常用するために家畜化された。こうした人間中心的な野生動物の利用に対する異議申立ては欧米を舞台に一九世紀に始まった。だが、それが環境保全や野生動植物の保護、動物の権利擁護を唱える運動へと多様な広がりをもつようになったのは、工業化を中心にすえた近代化に対する批判が出始めた二〇世紀半ばになってからである。欧米を拠点として世界各地で運動を展開するこれら動物保護論者は、一方で野生動物の種の多様性を重視しその狩猟・捕獲に反対する運動へ、あるいは他方で動物を利用した実験や商業を目的とした動物の利用に異議を唱える運動へ、と目的や焦点を特化させた。それらに共通するのは、野生動植物を世界共有の財産と位置づけ、その扱いに人道主義を適用しようとする、トランスナショナルな西洋的倫理観の拡大適用にある。こうした傾向のため、批判対象となる一部の社会では人々が野生動物の生態を熟知した上で捕獲方法を調整して「共生」に努めているという事実がしばしば軽視されている（梅崎 2001）。

本稿は、近年一部の動物保護団体が批判対象としているエチオピアのジャコウネコの飼育について、まずその実態を明らかにした上で、飼育について異なる見解をもつ三者、すなわち飼育者、国家、動物保護団体の主張の相違がどこにあり、どのような価値観や立場にその相違が根ざしているのかについて考察するものである。

一九八〇年代以降、野生動物の利用に関し論戦をはっている団体は多数あるが、それらの基本的な考え方は、野生動物が世界共有の「財産」であり、それらの利用の是非に関し口を挟むことができるという主張である。圧力のかけ方は基本的に間接的で、国家や企業、あるいは消費者（購買者）に対する勧告という形をとることが多い。そのような認識のなかで国家は、世界共有の「財産」としての野生動物の利用や管理に対し責任を負うことを期待される。一方、国家の観点からすると、野生動物は「財産」であるとともに「資源」である。そして国際世論が国家の政策に対し圧力要因となることはあっても、該当する野生動物が稀少かつ高価な商品であり、外貨獲得のための貴重な「資源」である場合には、頭数調整や捕獲・飼育方法の改善さえ行えば、基本的にはその利用は認められるとする立場にたつ。ただし国家としては、野生動物を国家の「財産」であるとする観点から、捕獲・飼育者に対する課税システムや許可制の導入などの形で野生動物の利用に対し、自らの権利と責任を主張してきた。

多くの場合、こうした議論の中から抜け落ちるのが、捕獲者・飼育者の側の論理である。伝統的な方法により連綿と続けられてきた野生動物の利用は、生態環境に大きく依存する生業を営む捕獲者・飼育者の判断や価値観に根ざしたものである。そこに近代西洋社会で生まれた（野生）動物保護という思想と国家権力が介入してきたのである。本稿は、動物保護団体や国家からもしばしば軽視されがちであり論戦の中でも欠落しがちな捕獲者・飼育者自身の伝統的な知識や価値観に注目することで、三者間の対立点や共通点を明白にすることを目的としている。

ジャコウネコ（*Civettictis civetta*）（写真5-1）から採取される麝香は、古くから香水の原料として珍重され、とくにエチオピア産の麝香は世界的に知られていた（Classen et al. 1994）。麝香は、香水を精製する際に、合成香料では模倣困難な独特のリフティング効果をもつ保留剤として、また中国やアラビアでは薬としても用いられていた[1]。一九一五年に麝香の香気成分シベトンの分離成功後、合成麝香の製造が可能となり（広山 1983: 23; Anonis 1997: 44-46）、天然麝香が希少かつ高価であることもあって、天然麝香の需要は減少傾向にある。そのため麝香はエチオピアの輸出品目の中で外貨獲得源としての重要性は縮減しているが、今日においても珍重な商品として国際市場における地位を保持しており、その需要を満たすべくエチオピア国内では細々とではあるが生産され続けている。

エチオピアでは定期的に麝香を採取するために野生のジャコウネコを捕捉して飼育する習慣が古くからあり、その

写真5－1　ジンマ地方を旅行中，たまたまジャコウネコが捕らえられているのをみかけた（著者撮影）．

飼育技術はおおむね今日まで引き継がれている。飼育技術はある種の特殊性と秘儀性をもち、父から息子へと継承されるため、ジャコウネコ生息地に比して、その飼育が行われている地域はかなり限定されている。

以下、ジャコウネコ飼育の実態調査に基づき、その歴史や現状について概説した上で、ジャコウネコ飼育に関する動物権擁護団体の批判点を明らかにし、さらにそうした批判に対する国家の対応について、順次明らかにしていく。

II　調査地域の自然と歴史

1　生態環境と住民の生業

エチオピアにおいてジャコウネコ生息範囲は、高地部の広葉樹林植生域一帯[2]に広がるとされるが、捕獲と飼育が行われている地域は、そのうちのごく一部に限られている。なかでもオロミア州では現在、国内の麝香の約九五％が生産されており、残り五％は南部諸民族州となっている[3]。筆者が調査を実施したのは、オロミア州内で最も生産量が多い同州西部のジンマ地方（以下ジンマと略す）と、南部諸民族州西部のカファ地方（以下カファと略す）においてである。両地域とも、古くからジャコウネコ飼育が行われている地域として知られており、現在でも飼育を続けている人々が多数みられる[4]。

両地域とも、標高が一五〇〇〜二〇〇〇メートルほどあり、年間雨量は一五〇〇ミリ以上の温暖湿潤な気候（ウェイナ・デガ）に相当する。この地域は、エチオピア北部高地とは対照的に、植生が多様かつ豊富で、野生動物の種類や数も、森林部分の伐採・開拓に伴い減少の傾向はみられるが、かつてはライオンも生息していたとされ、現在でもジャコウネコのほかヒョウ、ヤマアラシ、ヒヒ、コロブス、サバンナモンキー、イボイノシシ、ハイエナ等が農村に出没する。

この地域の農村部に居住するオロモやカファの人々は、農牧業に従事し、主な栽培作物は、トウモロコシ、ソルガム、テフ、大麦など穀物の他にバショウ科植物エンセーテ（*Enset ventricosum*）、馬鈴薯、甘藷、タロイモ等の根菜類、各種豆類、野菜類のほかコーヒー、カート（*Catha edulis*）などの嗜好品、オレンジ、マンゴー、パパイヤ、バナナ等の果物類が栽培されている。とくにこの地域はアラビカ種コーヒーの原産地として知られ[5]、温暖湿潤な気候と丘陵地を利用して、コーヒー栽培が盛んに行われている。

だがエチオピアがコーヒーの主要輸出国となったのは二〇世紀に入ってからであり、それまでコーヒーは象牙、奴隷、香料、豹皮、金、麝香などの高額な商品に比べると影が薄かった（図5-1）。エチオピア西南部で獲得・産出されたこれら「商品」は、北部高地を通過する交易ルートを介してマッサワ港まで搬出された。エチオピア西南部のジンマ・カファ地域は、この交易路の集散地にあたり、その流通過程で得られる収入は、当時両地域に発達した諸王国の繁栄に寄与した。

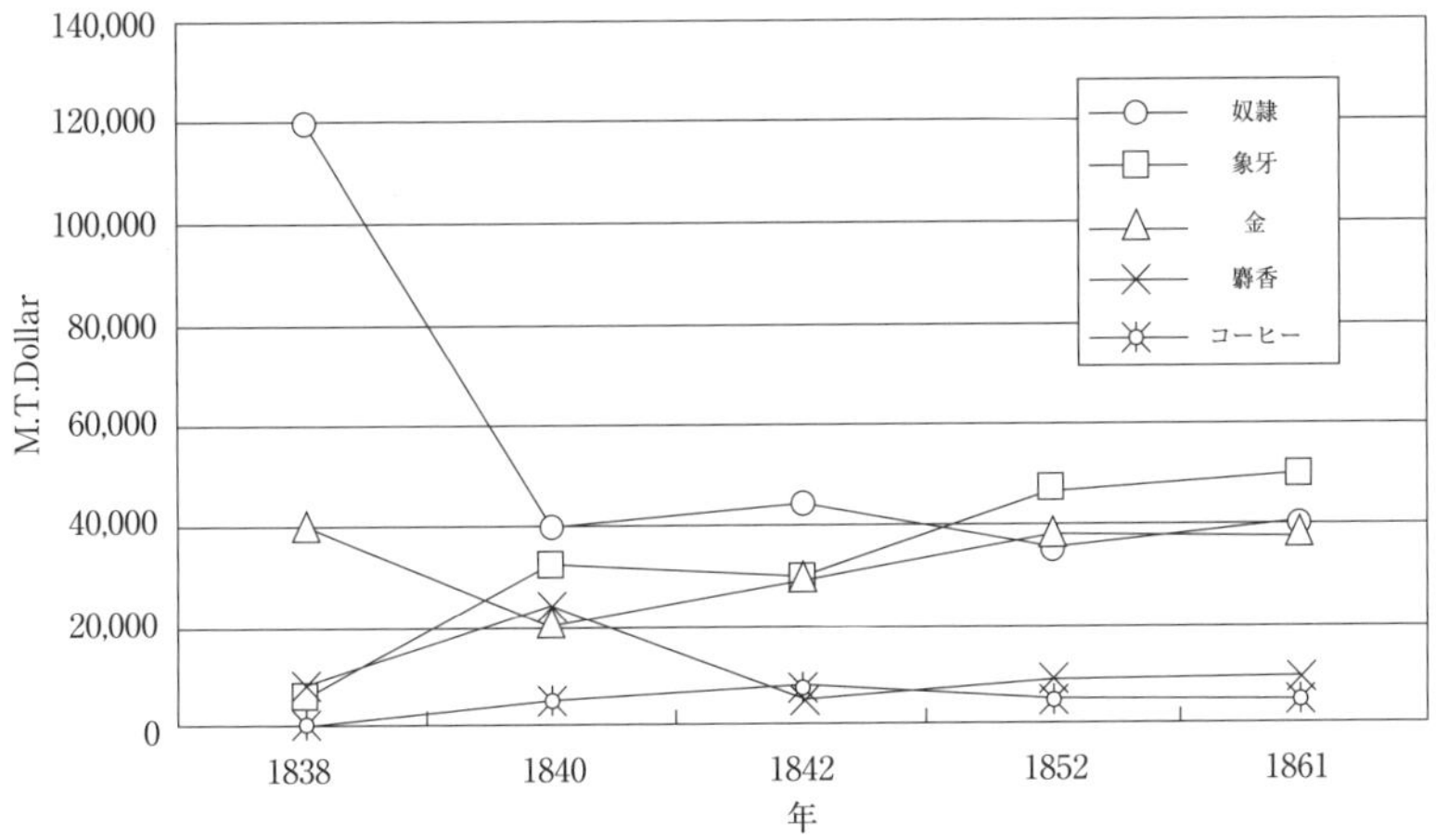

図5-1　19世紀半ばMassawa港から輸出された麝香の輸出額
（典拠：R.Pankhurst1968,364の数値をもとに筆者が作成）

2　地域史概観

現在ジンマとカファの両地域には、それぞれクシ系オロモ語（マチャ方言）とオモ系カファ語を母語とする人々が主に居住している。両地域には、もともとオモ系ゴンガ語群の言葉を用いる人びとが住んでおり、一三世紀にはインナリア王国が、一六世紀にはカファ王国が勢力を拡大した（Lange 1982）。そこに一七～一八世紀に東方からオロモが移動してきた。その過程でインナリア王国はオロモに征服され、カファの主要集団はゴジェブ川以南に移動し、一部は「オロモ化」された（石原 1996）。その後オロモは、次第に階層社会を発達させ、ギベ川支流域に互いに拮抗する五つの王国（以下、ギベ五王国と略す）が成立した（Mohammed 1990）。

ギベ五王国は、温暖湿潤な気候と肥沃な土地に恵まれ、また北部高地に通じる交易ルート沿いにあるという地の利を生かして繁栄した。北部高地にはキリスト教社会が独自の王国を形成しており、専ら交易の担い手となっていたのはムスリムであった。このムスリム交易商人との相互交流の中で、ギベ五王国では支配者層が中心になってイスラームを受容し、一九世紀半ばには民衆レベルまでイスラームが浸透した。これらムスリム商人こそ、当地起源とされ既にアラブ圏に伝わっていたコーヒーやカートの用法を、イスラーム的な文化として宗教に付属して逆輸入した担い手と考えられるのである(Pankhurst 1997; Ishihara 2003)。そしてこれら北部出身のムスリム商人が、野生ジャコウネコの飼育技術を専有する集団となったのである。一方、カファ王国は一六世紀にはキリスト教を導入し、土着の信仰と融合した独特の宗教形態を発達させた。

III　ジャコウネコ飼育の歴史

1　文献・口頭伝承にみられるジャコウネコ飼育

エチオピア産麝香の歴史は古く、伝承では前一〇世紀サバ(しばしば「シバ」と邦訳される)王国の女王マケダがイスラエルの王ソロモンを訪問した時、持参した多くの贈物のなかに麝香が含まれていたとされる(Rouk and Hailu 1963)。このサバの女王マケダとソロモンとのやり取りについては、一九七四年まで続いたエチオピア帝政に宗教・政治的正統性を付与した『王統記(Käbrä Nägäst)』に記されている(Brooks 1996)。女王マケダが麝香を持参したこととどのような関係があるかは不明であるが、興味深いのは、麝香あるいはジャコウネコの飼育がソロモン(アラビア語ではスライマーン)との関連において言及されることが多いという点である。上記の伝承のほかに、ジャコウネコと人間の関係について飼育者の間で語り伝えられている伝承に、次のようなものがある。

スライマーン（ソロモン）は、動物の言葉を解する知恵の持ち主であったが、かつてジャコウネコは九日ごとに麝香を拭い取ってもらうためにスライマーンの許に現われていたものであった。このようにかつてジャコウネコは自ら人間の前に姿を現していたものだが、高価な麝香をめぐって人間が絶えず諍いを起こすようになり、腹を立てたスライマーンは、『金の如く貴重なお前達の麝香を自分から人間どもに与えることはない、欲しければ人間どもの方が努力して採取すればよい』としてジャコウネコを森へ帰した。」（この伝承の出所についての筆者の質問に対して）「クルアーンの『タースィン』の章に言及箇所がある。」［Shaykh Muhammad-nur Husayn　七八歳、Agaro 在住］

この伝承によると、ジャコウネコは本来的に麝香を人間に拭い取ってもらう性質を持っていた。この点でジャコウネコは他の野生動物とは峻別される。だがその性質も、人間の側の落ち度（＝争いを起こす）によって奪われた。これは裏返せば、人間が犯した罪（＝諍い）さえ取り除けば、再びジャコウネコと人間は共生的関係を取り戻すことができるということになる。今日飼育者の間で、家庭内で諍いがあるとジャコウネコは麝香を分泌しなくなると信じられているのは、そのためである。このように、この伝承はジャコウネコと人間の間にある特殊な関係について説明している。だが、それだけではない。この伝承では、ジャコウネコから麝香を採取する作業は、比類ない知恵の持ち主で俗説では動物の言葉を解することさえできたとされるイスラエルの王スライマーン（ソロモン）の仕事であり（ロレンツ 1983）、社会宗教的に崇高な作業として聖別されている。またその崇高さは、クルアーンへの言及によって補強される。すなわちジャコウネコ飼育は、クルアーンのなかで言及がある点で、宗教面で正当化される、尊ぶべき慣行とみなされているのである。

「『タースィン』の章」と記憶されているクルアーン第二七章には、スライマーンとジャコウネコの関係について具体的に言及した箇所はないが、重要なのは、イスラーム教育を受けた者に対して用いられる「シャイフ」の尊称をもって呼ばれるこの人物がクルアーンにジャコウネコに関する記述があると認識している事実である。またジャコウネコの伝統的飼育方法の手順には一見なぜそのように行うのか理解しがたい点が幾つか含まれている。例えば、九日ごとに麝香を採取するのをよしとすること、あるいは家庭内で諍いがあるとジャコウネコは麝香を分泌しなくなると信じられていること、等は合理的には説明しがたい。だがスライマーンにまつわるこの伝承は、一見理由が明瞭でないそうした飼育の手順をも正統化しているのである。

それでは、麝香採取を目的としたジャコウネコの捕捉と飼育の歴史はいつ頃まで遡ることが出来るのであろうか。一三世紀マラガ出身の薬草学者イブン・バイタールは薬物書『薬事集成（al-Tibb al-Arabi）』の中で、イドリーシーに拠りながら「麝香（zabd）」とその薬効について報告している。それによると、ジャコウネコは捕獲された後、肉を餌として飼育され、発汗させて「股間から出る汗」である麝香を採取された（山田 1985: 210-212）。イドリーシーは、一二世紀の人なので、その頃にはジャコウネコ飼育が開始されていたことになる（Sezgin 1995: 144）。

ただイドリーシーは、エチオピアのどこでジャコウネコ飼育が行われていたのかについては言及していない。その後一七世紀に入り、ヨーロッパ人によりエチオピア内陸部の探索記録がしたためられると、エチオピア国内の諸事情に関する濃密な記録の中にジャコウネコ飼育に言及した箇所が随所に出てくるようになった。例えば、一六二四年から八年間エチオピアに滞在したイエズス会修道士アルメイダは、エチオピアに生息する野生動物の中でジャコウネコに言及し、麝香が衣服への香付けのために用いられていると述べている（Beckingham and Huntingford 1967（1954）:52）。また、一六九九年から一七〇〇年にかけてエチオピア西北部を訪れたフランス人医師C・J・ポンセによると、タナ湖の東に位置するエンフラース（Emfras）村においてジャコウネコ飼育がかなりの規模で行われており、中には三百匹飼育している商人もいた（Foster（ed.）1967（1949）: 136-137）。さらに一八四〇年代にエチオピア中部に派遣された英国人外交団を先導したC・ハリス少佐もまた、エチオピア西南部のインナリアでジャコウネコが捕捉・飼育されていることに言及している（Harris 1844:55）。また、一九世紀に相次いで現在のエチオピア西南部を訪れたA・ダッバディやE・チェッキおよびG・マサイアも、ジンマやカファを中心にしてジャコウネコ飼育が盛んな様子について報告している（Massaia 1885-1895: Cecchi 1886）。

こうした断片的な言及から、一二世紀頃にはジャコウネコを捕捉・飼育する技術が定着し、それが一七世紀以降にはエチオピア西北部から西南部に広がる地域で発達・普及したという筋書きがみえてくる。それでは、この地域にすむ人々のうち、どのような人々が実際にジャコウネコ飼育に携わっていたのであろうか。

2　ジャコウネコ飼育の担い手

ジャコウネコの飼育は生息地周辺であっても、一部特定の人々によって専門的に行われていた。一八世紀後半にエチオピア西北部を訪れたブルースによると、タナ湖の北、チェルキン周辺にはジャコウネコが多数生息しているが、地元住民は麝香の採取方法を知らない、と述べており、その飼育がムスリムに限られていると指摘している（Bruce 1790:296）。ジャコウネコ飼育がムスリムによって担われている点は現在でも変わらない。だが、ムスリムなら誰でもジャコウネコを飼育技術を知っているというよりも、「ネッガーディエ（Näggāde）」と呼ばれるムスリムだけが専有的に行っているのである（Tadesse 1995）。

ギベ五王国は、資源豊かな南部と北部を結ぶ交易ルート沿いに位置し、各王国は交易を統制・管理することで栄えた。一八～一九世紀、この交易路を介して、南方から奴隷、象牙、豹皮、香料、麝香などを搬出し、塩等を交換媒体にして衣類や各種工芸品を搬入する交易が発達した。その交易の主要な担い手が北部出身のムスリム商人（näggāde

（アムハラ語で「商人」の意））である。これらムスリム商人は、五王国の王に貢物を納める代わりに交通の安全を保障された。また彼らは、狩猟を行うワタ、皮なめしを専門に行うファキ、鍛冶を行うトゥムトゥなどの職能集団や、イスラーム教育にあたるアスカリとともに「不完全（ヒルウ）」な人々に分類され、土着の「完全（グートゥ）」なオロモとは区別された。一部のムスリム商人は、王宮の近くに土地を貰い受け、また一部の商人は市場での商業取引を監督する役職、ネゲデ・ラスに登用された（Lewis 2001: 85-86, 94）。その後定着して農民に転向するムスリム商人が増え、オロモ社会において、これら北部出身のムスリム移民およびその子孫は、職業にかかわらず一括して「ネッガーディエ（Näggāde）」と呼ばれるようになった。

また異教徒の社会のなかにあって「ネッガーディエ」はムスリムと同義とみなされた。キリスト教徒が大半を占めるカファ社会においては、「ネッガード」は「ムスリム」の意で使われ、またギベ五王国でも、一九世紀半ばにはイスラームがかなり普及したが、「ネッガーディエ」は地元オロモとはちがってアラビア語名を連ねた系譜を保持し、多くの宗教指導者を輩出する人々として知られるようになった。

ギベ・オロモ社会においては、北部からのムスリム移民はオロモの言語や生活習慣を受入ながら、オロモ民衆の間にイスラームを広めた。その結果ギベ五王国は、一九世紀半ばにはイスラーム王国を自認するようになり、北方や西方の非ムスリムのオロモ諸社会と対戦する際には、ギベ五王国は（民族・言語は同じオロモであるにもかかわらず）「ネッガーディエ（＝ムスリム）」として共同戦線を張って非ムスリムの「オロモ」と交戦した（Cerulli 1922）。

かくして「ネッガーディエ」は、「北部から移住したムスリム商人」を指すに留まらず、「オロモ性」と対峙・対比するものとして、ギベ五王国の「イスラーム性」を指す言葉に発展したのである。北部から移住してきたムスリム商人の子孫である「ネッガーディエ」は、「イスラーム性」がある種のイデオロギーとして希求されていた時代において、それをすぐれて体現する集団として差異化されたのである。もっとも、この差異化が、近年「オロモ性」への揺り戻しともいえる民族意識の高まりのなかで、「ネッガーディエ＝（純粋な）オロモではない」という認識に置換されたことは実に皮肉なことである[6]。このように「ネッガーディエ」とは、一方で文化的・言語的には定住先の社会に同化しながら、他方で宗教的・社会的に差異化される、両義的なカテゴリーとして認識されつづけた。

ところで、ギベ・オロモ社会の「ネッガーディエ」とカファ社会の「ネッガード」は、どのような関係をもっているのだろうか。オロモ社会の「ネッガーディエ」とカファ社会の「ネッガード」の、それぞれのサブクランを列挙してみると、ある程度の対応関係がみてとれる（表5-1）。ジャコウネコの飼育方法に関しても、共通の用語がいくつかみられた。

それでは、「ネッガーディエ」および「ネッガード」は、それぞれオロモ、カファ社会の中で他にどのような点で異質だったのであろうか。両社会において「ネッガーディエ」あるいは「ネッガード」は、敬虔なムスリムであるだけでなく「特殊な技芸・知識の持ち主」とみなされた。「特殊な技芸・知識」には、オロモ、カファがもっていなかった文字やイスラームに関する体系的知識だけでなく、貨幣を媒体とする様々な取引に関する知識もそこに含まれる。また、信心深さと不可分の関係にある相互の信頼関係は、貨幣を媒体とする取引には欠く事のできないものである。平準化作用の働く農村社会において、「ネッガーディエ」が行う蓄財行為は、そうした特殊な知識をもっているという理由から正当化されるのである。ジャコウネコ飼育もまたそうした技芸・知識の一つに数えることができる。

だが、ジャコウネコ飼育は単なる特殊技芸・知識ではなく、宗教信仰と不可分の関係が認められる。先のアガロ在住の老シャイフは、ネッガーディエのナゲーソ（Nageesso）サブクランに属するが、彼はネッガーディエとジャコウネコ飼育の関係について、次のような逸話を語ってくれた。

表5-1　ネッガーディエ（オロモ社会）とネッガード（カファ社会）のサブクラン

オロモ社会	出典	カファ社会	出典
Abujedi	石原、JOT	Abjedo	Lange、
Argubba	石原		Huntingford、
Chaara	石原		石原
Dägoye	JOT	Abdullāhid	Huntingford
Darita	石原	Ganno	Lange、石原
Finciso	JOT	Ifraaz（Ifraajo、Ifrago）	石原、Lange
Ganni	石原	Jibril	Huntingford
Hajji	石原	Kallisho（Qallicho）	Lange、石原
Infraze	石原	Naasiro	石原
Mämmädi	JOT	Sayyo	石原
Mantina	Lewis、石原、JOT	Sharifo	石原
Mänsuri	JOT	Tigero	Lange、石原
Nasiri	石原	Waasili（Waasalo）	石原
Nageesso	石原	Washelo	Lange
Sharifi	石原		
Tigri	Lewis、石原		
Wasili	石原、JOT		
Worji	石原		
Yaamine	石原		
Yasufi	JOT		
Yukuti	石原		

出典：Huntingford　1955：114，Jimma Oral Tradition（JOT）*1974：10,18，Lange 1982：260，石原　1996:46 および調査データ．下線を付したものは，オロモ・カファ双方に見られるサブクラン名．

*JOT とは，アディス･アベバ大学歴史学科の学生のグループが1974年にジンマ地方の歴史について広域のインタビュー調査を行ったが，その時のテープ起こし資料を指す．この資料は，現在アディスアベバ大学エチオピア研究所図書室において参照できる．

ジャコウネコはネッガーディエが飼育するものだが、これはサイイド・ナスラッラー（Sayid Nasrallāh）と関係ある。ある日サイイド・ナスラッラーが眼病に冒されたとき、麝香を塗って治ったことがあった。それで、ナゲーソはサイイド・ナスラッラーの祝福を受けてジャコウネコ飼育を始めたというわけさ。ネッガーディエのうちナゲーソだけが祝福されたのかって？いいや、ネッガーディエ全体が祝福を受けたのさ。ダリータもアブジェディもティグレもヤスーフィもね。リンムに住むサーダオなどは、九日目に麝香を採取する時にはウシを屠って、ヤースィーン（Yāsīn、クルアーン第三六章）を唱えて祝ったそうだよ。とにかくジャコウネコを飼育するのは、人と争いを起こさない人、心身ともに清浄な人でないといかん。

サイイド・ナスラッラーとは、一四世紀のエジプト出身の宗教指導者でインナリア王国（現在のリンム地方）に住み着きイスラームの普及に貢献した宗教指導者で、現在でもその墓廟は重要な参詣スポットとなっている[7]（Mohammed 1990:154）。このようにジャコウネコ飼育は、単なる特殊技術と認識されているだけではなく、宗教面で資格のある、すなわちサイイド・ナスラッラーを介して神から祝福を受けた一部の人々のみが従事することができるとされているのである。

以上のように、ジャコウネコ飼育を専有的に行っているのがムスリム、中でも北部から移住してきた商人の子孫、「ネッガーディエ」あるいは「ネッガード」であることを明らかにした。このように飼育が一部の生得的属性によって制限されること自体、ジャコウネコ飼育の拡がりを抑制する効果をもっているのである。

IV　伝統的なジャコウネコ捕捉・飼育方法

1　ジャコウネコの捕捉方法

ジャコウネコ（オロモ語でトリンニ、カファ語でウォンゴ）は、罠を用いて捕捉される。罠は、基本的に、網によるものと飼育籠を用いたものの二つの方法がある。この二つの方法は農民が編み出したものであり、その意味で、政府が推奨する「近代的」とは異なる、「伝統的」な手法と分類されている。

網を用いた捕捉方法に関しては、一九三〇年代にジャコウネコ飼育に関する調査を行ったイタリア人パジェラによる詳細な報告がある。それによると、捕捉は五～一〇人が協働して行い、エンセーテの繊維で編んだ網（オロモ語・カファ語でダボ、幅一メートル・長さ四～五メートル）を用い、雨季足跡がわかる時期に捕りに出かける。ジャコウネコは夜行性で、日中は崖や木の根元の洞穴をねぐらとすることが多いので、捕捉者たちはねぐらの周囲の地面にあらかじめ網を敷いておく。その後、大声を出す、石を投げつけるなどして網の中に追い込み、そこで捕捉する。捕捉したジャコウネコは雄であることを確かめた上で麻袋に入れられ、捕捉者は獲物を家に持ち帰り、そこで最初の二〇日間は麻袋に入れたまま餌を充分に与える。雌は分泌する麝香が良質でなく、また飼育状態の下では交配は難しいので、捕捉したジャコウネコが雌であった場合、その場で放す。その後、ジャコウネコは飼育者に売却されるが、当時の価格はジャコウネコの大きさや状態に応じて一匹あたり一二～二〇マリア・テレージア・ドルで取引された[8]。

パジェラはとくに言及していないが、飼育者は多くの場合、足跡を見分ける知識と能力をもつ狩猟集団にジャコウネコ捕捉を委託する場合が多かった。狩猟集団は、オロモ社会ではワタ、カファ社会ではマンジョと呼ばれるが、近年では大半が農業に転向しており、狩猟は副業として行っているにすぎない。またそのような狩猟集団が身近にいない場合には、飼育者自身が捕捉に出かける場合もあるようである。

捕捉者は、飼育者から依頼を受けて罠を仕掛ける。[9] ジャコウネコは繰り返し同じ場所で糞を落とす習性があるので、捕捉者は、ジャコウネコの足跡を辿って罠をしかける。ジャコウネコが餌を求めて出没する夕方七時から午前四時頃まで罠の側に待機する。[10] 罠は上記の要領で網を用いる方法のほかに、飼育籠（オロモ語、カファ語ともカフォ）を用いる方法がある。[11] また、飼育籠を用いる場合には、中にパンやバナナなどを吊るして餌食とする。これらのやり方で捕捉した場合、ジャコウネコに与える外傷が軽微なので、捕捉後すぐに飼育者に引き渡すことができる。ただし、ブッシュダイカー狩りなどに用いられる綱を用いた罠に偶然ジャコウネコがかかる場合もある。そうした場合、ジャコウネコの死亡率は高く、生け捕りにできても外傷が大きいことがあるので、捕捉者は三週間ほど手元に置いて飼育への耐性を確認した上で引き取り手に売り渡す。[12]

ただし、罠にかかったジャコウネコのうち持ち帰るのは、成長した雄のみであり、雌や幼い雄は捕捉しても放す。雌を放す際には、後日足跡を辿る場合にそれとわかるように前足の真中の爪を切っておく。[13] 罠にかかったジャコウネコは、尻尾をつかんで麻袋に入れて持ち帰る。ジャコウネコは、性格が獰猛で、その鋭い歯に手などを噛まれることがあるので、尻尾を引っ張るという。そうすると、ジャコウネコは習性上前進して逃げようとするため後ろを振り向かない。[14]

このように、捕捉者はどの捕捉方法がジャコウネコにとって負担が大きいか認識している。ただそれは、ジャコウネコに対する憐憫や同情の念からではなく、すぐに売れるかどうか、という功利的基準に還元される。捕捉者にとって捕捉方法の違いは、ジャコウネコの販売価格にかかわることであるから重要なのである。そしてまた、雌や幼い個体を捕捉しないことは経済効率が低いからであるが、そのことは結果として野生ジャコウネコの頭数の減少に歯止めをかけているのである。

捕捉されたジャコウネコは、飼育者に売り渡されるが、その代金には地域差があり、五〇～一五〇ブル（約六～一八米ドル）まで価格差がみられる。[15] またその際、ジャコウネコ捕捉直後に採取された「原麝香（オロモ語でリカーミ、カファ語でリカーモ）も付けて引き渡されるのが慣例となっている。麝香（オロモ語でズバーディ、カファ語でイェーロ）の中でも原麝香と、飼育開始後に採取される「熟麝香（オロモ語でダガーガ、カファ語でデービソ」とは区別され、前者の方が高価で、それだけでも香付けとして用いられる。[16] また、この「原麝香」に関しては、麝香採取の際にも重要な役割をもっている。

2 ジャコウネコ飼育方法

飼育するジャコウネコの頭数は、飼育者の資本によって異なるが、一九八七年に行われた調査によると、当時一戸あたりの平均飼育頭数は一五頭であった（Hillman 1987）。飼育方法は、生態・社会的条件によって多少の地域差がみられるが共通点も多い。

ジャコウネコは捕捉後、数日間の試し飼育が行われる。この試し飼育は、通常捕捉者が飼育者に引き渡す前に手元に置いて行う。試し飼育を行う目的として、第一に飼育に耐えられる体力があるかどうか見極めるためと、第二に原野での生活の中で腸内にためこんだ雑菌を排出させるため、という理由が挙げられる。ここで人類学の用語を用いるならば、野生状態から飼育状態へ転換させる試し飼育は、いってみれば「自然」次元から「文化」次元に転換させる「通過儀礼」のようなものである。「リミナル」な域に置かれる試し飼育の期間中、ジャコウネコは特別の餌が与えられ、特別な扱いを受ける。

捕捉後の試し飼育期間

ジャコウネコは、捕捉直後三〜四日間、生卵・牛乳・生バターのみ与えられる。このとき、餌はイスラーム式の浄めの儀礼（ウドゥー）を済ませた男性のみが与えることができるとされる。女性はこの期間中、餌の準備に関わることはゆるされても、直接ジャコウネコに餌を与えることはない。試し飼育の過程で、ジャコウネコが糞をすれば飼育に耐えられると判断される。それ以降は、緩いトウモロコシ粥が与えられるが、女性に対する禁忌は最初に麝香を採取する「九日目（オロモ語でサルギ）」まで続く。[17] 麝香の採取が開始されると、女性に対する禁忌は外され、女性も餌やりや麝香採取に関与する。だが、後述するように月経中の女性や性交渉後の「穢れた」状態の男女に対する禁忌は続く。

試し飼育を終えたジャコウネコは、「危険な野生動物」から「無害な家畜」に転換されたとみなされ、他の家畜同様、家屋の中で同居しても問題ないとされる。

図５－２　19世紀カファ地方における屋外でのジャコウネコ飼育の様子（Massaia 1888: 95）

飼育籠

飼育籠は、ジャコウネコの鋭利な歯に耐えられるように、森の中に繁茂する硬木種が用いられる。これらの木の枝を一メートル半程の長さに切り揃え、炙って円形に折り曲げられた枝に縄で、円柱型に結わえ付ける。縄には、樹皮を編みこんで作った硬い縄（オロモ語でクンチェ）が用いられる。

飼育空間

一九世紀後半、マサイヤはカファの地を訪れ、そこで見かけた屋外でのジャコウネコ飼育の様子を描いているが（図5-2）、近年では屋外飼育は非常に稀で、おおむね屋内で行われている（写真5-2）。屋内での飼育は、ジャコウネコが夜行性であることや風雨除けといった理由のほかに、「視線（邪視）」除けの意味もあるようである（Pugh 1998）。飼育頭数が多い場合には、飼育用の小屋を別に設ける場合もあるが、少数の場合には、住居の一室で飼育される。ジャコウネコは神経質で麝香の分泌量は飼育環境の影響を受けやすいとされるので、住居内で飼育される場合でも奥の一室があてがわれることが多い。その一室では窓は通常閉ざされ、室内には虫除けと保温のために常時火が焚かれたり炭が起こされたりする。室温を高めに保ち、風を入れない、ということは人間のより良い生活環境としても好まれている[18]。

写真5-2　屋内での飼育の様子（Pugh 1998）

餌

餌は、緩いトウモロコシ粥をベースにした食事が与えられる。地元で栽培される他の穀物（テフやモロコシ等）よりもトウモロコシが好まれるのは、より薄い色の麝香をつくると信じられているからでもある。トウモロコシ粥には、適宜バター、卵、肉類が加えられる。しかし、加えると麝香の分泌量が増えるとされるこれらの食品は、飼育者の食生活でも希少価値のあるものなので、普段は粥のみ与えられる。ただし、麝香が採取された後には、必ず肉が餌に加

表5－2　ジャコウネコに与えられる餌：推奨される量と実際に与えられている平均量

餌の材料	推奨される量	実際餌として与えられている平均量
トウモロコシ粉	250g/日	300g/日
肉	250g/日	125g/日
卵	3個/週	2個/週
バター	小匙1杯/日	2.7g/日

えられる。肉の種類は、人間の食用とされるものなら何でもよいとされ、部位に関してもとくにこだわりや禁忌はなく、内臓部分でも良いとされる[19]。一日あたりの餌の量に関して統計データは少ないが、テショメによると、飼育者がジャコウネコに与えている餌の平均値は、肉の「最適量」の不足分を穀物で補っている状況がみられる（Teshome 1987）（表5－2）。

農村部では肉を入手するためには、家畜を（購入し）屠殺する必要がある。エチオピアの農村部では、肉料理は冠婚葬祭、出産や病気の時にしか準備しないのが通例である。帝政時代には、数十匹ものジャコウネコを飼育する農家もあり、そうした農家においては、九日ごとに麝香を採取する度に牛一頭を購入・屠殺したというが、近年ではそうした光景はめったにみられない。

餌は餌箱（オロモ語でマギ、カファ語でマゴ）に入れて檻の先端の入口部分から出し入れする。餌箱は、木をくり貫いたつくりになっており、片側に取っ手が設けられ、飼育籠の端から挿入され紐で飼育籠にしっかりと固定される。

飼育環境

ジャコウネコは生来神経質で、餌のみならず、室温や音も麝香の分泌量に影響を与えるとされる（Anonis 1997:43）。また飼育環境を清潔に保つだけでなく、家庭内で諍いをおこさないことも麝香の分泌にとって不可欠な条件とされる。

また、ジャコウネコは「穢れ（オロモ語でガーディドゥ（「影」の意））」を嫌うとされ、月経中の女性や性交渉後に浄めの儀礼を行っていない男女は、ジャコウネコに近づいてはいけないとされる。[20]このようにジャコウネコの飼育空間は、物理的にも霊的にも「清浄」な状態に維持しておく必要があり、そのために、定期的に「穢れ」の除去が行われる。物理的には、定期的に掃除が行われる。ジャコウネコの飼育籠は、排泄物を地面に落下させ、蟻などの虫をよせつけないため地面の上ではなく架台（オロモ語でスィレーン）の上に置かれる。また霊的な「穢れ」の除去のために「サダカ（アラビア語で自発的喜捨の意）」と称して、定期的に飼育部屋で乳香を焚き、カートを噛みながら神に祈り（ドゥアー）を奉げる。

このようにジャコウネコは、麝香の分泌を促すことが、飼育者をして飼育環境を改善させるインセンティブとなっていることがわかる。しかも、麝香の規則的分泌は、人間の努力によってのみ実現するのではなく、超自然的な力の影響下にあることから、カートや乳香を媒介にした神への祈りが重要とされているのである。換言すると、ジャコウネコ飼育の成功は神への祈りの結果として実現するのであり、信仰と不可分の領域にあるとされる。このことは、ジャコウネコ飼育がネッガーディエ・クランに限られていることと無関係ではない。ジャコウネコ飼育がこのクランの人びとによってのみ行われているのは、単に技術の専門性と特殊性ゆえにある種の秘儀性をもって父から息子へと伝承されているからだけではない。この飼育技術は、聖者サイイド・ナスラッラーがこのクランの人々に祝福とともに与えたのであり、だからこそ飼育者は定期的に神に祈りを奉げるのである。祈りの結果として齎された神の恩寵（バラカ）は、ジャコウネコから採取される麝香の分泌量にその証しを残すと信じられている。

麝香の採取方法

ジャコウネコは「九日」ごとに麝香が採取される。採取の作業には、少なくとも二人の人間が必要となる。ジャコウネコは獰猛な動物なので、採取者の指が噛み切られないように、棒を檻の端から差込み、喰らいつかせる。次にもう一人が後ろ手に回り、尻尾をつかみ、続いて両後ろ足を掴む。そして肛門と尿道の間にある麝香嚢（オロモ語でマ

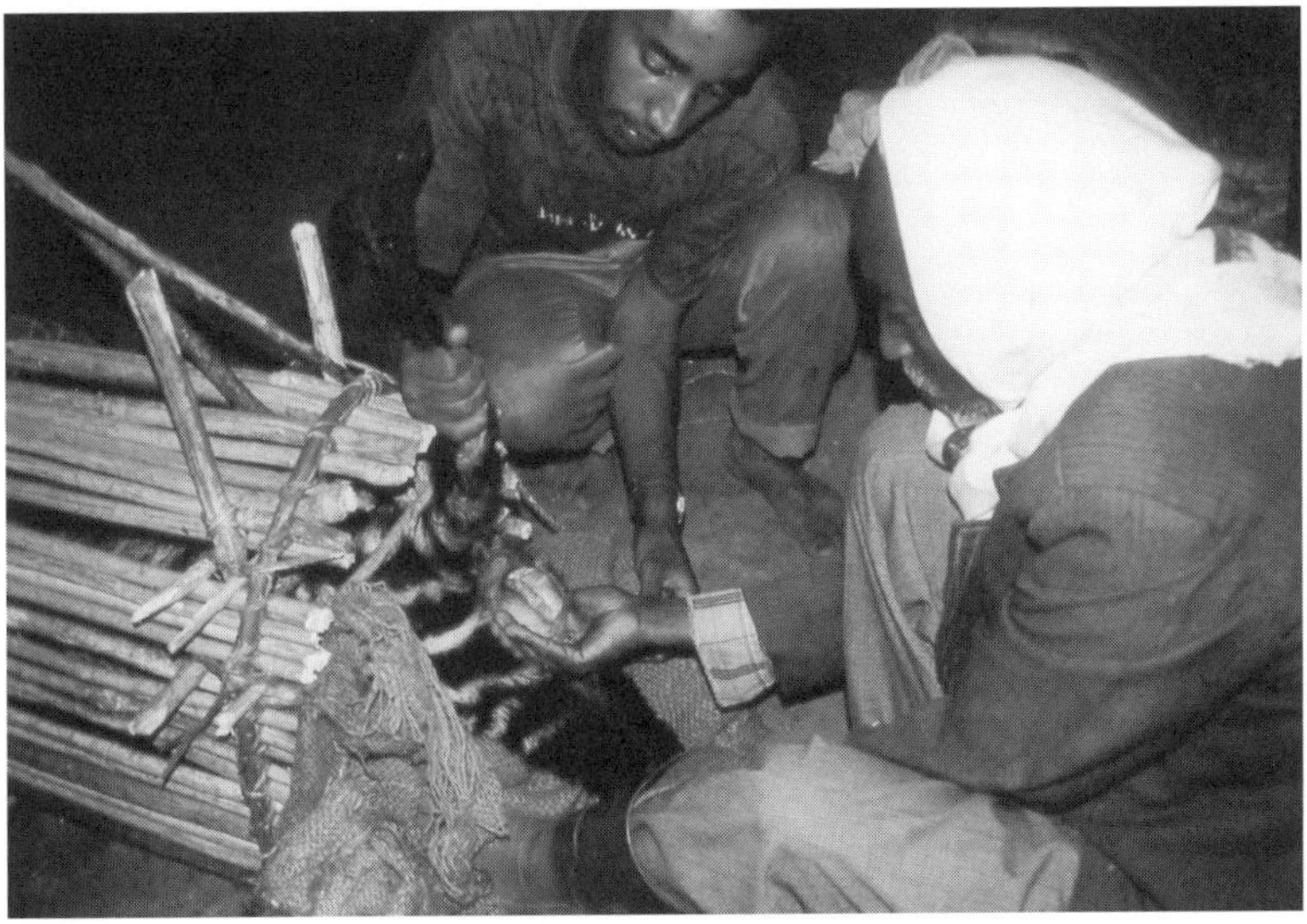
写真5-3　麝香嚢を裏返し麝香をすくいとる（Pugh 1998）

ンネ・ズバーディ、カファ語でイェーレ・ケト）の下部を指で押して裏返し、壁面部に付着している麝香を牛角製の長柄のスプーンで掬い取る（写真5-3）。麝香の分泌量は、餌の内容や飼育環境に大きく影響されるため一定ではないが、大体一匹あたり一年間に分泌する量は八〇〇グラムから一キロといわれる（Hillman 1987）[21]。麝香嚢はデリケートな部位なので、麝香を掬い終わったら、壁面部が乾燥しないように「還元軟膏（オロモ語でデービサ、カファ語でデービソ）」を塗布した上でもとの状態に戻す[22]。この軟膏の存在と生成方法については、ある種の秘儀性ゆえにこれまでの報告では殆ど言及されてこなかった。だが、この軟膏こそが、麝香の品質を決定する最大の要素である。「還元軟膏」は、先述した原麝香と蜜蝋を混ぜ合わせたものである。蜜蝋がない場合には、バターが代用される。この蜜蝋の品質と原麝香との調合度に秘儀性が含まれているようである。

採取した麝香は、牛角製の容器に密閉した状態で保管される（写真5-4）。牛角一本あたり約三〇ウォケットの麝香がはいる[23]。

写真５－４　牛角製の容器に麝香を貯めておく（Pugh 1998）

麝香の取引

麝香は、市場や商店では取引されない。麝香は、ジャコウネコ飼育方法に精通し、麝香の品質を見極めることのできる者が専門的に取引にあたる。飼育者は、通常定期的に飼育状況や生産状況をみにくる仲介商に麝香を売り、仲介商は首都アディスアベバに拠点を持つ輸出業者にそれを売り渡す。中には輸出業者が専属の麝香仲介商を雇っている場合もある。

麝香の価格は、額面上は上がっている。例えば、ある飼育者によると、一ウォケットあたりの価格は帝政崩壊直前（一九七〇年代前半）は一七ブルであったが、デルグ政権下では二七ブル、最近は三五ブルとなった。だが、各政権下での為替レートの違いや国内物価の上昇などをも鑑みると、むしろ麝香の価格は実質的には下がっている。国内には麝香の輸出を手がけている企業は七社あるが（二〇〇一年現在）、仲介商を介して一定量の麝香が集まると、品質評定のためにエチオピア品質規準評定局にサンプルを提出し、含有シベトンの量を調べてもらう。そしてシベトンの割合に応じて三段階に分類される。一級品はシベトン含有率が五〇％以上、二級品はシベトンが四〇〜五〇%、三級品は四〇%以下のものをいい、輸出が許可されるのは一級と二級品のみである。[24] 品質検査の後、麝香はプラスチック製の規格容器（五キログラム）に小分けされ、品質が変化しないようにさらに金属製の容器に入れて密閉され、その後輸出されることになる。

エチオピアで生産される麝香の九八%が輸出向けであり、国内消費量はないに等しい。最大の輸出先は世界的に香水産業の発達しているフランスが伝統的に一位を占めていた。だが、一九九八年に世界動物保護協会（WSPA）がジャコウネコ飼育を非難するレポートを公刊し、各国香水産業に対し動物性麝香の使用を停止するよう勧告する文書を回付して以来、麝香のフランス向け輸出量は減少し、二〇〇一／二〇〇二年の麝香の最大輸出相手国は韓国となった（表5-3）。

表5-3　2001/2002年の麝香の輸出相手国と総輸出量

輸出相手国	韓国	フランス	日本	イギリス
麝香輸出量（kg）	684.8	575	120	110

（エチオピア野生生物保護委員会提供の資料に拠って筆者が作成）

V　国家とジャコウネコ飼育――許可制の導入と「近代的」飼育法の開発

1　許可制の導入

エチオピアにおいて国内法の整備が進んだのは一九五〇年代以降であり、ジャコウネコ飼育の分野に行政が関与し始めたのは七〇年代以降である。一九七一／七二年にエチオピア野生生物保護局（EWCO）が設立され、七二年には同保護局に、ジャコウネコ飼育を管轄する権限が付託された。また、一九七三年にWSPAの前身にあたる国際動物保護協会（ISPA）がジャコウネコ飼育に対する批判を展開すると、それへの対応の一環として、ジャコウネコ飼育に登録制度が導入された。登録の際に、飼育頭数に応じて料金の支払いが義務付けられ、支払うと「ジャコウネコ飼育許可証」が発行される。登録料金は、飼育者の職業が商業である場合には雄一匹あたり五〇〇ブル、職業が農業である場合には、雄一匹あたり二〇〇ブル、雌の場合はその半額の支払いが義務付けられた。一旦「ジャコウネコ飼育者」として登録されると、許可証更新料として毎年一頭あたり五〜一〇ブル支払うことが義務付けられている。この許可証は、飼育者本人のみならず、飼育者から買い取る輸出業者も輸出許可を求める際にそのコピーを提示することが求められる。

この登録制度の論理的根拠は、ジャコウネコが野生動物であり、したがって国家の財産であるという考え方である。登録＝許可制の導入によって、政府は国家の財産としてのジャコウネコの捕捉・管理に対し規制を加える体制を整えると同時に、飼育から得られる利益に対し国家として相応の権利を要求したのである。

この制度の導入によってジャコウネコ飼育に関し合法的領域が創出された。だが同時に創出された「非合法」領域は、当局の監視体制の甘さと不徹底を利用して根強く残った。許可証を取得したのは、主として行政機関が集中する町に居住する飼育者に限られ、行政の目の届きにくい農村部においては、むしろ許可証を取得している方が珍しかった。したがって許可＝登録制度がジャコウネコ飼育に何らかの制限を加えることはほとんどなかった。ジャコウネコ飼育が減少したとするならば、それは規制管理の徹底のためではなく、むしろ流通部門の未整備と需要の低下による。

2 「近代的」飼育方法の開発・普及

政府は、登録＝許可制によってジャコウネコ飼育を縮減する意図があったのではない。むしろ縮減するどころか、ジャコウネコ飼育に対する批判をかわすための方途としてさらに、それまで飼育者の自主的な開発努力に委ねられていた飼育技術を「伝統的」と位置づけ、その非難の矛先を「伝統的」なやり方に差し向け、それに替わる「近代的」な飼育技術の開発に乗り出したのである。換言すると、それまで飼育者が代々創意工夫の末に編み出した飼育技術が、飼育そのものの存続のために、スケープゴートにされたのである。

すでに一九八七年、ヒルマンは何人かの飼育者を訪ねて飼育の実態について調査し、それに基づいて捕捉・飼育方法の改善点をいくつか提案している。まず、南部のアビヤタ・シャラ国定公園に「ジャコウネコ研究所」の設置を提唱した上で、捕捉・飼育施設・交配・餌・麝香採取に関し、次のような改善点を推奨している（Hillman 1987）。

① 捕捉方法：新式の罠を考案している。木枠の間に太目の針金を格子状に編んだ四角い箱型で、長さ一〇〇センチ、幅三〇センチ、高さ三〇センチの設計となっている。餌を罠の中に置き、ジャコウネコが入ったら扉が閉まる仕掛けのものである。

② 飼育施設：ジャコウネコは夜行性・単生・縄張り性の捕食動物であるため、むやみに監禁すべきでない。そこで、屋外で金網の囲いの中で飼育することを推奨する。そして日中睡眠できるように個別の巣箱を囲いの中に設置する。囲いは、一匹あたり小さくとも長さ二〇〇センチ・幅四〇〇センチの広さは必要である。

③ 交配繁殖：現在のところ、一般にジャコウネコは飼育環境下では交配しないと信じられている。確かに伝統的な飼育環境では不可能であった。そこで四〇〇センチ四方の囲いに雄一匹と雌一〜二匹を入れる。実際、フランスのアラーゴ研究所のある教授は、飼育環境下での交配は可能であると述べている。同教授によると、それは三〇〇センチ四方の囲いで実現した。

④ 餌：もともと雑食性なので、牛・羊・鶏などの肉のみならず内臓や皮、毛も与えるべきである。また、ハト、ネズミ、ウサギなども餌として有効である。

⑤ 麝香の採取：一般に動物の傷の治療や注射・タッギング等行うために用いられる「スクウィーズ・ボックス」を模して

麝香採取用の箱を製作し、ジャコウネコをこの箱に移し入れてから採取する。この箱を用いることによって、扱いが容易になり、採取作業中に怪我をする可能性を減らす。だが、この採取のプロセスに関しては更なる研究が必要である。麝香嚢の壁面部を万が一傷つけてしまった場合には化膿予防のための抗生物質の投与も必要となるであろう。

以上のように、ヒルマンはかなり具体的に飼育方法の「近代化」に向けた提言を行っている。だが、現在のところ、「研究所」の設置はおろか、上記のいずれの案についても実現・普及にいたっていない。筆者の考えでは、それはおそらく一九九一年の政変以降に続いた地方分権化の流れの中で、政策実施主体が曖昧になってしまったことと無関係ではない。

3　地方分権化と責任の分散化？

一九九一年、エチオピアで政変が起き、エチオピア人民革命民主戦線（ＥＰＲＤＦ）が政権を握った。同政権は、民主化と経済の自由化を推進するとともに、「民族自決」を尊重し民族居住地域を基準とした行政区分を導入し、九つの州に大幅な自治権を付与する連邦制を導入した。それに伴い、それまで中央政府官庁が担っていた業務の多くが州の関連部局に移管された。

ジャコウネコ飼育に関して、それまでエチオピア野生生物保護局が登録＝許可制度を管轄し、飼育方法の「近代化」に向けて調査研究を行ってきたが、地方分権化の動きの中で、こうした業務もまた州の農業開発局に移管されることになった。だが、州の限られた予算と人材の中で飼育技術の開発を推進していくことは難しく、事実上飼育方法の「近代化」への挑戦は宙吊り状態にある。オロミア州農業開発局野生動物班のジャコウネコ飼育担当官の話では、現在進行しているのは、同州西部バッコにある州管轄の農業技術普及研究所で捕捉用の罠の改良と普及の試みであるという。

現在、州農業開発局の認識としては、州内のジャコウネコ飼育は縮小傾向にある。その理由として第一にあげられたのが、世界動物保護協会（WSPA）によるジャコウネコ飼育批判である。WSPAは一九九九年一〇月、「ジャコウネコ飼育が国際絶滅危機動物保護条約（CITES）に違反しているので、二〇〇〇年一〇月末日までに香水産業は麝香利用を放棄するように」と要請する文書を回付した。担当官の主張では、そのために国際市場での麝香の需要が低下し、現在ジャコウネコ飼育に携わっている農民の多くが飼育を続行できずに放棄し始めている、という。それでは、WSPAはジャコウネコ飼育に関し、どのような問題点があると指摘しているのだろうか。

VI 世界動物保護協会（WSPA）による批判㉕

動物愛護団体の中でジャコウネコ飼育に対する批判を展開している団体は、世界動物保護協会（WSPA）である。同協会は、動物の保護や福祉に関する諸問題を扱い、とくに商業利用のために「不当」に檻のなかに動物を閉じ込めることや、商業・宗教的目的のために動物を殺すこと、などの「残酷な」動物の扱いに対して論戦をはっている。ジャコウネコ飼育に関しては、既にWSPAの前身にあたる国際動物保護協会（ISPA）が一九七三年に批判を展開し、改善点を提案している。九八年に公刊されたジャコウネコ飼育に関するレポート（写真5-5）は、七三年の提案事項の達成度を見極めることを目的として掲げている。これは同協会のアフリカ支部長のM・ピュー氏の「秘密裏」の現地調査に基づくものであり、批判点は、ジャコウネコ飼育に対する批判、麝香取引の中間搾取に対する批判、香水産業の動物性麝香の使用に対する批判、の三つに集約されている。

〈ジャコウネコ飼育に関する批判〉

①ジャコウネコ捕捉過程：捕捉した個体が雌の場合、爪を切って放す慣行があることについて、「観察していないが」と前置きしながら、爪きりが「神経終末を切断し苦痛を与え得る」と述べている（Pugh 1998: 9-10）。また「ある飼育者によると」、捕捉した個体を自宅まで運ぶ過程で「暴れて窒息死」することもある。このように「乱暴に扱い、未開な方法を使っているために多くのジャコウネコが捕捉・運搬過程で傷を負う」としている（Pugh 1998: 10-12）。

②捕捉直後の隔離（試し飼育）：捕捉直後の隔離は、それまで野生であったジャコウネコにとって大きな「ストレス」を伴い、隔離期間中の死亡率は高い。「ある飼育者」によると、「最近（飼育者が入手した）一〇〇頭の雄ジャコウネコのうち、八〇頭が飼育適性を示したが、そのうち捕捉後三週間のうちに三〇頭が死んだ」（Pugh 1998:12）。

③ジャコウネコの飼育環境：ジャコウネコが飼育される小屋の温度は、昼間は締め切ったなかで火が焚かれているため高く、夜間は、急激に下がる。そのため気温の急激な上下によってジャコウネコは低体温症になり死ぬこともある。籠に閉じ込められたジャコウネコは軍隊アリ、ヘビ、ネズミに襲われても逃げ場がなく死んでしまう場合もある（Pugh 1998:14）。また飼育籠も狭く、ジャコウネコは「一生、立ったまま汚れた木の枝の上に横たわって」過ごさなければならない。籠は「九から一五日ごとに」掃除されるだけで、しかもそれも、棒で籠の底部にこびりついた糞をこそげ落とす程度で、「水や洗剤は一切用いられない」。そのため籠周辺には蝿がたかり、「よく観察してみると蝿は産卵し蛆が発生していた」。このことから、「この飼育者にとって衛生的であることはほとんどあるいはまったく重要でないことは明らか」である（Pugh 1998:16）。

④麝香採取：ピューは、二箇所で麝香採取の様子を観察する機会を得た。その際、採取者はジャコウネコの首を棒

で籠に、一箇所では「二〇秒間」、もう一箇所では「二分一五秒間」押さえつけ、これはジャコウネコにとって「非常な苦痛」を与えるとしている。その証拠として、その間中「激しく喘いでいた」とし、その過程でできた首もとの傷を写真つきで紹介している（Pugh 1998: 19-20）。

⑤ジャコウネコの健康状態：飼育者は、ジャコウネコの死因について「嘔吐・下痢・血便・咳くしゃみ・体重の減少・食欲減退・不眠・衰弱」などを挙げているが、「エチオピアにおいて飼育下のジャコウネコが予防接種や獣医の診察を受けたことがないのは確かである」。獣医を利用したことがあるかという質問に対して、飼育者は「ジャコウネコはおろか自分の家族の医療費もままならないのに」といって笑い飛ばしたという（Pugh 1998:21）。

写真５-５　WPSAによるジャコウネコ飼育に関する報告書

〈中間搾取〉

飼育者が仲介商から受け取る麝香一キログラムあたりの代金は、一〇〇〇～一七〇〇ブル（約一四一～二四一米ドル）で、この仲介商がアディスアベバ在住の輸出商から受け取る麝香の代金はキロあたり一五〇〇～二二〇〇ブル（二〇二～三一一米ドル）になる。さらに輸出商が外国の取引相手から受け取る麝香の代金はキロあたり三一〇二～三二四三ブル（四四〇～四六〇米ドル）になるので、ここまでの中間搾取はキロあたり一五四三～二一〇二ブル（二一九～二九九米ドル）にもなる。さらに麝香一キロから生産される人気ブランドのフランス製香水（三〇ミリリットル入り〈五四米ドル〉を一万本）の総額は五四万米ドル（Pugh 1998, 22-23）にもなる。

〈麝香の利用〉

ジャコウネコ飼育の「残酷さ」にまつわる明らかな証拠と合成麝香の入手可能性にもかかわらず、香水業界は動物性麝香を使用し続けている。非公式に電話で三二社に使用状況について照会したところ、四社が使用を認め、八社は明瞭な回答を避けた（Pugh 1998: 24-25）。

以上のＷＳＰＡによる批判の仕方の特徴として、次の三点があげられる。

第一に、ジャコウネコ飼育の「残酷さ」を、ジャコウネコが味わっているであろう「苦痛」を根拠としており、その「苦痛」を（とりわけ先進諸国の）第三者に「客観的」に伝えるために、視覚イメージ（傷の拡大写真など）に訴えたり、数値的根拠（「激しく喘いでいた」時間など）に訴えたり、匿名的個人（「ある飼育者」）の発言を引用するなどの方法を用いている。

また第二に、麝香取引が、世界経済の周辺部に位置する生産者（＝ジャコウネコ飼育者）と、中央部に位置する香水産業とその消費者の間に介在する非対称的な取引の連鎖から成り立っており、その間でさまざまな人びとが利益を得ていることを示している。

そして第三に、先進国社会で享受される贅の追求が、動物性麝香を「商品」として存続させ、ひいては野生ジャコウネコの「残酷」な飼育の存続をもたらしているという関係性を明らかにしている点である。

VII　ジャコウネコ飼育は「残酷」か？

このように同報告は、ジャコウネコ飼育の「残酷さ」を例証するための「客観的」情報を提示しているが、この「客観的」情報を根拠にジャコウネコ飼育を「残酷」と評価することは、飼育者にとっては必ずしも自明の理ではない。飼育者にとってジャコウネコの「苦痛」を示す視覚的イメージや数値的証拠は、「残酷」と評するに値しないのである。このことは、「ジャコウネコを獣医に診てもらったことはあるか」というピューの問いかけに対し飼育者が示した反応にも現れている。

また野生動物の監禁が必然的にストレスを伴うものだとする「動物園」反対論者の議論も、飼育者にとって「残酷さ」を裏付ける議論とはなりえない。というのも、ジャコウネコは他の野生動物と異なり、「本来」人間と相互依存関係をもっていた動物なのであり、また「試し飼育」を経たジャコウネコは家畜に分類されるからであり、家畜がもたらす富を常用するのは飼育者としては当然の権利とみなされるからである。以上のことから、ジャコウネコ飼育を「残酷」と評価・批判することは、飼育者にとっては痛くも痒くもない議論ということになる。結局「残酷」という評価は、動物愛護という「常識」が通じる先進国の世界でしか通じない論理であり、やはり先進国に住む利用者・消費者に向けたメッセージということになる。それでは、このようなメッセージが配信される「ネット空間」を生産・消費している先進国の世界の論理と、そこで批判対象となっている飼育者の世界の論理は、どこまでもかみ合わない歯車のように並列しているのだろうか。

この一見かみ合わない歯車をつなぎ合わせているリンケージが、麝香を商品として成り立たせている世界経済の仕組みであり、これは価値の差異の連鎖から成り立っている。麝香が商品として成り立っているのは、価値の差異の連鎖が存在するからである。その価値の差異は、行為者（飼育者・仲介商・輸出商・香水業界）が文化的・経済的「距離」によって相互に隔てられた空間に生きていることによって成り立っており、その「距離」の狭間で多くの人びとが受益者となっているのである。もっとも、近年飼育者の側からこの「距離」を縮めようとする動きが見られる。飼育者が仲介商に対して麝香を低価格で売っていたのは、ジンマ市や首都など大都市に出かける程の財力がないからである。飼育者の中には、少数ながらコーヒーの売買などで財を蓄えたものもおり、彼らの中には車を購入して仲介商を介さず自ら首都に赴いて輸出商に麝香を売りつけているものもいる。これは飼育者と輸出商の間の「距離」を縮めようとする努力である。

だがこのような動きはみられるにせよ、ジャコウネコ飼育は、シャネル5番などの有名ブランドの香水が麝香を原料として用いる限り、またジャコウネコ飼育が神に祝福された実践とみなされている限り、存続しつづけるであろう。ここで重要なことは、ジャコウネコを「資源」とみなしている主体が、直接的には飼育者であるが、間接的には香水業界であり香水を購買する消費者であるという点である。つまりジャコウネコがもたらす麝香のような生態資源の商品化をもたらしているのは、現地に住む人々だけではなく、私達消費者でもあるということである。動物愛護団体がジャコウネコ飼育者だけではなく香水業界を非難の対象とするのも、麝香の商品化の主体に対して意識的であるからである。

だが、この結論は必ずしも動物愛護団体によるジャコウネコ飼育に対する非難が飼育状況に変化をもたらす程の影響力をもたないことを意味するものではない。むしろ逆に、その非難はエチオピア政府に対して、それまでほとんど関知されてこなかったジャコウネコ飼育への行政介入を促す圧力要因となった。登録＝許可制が導入されたことは、ジャコウネコ飼育や麝香取引に合法／非合法の境域を作り出したのである。また飼育者の側としても、数百年の歴史をもつジャコウネコ飼育が、近年とみに動物愛護団体や国家の注視のもとに置かれるようになってきたという認識をもち始めてきており、なかにはそのような流れについていけなかったものもいる。筆者の知り合いの飼育者の何人かは、麝香の価格と需要の低下のために飼育を放棄してしまった。だが、彼らはあっけらかんとして言う。「値段が上がれば、また森に行って捕まえればいいだけのことさ」、と。また取り締まりを回避するための対応策を講じ始めるものも出てきている。筆者がインタビューした飼育者のなかには、行政の手の届きにくい森の奥地にわざわざ居を移したものや、仲介商の網の目のなかに隠れ「未登録／非合法」のままに飼育を続けるものもいた。

そこには周縁に生きるものが、周縁性を利器に転用する力強さを感得できる。国際経済の周縁に生きる者は、国際市場の価格変動や動物愛護など強者の論理の荒波にもまれながら脆弱なものは多くが力尽きて果てる。だが、その過程でさまざまな創意工夫が生まれてくるのであり、それこそが「伝統」として後世に伝えられてきたものであるし、今後も「伝統」として存続しつづけるものであろうと思う。

註

(1) 麝香は、媚薬としてだけではなく、中国では漢方薬の原料として、また一〇世紀アラブでは麝香の蒸留液は腫瘍、癲癇、リューマチ、心臓疾患などの治療薬に用いられていた（高橋 1988 : Anonis 1997:47)。

(2) ただし、広葉樹林といっても、一九世紀末に薪材利用のためにエチオピア高地部に導入されたユーカリ林には、ジャコウネコは生息しないとされる。また、現在では広葉樹林は主としてエチオピア西南部の高地部のみにみられるが、かつては北部高地部にも広葉・針葉樹林が分布していたとされる（Last 1965: 150)。

(3) 一九九〇年代前半に行われた調査によると、全国二一五人のジャコウネコ飼育者のうち二〇三人（九四・四％）がオロミア州、一二人（五・六％）が南部諸民族州に居住していた。また飼育頭数の州別内訳では、全飼育頭数三二三四頭のうちオロミア州は三〇三七頭（九三・九％）、南部諸民族州は一九七頭（六・一％）となっている（Fasil 1995）。

（4）ただし、（合法の）飼育者数は確実に減少している。ジンマ地方の飼育者数については、一九九五年には五五人であったが（Fasil 1995）、二〇〇一年の時点では一五人に減っていた（ジンマ地方農業開発局野生動物課の情報による）。減少は、単に登録の年次更新の遅滞によるものだけではなく、麝香需要の低下やコーヒー価格の低下に伴う景気低迷の煽りを受けて飼育を放棄するケースが増えたことも大きく影響しているようである。

（5）エチオピアでは、歴史的に「カファ（Kafa）」と呼ばれていた地域がアラビカ種コーヒーの原産地で、この地名はコーヒー（coffee）の語源ともなったとされている。

（6）オロモは、非オロモ諸民族を「オロモ化」する柔軟な政治・社会システムを備えており、そのようなシステムを備えていたからこそ今日エチオピア総人口の四割を占めるまでに拡大したのである（Mohammed 1990; Baxter et al. 1996）。したがって、「純粋な血縁」に基づく系譜に基づいてオロモである／ないを決定するならば、オロモ人口はその数分の一になる。従って、日常的には「オロモ」とは、オロモ語を話し解する者、と広義に用いられるが、政治的言説では「オロモ」は狭義に、すなわち系譜関係に基づいた定義に沿って用いられる。政治的言説を用いるならば「Näggāde」は、北部のアムハラ語圏から移住してきたので「オロモではない」ということになるのである。

（7）サイイド・ナスラッラーは、エジプトのザカズィク市の生まれでヒジュラ暦七二〇年（西暦一三二〇年）頃にエチオピアにやってきたとされている（二〇〇四年一月、Haji Abba Tamam Shaykh Usman（六六歳）と Haji Siraj Abba Godu（七二歳）へのインタビュー）。墓廟は、ジンマ地方リンム・サカ地区のチョラ・クッバ村と同地方リンム・コサ地区のナスリ村の二箇所にある。

（8）パジェラによる L'allevamento dello Zibetto nel Galla e Sidama（Firenze: Istituto Agricolo Coloniale Italiano, 1938）は、一九六一年にエチオピア・米合同の水資源協力プログラムの一環として行われた「青ナイル流域調査」に参加した二人の農学者により英訳され、同調査に関する非公式のワーキング・ペーパーとしてアディスアベバ大学エチオピア研究所図書館に所蔵されている。

マリア・テレージア・ドル（MTドルと略す）は、一九世紀初頭から一九四五年までエチオピアにおいて主要な交換媒体として流通した（Pankhurst 1968: 468-73; Belai 1987:44）。ただしパジェラ調査時のMTドルの貨幣価値については、イタリア植民地統治下にあったこともあり、明らかではない。あえて比較するならば、一八九九／一九〇〇年にエチオピア西南部から運ばれてアディスアベバで売られたコーヒーの価格をもとに計算すると（Pankhurst 1968: 394, 400）、ジャコウネコ一匹の値段（一二～二〇MTドル）は、一〇二～一七〇キログラム分のコーヒーに相当する。

（9）Muhammad Abba Jobir（四一歳）とのインタビュー（二〇〇一年九月）。同氏はNäggādo のNasri サブクラン（Sayid

Nasrallah の子孫）に属し、南部諸民族州カファ地方チャンナ地区ヤッガ町に在住する。同氏の記憶する限りでは、曾祖父 Asgaari Muhammad がエチオピア北東部のイファートからエチオピア西部のチョラ・クンバベに移住してきた。その息子にあたる、同氏の祖父 Abba Garo がジャコウネコ飼育を始めた。その後、祖父はジャコウネコが数多く生息するカファ地方のボンガ町に移住し、さらにイタリア統治下の一九三八年頃に父 Abba Jobir は Näggādo が大勢住んでいるヤッガ町に移住した。

（10）Shaykh Hassan Abbaa Bulgu（五六歳）とのインタビュー（二〇〇一年九月、二〇〇二年九月）。同氏は Näggādo の Geemni クランに属し、オロミア州イルバボール地方スィギモ地区ナオ村に在住する。同氏の記憶では、曾祖父 Muhammad Aman の頃、現在の南部諸民族州に交易に従事しながら農地を獲得して移り住み、ジャコウネコの飼育を始めた。その後祖父 Abba Wari はオロミア州西部のイルバボール地方に移住し、それ以来父、自分とジャコウネコ飼育に従事している。だが、二〇〇二年九月、筆者が同氏をナオ村に訪ねた時、彼は採算がとれる見込みがないという理由で飼育を放棄していた。

（11）Abba Digga Abba Billo（年齢不詳）とのインタビュー（二〇〇一年八月）。同氏は、Haji　Abba Milki（Arero クラン）のもとでジャコウネコ飼育の手伝いをしていた。主人 Haji Abba Milki の死後、主に野生ジャコウネコを捕捉して飼育者に売ることを専門とする。

（12）Muhammad Abba Jobir（註9）とのインタビューによる。

（13）爪を切る場所は、インフォーマントによって異なる。註9の Muhammad Abba Jobir の場合、後足の一方の足の中三本の指の爪を切る、という。雌ジャコウネコの爪を切って放す慣習についてはヒルマンも報告している（Hillman 1987:7）。

（14）Abba　Digga（註11）、Shaykh Hassan（註10）とのインタビューによる。

（15）Muhammad　Abba　Jobir（註9）の場合、捕捉者にはジャコウネコ一匹と引換えに約五〇ブルを支払う、という（約六米ドル）。その代金は、ジャコウネコの価値を表現しているというよりも、ジャコウネコの入手の吉報代（ミスラッチョ）（二、三ブル）、捕捉者の手間賃（二〇～三〇ブル）、引き渡しまでの期間に与えた餌代、さらにその「代償」として鶏一羽、これらの合計金額である。また、Abba　Digga（註11）の場合は、捕捉したジャコウネコは一匹あたり一五〇ブルで売っているということである。また、ウォレガ郡での調査を行ったテショメ氏の報告によると、ネケムテ市では九〇～一二〇ブル、ギンビ市では五〇～八〇ブル、ケレム地方では四〇～六〇ブルであった（Teshome 1987:9）。またヒルマンによると、この代金が捕捉者に支払われるのは、ジャコウネコが飼育に耐えられる体力があることが確認された頃、すなわち引き渡しの二ヵ月後である（Hillman 1987:7）。

（16）だが、筆者がインタビューを行った範囲でいうと、オロモ社会では「原麝香」の方が「熟麝香」より高価とみなされていたが、カファ社会においては「熟麝香」の方が食糧を与えたなど手間代が加わったとして「原麝香」より高価であるとみなされていた（註

9のMuhammad Abba Jobir）。また、中には「原麝香」に高値をつけて個体と一緒に引き渡す慣例を重視しないShaykh Hassan（註10）の例などもある。ちなみに「熟麝香」のダガーガという言葉は「（子供・角・木等が）成長した」ことを意味する（Tilahun 1989: 138）。

（17）麝香採取は「九日（salgi は sagal（九）に由来する）」目に行われると言われるが、実際の採取は七～一二日ごとに行われる。オロモの諸慣行において数字の「九」は特別な意味と価値をもっている。

（18）エチオピア高地部に住む諸民族は共通して、「冷たさ、寒さ」は嫌がられ、「風」は呼吸器系の病気や頭痛の主因とみなされている。反対に「温かさ、熱さ」は喜悦をもたらし、さまざまな身体的機能が活性化される原因と考えられている。

（19）地域あるいは個人によって、与える餌の内容には微妙な差異がみられる。ヤギ肉は与えないとする者もいれば、脂身の部分は「麝香を溶かす」ので控えるとする者、やせた牛の肉が餌に適しているとする者、鶏肉は餌として適さないとする者、などがいた。

（20）オロモ語のガッディドゥは「影」の意であるが、これは儀礼的に「穢れた」状態にある人間が病人や農産物の収穫に悪影響を及ぼすとする考え方に由来する（Tilahun 1989: 235）。

（21）近年は、餌代もかさむことから分泌量も減り、そのため飼育者の中には「水増し」するためにワセリン、バナナ、バターなどを加える者が出てきて、品質の低下が問題となっている（Teshome 1987）。

（22）デービサとは、オロモ語で「戻すもの」を意味する。これまでジャコウネコ飼育に関して書かれた報告書や論文、文献の中で還元軟膏についてはほとんど言及がなく、唯一例外的にヒルマンが「麝香採取後に『古いマスク（musk）』を塗る」と述べているにすぎない（Hillman 1987）。

（23）ウォケット（wäqet）は金と麝香を計る単位で、一ウォケットは約二八グラムに相当する。

（24）エチオピア品質規準評定局のEshetu氏によると、麝香が同局で検査が開始されたのは一九九〇年以降であり、それ以前までは保健省パスツール研究所で品質検査行われていた。

（25）ＷＳＰＡとは、一九五三年に設立された世界動物保護連盟（ＷＦＰＡ）と一九五九年に設立された国際動物保護協会（ＩＳＰＡ）が合体して成立したもので、現在の組織が構築されたのは一九八一年である。ＷＳＰＡは、設立当初は英国と米国を拠点に活動を展開していたが、現在は世界中一三箇所に事務所を置き、四〇万人の支援者を抱え、世界最大規模の動物保護に関する専門家のネットワークをもつ。ＷＳＰＡの設立や機構の活動内容に関しては、ＷＳＰＡホームページ（http://www.wspa-international.org）に詳しい。またＷＳＰＡのジャコウネコ飼育に対する批判は、このホームページに掲載されたキャンペーン文（http://www.wspa-international.org/campaigns/civets/civet01.html）とＷＳＰＡ作成の調査レポート（Pugh 1998）に基づく。

●第3部　変化する森と人びとの持続戦略

第6章

社会空間としての「コーヒーの森」

ゴンマ地方における植林地の拡大過程から

松村圭一郎

I 「森林破壊」の語られ方

森林破壊の危機が叫ばれてひさしい。とりわけ人口が急増しているアフリカでは、畑をつくるために森が焼かれたり、薪や木材をえるために樹木が伐採されて、一九九〇年代には森林の破壊が世界でもっとも急速に進行したといわれている。エチオピアでも、近年、「森林破壊」が大きな社会問題とされるようになってきた。しかし、この森林の減少は、エチオピア全土で同じように起きているわけではない。筆者が調査を行ってきたコーヒー栽培地帯では、むしろ森が増えている。もちろん、植林プロジェクトなどが行われたからではない。それではなぜ、商品作物を栽培するような地域で森が増えたのだろうか。そして、どのようにしてその環境が利用・維持されているのか。本章では、農民たちのローカルな論理から、その生存戦略をさぐっていくことにする。

表6-1　FAOが1997年に発表した森林面積の推移（1990―95）

	1990年（'000ha）	1995年（'000ha）	（森林の割合）	年間変化率（%）
アフリカ	538 978	520 237	(17.7%)	−0.7
エチオピア	13 891	13 579	(13.6%)	−0.5
アジア	517 505	503 001	(16.4%)	−0.6
オセアニア	91 149	90 695	(10.7%)	−0.1
ヨーロッパ	930 732	933 326	(41.3%)	0
北中米	537 898	536 529	(25.5%)	−0.1
南米	894 466	870 594	(49.7%)	−0.5
総計	3 510 728	3 454 382	(26.6%)	−0.3

出典：FAO（1997）とFAO（1999）より作成．FAO（1999）のデータはFAO（1997）にもとづいているが，FAO（2001）と同じ地域区分に改変されている．

アフリカの深刻な森林破壊については、さまざまな場でとりあげられてきた。とくに、開発プロジェクトや環境保護政策のなかでは、もっとも重要な課題のひとつとなっている。本論に入るまえに、エチオピアを中心にアフリカでいかに「森林破壊」が語られてきたのか、それがどのように開発政策などに結びついてきたのかを、ふりかえっておきたい。まず、森林破壊を語るときにきまってもちだされる「数値」に注目してみよう。

ＦＡＯが一九九七年に発表したデータによれば、九〇年から九五年までにアフリカ全体で一八七〇万ヘクタールもの森林が消失したという（表6-1）。こうした森林の減少は、保水能力の低下や土壌流出といった環境の劣化を引き起こし、砂漠化や農地荒廃などの要因のひとつと考えられてきた（FAO 1997）。ところが、このＦＡＯが九七年に発表した数値を二〇〇一年のデータと比較してみると、アフリカでは九五年に一七・七％を占めていた森林面積が、二〇〇〇年には二一・八％になり、世界的にみても二六・六％から二九・六％へと増加に転じている（表6-1・表6-2）。はたして森林の破壊がとまり、森が回復しはじめているのだろうか。ここにはひとつのからくりが潜んでいる。

ＦＡＯが一九九七年に出した九〇年時点の世界の森林面積は、三五億一〇七三万ヘクタールとされていた（表6-1）。しかし、二〇〇一年に発表

表6-2　FAOが2001年に発表した森林面積の推移（1990―2000）

	1990年（'000ha）	2000年（'000ha）	（森林の割合）	年間変化率（%）
アフリカ	702 502	649 866	（21.8%）	－0.8
エチオピア	4 996	4 593	（4.2%）	－0.5
アジア	551 448	547 793	（17.8%）	－0.1
オセアニア	201 271	197 623	（23.3%）	－0.2
ヨーロッパ	1 030 475	1 039 251	（46.0%）	0.1
北中米	555 002	549 304	（25.7%）	－0.1
南米	922 731	885 618	（50.5%）	－0.4
総計	3 963 429	3 869 455	（29.6%）	－0.2

出典：FAO（2001）より作成

された同じ九〇年時点の森林面積は、この数値を大きく上回る三九億六三四三万ヘクタールとなっている（表6-2）。これは、FAOが二〇〇〇年に行った森林面積の算定作業、〈The Global Forest Resources Assessment 2000〉において、森林データの集計方法が改められたためである。FAOによると、このあらたな算定では、「はじめてすべての国の森林に対して共通の定義が採用された」という（FAO 2001:36）。これは裏を返せば、これまで森林の定義さえも統一されないまま、さまざまなデータが集計されてきたことを意味する。

発展途上国のなかには、生態環境を把握するための統計が未整備であったり、不正確であったりするところも少なくない。たとえばエチオピアの数値をみると、同じ一九九〇年の森林面積に三倍近くもの違いがでている（表6-1・6-2）。世界中の森林面積を正確に把握することは、いまだに容易な作業ではない。この二〇〇〇年のあらたな算定によると、九〇年から二〇〇〇年までに世界中で失われた森林面積の年間減少率は〇・二%とされている。算定方法を変更したことによって九〇年の世界の森林面積が一三%あまりも上乗せされたことが、どれほど大きな差であるのかがわかる。森林などの生態環境を地球規模で正確に把握する科学的手法はいまだ確立されているとはいえない。「世界は深刻な森林破壊に見舞われている」。

このほとんど常識と化したフレーズにも、不確かさがつきまとっている。[1]

　ところが、こうした国際機関が算出するデータは、きわめて大きな影響を及ぼしてきた。過去に出されたさまざまな数値が、国際機関の文書にかぎらず、学術的な文献や実際の開発政策のなかでもひとり歩きしている。それはエチオピアも例外ではない。いまなお不確かな数値にもとづいた森林破壊の言説がさまざまな場面で流布されている。たとえば、「かつてエチオピアの国土の四〇％は森に覆われていた」ということがよくいわれる。ひとつ例をあげると、世界的な森林保護ＮＧＯのネットワークである世界熱帯林保護運動（ＷＲＭ）の資料には、次のような記述がある。「国連の調べによると、過去四〇年間でエチオピアのほとんどすべての森林は破壊されてきた。樹木に覆われた土地は、二〇世紀はじめに四〇％、一九五〇年代はじめに一六％、それが現在では三％にも満たない」（WRM 2002）。ところが、このさまざまな場でもちだされる四〇％という数字の由来を検証したマッキャンは、それが降水量だけにもとづいた潜在的な森林被覆の仮定値にすぎず、旅行記などの歴史資料から考えると二〇世紀初頭にエチオピアが広大な森に覆われていたという説はかなり疑わしいと指摘している（McCann 1999）[2]。

　いずれにしても、こうした急速な森林破壊の言説は、「最貧国」エチオピアの開発のあらゆる場面で繰り返され、ある種の「説得力」をもってきた。とくに、たび重なる飢饉に襲われたエチオピア北部では、農地における樹木の減少とそれにともなう表層土の流出が食糧不足の大きな要因とされ、はやくは一九七〇年代半ばから政府や援助国、世界食糧計画（ＷＦＰ）などが主導するさまざまな環境回復のためのプロジェクトが実施されてきた（Yeraswork 2000）。そして八五年に北部で大規模な飢饉が起こると、農民に植林などの作業をさせる代償として食糧を給付する<Food For Work>の手法を用いた大規模な植林や土壌保護のプロジェクトがいくつも立ちあげられた[3]。

　しかし、このアフリカ最大といわれた植林プロジェクトは、そのほとんどが失敗に終わっている（Hoben 1996）。

たとえばスウェーデンの赤十字などが支援した「一〇〇万本の木」植林プロジェクトは、NGOによる大規模な住民参加型プロジェクトとして注目を集めた。ところがその数千ヘクタールもの植林地は、わずか二年の間で完全に伐りつくされてしまった[④]。「ある場所では、農民たちは木を伐り倒しただけでなく、根こそぎ掘り起こした。植林は完全に伐採された。今日、木は一本たりとも残っていない」(Yeraswork 2000:74)。エチオピア北部では、一九八五年から五年あまりの間で三〇万ヘクタールにもおよぶ植林が行われた。そしてその多くが、住民たち自身の手によって破壊されてしまったのである(Hoben 1996:186)。

エチオピア高地の多くの場所で土壌流出が深刻な問題であることは間違いない。また植林によってそれを防ぐことができるのも確かだ。そのままにしておけばよい、という無責任なことを主張するつもりはない。しかし、森林破壊の言説にしても、それにもとづいた植林プロジェクトにしても、そこには何かが欠けている。それは、樹木がその社会のなかで担っている意味の多元性という視点である。ひとことで「木」と言っても、その土地の利用形態によって、あるいはそれぞれの社会や時代によって、異なった意味が付与されている。森林の面積や植林の本数が「成果」として称揚される一方で、その樹木が人びとの生活においてどのように意味づけされているのか、ということに目が向けられることは少なかった。そうしたものを無視した植林プロジェクトが失敗することは、なかば当然なのかもしれない。

本章では、このようなローカルな場での論理を、ひとつの農村部の事例からすくいだしていきたいと考えている。エチオピアの西南部には、畑や放牧地などの農地にまじって小規模な森が点在する地域がある。エチオピアでもっとも重要な換金作物であるコーヒーの栽培地帯である。日本でも「モカ」という名で親しまれているコーヒー・アラビカ(*Coffea arabica*)の原産地とされる場所のひとつだ。この地域の人口密度はきわめて高く、土地の不足は大きな社会問題となっている。しかし、人びとはむやみに森の木を伐ろうとはしない。人口が急増したにもかかわらず、この数十年間で、農民たちが植えつづけた森はむしろ拡大する傾向にある。いったいどのように木が植えられてきたのか、そしていかに樹木が人びとの生活のなかで利用され維持されているのか。その過程を検証していくことで、植林された森の社会空間としての姿を浮き彫りにしていきたい。

II　ゴンマ地方北部の人と自然

1　コーヒー栽培農村の景観と概況

首都のアディスアベバから南西に三四〇キロメートルほど離れたジンマへの道を車で走ると、車窓から見える景色がしだいに変化していく。しばらくは高度二〇〇〇メートル台のエチオピア高原の広大な穀倉地帯がつづく。乾季になるとそこは金色に輝くテフ畑となる。ギベ川を越えるあたりから起伏の激しい地形となり、山の斜面にはトウモロコシの畑やエチオピア固有のエンセーテに囲まれた集落がひろがる。そして、ジンマの街へとつながる下り坂にさしかかったところで、道は急にうす暗い林の中へと吸い込まれていく。目を凝らして木々の間を見ると、そこには光沢のある葉を茂らせたコーヒーの木が立ち並んでいる。

ジンマは、エチオピアのなかでも古くからコーヒー栽培やその交易の中心地であった場所として名高い。このジンマから北西に四五キロメートルほど離れたところにアガロという町がある。アガロは人口三万人ほどの小都市で、ゴンマ地区（wäräda）の役場などがおかれている。このあたり一帯は、なだらかな丘陵地がつづいており、その斜面にはコーヒーが植えられた森がひろがっている（写真6-1）。年間に一三〇〇ミリから一六〇〇ミリほどの降水量が

写真6-1　ゴンマ地方北部に広がるコーヒーの森

あり、エチオピアでも有数の緑豊かな地域でもある。調査地として選んだのは、このゴンマ地方の北部で、標高が一四〇〇メートルから一六〇〇メートルほどの場所にあるコンバ村周辺である。

一九九四年のセンサスによると、コンバ村の人口は四五一世帯・一九八七人（男一〇一一人・女九七六人）とされている（CSA 1996:87）。これをもとに算出した村の人口密度は一平方キロメートルあたり二九三人となり、農村部としては、きわめて高い。民族的には、エチオピア最大の民族集団で、南部を中心にひろく居住するオロモの地域にあたる。ちなみに、この地域に居住するオロモの多くがムスリムである。また七六年ごろ、近くに国営コーヒー農園が建設されて移民が急増したこともあって、調査村では他民族の割合が比較的大きい。コンバ村には大小あわせて一二あまりの集落がある。このうち二〇〇二年に世帯調査を行った一〇集落（四〇四世帯・一六五〇人）における世帯主の民族構成は、オロモ（他地域から移住してきたオロモを含む）が六一・四％、つづいてアムハラが一八・〇％、「クッロ」が八・〇％となっていた。

写真6-2　村の景観（丘陵地のトウモロコシ畑と点在するコーヒー林）

アムハラは、北部高地のキリスト教王朝の歴史をもつ人びとで、長い間エチオピアの支配的民族であった。「クッロ」とは、南部オモ川北岸に居住するダウロやコンタという小規模な民族集団のことを指す呼称で、おもにコーヒーの出稼ぎ民として流入してきた人びとのことである。

2　村の空間構成と土地利用形態

コンバ村の北方一〇キロメートルあまりのところを青ナイルにそそぐディデッサ川が東西に流れており、この川に向かって南から北へと無数の小さな川が流れこんでいる。この小さな川にそって低湿地と丘陵地が交互に帯状にのびて、調査地域の景観をかたちづくっている。このうち低湿地がバッケエ（bakkee）といわれ、おもに放牧地としてつかわれてきた。またバッケエから五〇～六〇メートルほどの高度差のある小高い丘陵地のことをタッバ（tabba）といい、畑や居住地として利用されている（写真6-2）。この地域の土地利用のあり方には、このバッケエとタッバとで大きな違いがあり、これらがふたつの特徴的な空間を構成している。雨季の激しい雨のあとには浸水してしまうバッケエが、集落の共同放牧地として誰もが利用できる空間であるのに対し、タッバの土地は基本的に境界で区切られた個人の土地として利用されている。

農民のほとんどがコーヒー栽培に生計を依存しており、同時にトウモロコシ栽培を行うことで自給用の食糧を確保している。乾季のあいだにコーヒーの採取を行い、乾季の終りから雨季の終りまではトウモロコシの栽培に従事する。これが農民たちの一般的な生活サイクルとなっている。ふつうは、コーヒーの摘みとり時期（九月から二月のうちの二、三ヶ月ほど）に現金収入をえて、次のトウモロコシの収穫期（一〇月から一一月）までなんとかしのぐことになる。

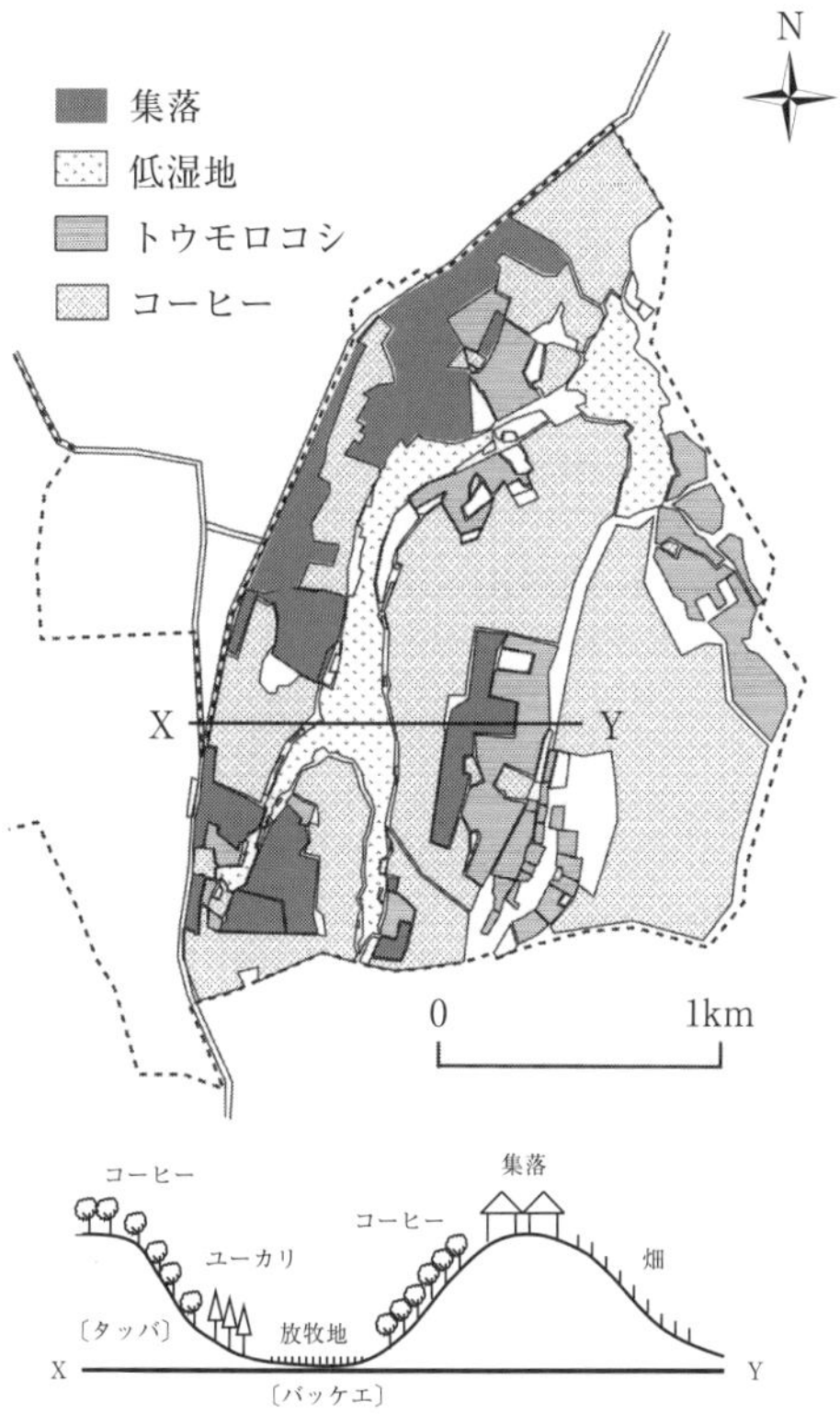

図6-1　コンバ村の「農民の土地」における土地利用図

GPS測量を用いて作成した村の土地利用図をみると、丘陵地タッバに集落やコーヒー林がひろがり、そこから低湿地バッケエとの境界部分にかけてトウモロコシ畑がつくられているのがわかる（図6-1）。低湿地とその周辺部には、早播きのトウモロコシが栽培され、雨季のもっとも困窮する時期（五月から九月）の貴重な食糧を提供している。ほかにもモロコシが一部の畑で栽培されている。

屋敷地内ではタロイモや多年生キャベツ、ササゲ、エンセーテなど副食となる栽培植物のほか、オレンジ、バナナ、パパイヤ、マンゴといった果樹が小規模に栽培されている。コーヒーにつぐ現金収入源となっているのは、チャット（カート）といわれる覚醒作用のある植物で、柵に囲まれた屋敷地内で栽培されることが多い。人びとはやわらかい葉だけをちぎって口の中に入れ、長時間にわたって噛みつづける。チャットは現金で売買される商品作物であるだけでなく、とくにムスリムにとって、お祈りや農作業といった日常生活のなかで欠かせないものとなっている。

また村の土地は、中央を南北に走る道を境にして大きくふたつにわけて認識されている。道の西は「森の土地」、道の東は「農民の土地」といわれる。これは、道の西側が森に覆われていたのに対し、道の東は農民たちの畑がひろがっていたことに由来する。かつて「森の土地」は、「コンバ Qomba」と呼ばれていた。花が摘みとられるときなどにつかわれる擬態語をこの地域のオロモ語で qamba という。森の土地では、かつてマラリアや黄熱病といった感染症が蔓延したことがある。「その人の名前を呼んだときには、もう死んでいる」というくらい次つぎと人が死んでいくさまは、まさに花をひとつひとつ摘みとっていくかのような状態だったという。現在、村の名前ともなっているコンバという地名には、こうした凄惨な歴史の記憶が織り込まれている。一方、「農民の土地」は「ロカ loka」と呼ばれていた。これは「ひらけた土地」といった意味合いの言葉で、道の東側が居住地や畑として農民たちの生活空間だったことを示している。現在、ロカとはこの村にあるひとつの集落の名前として残っている。

III　コーヒー栽培をめぐる歴史と森林域の変化

ゴンマ地方では、一八世紀半ばから栄えたオロモのゴンマ王国時代には、すでにコーヒー栽培が行われていた。ゴンマ王国の四代目の国王アッバ・レブ（在位一八三〇～五六）が、はじめてコーヒー栽培をひろめたといわれている（Guluma 1984:108-110）。ただし、一九世紀前半まではほとんどが野生のコーヒーを採取していたに過ぎず、この地域を訪れていたキャラバン商人たちもコーヒーを買い付けることはなかった。それが一九世紀後半になると、しだいにコーヒーの価値が高まり、有力者のなかには大きなコーヒー林を所有する者もではじめた。

　コンバ村の周辺でコーヒー栽培が本格的にはじまるのは、二〇世紀に入ってからである。とくに一九五〇年代から六〇年代にかけて、農民たちはさかんにコーヒーの苗木を植えはじめた[5]。当時の行政官がコーヒー栽培を奨励したこともあり、それまで畑だった土地にコーヒー林がひろがりはじめたといわれている。それは、北部の支配的な民族であったアムハラの大地主が「森の土地」でコーヒーの個人プランテーションをつくりはじめた時期とほぼ重なる（松村 2002）。農民たちは、プランテーションの集約的なコーヒー栽培を横目で見ながら、自分たちの土地にもカネになるコーヒーを増やしていった。

　コーヒーの苗を植えていくとき、農民たちは直射日光をさえぎるための木をいっしょに植える。この木のことを「日陰をつくるための木」という意味で「庇陰樹《ひいんじゅ》」という。庇陰樹には、コーヒーを気候の急激な変動や過度の乾燥と降雨からまもり、安定した生産量を保つ役割がある（Demel 1999）。農民たちは、早くからそのことを認識していた。そのためコーヒーが栽培されている場所には、きまって樹高が五、六メートルから一五メートルほどの庇陰樹の森が生い茂っている（写真6-3）。ここでは、このコーヒーの木と庇陰樹からなる林を「コーヒーの森」と呼ぶことにする。コーヒーは日の光に直接さらされると、葉を黄色くして、とたんに実りが悪くなる。このことが、「コーヒーの森」の木がむやみに伐られることを防いでいる理由のひとつでもある。

　ここでは、まず一九五七年と七四年に撮影された二時期の空中写真を比較して、じっさいにどれほど森が増えたの

写真6-3　直射日光を遮るための庇陰樹（国営農園のコーヒー林）

か検証してみたい[6]。七四年、それまでのハイレ＝セラシエの帝政が崩壊し、デルグによる社会主義政権が成立した。村では、このデルグ政権が樹立されるころには、すでにコーヒー栽培がひろく行われていたようだ。空中写真からコンバ村の領域だけを取り出し、森林のひろがっている場所を目視判読によって抽出したものが、図6-2aと図6-2bである。これらを比較すると、とくに「農民の土地」といわれる東側の部分において、もともと畑だった土地が樹木に覆われるようになってきたのがわかる。聞き取りでは、はやくは四〇年代ごろからコーヒーのための植林がはじめられていたようだ。一方、「森の土地」といわれる西側の領域でも、ある部分では森の増加がみられる。聞き取りの情報を総合すると、五七年の時点では、「森の土地」にひろがる森のなかには、ほとんど利用されていない場所も多かった。しかし七四年の時点では、そうした森の木が間伐され、そのなかにコーヒーが植えられはじめていたと推測される。

一九七四年に樹立されたデルグ政権は、すべての土地を国有化し、大地主から土地を没収して土地のない農民に再分配した。さらに、「森の土地」にあった複数の個人プランテーションや大地主のコーヒー林をすべて没収して、そこにコーヒーの国営農園を建設することを決定した。古いコーヒーの木はしだいに伐り倒され、品種改良されたコーヒーがあらたに植えられた。国営農園では、専門家の指導のもとで、化学肥料や農薬の散布など近代的な栽培技術が取り入れられ、摘みとったコーヒーを精製するパルピング工場や苗木を育てる育苗施設などがつくられた。八四／八五年には、農園内の土地に残っていた農民がいっせいに追放され、村の多くの者が農園労働者となった。さらにこの時期には、あらたに組織された農民組合によって共同コーヒー園がつくら

図6-2　コンバ村の森林被覆（空中写真から）
註：破線はコンバ村の境界を示し，灰色部分が森林域を示す．

れ、農民たちは労働奉仕を義務づけられる。国家政策の強い影響のもとで、ゴンマ地方のコーヒー栽培はあらたな段階を迎える。労働者や移民の流入によって人口が増加し、未利用の土地も少なくなっていく。使われていなかった土地にコーヒーを植え、国営農園の近代的な手法を積極的に導入して栽培規模を拡大していく農民もあらわれた。

現在、一九七四年以降の空中写真は入手することができない。そこで七四年以降の森林域の増減をしらべるために、八九年と九八年のふたつの衛星画像を用いて森林被覆を抽出してみることにした。この一〇年間で、はたして森は拡大したのだろうか。分析に用いたスポットの衛星画像は、空中写真に比べると解像度が低い。そのため村の領域だけでなく、コンバ村を中心に南北に一五キロメートル、東西に一〇キロメートルの範囲をくぎり、その範囲における森林域を抽出することにした。図6-3aと図6-3bが、作成した土地被覆分類図から森林域だけを示したものである。この分類画像をもとに、二時期の森林域の面積とその割合を算出すると、八九年が六六〇〇ヘクタールで全体の四四％、九八年は七六六〇ヘクタールで五一％となり、わずかではあるが、森林域が近年でも増加傾向にあることがわかる。これは、現在にいたるまで、コーヒー栽培が拡大してきたことをあらわしている。

一九九一年になってデルグ政権が崩壊し、EPRDF（エチオピア人民革命民主戦線）による政権が樹立された。新政権は、土地の国有化などの政策を維持する一方で、コーヒー価格を自由化し、国家機関が統制していたコーヒーの流通も民間に開放するようになった(7)。そして九四年には、コーヒー価格が三倍から五倍ほども高騰し、村に大量の現金が流れ込んだ。なかには、それまでほとんど口にすることもなかった瓶ビールを町から買い求め、「お前のおかげだ」と言ってコーヒーの木にそそぐ者もいた。村にはあらたな商店や製粉所がつくられ、人びとの生活も大きく変わる。コーヒーを売ることで現金が稼げるため、トウモロコシの畑を耕す者も減り、空き地が目立つようになっていった。

しかしその後、価格はしだいに下がっていく。そして一九九九年、コーヒー価格の暴落と収量の減少が天候不順による穀物の不作と重なり、この地域は深刻な食糧不足に陥ってしまう（Lemessa 1999）。近年、世界的にみても、コーヒーの取引価格は過去五〇年間で最低の水準にまで落ち込んでいる。価格が自由化されて以降、国際マーケットの変動が、このエチオピアの農村部にまで直接影響を及ぼすようになった。二〇〇三年現在、村にはほとんど空き地が残されていない。農民たちは数年間そのままにしていた土地をふたたび耕しはじめ、この窮状を乗り切ろうとしている。

人びとは、さまざまな歴史の波に翻弄されてきた。それでも、周囲の環境と自分たちの生活とを改変しながら生き抜く術を見出してきた。「コーヒーの森」は、こうした人びとの営みのなかで育まれてきたのである。

a：1989年

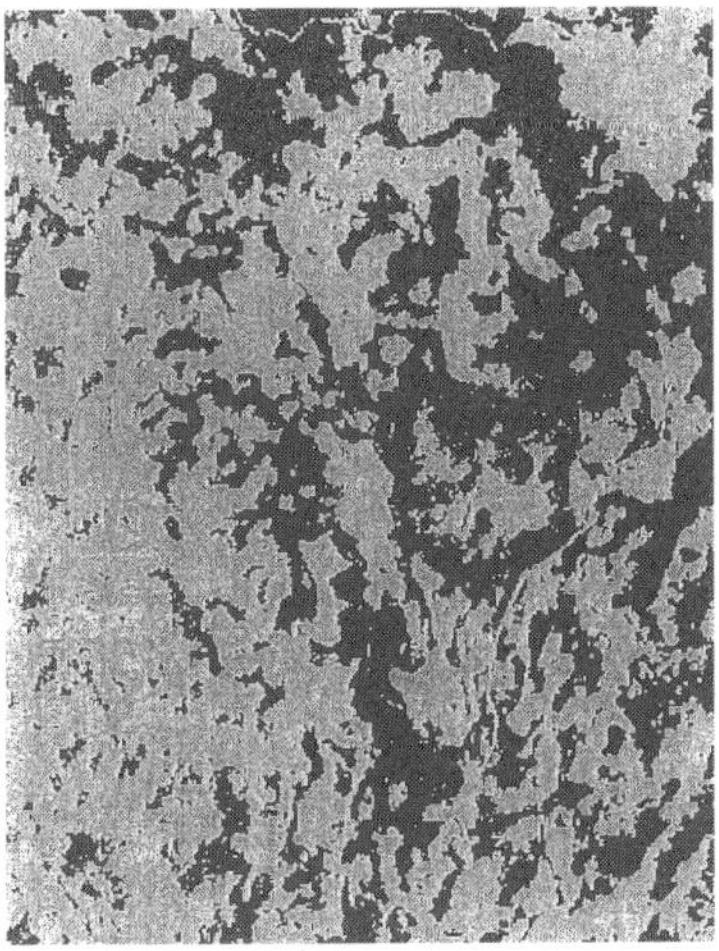

b：1998年

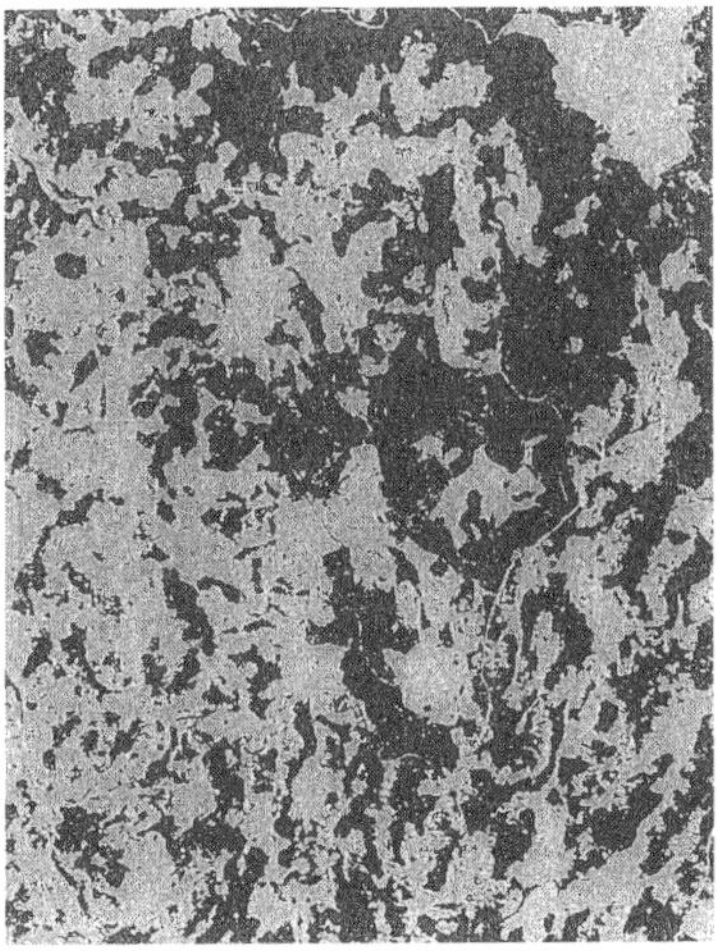

図6-3　コンバ村の森林被覆（Spot衛生画像から）
註：黒色部分が森林域を示す．

Ⅳ 「コーヒーの森」の生成過程

それでは「コーヒーの森」の木は、どのようにして植えられたのだろうか。もともと森がひろがっていた「森の土地」では、ほとんどの場合、木を間伐して、そのなかにコーヒーの苗木を植えつける方法がとられた。自然の大木が庇陰樹としての役目を果したのである。しかし前節でも述べたように、樹木のあまりなかった「農民の土地」でも、コーヒーが栽培されるようになった。それまで畑や放牧地であった土地は、いかに「コーヒーの森」にかえられてきたのか、その過程をたどってみたい。

村のコーヒー林を歩くと、場所によって樹木の構成に違いがあることに気づく。おおまかに分けると、いくつか限られた樹種だけがみられる場所と、多様な樹種がまじりあった場所とがあるようだ。そこでまず、村のコーヒー林五地点で、隣接する五〇本の庇陰樹の構成についてサンプルをとってみた。それを地図上に示したものが図6-4である。これをみると、B・D・Eでは上位三種類の樹種で全体の七六%から九〇%を占めているのに対し、A・Cではそれぞれ一二種と一四種の樹木が混在しているのがわかる。

さらにくわしく調べるために、対照的なDとCの二地点で二〇メートル×二〇メートルのコドラート（方形区）をとり、樹木とコーヒーの構成を比較してみた。図6-5aと図6-5bをみると、あきらかにコーヒー林の構成が異なることがわかる。図6-5aの場所では、ほとんどコルディア（方名 woddeesa オロモ語―以下同：学名 *Cordia africana*）ばかりなのに対し、図6-5bの場所では、多様な樹種がみられる。この樹木構成をもとにコーヒーの植林方法について聞き取りしていくと、このふたつの林では生成の過程に違いがあることがわかってきた。

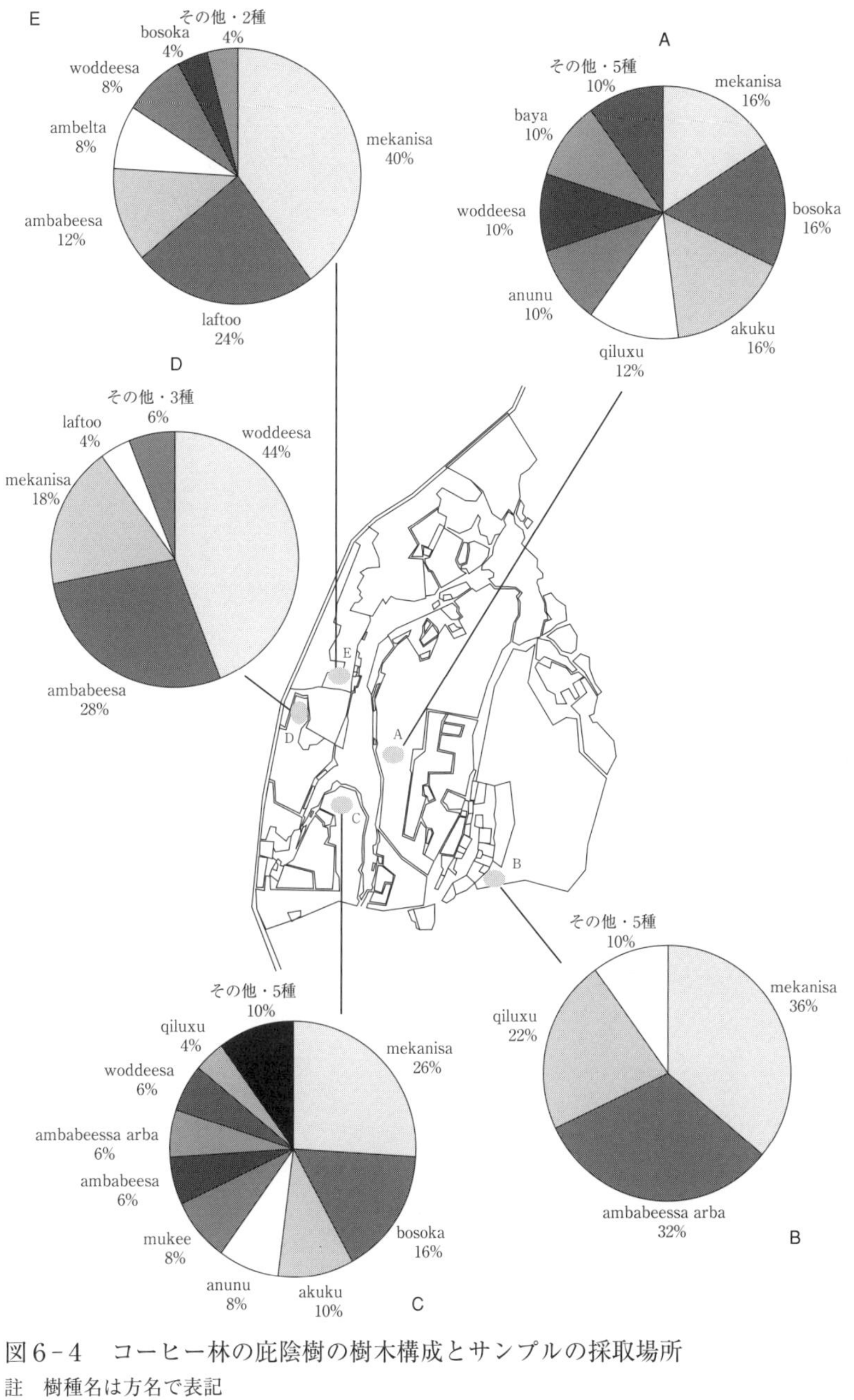

図6-4　コーヒー林の庇陰樹の樹木構成とサンプルの採取場所
註　樹種名は方名で表記

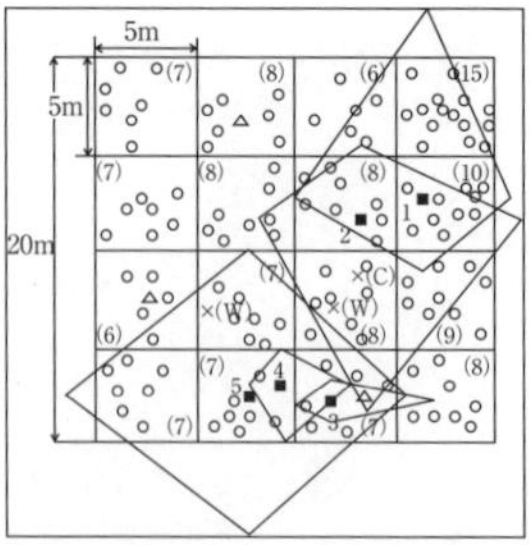

○　コーヒーノキ（125本）　△　高さ1m未満のコーヒーノキ（3本）　■　樹木（5本）
×　切り株（W：*Cordia africana*，C：*Coffea arabica*）

樹木 No.	胸高直径（cm）	方名	学名
■1	43.5	woddeesa	*Cordia africana* Lam.
■2	42.4	woddeesa	*Cordia africana* Lam.
■3	13.4	woddeesa	*Cordia africana* Lam.
■4	32.8	woddeesa	*Cordia africana* Lam.
■5	54.8	mekanisa	*Croton macrostachyus* Del.

図6－5－a　コーヒー林の構成（1）

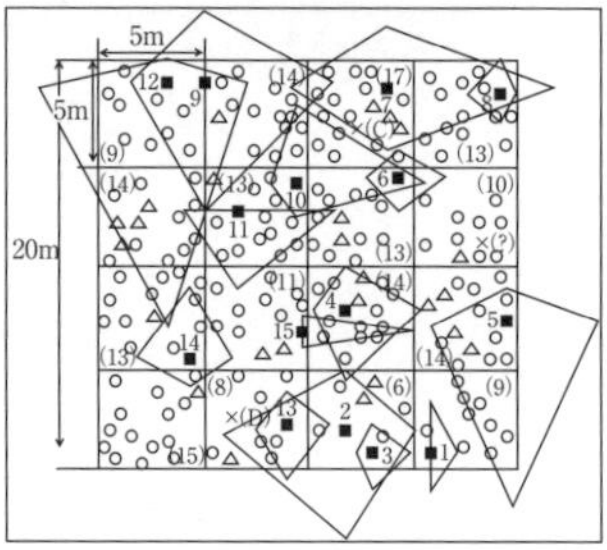

○　コーヒーノキ（169本）　△　高さ1m未満のコーヒーノキ（24本）　■　樹木（15本）
×　切り株（D：duloo・*Bridelia micrantha*，C：*Coffea arabica*）

樹木 No.	胸高直径（cm）	方名	学名
■1	18.5	ambelta	*Entadopsis abyssinica* Steud. ex A.Rich.
■2	18.5	ambabeesa	*Albizia schimperiana* Oliv.
■3	41.1	ambelta	*Entadopsis abyssinica* Steud. ex A.Rich.
■4	16.0	akuku	*Flacourtia indica*（Burm.f.）Merr.
■5	30.6	ambabeesa	*Albizia schimperiana* Oliv.
■6	29.6	mekanisa	*Croton macrostachyus* Del.
■7	65.3	akuku＋dembi	*Flacourita indica* ＋ *Ficus thonningii* Blume
■8	3.2	sombo	*Trichilia emetica* Vahl
■9	63.7	bosoka	*Chionanthus mildbraedii*
■10	32.8	mekanisa	*Croton macrostachyus* Del.
■11	23.9	mekanisa	*Croton macrostachyus* Del.
■12	45.5	bosoka	*Chionanthus mildbraedii*
■13	12.1	zeituna	*Psidium guajava*
■14	15.9	zeituna	*Psidium guajava*
■15	17.2	ambelta	*Entadopsis abyssinica* Steud. ex A.Rich.

図6－5－b　コーヒー林の構成（2）

ひとつは、積極的に樹木とコーヒーの苗を植えつけていく場合である。たとえば畑地（maasii）であれば、まずモロコシやシコクビエなどを播種する。そしてそれらが腰の高さほどまで育ったときに、そこに庇陰樹となる木とコーヒーの苗木を植える。この場合、家具などの高級木材として取引されるコルディアや生長のきわめて早いクロトン（mekanisa：*Croton macrostachyus*）が意図的に選ばれ、単純な樹木構成になることが多い。とくにこのふたつの樹種は、ほかの場所からの移植が簡単にできるという特性もある。樹木が葉を茂らせるまでは、穀物がコーヒーの苗を直射日光から守る。そして乾季になって穀物が収穫されるころには、植えられた木の葉が日陰をつくる役目を引き継ぐ。コーヒーの苗木を植えてから最初に実の収穫ができるまで、三年から四年はかかる。これは、なるべく長く畑での穀物生産を続けるための工夫でもある。こうした方法がとられるのは、比較的集落に近い場所や人がよく行き来する畑など、断続的に人の手が加わる土地であることが多い。

もうひとつのケースは、自然の植生を利用する場合である。たとえば、放牧帰りの牛が草を食むようなひらけた土地（kalo）であれば、まず牛が入らないように刺のあるアカシアの枝などで簡単な柵をつくる。そして自然に樹木が生えてくるのを待ち、「伐らずに育てる」。その後、木が人の背丈ほどに育ったところでコーヒーの苗を植えていく。ときに庇陰樹にあまり適さない植物が取り除かれることもあるが、結果的には多様な樹種が育まれることになる。こうした土地は、集落から離れていたり、あまり積極的に利用されてこなかった土地であることが多い。自然の樹木を利用し、ほとんど労力をかけずにコーヒー林がつくられるのである。

コーヒー林のなかの樹種を細かく調べてみると、その土地がいかに利用されてきたのか、その履歴をうかがい知ることもできる。たとえば、図6-4のBやDの場所で比較的単純な樹木構成になっている理由を村人にたずねると、つぎのような答えが返ってきた。「ここはもともと集落のあった場所だった。だからいつも人が近くを通るので、役に立たない無用な木は伐られて薪とか材木にされる。それで選ばれた木だけが残された」。詳しく聞くと、枝に鋭い刺のあるインドルカム（akuku：*Flacourtia indica*）や葉が茂りすぎてコーヒーの庇陰樹としては適さないセンダン（anunu：*Trichilia deregeana*）などの木は、農民の目にとまると伐られることが多いという。そして、木材として売れるコルディアのほかにも、コーヒーに適度な日陰を提供するネムノキ（ambabeesa：*Albizia schimperiana*・ambabeesa arba：*Albizia grandibracteata*）やアカシア（laftoo：*Acacia* sp.）などが積極的に植えられたり、あるいは伐

表6-3 「コーヒーの森」のおもな樹木とその特性

方名	科（和名）	学名（和属名）	農民の特性認知
akuku	Flacourtiaceae（イイギリ）	*Flacourtia indica*（Burm.f.）Merr.（ルカム）	堅いので牛の犂に用いる．刺があり，集落近くに少ない．
ambabeesa	Fabaceae（マメ）	*Albizia schimperiana* Oliv.（ネムノキ）	優れた庇陰樹．移植難．建材によい．近年，少雨で減少．
ambabeesa arba	Fabaceae（マメ）	*Albizia grandibracteata* Taub.（ネムノキ）	同上
ambelta	Fabaceae（マメ）	*Entadopsis abyssinica* Steud.ex A.Rich.	牛の犂の材に用いる．薪には向かない．
anunu	Meliaceae（センダン）	*Trichilia dregeana* Sond.	庇陰樹に向かない．薪としてよい．近年増加．樹皮が肝炎などの薬．
baya	Oleaceae（モクセイ）	*Olea welwitschii*（Knobl.）Gilg&Schellenb.（オリーブ）	庇陰樹になる．建材によい．燻して蜂蜜とりの巣箱に香り付け．
bosoka	Oleaceae（モクセイ）	*Chionanthus mildbraedii*（ヒトツバタゴ）	自然に生える．移植は難しい．近年，少雨で減少．
dembi	Moraceae（クワ）	*Ficus thonningii* Blume（イチジク）	葉が茂りすぎて庇陰樹に向かず，伐られる．近年増加．
laftoo	Fabaceae（マメ）	*Acacia* sp.（アカシア）	庇陰樹として最適．薪・炭として優れる．近年，少雨で減少．
mekanisa	Euphorbiaceae（トウダイグサ）	*Croton macrostachyus* Del.（クロトン／ハズ）	どこにでも生えて生長早い．移植が簡単．炭・建材によい．葉が傷やマラリア，リウマチなどの薬．
mukee	不明		庇陰樹になる．家の建材や炭として用いられる．
ulaga	Boraginaceae（ムラサキ）	*Ehretia cymosa* Thonn.（チシャノキ）	葉が茂りすぎて庇陰樹に向かず，コーヒー林にあると伐られる．
urgeesa	Verbenaceae（クマツヅラ）	*Premna schimperi* Engl.（ハマクサギ）	堅いので玄関の敷居や穀物倉の床になる．燃した煙で搾乳器に香りを付ける．薪には向かない．
qilxu	Moraceae（クワ）	*Ficus vasta* Forssk.（イチジク）	庇陰樹や薪としてよい．近年増加．
woddeesa	Boraginaceae（ムラサキ）	*Cordia africana* Lam.（コルディア／カキバチシャノキ）	貴重な建材．移植が簡単．伐採され減少．薪に向かない．

らずに育てられることで特徴的なコーヒー林が形成されたのだ。表6-3にこうした樹木の特性がどのように認知されているかをまとめてみた。コーヒーの庇陰樹に適したもの、薪や炭、建材として適したものなど、樹木の特性に対する農民たちの深い理解がうかがえる。たとえ伐採されるときでも、その樹種や庇陰樹の樹冠の密度など、コーヒーへの影響が考慮されているのである。

さまざまな土地に庇陰樹が植えられ、あるいは育てられて、木があまりなかった「農民の土地」にも「コーヒーの森」が増えてきた。畑として穀物を育てていた土地では、植林して木が育つ期間にも穀物の収穫ができるよう、コーヒーの植付けの時期と穀物栽培の時期がうまく調整された。有用な樹種を選んで植えれば、あとでコーヒーに影響を与えない分だけ間伐して利益を得ることもできる。また放牧地や未利用地などの場合には、自然の植生に依存し、なるべく労力をかけずに庇陰樹が育つよう工夫された。こうした植林方法について、技術的な指導が行われてきたわけではない。農民たちはその土地ごとに苗の植付け時期や植林方法を注意深く変えながらコーヒーの栽培を拡大してきたのである。「コーヒーの森」は、まさに農民たちの創意工夫の産物だといえる。

V　「コーヒーの森」の所有と利用

1　コーヒー栽培に関する労働慣行

こうしてつくられてきた「コーヒーの森」を、農民たちはいかに利用しているのだろうか。前にも述べたとおり、丘陵地タッバは、個人によって畑やコーヒー、居住地などとして所有／利用される土地となっている。タッバの土地で境界をつける場合、集落地ならば、モロコシの茎を束ねたりアオサンゴ（cada：*Euphorbia tirucalli*）を植え込んだりした柵が屋敷を囲むようにつくられる。畑やコーヒー林ではアオサンゴのほかに、リュウケツジュ（alge：*Dracaena fragrans*, yuddo：*Dracaena steudneri*）など特徴的な植物が目印として境界線上の場所に植えられることが多い。またコーヒー林で境界を区切るときには、コーヒーの木の根元に山刀で傷をつけることもあり、この場合は土地を分けるというよりも、そこに植えられたコーヒーの木を分けているといえる（写真6-4）。

コーヒーは、乾季の間に白い花を咲かせたあと、緑色の小さな固い実をつける。それがしだいに赤く色づいてくると、最初の収穫時期となる。この「赤コーヒー（buna diima）」は、基本的に輸出用とされ、外皮と果肉を取り除いて乾燥させる「精製」を行うために、工場に出荷される。赤コーヒーが実りはじめると、村にはコーヒーを買い付け

写真6-4　コーヒーの幹につけられた境界の印

る商人や精製工場の車が毎日やってくるようになる。村の大通りには、この季節だけの赤コーヒー市がつくられ、農民たちが運んでくるコーヒーがその場で秤にかけられ、買い取られる。この時期、農民の家を訪ね歩きながらパンや生活用品を売る行商人たちなどが町から訪れ、村は活気にあふれかえる。ところが、この赤い実も二週間ほどでやがて乾燥して黒っぽくなっていき、最後には地面に落ちる。この「乾燥コーヒー（buna gogga）」は、国内消費用として出荷されたり、家庭で消費されるために用いられる。赤い実がなくなるころには、町から来ていた商人たちは姿を消し、村の商人が乾燥コーヒーを買い取って町まで運ぶようになる。

コーヒーの実の採取は、コーヒーを植え付けた農民世帯が行うだけではない。コーヒーの植えられた土地を年単位で貸し出すダララ（darara）という慣習があり、コーヒーの土地を持たない者でも、最初に金銭を支払って、コーヒーを摘みとることができる。「ダララ」とは「花」を意味し、コーヒーの花が開花したときに、その年の収穫量を勘案した金額でコーヒーの土地を借り受けることからきている。コーヒーの出来不作にかかわらず、ダララで土地を借りた者がすべての利益を手にする。ダララで土地を貸与する者のほとんどが、労働力のない高齢世帯であったり、まだ子供が小さい女性世帯主の家庭、あるいは雨季の困窮期に現金を必要とする者であることが多い。

また、コーヒー摘みの作業を他の者にまかせて利益を分配するイルボ（irboo）という慣習もある。これは分益小作制のようなもので、通常、作業を行う者が全収量の三分の一を手にする。コーヒーの量が多くなればなるほど、この比率は四分の一、五分の一と低くなっていく。ただし、コーヒー林が遠くの森の中にある場合など条件が悪いときには二分の一になることもある。なかでも地主が年老いた女性のときなどに多くみられるのが、コーヒーの栽培にかかわる苗木の植付けから、下草刈りや摘みとり、監視などの作業を全てひとりの者にまかせるケースである。このとき働く者が赤コーヒー・乾燥コーヒーともに全収量の三分の一を受け取る。この関係は「固定された」といった意味のアムハラ語で「マダベンニャ（mädäbäñña）」と呼ばれ、ふつう数年間にわたって継続する。

コーヒーの実る時期になると、南部の「クッロ」と呼ばれる民族の出稼ぎ民が、この地方に大量にやってくる。彼らは国営のプランテーションにくわえ、地元農民のもとでもコーヒーの収穫作業を行う。ダララで土地を借りた者やイルボでコーヒー林をまかされた者が、さらにコーヒー摘みの出稼ぎ民を雇う場合も少なくない。農民たちは、町から歩いてくる「クッロ」たちに「うちで働かないか」と声をかけ、住み込みで雇い入れる。編み籠や食糧袋を下げてやってくる彼らの風貌は、ひと目でそれとわかる。人びとは、村の農民を雇うよりも、こうした出稼ぎ民を雇うことを好む。「村の者ならこっそり盗んだり、昼間はサボったりするが、クッロたちは朝から晩まで働いてくれる」。「クッロ」の出稼ぎ民たちは、基本的には、農民の家の納屋などで自炊をしながら、コーヒーの収穫が終わるまで懸命に働く。食費は自腹なので、一日でも早くコーヒーを摘み終わって帰るほうが有利になるのだ。

表6-4　コーヒー摘みに関する労働慣行

コーヒーの時期・作業の名称	労働の依頼者の取り分（地主／小作／借地者）	労働者への支払い	作業形態
① buna diima（赤コーヒー）	摘みとられたコーヒーのすべて（すぐに換金して賃金を払う）	1kg = 15〜25 サンティムの出来高で日払い賃金	熟した赤い実の摘みとり
② buna lafa（土のうえに落ちた実）	摘みとられたコーヒーのすべて（赤い実のみ選別して換金。残りは乾燥させて後に売却する）	1kg = 15〜25 サンティムの出来高で日払い賃金	土に落ちた赤・乾燥両方を拾い集める．土の上からのみ．
③ simuxatoo（枝から実を「しごく」の意）	摘みとられたコーヒーのすべて（乾燥させて後に売却する）	17kg =約5ブルの出来高で日払い賃金	赤コーヒーの終了後，木の下に牛の皮などをひいて，枝の上のコーヒーをしごくように取る．
④ buna gogga（乾燥コーヒー）	コーヒーが多いとき：3/4 少ないとき：2/3	1/4 1/3	木の上の実を棒でたたき落とし（arcasuu），地面に落ちた実を拾う．
⑤ haraa（最後に「掃き片づける」の意）	1/2	1/2	最後に所々に落ちている実を拾い集める．小さな子供たちにまかせることも多い．

こうしたコーヒーの摘みとり作業では、時期によってさまざまな雇用関係が結ばれている。表6-4は、コーヒーの実る時期ごとの収穫方法とその雇用形態についてまとめたものである。コーヒーの収穫作業には、枝から摘みとるだけでなく、枝についたものをまとめてしごくように取ったり（simuxatoo）、棒で枝をたたいて落としたり（arcasuu）、最後に土の上から拾い集める（haraa）など、いくつかの作業形態があり、その時期ごとの作業方法によって分配の比率や形態が変わってくる。雇い主は、「いまは枝から赤い実だけ摘むように」とか、「すべて土の上から拾い集めろ」などと指示を出すことも多い。赤コーヒーのマーケットが開かれているときには、キロ当たりの金銭で支払いが行われるが（表6-4の①・②）、乾燥コーヒーになると、採取した実を雇い主と労働者との間で「三対一」や「二対一」などの比率で分配することになる（表6-4の③・④・⑤）。

このようにコーヒーをめぐってさまざまな人びとの関係が幾重にも築かれている。コーヒーがなくなると、出稼ぎ民たちは最後に清算して得た現金と服などの土産物を手に

写真6-5　「コーヒーの森」で薪拾いをする家族

故郷に帰っていく。コーヒーはこの地方の農民だけでなく、遠く離れた南部の出稼ぎ民たちにも富をもたらしている。

2　木材・薪・薬草の供給地としての「コーヒーの森」

コーヒーとともに植えられている樹木は、基本的にその土地の持ち主のものとされる。ベッドや家具の建材となるコルディアの大木は高値で取引されるため、しばしば伐採の対象になる。デルグ政権時代（一九七四〜九一）に貴重な木材の伐採が規制されるようになってからは、コルディアを伐るには村からの許可が必要となった。かつては経済的に困窮している旨の申請書を村役場に出して認められれば、伐採が許可されていたが、近年は規制が厳しくなって許可はほとんど下りなくなっている。それでも、コーヒーの収量が少ない年や食糧不足などの時期には隠れて伐採が行われてきた。

コルディアの伐採と板材への加工を行うのは、木材職人であるタウラ（xawla）といわれる人びとである。タウラたちは伐採後、その場で板材のかたちで切り出す。このと

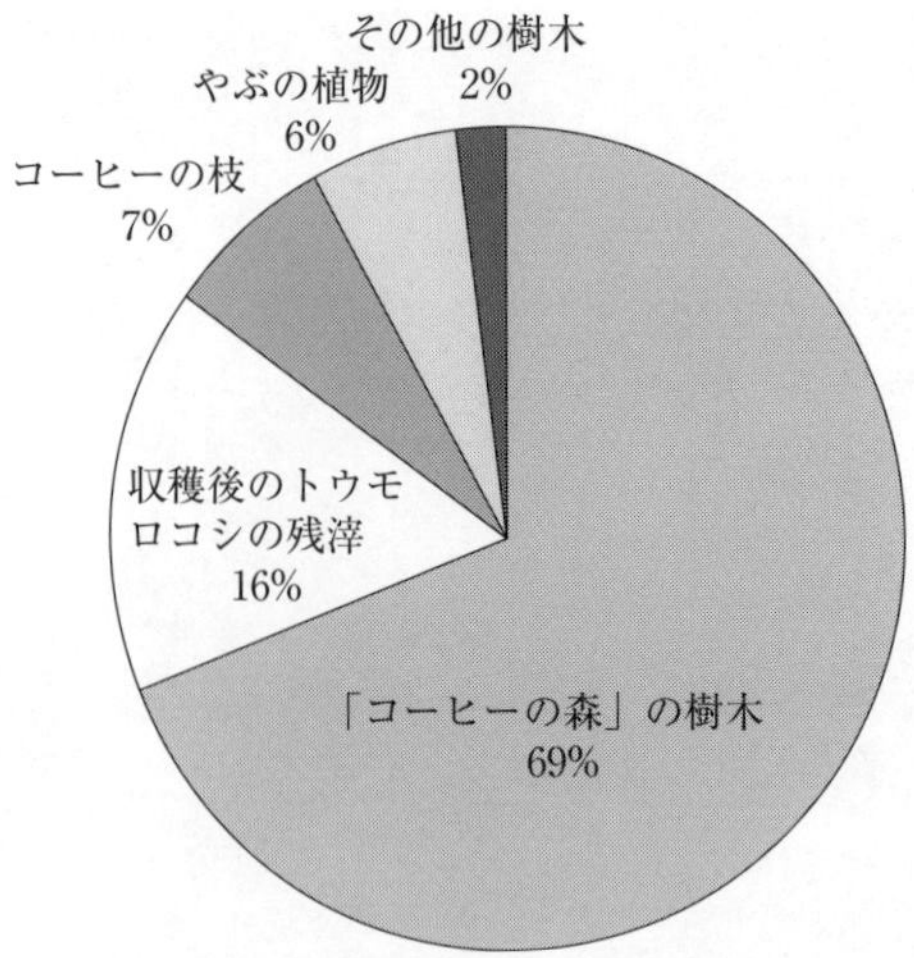

図6-6　ある農民世帯が1ヶ月間に消費した薪材（150.5kg）の内訳

註：「収穫後のトウモロコシの残滓」は収穫後の限られた時期しか入手できない.

き木材を売却して出た利益は、土地の所有者が三分の一、タウラが三分の二という割合で配分されている。ここでも利益の分配が行われる。コルディアのほかにも、家の建材に適したものや、犂や玄関の敷居に用いられる木材（表6-3参照）などは、土地の持ち主との交渉で伐採が行われることになる。しかし、その場所に植えられているコーヒーに影響がある場合は、土地の持ち主もなかなか承諾することはない。

その一方で、「コーヒーの森」に落ちている枯れ枝については、誰もが薪として拾い集めることができる（写真6-5）。あるとき村人と話をしていると、コーヒー林のほうで、がさっとなにかが落ちる音がした。それまでのんびりと話をしていた青年はさっと立ち上がり、一目散に音のしたほうに駆け出す。しばらくして、青年は朽ちて地面に落ちた樹木の枝を肩にかついでもどってきた。どうしたのかと問うと、青年は「大きな薪がとれたよ」と誇らしそうに言って、その枝を家に持ち帰った。こんな場面に何度も出くわした。

林にある木は、個人や世帯によって排他的に所有・利用されている。しかし、その枝が地面に落ちた瞬間、それは誰もが利用できる薪へと変わり、あとは早い者勝ちとなる。生えている木から他人が枝を勝手に折り取るようなこと

表6-5 「コーヒーの森」に生えるおもな薬草と有用植物

方名	科（和名）	学名（和属名）	利用方法
andoode	Phytolaccaceae（ヤマゴボウ）	*Phytolacca dodecandra* L'Herit（ヤマゴボウ）	実のなる種類（「女性」）の根をつぶして水を加え搾って飲む．肝炎の薬．かつて実を堕胎の薬や石鹸代わりに利用．「男」根は毒．
barre	Polypodiaceae（ウラボシ）	*Drynaria volkensii* Hieron	つぶして傷の薬にする．とくに牛の傷に効く．
bosoqee	Crassulaceae（ベンケイソウ）	*Kalanchoe* sp.（カランコエ／リュウキュウベンケイ）	葉をつぶして飲む．とくに赤子の下痢によい．
dhumuga	Acanthaceae（キツネノマゴ）	*Justicia schimperiana*（Hochst.ex Nees）T.Ander（キツネノマゴ）	腹痛に葉先をつぶして飲む．リウマチ痛に葉を煮詰めて貼る．
ibbicha	Asteraceae（キク）	*Vernonia amygdalina* Del.（ヤンバルヒゴタイ）	塩とまぜて牛に．乳の出が改善．胃痛に茎をかじる．呪薬にも．
karabaa	Malvaceae（アオイ）	*Sida alba* L.（キンゴジカ）	茎を歯ブラシとして使う．
kefo nama	Lamiaceae（シソ）	*Ocimum basilicum* L.（メボウキ）	香辛料として料理に．燻して蜂蜜とりの巣箱に香り付け．風邪や頭痛の時に葉をつぶして鼻につめる．
kefo sa'a	Lamiaceae（シソ）	*Ocimum americanum* L.（メボウキ）	チーズに香り付け．燻して蜂蜜とりの巣箱に香り付け．
kefo sinbro	Lamiaceae（シソ）	*Ocimum urticifolium* Roth.（メボウキ）	燻して蜂蜜とりの巣箱に香り付け．
Maxan'ne-guro	Amaranthaceae（ヒユ）	*Cyathula cylindrica* Moq.	葉をすりつぶして傷口につける．止血．
qomanyoo	Anacardiaceae（ウルシ）	*Lannea schimperi*（A.Rich.）Engl.	リウマチ痛に葉を火であぶって患部に貼る．
rafuu-kambaata	Solanaceae（ナス）	*Solanum nigrum* L.（ナス）	煮詰めたり，そのまま生で食す．胃腸の薬．
rejjii	Asteraceae（キク）	*Vernonia myriantha* Hook.f.（ヤンバルヒゴタイ）	葉をすりつぶして傷口につける．
ulmaee	不明		燻して蜂蜜とりの巣箱に香り付け．
xuruje	Asteraceae（キク）	*Vernonia*sp.（ヤンバルヒゴタイ）	扁桃炎．早朝患者の名を呼びながら葉をちぎり石の上で乾かす．

があれば、土地の持ち主や周りの者たちから厳しく咎められる。しかし落ちた枝にまで、排他的な所有が主張されることはない。

現在、「コーヒーの森」は、村人がつねに薪を入手できるほとんど唯一の場となっている。人口が増えて薪に対する需要が高まり、村人はいつも薪が手に入りにくくなったことを嘆いている。あるひとつの農民世帯（夫婦二人と子供一人）の一ヶ月（二〇〇二年一二月二九日〜二〇〇三年一月二七日の三〇日間）の薪消費量を計量したところ、一五〇・五キログラムもの薪が採集・消費されていた。そのうち七〇％あまりが「コーヒーの森」の樹木に依存している（図6-6）。畑の残滓が利用できるのはトウモロコシ収穫後の時期に限られるので、ほかの時期であればこの割合はさらに大きくなる。こうして大量の薪が必要とされながらも、人びとは自分の土地だからといって落ちた枝を他人が利用することを排除しようとはしない。そうした慣行は、コーヒーの土地をもたない者が生活していくうえでも大切な意味をもっている。

「コーヒーの森」には、コーヒーと樹木だけが生えているわけではない。そこには薬草などのさまざまな有用植物も生えている。すり傷、下痢、胃痛、頭痛などの軽い症状のほかにも、マラリアや肝炎、リウマチといった重い病気に効く薬草もある(表6-5)。基本的には、誰でもこうした有用植物を採取することができる。ただし、薬草について詳しく知っているのは、呪医など一部の者に限られる。どの植物がどういった病気に効くのかといった知識はおもに父親から息子、母親から娘へと継承され、他の者に明かされることはほとんどない。村では、「その病気のことなら、あの人が詳しい」というように、病気ごとの「専門医」がいて、人びとはお金を払って薬を手に入れる。その値段は町で買う薬よりも安く、町の病院に行けない者や、病院に行っても治らなかった者などは、今もこうした民間の治療薬にたよっている。薬草のなかには、屋敷地のなかで育てられたり、湿地などでとれる種類も多い。ただ、「コーヒーの森」が薬草を含む多様な有用植物の重要な供給地になっていることは間違いない。

農民たちと一緒に歩いていると、コーヒーを栽培する場にすぎないと思っていた「コーヒーの森」が、多様な顔をもっていることに気づかされる。木材、薪、薬草といったさまざまな資源をもたらす空間として、農民たちの生活に欠かせない存在になっている。しかも個人に分割されているコーヒー林であっても、われわれが想像するような排他的に所有・利用される「私有地」ではない。そこには多様な人びとが関わることのできる「共有性」の余地が残されている。そういう意味では、「コーヒーの森」は社会に開かれた森なのである。

VI　大樹がつなぐ精霊空間

集落の近くやコーヒー林のなかに、ところどころ大きな樹木がそびえるように立っている姿をよく目にする。そう

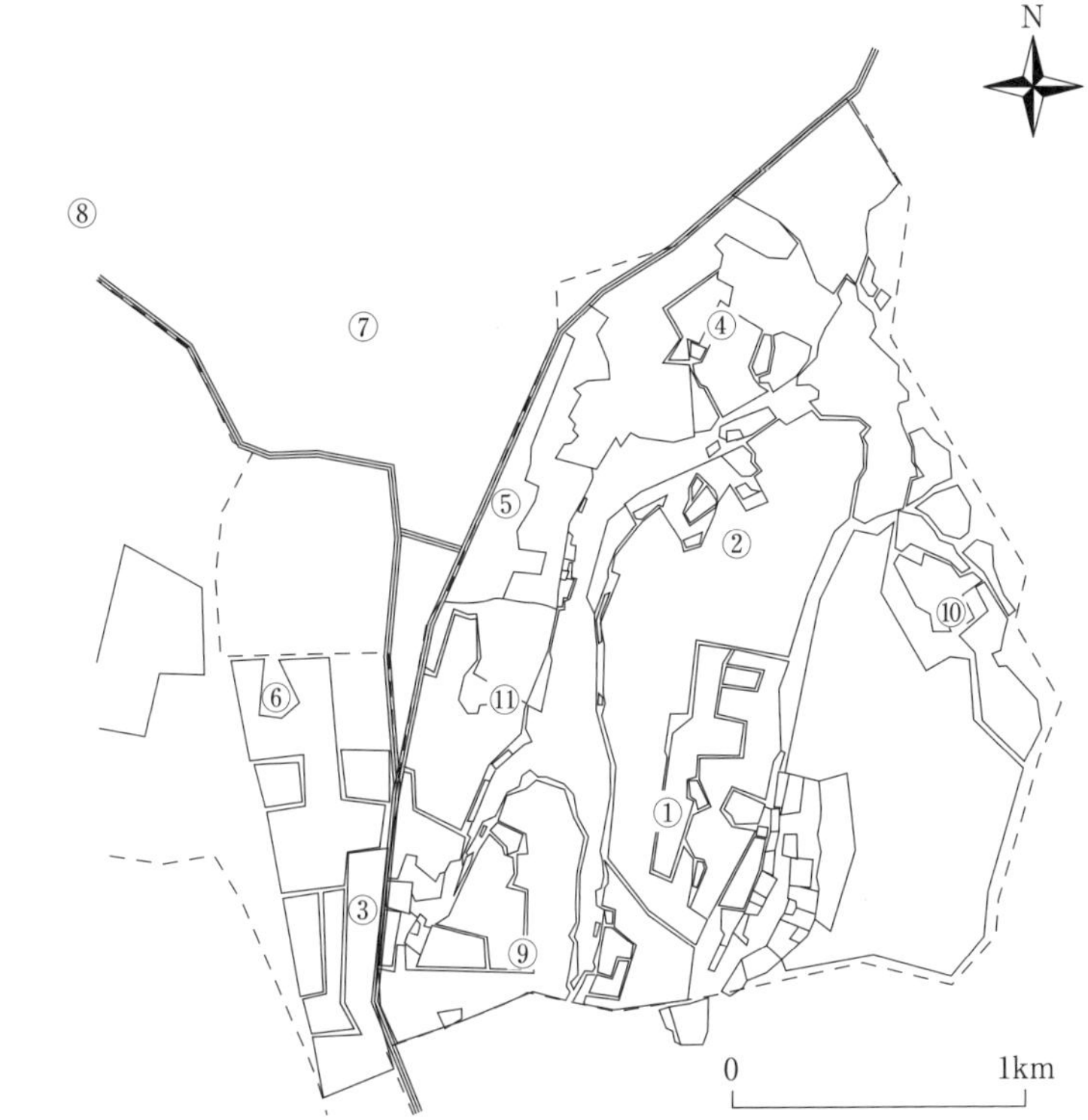

図6-7　精霊の宿る木／聖地（アドバル）の場所

表6-6　精霊の宿る木（アドバル）のリスト

No.	地名／集落数	樹木の方名	樹木の学名	崇拝するクラン（集落）名
①	Arfeti	現在ない	—	Arfeti
②	Sharifi	burbursa	*Podocarpus flacatus*	Sadacha
③	Sambo Abba Mure	sombo	*Trichilia emetica* Vahl	Awalni,Wacho,Dagoie
④	Wacho　モスク	木はない	—	Wacho
⑤	Lafa Watokosa	bosoka	*Chionanthus mildbraedii*	Sadacha,Abbo
⑥	学校裏	mekanisa	*Croton macrostachyus* Del.	Awalni,Abbo
⑦	Kabto Barat	oda	*Ficus sycomorus* L.	Babayu,Dagoie,Sadacha
⑧	Mio	sombo	*Trichilia emetica* Vahld	Babayu
		anunu	*Trichilia dregeana* Sond	
		baya	*Olea welwitschii*（Knobl.）Gilg&Schellenb.	
⑨	Worzi　モスク	木はない	—	—
⑩	Burii	burbursa,anunu	（上記参照）	Sadacha
⑪	Ilu	bosoka	*Chionanthus mildbraedii*	Ilu

した大木には精霊ジンニ（jinni）が宿るとされ、村人はアドバル（adbar）と呼んで大切にしている。

ジンニ（ジン）は、もともと中東から北アフリカまでのイスラーム圏でひろく信じられた精霊である。エチオピアでは、ムスリムに限らず、一部キリスト教徒のなかにも、この精霊への信仰が入り込んでいる。村人によれば、「イスラームでは37種類、キリスト教では3種類のジンニがいる」という。人びとは、祈祷を行って供犠をするとジンニが喜んで財をもたらし、怒ると財を奪う、と信じている。またジンニたちは、動物（とくに羊）の血を好み、骨を焼くと、それを肉のように食べるという。ふつう目には見えないが、人のような姿をし、夢に出てくることがある。森の中などで偶然ジンニに遭遇すると、人は病気になってしまう。重い病気に罹ったある女性が、呪術師に「あなたの住まいはちょうどジンニの通り道にあたっている」といわれ、別の場所に家を建てかえたこともあった。

図6-7は、コンバ村周辺のアドバルの一部を地図上にプロットしたものである。表6-6では、それぞれの木の樹種やその木を崇拝しているクラン名などを示した。これからもわかるように、ある特定の樹種だけがアドバルとされているわけではない。ほとんどが、もともとクラン単位でまとまっていた集落近くにあった大木で、そのクランが祈祷を捧げるための特別な場所であった。なかには、すでに近傍の集落自体がなくなり、特定のクランや集落の者に崇拝されなくなった木もある。しかし、そうした木でもまず伐られることはない。デルグ時代に集村化が行われて以降、さまざまなクランの者が集住するようになり、葬式講（addar）の単位ごとに集落近くのアドバルで祈りが捧げられることもある。

赤いコーヒーが実るころや畑の収穫がはじまるころ、アドバルでは豊作を祈り、災難が降りかからないように願う祈祷（duai）が行われる。そのとき、牛や羊を屠り、コーヒーを沸かして、親族や近隣の人びとに振舞う。乳香が焚かれるなか祈りが捧げられ、コーヒーが木の根元に振りまかれる。肉であれば棒に通してその場で丸焼きにし、それをつかんで一度、木の下で放り投げる。そして、みながその場で肉を食べ終わると、残った骨を集めて肉を焼いた火の上にのせる。こうして、その木に宿るとされる精霊ジンニを鎮めるのである。

ここでひとつのアドバルにまつわる言い伝えを紹介しよう。表6-6・⑪のヒトツバタゴ属の木（bosoka：*Chionanthus mildbraedii*）は、このあたりに居住地を構えていたイル（Ilu）クランの人びとによって崇められるアドバルである（写真6-6）。一九四〇年ごろ、東方のリンム地方に年齢一八〇歳を超えるといわれた聖人シェイコタ・ディブ（Sheikota Dhibu）が住んでいた。あるとき、身長が一メートルほどしかなかった彼は、人びとに担がれてこの場所までやってきた。そして木の下で休息をとると、「この木を守りなさい、大切な場所です」と告げたという。その後も、さまざまな聖人といわれる人が、この木のもとに座り、休息をとった。彼らは口々にアドバルの木を大切にして、この土地を守っていくようにと説いた。このような数々の聖人たちの記憶とともに、アドバルはその聖性を維持してきたのである。それは、自分たちの土地への強い愛着の象徴であり、その場を保持しつづける正当性の根拠にもなっている。イル集落のはずれにあるこの木を、イル・クランの人びとは今でも祈祷を行う大切な場所として守り続けている。

写真6-6　精霊の宿る木（イル集落の「アドバル」）

さらに人びとは、ジンニやムスリムの聖人であるアウリア（awulia）たちが通る道があるという（図6-8・表6-7）。この道は、人の目には見えないものの、アドバルとされるような大木がひとつの道標になっている。道がかつてのゴ

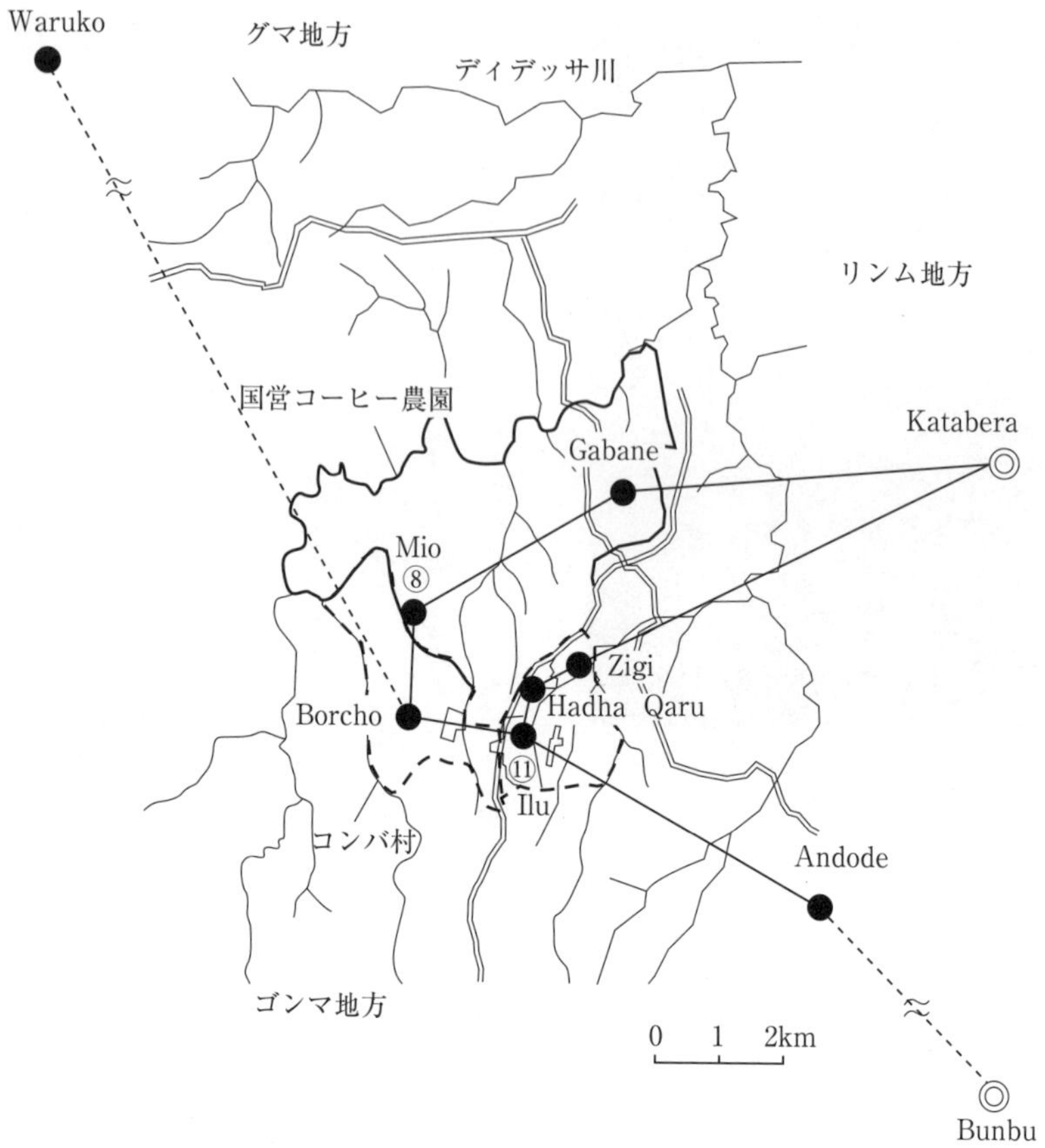

図6-8　精霊と聖人の通る道

註：アルファベット表記の地名は表6-7に，⑧と⑪は表6-6に対応している．
　●は道標となる大木の場所を示し，◎は精霊たちの集会場をあらわす．

表6-7　聖人の精霊の通る道

地名	樹木の方名	樹木の学名	説明
Katabera	木はない	—	聖人・精霊たちの集会場．40人の聖人や精霊が座った石が残る．
Gabane	anunu	*Trichilia dregeana*	山の上の大木
Mio（⑧）	sombo,anunu,baya	（表6-6参照）	3本の木が立つアドバル
Borcho	burbursa	*Podocarpus flacatus*	
Waruko	不明	不明	グマ地方（かつてのグマ王国）とゴンマ地方の境界の場所
Ilu（⑪）	bosoka	*Chionanthus mildbraedii*	イル集落のアドバル
Hadha Qaru	sombo	*Trichilia emetica* Vahl	水場の近くの大木
Zigi	aukee	不明	川近くの大木
Andode	sombo,anunu,Baya	（表6-6参照）	丘のモスク近く．大岩がある
Bunbu	木はない	—	最大の集会場

註　⑧と⑪は表6-6の番号と対応している。

ンマ王国の領域を縦横に走っていることから、その時代から人びとに信じられていたことがうかがえる。道の先には精霊や聖人たちの集う場所があり、そこで集会が開かれる。聖人たちは人間の世界について話し合い、戒めとして災いをもたらすかどうか決めたりする。一九九四／九五年にコーヒー価格が高騰し、村が好景気に浮かれていた直後、コンバ村一帯をマラリアの大流行が襲った。このときコンバ村だけで一八〇名もの人が命を失った。人びとは、このマラリアの災禍をジンニが金にまみれた人間に戒めとしてもたらしたものだと信じている。アドバルとしても崇められる大樹は、こうした人びとの信仰の証としてそびえ立っているのである。

アドバルの木は、けっして伐られることはない。それは、このような樹木が社会のなかで固有の意味を担っているからである。人びとの目には、アドバルとされる木が他の木とはまったく違うものとして映っている。アドバルの木には、聖人たちの伝説や自分たちの祈りの記憶が織り込まれてきた。外部からもちこまれ、食糧を得るためだけに植えられた木とは、およそかけ離れている。

VII　社会空間としての「コーヒーの森」

村のなかを歩くとき、よくコーヒーの林を通り抜ける。そこには小さな道がいくつも走っていて、日中のきつい日差しを避けて歩くには、ちょうどよい。林のなかには、下草がきれいに刈られ、よく手入れされた場所もあれば、山刀がなければ一歩も前に進めないようなところもある。うっかりしていると、たびたびコーヒーの枝に頭をぶつけてしまう。ヤブイノシシを捕るための罠に足をとられたこともあった。そんなとき、女性たちが薪の束を傍らにおいて話にふけっていたり、子供たちが歌をうたいながら木陰にしゃがみ込んで遊んでいる姿を目にした。見上げれば、高い木の枝には蜂蜜とりの巣箱がいくつも仕掛けられている。煙がもくもくと出ていて山火事かと思ったら、村人が乾いた木の枝を釜のように積みあげて木炭をつくっているところだった。これまでもみてきたように、人びとにとって「コーヒーの森」は、かならずしもコーヒーを栽培するためだけの空間ではない。

ホッベンは、エチオピアにおいて行われた植林プロジェクトが失敗した背景には、都市出身の官僚たちの農民に対するステレオタイプな認識があったと指摘している（Hoben 1996:198）。農民は無知で創意工夫に乏しいとみなされ、在来の土壌保護の技術などには目が向けられることはなかった。そこでは、農民は自分たちの環境を管理する能力もなく、それを破壊するネガティブな存在としてしかとらえられていなかった（Hoben 1996:203）。しかし、人びとが木を植えつづけてひろがった「コーヒーの森」の成り立ちをたどってみると、さまざまな場面で農民たちの抜け目のない配慮を垣間見ることができた。

また外部から指導されるまでもなく、このあらたに生まれた「コーヒーの森」では、その資源の分配を調整するためのいくつもの「慣習」が築かれてきた。それはもともと長い間にわたって保持されてきた「伝統」ではない。コーヒー栽培という新しい生業活動にあわせて、農民たちがみずから創りだしてきたものである。さらに村人の目には、樹木に宿る精霊たちの空間までもがそこに重なりあって見えていた。時間とともに、人びとは、コーヒーを栽培するためにつくられた庇陰樹の森を、さまざまな人やモノ、信仰などが関わりあう社会的な場として生活のなかに取り込み、生産活動だけではない多元的な意味を担う空間として位置づけてきたのである。「コーヒーの森」を結節点として、コーヒーの苗を植える農民や木材を伐採する職人、コーヒー摘みを行う出稼ぎ民、薪を拾う女性たちなど、多くの人びとが日常的に関係を取り結んできた。森に対するそうした厚みのある社会関係の網の目こそが、森を維持する基盤となっている。

もちろん、そこにはさまざまな人間関係の葛藤や不満、資源をめぐる駆け引きや争いといったものが潜んでいる。さらに森がふえたこと自体は、村人にとって喜ばしいことだけではない。この地域では、森が多いためにヤブイノシシやサルなどの野生動物も多い。そのため畑の作物が荒らされる獣害もはげしく、農民の食糧供給を圧迫している(Guluma 1986)。作物が芽吹きはじめる四月ごろから収穫が行われる一一月頃まで、人びとは毎晩、畑近くの小屋で獣の番をしながら夜を過ごすことを余儀なくされている。森が増えればすべてがよくなるわけではない。農民たちは「コーヒーの森」とともに生きることの弊害やコストも引き受けながら生活している。しかしそうしたものも含めて、植えられた木ひとつひとつが社会的な空間として内部化され、多様な社会関係を体現するものとして、農民たちの生活の一部を成しているのである。

それは、一本残らず伐りつくされてしまった植林プロジェクトの樹木とは対照的である。農民たちにとって、外部から押しつけられて短期間につくり出された植林地という環境は、自分たちが植えてきた樹木とはあきらかに異質なものだった。おそらく人びとは、それを自分たちの生活に「そぐわないもの」と感じていたに違いない。理屈のうえでどんなに有益であろうと、社会の網の目から切り離された環境がうまく維持されることは難しい[8]。

ここ数年間で、コーヒー価格は大幅に下落した。今後、コーヒー栽培から他の作物への転換が起こり、コーヒー林が減少することも考えられる。じっさい、コーヒーの不作と価格の暴落に見舞われた二〇〇一/〇二年には、確認できただけでも村で二六本の材木用のコルディアが伐られていた。その前年には、わずか一本しか伐採されていないことからも、この年の伐採規模の大きさがうかがえる。二〇〇三年に調査を行った段階では、行政の規制も強化され、木材伐採はおさまりつつあった。しかし、もし今後このような庇陰樹の伐採が拡大し、コーヒー栽培自体が行われなくなれば、これまで築かれてきた「コーヒーの森」をめぐる社会関係も、別のものへと変質を迫られることになるだろう。それでも農民たちは、自分たちが生きる環境を改変しながら、あらたな環境を社会に埋め込まれた空間として意味づけていくに違いない。もし、それができないようであれば、そこに「危機」が生まれることになる。

註

(1) フェアヘッドとリーチは、ギニアのサバンナに点在するパッチ状の森について実証的な調査を重ね、それらがこれまで考えられていたように、もともとひろがっていた森が減少した結果ではなく、集落の周りに木を植えるなどの人間活動によって生み出されたものであることを指摘した。アフリカでの森林破壊言説を実証的に検証する研究として注目される (Fairhead & Leach 1996)。

(2) マッキャンは、同時にW. E. M. Loganが行った一九四六年に出した試算では、四六年時点のエチオピアの森林被覆が五%ほどであることを紹介している (McCann 1999)。またホッベンは、六〇年代に調査を行ったゴッジャム地方では、セイヨウスギや竹などの外来の木が広範に植林され、その後二〇年あまりたって再訪したときにも、急激な人口増加にもかかわらず、エチオピア高地での樹木被覆が増加していたことを指摘している (Hoben 1996 : 200)。

(3) ホッベンは、エチオピアにおける自然林の減少が、北部よりもむしろ南部において進行してきたにもかかわらず、国際機関などは北部の土壌流出や農地の荒廃にしか注目していなかったと指摘している (Hoben 1996 : 199)。

(4) このプロジェクトの正式名称は、Upper Mille & Cheleka Catchments Disaster Prevention Program (UMCC-DPP)。ウォッロ州で一九八〇年代半ばから行われた土壌保護や植林などの総合的な農村開発プロジェクトで、住民参加型の方式をとりいれたことで注目を集めた (Yeraswork 2000: xxvi)。

(5) グルマは、一九二〇年代の世界恐慌や三〇年代後半のイタリア占領期の混乱、第二次世界大戦後のコーヒー需要の低迷などによって、エチオピアのコーヒー生産が減退していたものの、はやくは四〇年代末からコーヒー市場の回復や輸送条件の改善による労働力不足の解消などで生産が急速に増大しはじめたことを指摘している (Guluma 1994)。

(6) 本来、空中写真を目視判読するだけでは、そこでコーヒーが栽培されているかを見分けることは不可能であり、ここでいう「森」がコーヒーを栽培している森であるという確証はない。しかし現地を歩き回ってみると、現在こうした農地のなかにある森には必ずといっていいほどコーヒーが植えられている。聞き取りなどから、デルグ政権時代 (一九七四～九一) 後半には、コーヒーの植えられていない未利用の森はほとんどなくなっていたと推測される。

（7）一九九三年にそれまでコーヒー取引を行う商人に課せられていた免許発行手数料が大幅に引き下げられたことにより、コーヒー商人の数が飛躍的に増大し、生産者価格も急騰した。コーヒー流通制度については、児玉が詳述している（児玉 2003）。

（8）エチオピア北部における土壌保護や植林のための開発プロジェクトの経緯を検証したイェラスワルクは、植林がうまくいかなかった原因について、一九八〇年代末からの内戦や政権交代の混乱にともなってコミュニティが機能不全に陥ったことにくわえ、土地の国有化政策のなかで共有資源を管理する伝統的な土地保有システムが崩壊したことなどをあげている（Yeraswork : 2000）。たしかに、環境を維持するための社会としての仕組みが、デルグ時代の政治的変動のなかで不安定化したことは大きな要因のひとつだと考えられる。ただし、プロジェクトが植林した木がほぼ伐りつくされてしまった一方で、それまでに個人の土地に植えられてきた木は伐られることなく残っていた（Yeraswork 2000:78）。コミュニティの秩序維持の機能が完全に破綻していたならば、個人の木であれ、おそらく樹木の伐採をとめることは難しかったであろう。

謝　辞

本稿のもととなった現地調査と資料整理は、日本学術振興会の特別研究員として行っている。また、エチオピア滞在中にたいへんお世話になった日本大使館員やＪＩＣＡ専門家、ＮＧＯ関係者との忌憚ない意見交換のなかで本稿の構想を練ることができた。末筆ながら、エチオピアの開発の現場で身を賭して努力されてこられた方々に、心からの敬意と感謝の念を表したい。

第7章

森棲みの戦術

二〇世紀マジャンの歴史にみる変化と持続

佐藤廉也

I　変化する政治・社会状況と持続する森の戦術

人はなぜ森に棲むのだろうか。森の生活には具体的にどんな困難があり、そして恵みがあるのだろうか。人びとはそうした森の暮らしをどのように受けとめ、選びとっているのだろうか。本章の目的は、森林で焼畑・狩猟採集生活を営むマジャンの数十年の集落・資源利用パターンの変化を追うことによって、逆に「持続する森への執着」をあぶりだそうとすることである。

エチオピア西南部、ガンベラ州・オロミア州・南部諸民族州の境界域にまたがる森林地帯に棲むマジャンは、かつて数世帯で小集落を開拓し、ひんぱんにその集落を放棄し移動する生活をおこなってきた。しかし社会主義政権期の一九七〇年代末から、集住化によって定住性の高い集落を形成するという大きな変化を経験した。本章ではこの「移住生活から定住生活へ」という変化を一つの鍵として、その間の生業や社会の変化と持続をみていく。

森の奥深くに棲み、焼畑や狩猟採集で生計をたてる人びとの多くは、小さな集落を構え、それをひんぱんに移動させるというきわめて機動性の高い居住形態をとっている。集落を構成するメンバーシップも一般的にルーズで、血縁・姻戚関係、あるいは友人どうしのつながりによって結びついた人びとが数世帯隣接して焼畑を伐採するが、その紐帯は多くの場合一時的なものにすぎず、メンバーはひんぱんに入れ替わり離合集散する。彼らがなぜそうした生活スタイルをとるのかという問いは、人類学においては古典的な問題である。

移動する要因の説明として代表的なものは、資源利用形態における合理性の観点から説明するものであろう。数年で土地の利用をやめ、その後長い休閑期間をへて地力が回復した後に再び利用するという焼畑の循環的な休閑システムは、自然の生産性を最大限にいかして環境を持続的に利用する理にかなった方法であることが指摘されてきた（福井 1983）。

焼畑が人間の選択的な営みである以上、自然の持続性からみた休閑システムの合理性に加えて、労働効率からみた場合にもきわめて合理的であることを理解することも重要である。焼畑は粗放農耕であるといわれるが、これは土地あたりの生産性を基準としたものである。逆に焼畑をおこなう人びとからみた場合の効率、つまり少ない労働量で多くの収益をあげることを考えると、焼畑は機械を使わない常畑や稲作に比べて非常にすぐれたシステムであることがわかっている（Dove 1985）。焼畑を開墾して数年たつと、雑草の繁茂が旺盛になり単位労働時間あたりの収益率が徐々に低下する。この場合、連作による労働コストの増加が成熟林を開墾して焼畑を造営する時の労働コストを上回る時点で耕地を放棄し、あらたに森林を伐採することが最も効率のよい方法である。多くの場合、数年程度での土地の放棄がこれに該当する。つまりこうした焼畑パッチ選択の合理性は最適採食理論のような定量モデルによっても確認することができるのである（Keegan 1986）。

しかしながら、若干の問題は残る。右に述べたような生業の合理性は、森に棲み少人口社会を営むことが前提であろう。例えば人口サイズが大きくなれば、労働コストを犠牲にして土地あたりの収穫量を上げるような別の合理性が存在するかもしれない。彼らは何らかの意図をもって少人口社会を持続させているのだろうか。人びとはいかなる理由で移動し、いかなる条件が森棲みの生活を選択する彼らの行動を規定するのだろうか。

本章では以上の問題に対し、「持続戦略」と「森棲みの戦術」というキーワードを用いて明らかにすることをめざす。筆者は持続戦略を一種の条件戦略であるととらえている。条件戦略とはつまり、環境条件（自然環境のみならず、民族間関係や親族集団間の関係、経済的条件などの個人をとりまく社会環境が含まれる）によって異なる戦術をとる戦略のことである。持続戦略というものが、人びとがさまざまな条件のもとでそれに適応し、あらがい、厳しい条件のもとであってもしぶとく生き延びるための一連の行動基準であるとすると、当然人びとをとりまく環境条件が変化すれば、新たな条件下で最大限生き延びるためにその都度最も効果的な戦術をとることが予想される。その条件と森棲みの戦術との具体的な関係は何であろうか。それを明らかにすることによって、エチオピアの焼畑民マジャンの持続戦略の一端を解明することができるだろう。

この条件戦略としての持続戦略という概念を、先に述べた移住という問題に関連づけてみよう。移住と定住のパターン、もしくは集落の分散と集中のパターンが環境条件に応じて人びとに選択されるものだとすると、その際に何が重要な環境条件となるのだろうか。少なくとも百年程度のスケールでみた場合、自然環境自体の変化（気候や植生など）が異なる戦術の選択を促す要因になることは多くないように思われる。急速な伐採による森林減少も含めて、むしろ何らかの社会的な条件の変化が戦術の転換を促すことが予想されるのではないだろうか。本章であつかう焼畑民マジャンの事例もその一つである。

本書の全体を通じて明らかにされているように、エチオピア南部は異なる生活スタイル、文化をもった小さな民族のモザイクである。ここであつかうマジャンも、生活環境、生業、人口構成の異なるさまざまな少数民族に囲まれており、またマジャン自身もそうしたなかの一集団である。森林とサバンナ、低地と高地、分散と集住、そして集約的な農耕と焼畑、牧畜、狩猟採集など、それぞれの集団を特徴づける性格は、各集団が過去の歴史を通じて獲得してきたニッチ（個人や集団が環境のなかで占める生態的地位）であり、現在の集団間の関係は微妙な力の均衡を示すものであるといえる。そして、ニッチは他の人びとのふるまいの変化や、政治社会的な状況の微妙な変化によって変わる。マジャンも二〇世紀のエチオピアの政治変動に対応して、分散・移住の生活から集住集落を形成する生活へと姿をかえた。この政治変動はたんに中央の政策が変わることだけではなく、それと関連して民族間、あるいは民族内での親族集団どうしの力の均衡を変化させるものであり、人びとにそれに即した対応を促す。そこには、厳しい集団間の戦いも重要な要素として含まれている。

本章では以下の手順で右にのべたことを具体的に明らかにする。まず、森に棲むマジャンの二〇世紀前半期までの生業、民族間関係、移住の性格を概要として明らかにした後に、具体的に集落の移動の歴史を復元し、同時にその移動を促してきた直接的な要因を明示する。次に二〇世紀後半、集住化政策への対応と生活スタイルの変化のプロセスを詳しくみて、この分散・移住から定住への変化が条件の異なる二つの環境への戦術的対応であることを具体的に示す。条件の変化とは、主に集団関係のバランスの変化であり、なかでもとくに戦いや社会的不安の要素に注目する。

他方で、これらの変化を通じてもなお持続する要素があることにも注目する必要がある。筆者はそれが「森棲みの戦術」といえるものではないかと考えている。それが本章全体の考察をとおして明らかにすべきもう一つの側面である。

II　人びとの移住の履歴をたどる

1　森の民マジャン

マジャン（複数名マジャンギル、いずれも自称）は、本書に登場するボディやムグジと同じスルマ系言語グループに属する、総人口三〜五万人の集団である。エチオピア西南部とスーダンに棲むすべてのスルマ系グループの分布のなかで、エチオピア高地と低地サバンナの地理的境界にひろがる森林地域を居住域とするマジャンはその最北端にあたる。言語的にも唯一の「北方スルマ系」に分類され、その他の南方スルマ系グループに属する諸集団からいくぶん孤立した言語をもっている（Unseth 1991）。歴史的な民族間の相互関係についてははっきりしたことはわかっていないが、他のスルマ系グループの棲む南方から徐々に北上して現在の居住地を占有するに至ったことがわかっている（Stauder 1971）。

マジャンの居住域は、南はグラファルダ南方から北端のメトゥ付近まで、およそ一万平方キロ、標高にして五〇〇〜一六〇〇メートルの範囲であると推測され、その自然環境は多様な樹種構成からなる深い森林となっている。地形の影響によって雨季が長く、樹高四〇メートルをこえるアニンゲリア（*Aningeria* sp. アカテツ科）をはじめ、セルティス（*Celtis* sp. ニレ科）、コルディア（*Cordia* sp. ムラサキ科）などの高木が樹冠を覆い、森のなかは昼なお暗い（写真7-1・写真7-2）。マジャンはこの森林を伐り開いて小さな集落と焼畑を造成し、集落と畑をとりまく森の中ではハチミツ採集や狩猟をおこなってきた。

写真7-1　マジャンの森の林内の様子．焼畑のために林床の低木を伐採した直後に撮影．

写真7-2　焼畑のために森林の下生えを伐採する男性．

過去のマジャンについて文字で書かれた情報は少ないが、二〇世紀初頭の英領スーダンの地域情報誌『スーダン・ノーツ・アンド・レコーズ』に、隣接するサバンナに棲む農耕漁撈民アニュワの情報提供者から聞き取ったとされるマジャンについての匿名の記事がある。この短い記事から、当時のマジャンの生活を知るとともに、周囲の民族からどのようにみなされていたかをうかがうことができる。それによると、「人びとは森の下生えを這うようにして移動し」、「森のなかに道を開くことはほとんどせず」、「森のなかに日光がさしこむことはなく」、「もし(サバンナのような)開けた場所に棲むことを強いられ平原の風に吹かれ、太陽にさらされたとしたら彼らは死んでしまうだろう」と記されている。

また同じ記事には、「槍と高地人から奪い取った若干の銃で武装し」、「平和な人びとではあるが、必要なときには高地人から身を守ることができ」、「高地人は象牙に魅力を感じているものの、マジャンにも(同じ森に棲む)ゾウにも手出しがなかなかできない。樹上で待ちかまえて槍を投げてくるマジャンや、深い森のなかから至近距離で襲ってくるゾウをおそれるからである」と書かれている。

これらの内容から、他集団がなかなか入り込むことのできない森に棲むことこそマジャンの特徴であり、また他民族に対して積極的に攻撃することはないが、森に入ってくる侵入者に対してはそれを迎え撃ち、容赦なく反撃をおこなう人びとであったこと、少なくとも周囲からそうみなされていたことがわかる。こうした特徴は、後述するようにマジャンの人びと自身の語りによっても確認できる。

マジャンの主な生業は焼畑であるが、他にも森の多様な資源を利用する多角的な生業を営んでいる。なかでも現金や外部からの交易品を獲得するために最も重要なのがハチミツ採集である。マジャンの成年男性は、森や近接するサバンナに狩猟採集の個人的テリトリーである複数のジャン(jang)を持っており、そのなかの樹高三〇メートルに達

写真7-3　ハチミツ採集．アフリカミツバチをいぶし出すために，たいまつを持って木に登る．

する高木の樹上にアフリカミツバチが営巣するための巣箱（dane）を仕掛ける（写真7-3）。巣箱を仕掛ける場所は、蜜源となる周囲の樹種をみて決められる。ハチミツの収穫時期は蜜源植物の開花時期によって決定されるため、多くの男性は通年の収穫を見込んで植生の異なる複数の採集テリトリーを持つ。あわせて百を超える数の巣箱を持つ者も少なくない。

集落の周囲やハチミツ採集のテリトリーでは狩猟もおこなわれる。今日森林内におけるおもな狩猟対象はヤブイノシシ（ブッシュピッグ）やブッシュバック（写真7-4）である。かつてはゾウの狩猟もさかんにおこなわれたが、一九八〇年代に急減し、九〇年代以降はほとんど森林内で見かけることはなくなった。エチオピア内戦の影響でマジャンの間に銃が普及した九〇年代は銃を用いた狩猟がさかんだったが、銃がない場合、ヤブイノシシは犬を用いた追い込み猟、そしてブッシュバックやダイカーなどの中小型のウシ科動物は罠猟によって捕獲する。牧草地のない森に棲むマジャンは従来牧畜をおこなわず、ニワトリの他に食用家畜がなかったため、狩猟動物は主要なタンパク源

写真7－4　森の中で仕留めたブッシュバックを解体場所に運ぶ男たち

であった。

集住化がおこなわれる以前のマジャンの集落は、多くは数世帯（二～一〇くらいが普通だった）程度が隣接して住居と焼畑を形成するきわめて小規模なものだった（写真7－5）。通常彼らは住居のまわりを伐採して焼畑とし、畑は隣接世帯の畑と境界を接している。そのため同集落の家どうしが隣接するというよりは、各世帯の畑にぐるりと囲まれて住居があるといったほうが適切である。焼畑は播種時や収穫期には鳥類やアヌビスヒヒなどの食害を防ぐための見張りが重要になるため、畑を他世帯と隣接させるのは食害を防止するメリットがある。空間的にみると集落というのは住居を含む焼畑の集合であるといっても差し支えないであろう。

冒頭にのべたように、集落を同じくする世帯どうしは親兄弟などの血縁の紐帯や友人どうしなどの間柄であるが、こうした集落の世帯間の紐帯は一時的なものであって、集落が放棄されて移住する場合、世帯ごとに別々の場所に移ることが多い。移動先は無人の地を開拓する場合をのぞけば親族や友人などのもとに移るのが普通である。このような集落形態は

写真7-5　小さな集落で朝をむかえる人びと．この集落の全成員である．

Ⅳで詳しくみるように、エチオピアの社会主義政権による集住化政策で大きく変容した。

離合集散するマジャンの集落サイズに影響を与える重要な要素として、儀礼をつかさどるための特別な力をもつタパッド（tapa'd）と呼ばれる人びとの存在がある。タパッドは、森に棲み人びとの運命に影響を与える力をもつと信じられている精霊ワコヨ（wakoyo）と交信することができ、占いや儀礼をおこない、その影響圏において平和を保つ力を持っているとされる。タパッドは個人的な資質によって人びとにその力が認められるが、タパッドとして認められる人物の多くはメラニールという特定のクラン（氏族）に属する。メラニールの人びとはマジの周辺から移住してきたとされ、始祖は他民族であるとする神話を持っているが、詳細はよくわかっていない。

タパッドの影響圏内で争いや暴力に関与すると、ワコヨの怒りにふれて不幸に見舞われるとされ、力の強いタパッドには平和維持の力があると認められていた。そのため、力の強いタパッドの棲む集落にはその庇護を求めて人びとが集まり、集落の規模は結果として大きくなる傾向にあった。マジャンの社会にはリネージやクランなどを統括する政治制度は存在せず、姻族間や隣人などの間に争いが起こった場合、当事者間で解決するほかに方法がないが、タパッドは超自然的な力を背景にそうした紛争解決の力を発揮する政治力を例外的にもっていた。

2　集落の歴史を復元する

筆者は一九九七年から、マジャンの森における集落史と人びとの移住史を復元する作業にとりくんでいる。これはつまり、二〇世紀初頭以降におけるほぼ百年の間に、マジャンの森のどこに集落が開かれ、その集落がいつ放棄され、放棄の理由は何か、そして集落の消長にはどんなパターンが存在するのか、という「集落の履歴」を明らかにすることである。

この作業は、本章の冒頭にのべた「焼畑民の移住を決定づける近接要因は何か」という問題を解くための直接的な方法である。一つの集落が開拓されてから放棄されるまでには、数年から数十年の時間がかかる。また、一度放棄された集落が森林に戻って再び開拓されるまでにも、数十年の時間がかかるのが普通である。したがって、少なくとも数十年から百年程度の時間幅における集落の消長を正確につかむことが、この問いをとくためには必要なのである。その上で同時に、人びとがなぜ移住をおこなったのかを明らかにすることで、集落移動のメカニズムが理解できるはずである。

まず、集落の消長を復元する方法について述べる。筆者は五万分の一地形図を利用して、マジャンの森の中で過去に集落が開かれたことがある場所を特定することにした。これは、人びとから聞き取りをするという方法による。「過去に集落が開かれた」というのは、あくまで人びとの記憶に残る範囲でしかない。これは自分が生きて実際に知って

写真7-6　移住の歴史を語る老人．80歳をこえ，イタリア占領期以前の出来事も生き生きと再現する．

いる時代、もしくは親の世代くらいがほぼ限度になる。集落と焼畑が開かれると、そこが放棄されても、開拓者やその所属集団（多くはクラン）によって人びとの記憶に残る。特定の場所は特定のクラン、もしくは開拓者として言及される人物および彼と生活をともにしていた親族や友人などによって、その開拓と放棄のプロセスがよく記憶されている。したがって、場所ごとに人びとに聞き取りをすることによって、開拓と放棄の「集落の履歴」をおおむね二〇世紀初頭くらいまでさかのぼることができるのである（写真7-6）。

こうして地名の特定とともに集落の消長についての聞き取りをおこない、それを地図上にプロットし、時期ごとの集落分布を明らかにする。具体的な時期の特定については、事件史の年表をつくり、それと対応させることによって、誤差はあるがだいたいの特定は可能になる。これらの空間データは、他のデータとの関連づけや定量的な分析のために、GISに入力する。

こうしてつくられたものが図7-1である。これをみる

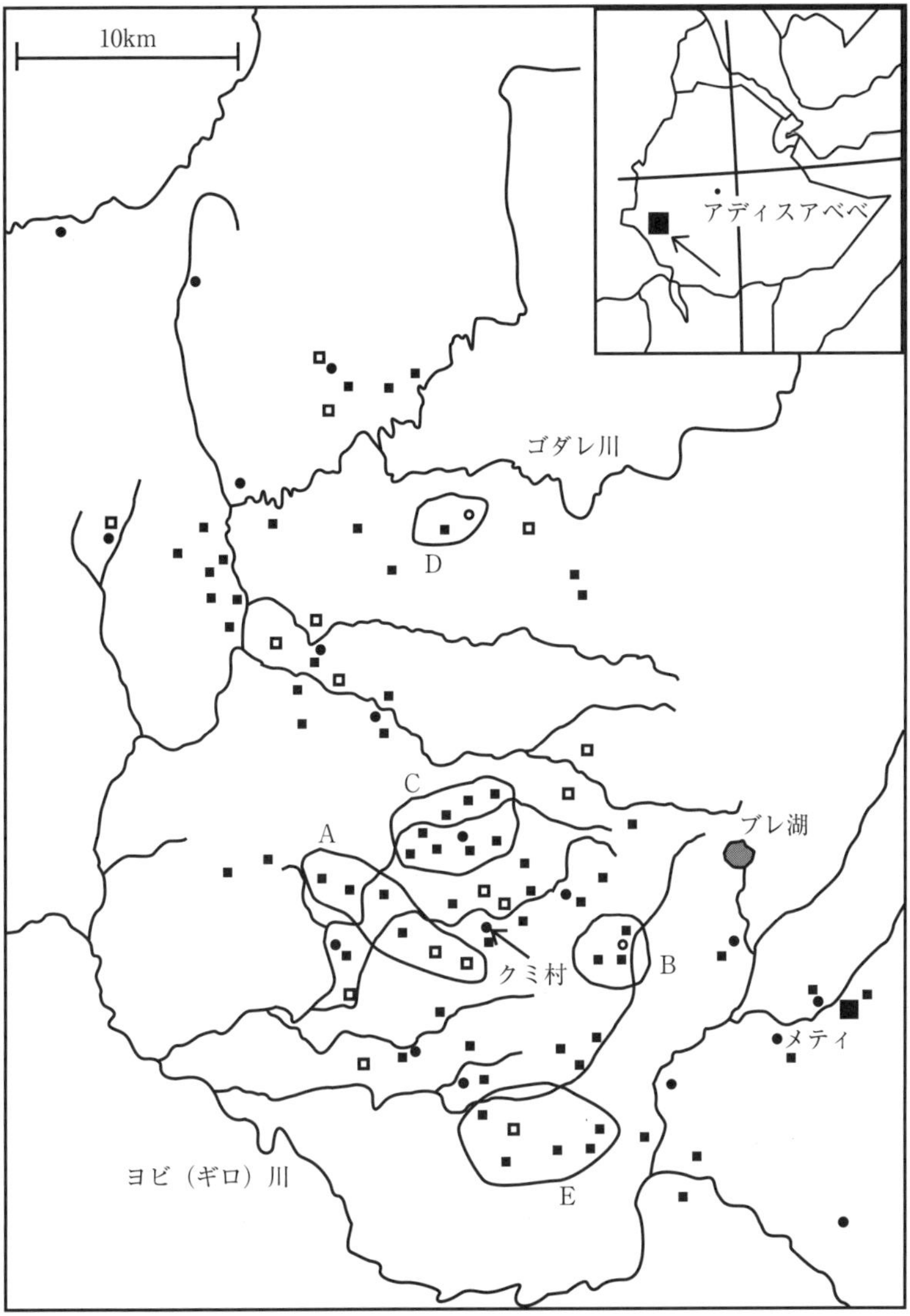

図7‐1　調査対象地域におけるマジャン焼畑集落跡の分布

資料：現地における聞き取り調査を中心に筆者作成

註：■は1930年代以前にすでに伐採された記憶のある焼畑集落および集落跡を，□は1930年代以前には伐採の記憶がなく，1940年代以降に初めて伐採されたと見なされている焼畑集落および集落跡を示す．●は現在の集住村の中心地，○は放棄された集住村を示す．

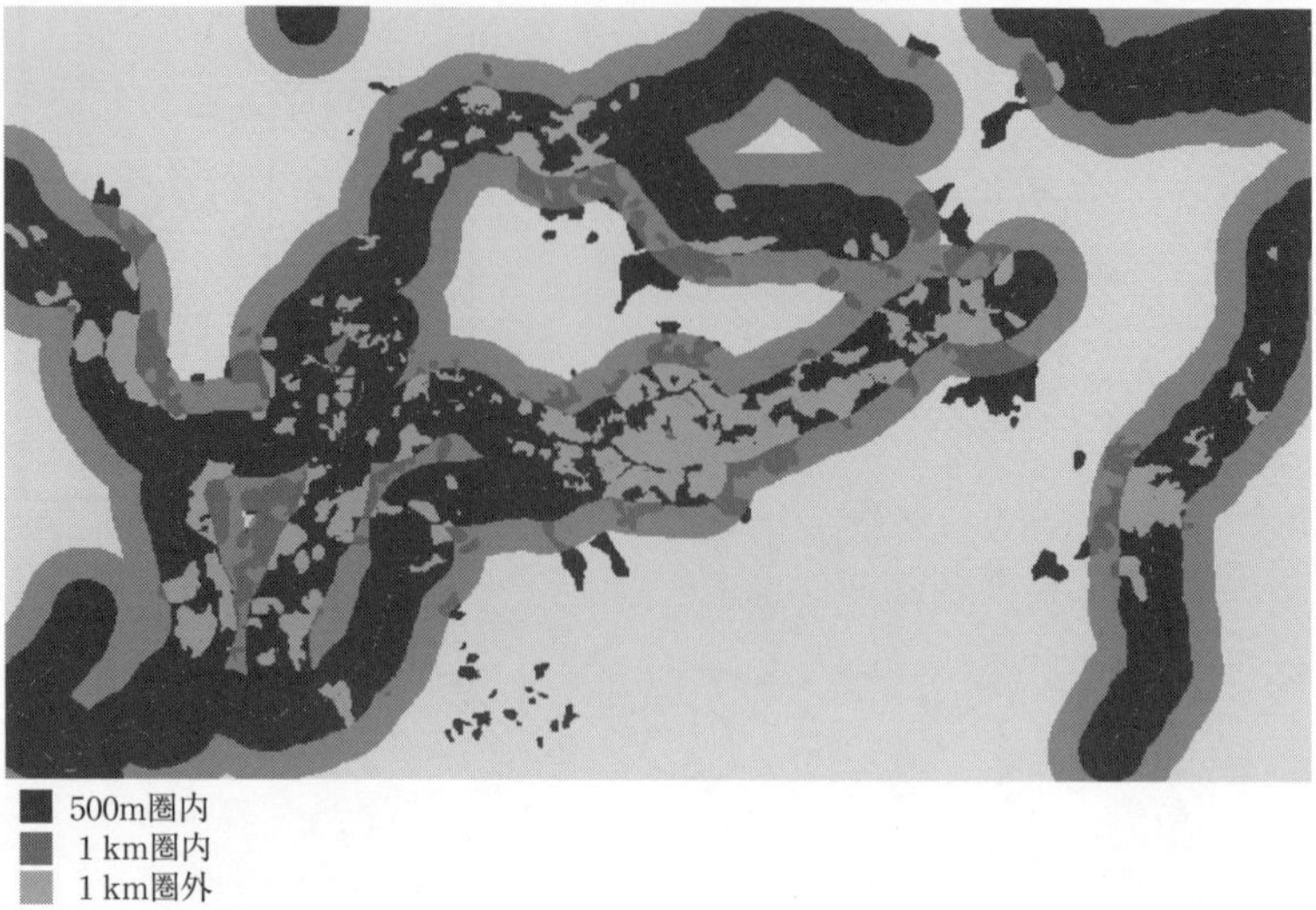

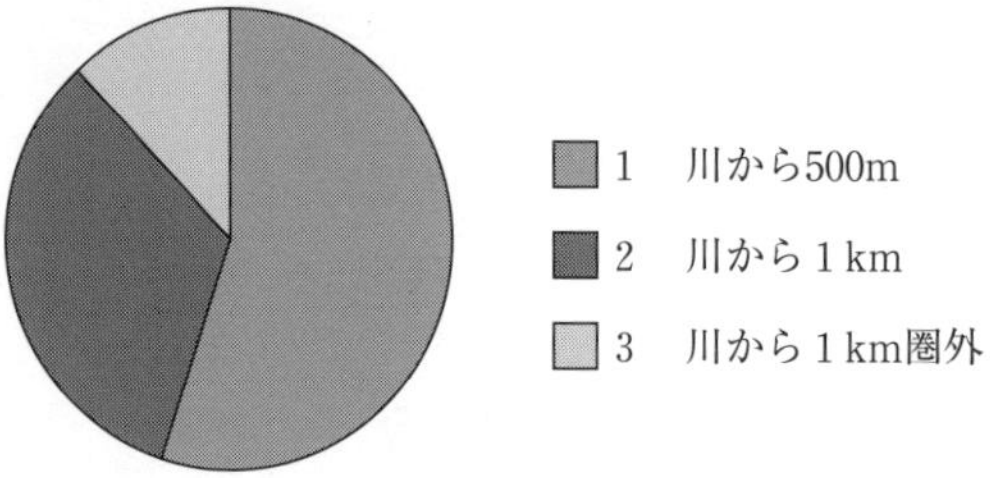

図7-2　集落・焼畑開拓地と川からの距離

と、まず集落が開かれる場所に条件があることがわかる。ほとんどの場合水の得られる水流から近い場所に立地している。これは当たり前のことに思えるが、一見均質な広い森林のなかで、焼畑のために伐採される場所はじつは限られているのだということに注意しておく必要がある。

このことは、もう少し狭い範囲に限定して焼畑伐採の通時的な様子をみることで確認できる。図7-2は筆者の調査地の周辺約二五〇平方キロの範域について、一九六七年、一九八四年、一九九九年の三時期の航空写真、衛星画像をもとに、焼畑と集落の伐採地を特定し、それと水流からの距離との関係をみたものである。焼畑・集落伐採歴のある土地の総面積のうち、水流から一キロ以内に位置するものが八〇パーセント以上を占めている。

次に、図7-1に戻って集落として開拓された履歴のある場所について、開拓の時期がどれくらいさかのぼれるかをみてみよう。全プロットの七〇パーセント以上が、一九三〇年代以前にすでに開拓者とみなされる人物によって開拓されていたことがわかる。これらの土地の多くは、開拓されて以来毎年絶えることなく利用されてきた土地ではなく、いずれかの時点で放棄され、あるいはまた放棄された後に再開拓されるなど、断続的に利用されている土地である。こうした事実から、森のなかで集落立地に適した一部の土地が開拓と放棄を繰り返しながら利用されていることがわかる。

では、集落の放棄はどのような原因によって起こるのだろうか。個人や世帯の移住を調べていくと、移住には二つのパターンがあることがわかる。一つは、集落自体はそのまま持続し、一部の世帯だけが住居と焼畑を移動させるものである。すぐ近くである場合、これは焼畑をシフトさせること、あるいはそれに住居の建て替えが伴ったものであることが多い。マジャンの住居は耐久性が最大でも二、三年程度のもので、ひんぱんに老朽化による建て替えがおこなわれる。またIに述べたように、焼畑は数年以内に耕地を休耕させシフトするのが最も効率的である。したがって、

写真7－7　放棄されて半年が経過した家屋．植生の回復とともに人跡は急速に消失し，森にかえってゆく．

少しずつ畑を移動し、必要に応じて耕地の近くに住居も移動させる。この場合、何らかの理由で知人を頼って別の集落に移動することもあるが、集落内、あるいはその近隣に移動するケースのほうが普通である。放棄された畑も数年休耕させた後に再び利用される。このような短期休閑の焼畑サイクルは、高木の多い長期休閑林を伐採するよりも伐採労働は楽であるため好まれる(1)。

もう一つのパターンが、このような世帯ごとの移住ではなく、集落そのものの放棄である。何らかの集落が放棄される場合、集落を構成するすべての人びとは他の集落やあらたな開拓場所へといっせいに移住する。多くの場合、移住先は同じではなく世帯ごとにそれぞれ友人や親族を頼って離散する。放棄された集落はたいてい数十年は無人のまま、植生は成熟した森林へと遷移していく（写真7-7）。つまり、森と焼畑から見た場合、人びとは短期休閑と長期休閑の二重の焼畑休閑パターンをとっているのである。そして、集落の消長を決めるのはこの第二のパターンである。

集落そのものが放棄された八七の事例について、その要

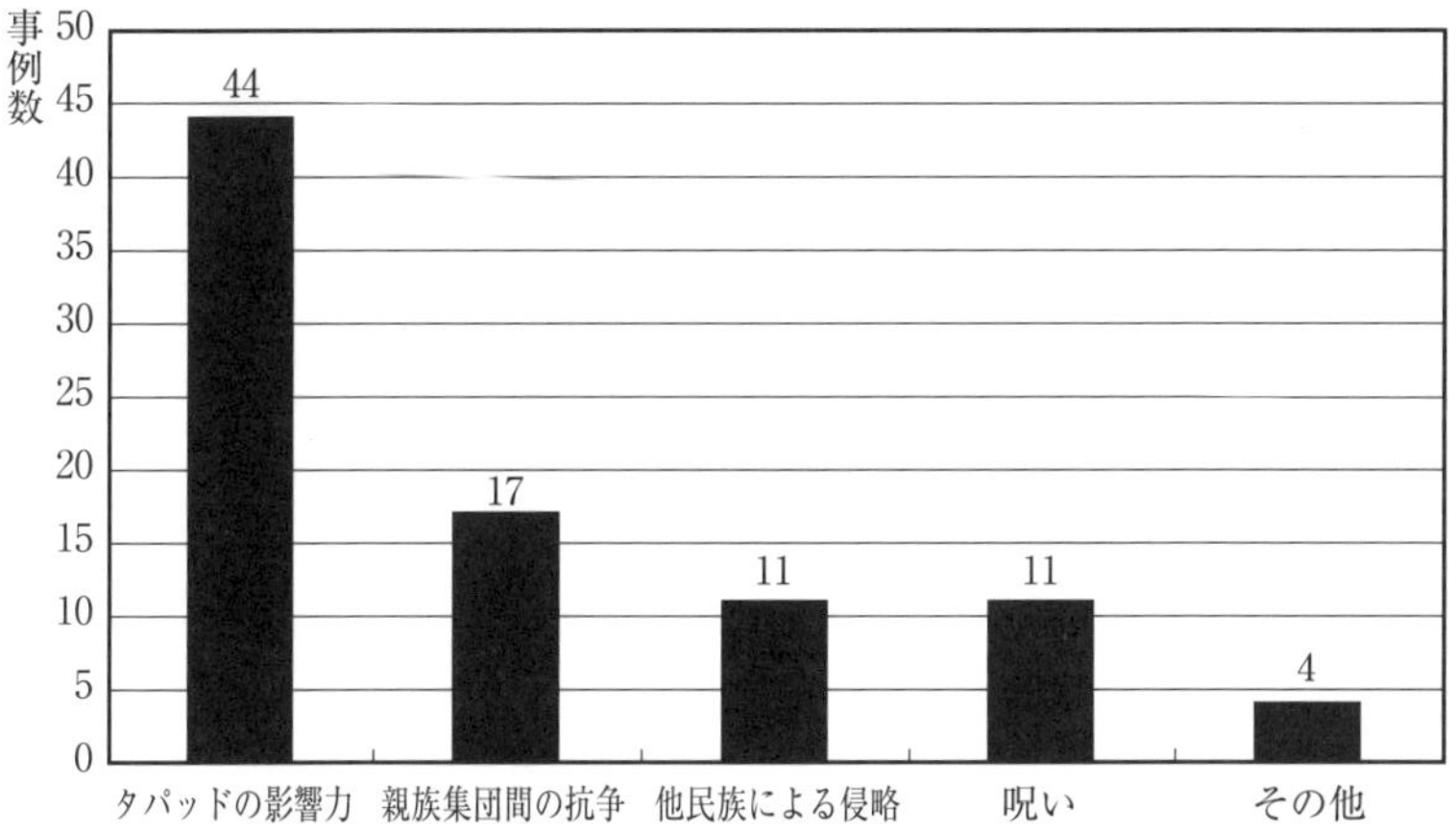

図7-3　大規模集落放棄の要因

因を図7-3にあげた。ここで最も多く言及されている「タパッドの影響力」というのは、タパッドの死去によってその土地が忌避され、放棄される場合と、力の強いタパッドのもとに人びとが移住したために近隣の集落が無人になった場合のいずれかによる。先に述べたように、タパッドはその力を認められることによって人びとを集めることができると同時に、彼が亡くなった時にはその場所は死霊が災いをもたらすと信じられる。こうして、タパッドが人口の集中と分散の両方に影響を与えるのである。

他の要因、親族集団間の抗争、他民族による侵略、呪いというのはいずれも、個人や集団間のあつれきを原因とするものである。これらはマジャンの集落動態にとってきわめて重要な要因であるため、次に個別の事例を通して詳しくみることにしたい。

III　移動パターンの制約としての戦いと呪い

1　戦いから逃れる人びと

第二次世界大戦の前後の時期まで、マジャンにとって大きな脅威の一つは、隣接する他民族からのレイディング（略奪のための襲撃）の恐怖であった。とくに図7-1の地域（現在のゴダレ行政区）のマジャンの場合、西方のサバンナからのアニュワのレイディングが繰り返し発生した。アニュワはマジャンの集落へ襲撃をかけると、戦果としてマジャンの女性と子供を奪ってテリトリーへ戻ってゆく。

一度このような襲撃を受けると、アニュワは同じルートをたどって繰り返しレイディングをおこなう。したがってマジャンはこうした状況下にある集落域を放棄して、他の安全な地域に移住する。図7-1のA地域は二〇世紀の初頭にこのようにして放棄された事例である。当時アニュワの大規模な襲撃によって有力なタパッドが殺害され、人びとは離散した。C地域に避難していた殺害されたタパッドの息子らが一九三〇年代後半になって再び開拓するまで無人の地となっていた。人びとが戻ったときには、この地域は成熟した二次林になっていた。

アニュワに代表される異民族によるレイディングはひんぱんにおこなわれたが、マジャンの戦いの場合、脅威はこうした外部からのものに限らない。むしろ数の上では、マジャン内部の異なる親族集団どうしの抗争に端を発する集落の大規模放棄の事例が多いのである。例えばE地域は一九五〇年前後を中心に二つのクラン間の報復合戦が起こり、その結果人びとは離散して無人の地となった。マジャンの社会には、身内が殺害された場合、その相手もしくはその身内に報復しないといけないという、典型的な血讐の考え方がある。したがって、何らかのきっかけ（しばしば結婚や女性をめぐるトラブル、盗みなど）から殺人事件が起こってしまった場合、報復合戦に発展することがしばしばあった。同じ集落域に住む人びとは多くの場合、姻戚関係などによって一方の身内と見なされることがほとんどである。彼らは報復の恐怖を逃れるために移住を強いられることになるのである。一九六六年にこの地域で人類学的調査をおこなったスタウダーは、E地域やその周辺は無人地域であると書いているが（Stauder 1971:183）、当時の航空写真を詳しく調べると、放棄されて一〇～二〇年程度と思われる二次林がかなり広範囲に広がっているのが確認できる。

報復の連鎖による血讐は、国家社会の警察にあたる上位の統治が不在であることからおこるものと考えられる。したがって、集住化と同時に社会主義政権の統治が浸透してくる一九八〇年代以降、この種の集落放棄の事例は激減した。マジャンの社会内部で殺人事件が起こったとしても、殺人者が刑務所に送られて一応の解決をみることが多くなったからである。しかし集落放棄がまったくなくなったわけではない。図7-1のBは一九八〇年代の集住集落(ボシ村)でおこった大規模集落放棄の事例地域である。一九八四年、ボシ村で酒宴中に殺人事件がおこった。ささいな口論から、酔った男が相手を槍で刺したのである。刺された相手はすぐに槍を刺し返した。最初に刺した男は即死し、もう一方の男も翌日死んだ。互いに差し違えるような結果になったのである。

これが全く突発的な事件であったのか、それとも両者の関係には複雑な背景があったのかは明らかではない。しかしいずれにせよ、親族間の報復合戦に発展することを恐れた人びとは短期間のうちにこの集住村を捨て、いくつかの既存の村に移住してしまった。ボシ村にはその後現在まで人が戻ることはなく、二〇年たった今ではイチジク属やネムノキ属の木々が樹冠を覆う無人の二次林となっている。

2　呪いと死霊

大規模集落放棄の原因としてレイディングや戦いに次いで多いのが、呪いのうわさをきっかけにした放棄である。呪いもほとんどの場合、集落の成員の死をともなうものであり、人の死に起因するという点で戦いやタパッドを原因とする放棄との共通性がある。

例えば、短期間のうちに人が立て続けに死んだりすると、しばしばその原因は死霊に帰せられたり、集落の誰かが呪いをかけたのだということにされる。実際の原因は伝染病の流行など、いくつかの場合があるだろうが、しかし人びとが呪いや死霊の仕業だとみなすことによって、集落は棄てられることになるのである。

後に述べるように、集住化してキリスト教を受容した若い世代のマジャンたちは、タパッドによって操られる従来の精霊信仰を捨てた。しかし、死霊や呪いなどの邪悪な霊的存在そのものが完全に否定されたわけではない。したがって、現在でも呪いが人びとの移動を促す原因になることはある。筆者が直接観察した一九九〇年代の呪いを原因とする一つの放棄事例（図7-1のD地域）を以下に紹介する。

一九九三年、ゴダレ行政区ではD地域に集住村（ジャーマン村）をつくる計画をしていた。D地区一帯はもともとマジャンの居住域のなかでも辺境に位置し、人口もまばらで数世帯から成るいくつかの小さな集落が点在していた。筆者が一〇月に訪れたとき、集住村の建設予定地に人びとが移住している最中であり、村の中心部の小高い丘の上には教会がつくられていた。

ところが、二年後の一九九五年にここを訪れたとき、状況は一変していた。ジャーマン村は数ヶ月前に放棄され、中心部は無人の廃墟となっていたのである。周辺の小集落に移住した人びとの話によれば、その原因はある女性が呪いをかけたことであった。呪いをかけたとされる時期の後、四人の集落成員がわずか一ヶ月あまりの間に死亡し、さらに夜間、複数の人びとが空中に浮遊する火の玉を見たという。

3　無頭社会と森棲みの戦術

少なくとも一九七〇年代前半までのマジャンの社会は、親族集団をこえる規模の集団を統治する明確な制度やリーダーをもたない、いわゆる「無頭社会」であった。さらに、森の外のサバンナや高地からは常に略奪者の襲撃の危険性があった。こうした政治的アナキズムの状況下で、森に棲む人びとのとりうる最も効果的な戦術は、モノを蓄積し集住するよりは分散し、攻撃に対しては素早く移動し逃げ、必要があれば報復する、というヒット・アンド・アウェイのやり方であったと考えられる。

緊急時の場合、彼らは山刀や短刀、赤ん坊やニワトリ、当座のわずかな食糧だけ持ち、ただちに森の奥に避難する。男たちの場合、泊まりがけの狩猟やハチミツ採集の旅など、森に仕事に出かけるときは山刀を手に、短刀と火おこし棒を腰につけただけの軽装である。森に避難するときも同じスタイルなのである。

じつはこうした森棲みの戦術は、たんに非常時の行動様式であるばかりでなく、マジャンの人口構造にも強く関連している。かつてのマジャンは、明瞭な少産社会であった。これは単にマジャンが分散して居住しているという人口密度の問題だけではなく、女性一人あたりが生む子供の数が、狩猟採集社会などと比較してもきわめて少ないのである。二〇〇二年以降におこなったインタビューに基づいた、一九六〇年代以前に生まれたマジャン女性一二九人の出産記録を筆者は持っている。これによると、死産・乳児死亡も含めた女性一人あたりの平均出産数は三・二人となっている。この値は、典型的な少産少死の狩猟採集社会とされたクン（ブッシュマン）の一九六〇年代以前の平均出産数四・六人を大きく下回っている（Howell 1979）。

集住化以前のマジャンが少産社会であった原因は一つではない。たとえば、マジャンの社会が古くから離婚が多く、有配偶率が低かったことも原因の一つであると筆者は推定している。しかしながら、マジャンの人びと自身の出産にかかわる次のような規範が存在し、それが少子傾向を支えてきたことは確かである。マジャンは最低でも三〜四年の出産間隔をあけることが理想であり、それよりも短いと上の子が「腐ってしまう（majeng）」という。これは上の子に十分な授乳期間を設けずに離乳させることで、上の子を栄養不良にしてしまうことからきているが、もう一つの理由として人びとがあげるのは、ひんぱんな移動をともなうかつての生活パターンでは、上の子が自分で歩けるようになる以前に下の子を生むことは問題だとするものである。年子が生まれた場合の不都合について、「アニュワが攻めてきた場合、どうやって二人の子を連れて逃げるんだ?」と多くの人びとは表現するのである。

このように、対外・対内的な社会の不安定性に対して、森という環境を生きる場とする人びとがとる「森棲みの戦術」は、集落パターンに限らず、生活や社会構造のさまざまな側面にまであらわれている。彼らにとって、食糧資源としての森林動植物のみならず、森という空間そのものが生命を守る資源であるといえる。

IV 移住から定住へ

1 社会主義革命と集住化の受容

ハイレセラシエ政権期のマジャンと政府とのかかわりは、主に地方行政官による不定期の徴税の試みに限られ、それも効果的なものではなかったようである。ただし、第二次大戦後には奴隷交易も衰退し、他民族からの侵略の頻度も減少していったため、マジャンにとって定期市の開かれる町はより身近で魅力的な場所になっていた。塩などの日用品のほか、婚資に必要な貴重品を入手するために町に近い集落に移住するマジャンが増え、そのような町近郊の集落の中には、力の強いタパッドのもとで人口数百人に発展するものも現れた (Stauder 1971)。

一九七四年、エチオピアに社会主義政権が誕生すると、マジャンをとりまく環境がさらに大きく変わった。新政権はハイレセラシエ政権下で統治の外にあった南部の低地に住む人びとを行政的にコントロールすることを試みた。その一環として、あらたに行政村をつくることによって、サバンナや森林に分散して暮らす人びとを国家行政の末端に組織することを目的とする集住化 (villagization) 政策が実行に移された。マジャンの集住化は数年の準備段階の後、一九七九年頃から本格的に着手された。

エチオピア南部の他地域において、集住化は全体的に成功したとは言いがたい。集住化がうまくいかなかった地域の多くでは、伝統的な住民組織の抵抗にあった。ところが、マジャンは集住化を積極的に受容し、現在のゴダレ行政区内を中心にいくつもの集住集落がつくられた。集住村は数十世帯から百世帯をこえる人びとが居住し、集落放棄が発生しにくい、定住度の高い大規模なものである（図7-4）。この過程で集住化をすすめたのはメティの地区行政官だったが、一方で実質的にマジャンの人びとをリードし、集住化を受容するように促したのは当時のマジャンの若い世代（主として一九五〇年代生まれ以降の人びと）のリーダー達だった。

集住化を推進していたマジャンたちに共通するのは、彼らの多くが社会主義革命以前に福音主義キリスト教ミッションと関係を持っていたことである。一九六五年に、初めてマジャンの居住域に長老教会系のミッションが建設され、アメリカ人の牧師が社会主義革命後に国外退去処分を受けるまで、一一年間活動をおこなった。この間、当時十代、二〇代のマジャン達は、現在のゴダレ村に建設された教会と学校に通い、キリスト教に改宗していた。当時のマジャンたちがミッションを受け入れた最大の理由として、ミッションがおこなった医療活動の恩恵があった。当初ミッションの活動に敵対していたタパッドも、後には天然痘の予防注射を受けるようになったという（Hoekstra 1995）。こうしてミッションを通して外部との接触をおこなっていた若いマジャンたちは、ミッションに代わって学校建設などの行政サービスを提案する政府を積極的に受け入れたのである。

マジャンたちはこれらの集住化村落建設とキリスト教受容を不可分のものととらえており、集住村の中央には行政施設とともに草葺きの教会をつくり、若いマジャン達の指揮による礼拝をおこなった。礼拝の場ではリーダーによる教説がおこなわれ、小さな集落で分散して暮らし、頻繁に親族集団間で戦いをおこなうかつての暮らしを「昔のマジャ

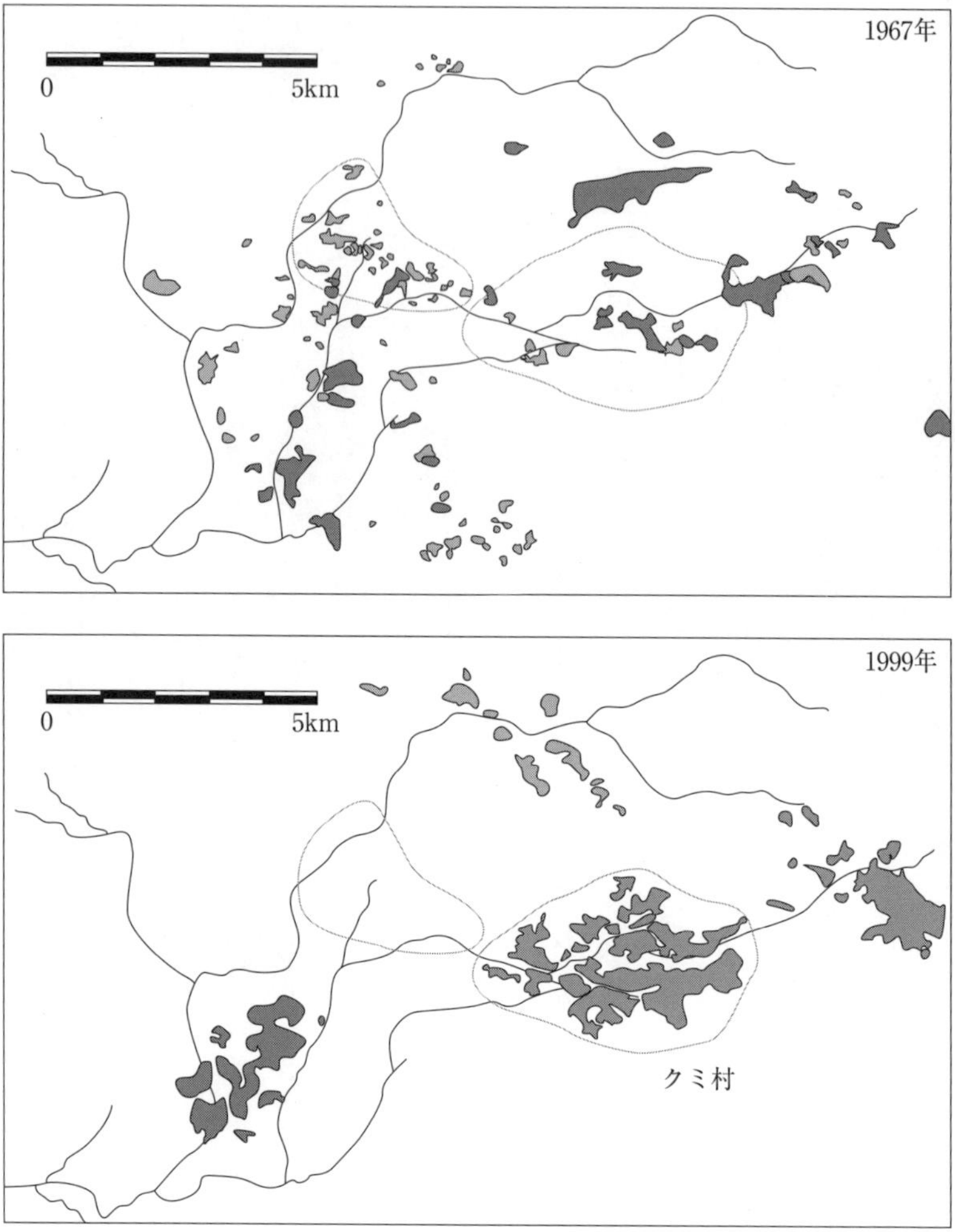

図7-4　集住化前後の焼畑・集落分布

ンの暮らし」として否定し、集住村に暮らし、洋服を着用し、キリスト教を信仰する「新しいマジャンの暮らし」を奨励した。

2　変化する環境と戦術

マジャンがかつての生活や居住パターンを急速に変えたのはなぜだろうか。それは、もともと変換可能な二つの恣意的な文化だったのだろうか。集住化の前後のマジャンをとりまく背景をみることによって、移動生活を規定する諸要因と、集住化を受け入れることの必然性が浮かび上がってくると思われる。

すでに見たように、かつてのマジャンの集落放棄のパターンを促す要因となっていたのは、「社会的あつれき」や「呪いや死霊への恐れ」という、社会や信仰の領域にある問題であった。呪いや死霊への恐れは、タパッドの操る精霊に対する信仰に基づくものである。これらも広い意味では、人の死に関連する社会的な不安から発するものである。

社会的あつれきの大きな要素であった奴隷交易やレイディングは、第二次大戦後に徐々に衰退した。不十分ではあったものの国家警察の統治によって、マジャンにとって森の外の世界がアナーキーな場所ではなくなり、外界との接触は日常的になった。さらにミッションによる医療活動は、マジャンにとって最も重要な関心事であった病気を効果的になおす便宜を与えてくれた。

社会主義政権による集住化計画は、こうした流れの延長上に現れたものであった。当時の行政官たちは、集住化推進の過程でマジャンたちに大量の山刀と洋服を支給し、集住村の開拓と食糧の増産を促した。政府は社会主義政策の一環としてそれまで国内で活動していた外国人ミッションたちを追放したが、ミッションとのつながりを持っていたマジャンたちは逆に集住村に教会を建設し、ミッションの活動とキリスト教信仰、集住化の運動を同一の路線上にあるとみなしたのである。キリスト教信仰は実生活の面でも集住化のスタイルによく合致していた。タパッドの精霊信仰では、集団のリーダー格の人間の死は、死因が何であれ移住を促す要因になった。若いマジャンたちのキリスト教運動はこうした精霊信仰を否定し、死者は村のはずれにある墓地に等しく葬られることになった。

移住生活のスタイルや信仰、世界観をこのように短期間のうちに変化させたマジャンの若い世代の人たちは、アナーキーな社会から相対的な平和へと変化する状況のなかで、国家政策を利用してその波にのり、より豊かな生活を享受する方向に人びとをリードしていったようにみえる。彼らの求めるものはより豊かに生き延びることであり、移住と定住という生活パターンはそれぞれの状況の下でその目的を達する戦術であった、と考えることができるのではないだろうか。

V　あらたな状況と森への執着

集住化を受容したマジャンは、一九九一年社会主義政権がたおれ民族自治を標榜する新政権が発足すると、州内の一民族として政治的代表権を得た。ガンベラ州ではマジャンはアニュワ、ヌエルに次ぐ人口を有する先住民族として連邦議会の代表権と州内の行政ポストを得られることになった。

しかし、こうした展開がマジャンにとって十分に好ましいものであったかどうかは疑わしい。中央の統制が弱まり民族を基本単位とする自治権が地方に委譲されることによって、さまざまな利権をめぐる民族間の争いがあらたに発生することになったからである。国家権力の傘の下、かつてのような奴隷交易やレイディングの恐怖から解放されたマジャンの人びとは、別の形で戦いの危機にさらされることになった。

1　東西からの攻撃

新政権発足後の州分割でマジャンはガンベラ州内での勢力として認められたが、実際にはマジャンの集落はガンベラ州と境を接するオロミア州、南部諸民族州の森林地域のかなり広い部分にも分布している。この二つの州に住むマジャンは州の統治に参加する権利を制限され、その結果行政サービスも満足するようには受けることが困難である。こうした状況はマジャンの間に不公平な行政区分として強い不満を感じさせるものだった。

とりわけ南部諸民族州のテピ周辺には、数多くのマジャンの集落がある。歴史的にも、テピは一九五〇年頃、マジャンの森の中に開拓されたアムハラの町であり、マジャンがこの地域の先住民であることは当時を知るアムハラの老人たちも認めている。しかしテピ周辺は、新政権によって従来それより北部に住んでいたオモ系民族のシェカチョーを中心とする行政区とされた。

この状況に強い不満を感じたマジャンは一九九三年四月から五月にかけて、組織的な武装行動によって抵抗を試みた。テピ周辺の道路を一時封鎖し、シェカチョー側の人間とみなした者の多くを殺害した（佐藤 2000）。このマジャンの武装行動は、シェカチョーに限らず町に住む多くの人びとを驚かせた。森に棲むおとなしい人びとと思われていたマジャンが、このような大規模な組織的武力行動を突然おこなったからである。さらにマジャンたちは、森に侵攻してきたエチオピア暫定政府の正規軍をむかえうち、地の利を生かして百名をこえる軍隊を撃退した。

しかしながらこの結果、この武装行動に関わったとされる三百名をこえるマジャンが逮捕され、シェカチョーの本拠地であるマシャの町に収監されることになり、テピ（イエキ地区）の行政権はほぼシェカチョーに握られた。

この問題はその後も解決することなくくすぶり続け、二〇〇二年二月には、シェカチョーを中心とする勢力によるマジャンと農耕民シェコに対する虐殺事件がおこった。この頃、マジャンと、マジャンの隣人で古くから混住してきたシェコは政治的に同盟し、イエキ地区でシェカチョーに対抗する勢力をつくっていた。シェカチョーはこれに対して攻撃を加えたのである。シェカチョーは南部諸民族州政府を完全に味方につけていたため、州都アワサからやってきた州警察隊はシェカチョーの援軍として、マジャンとシェコの村を焼き打ちにした。この事件でテピに近いマジャンとシェコの定住村の家の多くが焼かれた。事件の犠牲になったシェコは数百名にのぼるといわれるが、マジャンの犠牲者は少なくとも三八名だった。両者の犠牲者数がなぜこれほどまでに違うのかについては後述する。

この頃、併行して西側、ガンベラ州の隣人アニュワとマジャンとの戦いもおこっていた。二〇〇一年七月におこったアニュワによるマジャン女性のレイプ殺人事件をきっかけに、両者のあいだで報復合戦が一年以上にわたり続いていたのである。マジャンが一九九八年に政府によって銃を没収され、事実上武装解除されたことが、アニュワのマジャンに対する攻撃の要因の一つになっていると思われる。古くからマジャンに対してレイディングをおこなってきたアニュワとの関係は、新政権発足後は政治的にはガンベラ州内で協調関係が続いてきたものの、これをきっかけに一気にアニュワに対する敵対感情がよみがえり、アニュワと混住していたマジャンたちも森に逃げてきた。こうしてマジャンは、東西の両側の敵にはさまれる窮地に陥った。

2　持続する森棲みの戦術

一九九三年のマジャンの武装行動の際、町に隣接するマジャンの村にエチオピア暫定政府軍が侵攻してきたとき、筆者はマジャンの友人とともに森の奥の小集落を訪ね歩いていた。マジャンの他には誰も入って来ることのできない、踏み跡程度の小さな森の道である。当時住んでいた集住村の方向に戻っていたところ、人気のなかった森の反対側（集住村や町の方向）から歩いてくる何人もの女性に出会った。皆、農作業に使う背負い篭や、子供を背に負っている。中には、手にニワトリを持っている女性もいた。篭にはイモなど当座の食べ物や短刀などが入っている。

筆者と友人は女性たちに事情を聞いて初めて、その日の朝メティ近郊の集住村に政府軍が侵攻したことを知った。人びとはそれを見るや、道中必要なわずかな道具を持って直ちに森の踏み跡をたどって逃げてきたのである。「ヤーディカック（当時の政府、およびその軍隊をさすマジャン語）が報復に来た。逃げ遅れたら、殺されてしまったかもしれない」と彼らはいう。人びとは集住村を離れて小集落に暮らす親族や友人を頼って逃げたのである。

その時は、政府軍は村人に攻撃を加える意思がないことがすぐにわかり、一度は森に逃げた人びとも二、三日のうちにほとんどが集住村に帰っていった。しかし筆者はこの一部始終をみて、集住化によって表面的には大きく生活形態を変えたマジャンの人びとであるが、森という空間を利用する戦術と技術は失わずに受け継がれているのだとあらためて思った。このような対応は、戦いの勃発のような事態が発生した時にはっきりと現れるのである。

二〇〇二年のシェカチョーによる虐殺事件の際、マジャンは同時に州政府に攻撃されたシェコに比べてはるかに少ない被害ですんだ。シェコは村が焼き打ちにされた際、多くの人びとが家の中に追いつめられ、火を放たれて焼死した。マジャンはテピ近郊の村が攻撃された際、いち早く森の道を通じて逃げのびたという。「シェコは戦いのやり方を知らないから、最悪の選択をしてしまった」とマジャンが言うように、長い間定住農耕民として生きてきたシェコと、森棲みのマジャンとの違いが大きく現れたといえるのかもしれない。

集住化によって、マジャンの暮らしは表面的には大きく変わった。しかし、森棲みの戦術自体は持続しており、それがマジャンの人びとが生きる上で必須の知識、技術となっている。それは戦いのような非常時に発揮されるだけではない。次に述べるように、日常の営みによって、子供期・少年期の長い時間を通じて受け継がれていくのである。

VI　森棲みの戦術はいかに獲得されるのか

集落形態を大きく変化させ、あらたな生活スタイルを選んだかにみえるマジャンの人びとだが、森棲みの戦術はむしろ持続しており、それは戦いなど危機の場面により鮮明になることをみてきた。また、森を伐採する焼畑にせよ森の蜜源植物に依存するハチミツ採集にせよ、森の資源を生きる糧とすることは昔も今も変わらない。

こうした森の利用は、いうまでもなく彼らの森に対する深い知識に根差している。たとえばマジャンの男たちは、踏み跡のない広く暗い森を歩き回っていても迷うことはない。これは、筆者など外から来た者には、訓練したとしてもとうてい真似のできない高度な方向感覚である。彼らは森を歩くとき一本一本の木や微地形などを注意深く観察し、それらをランドマークにして集落がどの方角にあるかを確認する。往路と異なるルートをたどる場合にも滅多に迷うことはない。彼らはそんなとき、後頭部を指して「ここに聞けばわかる」という。

マジャンが高度な森の知識・技術を持っているのは、少なくとも生まれつきではない。マジャンの子として生まれたとしても、何らかの事情で少年時代に何年も町に住んだりした場合、大人になって森に戻ったとしても、しばしば山刀がうまく使えず、高木に登ることもできないのである。焼畑を伐採しても草の匂いに耐えられず吐いてしまったり、怖がって木に登れない、そうした若者をみると、マジャンの人びとは「これからどうやって生きていくのだろう?」と心配する。実際マジャンの生活では、焼畑の伐採ができない男性や裸足で畑仕事のできない女性は自活が困難である。

人びとによると、男女とも六、七歳くらいから徐々に森の生活に慣れ、そこから十代半ばくらいまでに少しずつ仕

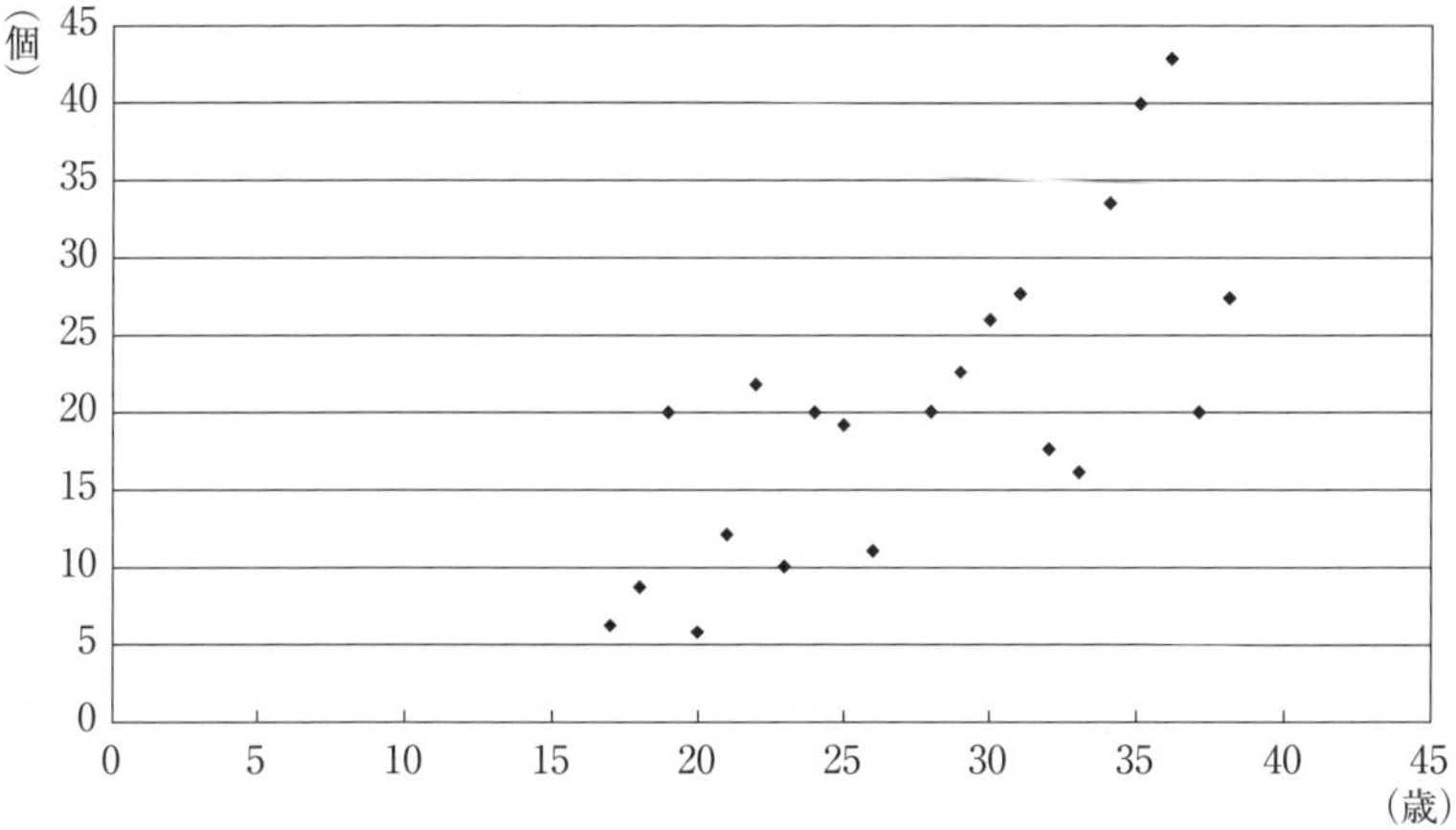

図7-5　年齢別にみたハチ巣箱の平均所有数

事を覚えることが重要で、その時期をのがすと大人になってからでは難しいのだ、という。男性で習得のための訓練が必須とされている重要な仕事は焼畑とハチミツ採集で、女性の場合は、習得の容易な順に薪とり、水くみ、竪杵を使った製粉、炊事一般、そして木の切り株や雑草のはびこる焼畑における雑穀の収穫作業である。さらに、土器造りも習得に非常に時間がかかる技術であるが、これは個人差があり、訓練してもなかなか上手くつくれない女性も多い。彼らは、少年少女の時代にこれらを遊びや真似事からはじめて、段階的に学びとっていく。

図7-5は個人が所有するハチの巣箱の数を年齢別にみたものである。結婚するために必要な稼ぎを考えると、巣箱は三〇くらいは持っていないと厳しいと言われる。現実には二〇代男性の平均でも二〇個に達しないくらいであり、不十分と言われながらも結婚するケースがむしろ普通である。巣箱の製作から、どこに仕掛けたら良いかというカン、暗闇での木登りの技術など、習熟に多くの年数がかかる高度な技術なのである。

六、七歳になった男の子は、細い木でおもちゃのハチの巣箱をつくり、家のそばの低木に登って仕掛けたりする（写真7-8）。さらに十

写真7-8　低木の枝に模擬的な巣箱を仕掛け,「ハチミツ採集ごっこ」をする6歳の少年.

写真7－9　焼畑伐採を手伝う14歳の少年.

歳前後になると、父親について森にでかけ、泊まりがけで採集の手伝いをするようになる。しかし、実際に高木に登って巣箱を仕掛け、一人前にハチミツ採集ができるようになるのは十代後半になる頃である。さらに巣箱の数を増やし、一定の収入が得られるようになるのは二〇代後半になる頃といってよい。危険のともなう仕事であるハチミツ採集は、習得に時間のかかる高度な仕事である。子供たちは遊んだり父の仕事を日常的にみたりすることで、長い時間をかけて高度な技術を身につけていくのである。一方焼畑の伐採については、十代前半の頃から父親と一緒に焼畑を伐採するようになり、二〇歳前後になると、必要があれば父親と別に独立した畑を伐ることができるようになる（写真7－9）。

一方女の子は八、九歳になる頃から、水くみ、薪割り、炊事の手伝いなどの仕事を手伝うようになる（写真7－10）。男の子の森の仕事がもっぱら技術をまねることにあるのに対して、女の子の水くみや薪とりは、すでに母親や家族にとって大事な戦力になっているようにみえ

写真 7－10　焼畑伐採地の倒木から薪を伐る 12 歳の少女．

る。しかしながら、炊事に関しては、父親の食事や客にふるまうための食べ物をつくれるようになるのは、十代も後半になってからだという。真っ白なトウモロコシでつくるウガリ（キウ kiw）は、未熟者がつくると色が悪かったり、ムラができたりして満足いくものにならないからである。それまでは、もっぱら母親の手伝いをしながらの見習い期間として、炊事の手伝いをする。

このように、我々の社会で就学期間とみなされる六、七歳から二〇歳前後くらいの年代は、彼らにとっても同じように、大人として生きるための高度な技術を習得するための長期にわたる学習期間なのである。森棲みの戦術は、こうした長い時間をかけてマジャンの身体に刻まれ、一生の糧となり、次世代に受け継がれていく。

VII　変化のなかで持続する「森棲みの戦術」

本章で示した二〇世紀のマジャンの事例に限らず、人びとをとりまく状況は絶えず変転する。変転する困難な状況のなかで抗い、与えられた条件のなかから最善の選択を重ね、みずからのスタイルをつくりあげていく。持続戦略とは、変化する環境条件に対して柔軟に対応し、その都度最善の生き方を編み出していくような人びとの行動パターンなのではないだろうか。本章ではとくに民族間関係と政治的不安定性を変化する環境条件としてとらえ、それへの対応としてマジャンの人びとが移住する戦術から集住化の戦術へと変えていくプロセスをみてきた。

人びとをとりまく困難な状況は、たえず消えることはない。奴隷交易やかつてのようなレイディングはなくなっても、資源をめぐる民族間の葛藤はあらたな形で発生し、戦いの脅威は容赦なく人びとの生活に影を落とす。マジャンはそのような困難に対して、隣接する諸集団とは異なる「森棲みの戦術」を保持してニッチを築きあげ、自らの身を現在まで守り続けてきた。持続戦略に対応する戦術は一つではなく、柔軟に変化するものもあれば、変化のなかで変わりがたい戦術もある。変わりがたい戦術は、人びとの生活をより深く規定するものであろう。マジャンの人びとにとって、森は生活にかかわるさまざまな資源を得る場所であると同時に、敵の襲撃から自らの生存を守る場所でもある。マジャンにとって森はあらゆる意味で持続を支える基盤となるものといえる。森に強いアイデンティティを重ねるのも、そうした現実を反映しているのである。

註

（1）短期休閑が好まれる理由の一つに、この森の植生遷移の特徴に由来するものがある。現在のマジャンの森では、焼畑を放棄した後数年間はショウジョウハグマ属（*Vernonia* spp.）の低木が樹冠を覆い、繁茂する。これらの植物が他の雑草の繁茂をおさえ、伐採も容易にする。この状態の植生の伐採は最も労働効率がよいため、人びとはこの段階の休閑林を伐採することを好むのである。結果として、休閑期間は比較的短いものとなる。

●第4部　社会変動と空間の再編成

第8章

民俗の時間から近代国家の空間へ

オロモ系ボラナ社会におけるガダ体系の時間と空間の変容

田川　玄

I　年齢体系と空間の秩序

南部エチオピアから北部ケニアにかけて居住するオロモ系牧畜民のボラナ（Borana）は、ガダ（gadaa）という年齢体系をもつことで知られている。社会人類学では、年齢体系を政治や軍事的な機能をもつものとして捉える見方と、儀礼体系あるいは認識や観念の体系と見なすべきであるという立場のふたつがある。

前者にしたがえば、年齢体系は年齢と世代という社会を横断する基準によって主に男性を若者や壮年、長老などに組織し、それぞれ軍事や政治、儀礼といった社会的役割を与えるものである。一方、後者の考え方によれば、政治的・軍事的な機能は年齢体系にとって本質的なものなのではなく、年齢体系とは年齢と世代によって人を分類し秩序づける社会体系であり、時間の秩序と関係する。

ガダ体系の先行研究でも同様な議論が繰り返されてきた。ガダ体系は、合議によって政治的儀礼的な役職者が選ばれ、八年の間は社会全体の安寧への責務を負うが、八年後には次の役職者と交代する。こうしたことは、先行研究者によってしばしば「民主政治」や「政権交代」にたとえられる（cf. Asmarom 1973; Bassi 1996 etc.）。

また、儀礼体系という観点からいえば、ガダ体系の儀礼を通して神／天との交流が維持され社会の安寧が図られるが、そうした儀礼は個人の人生を区切り、なおかつ歴史の認識枠組みでもある。歴代の年齢体系の長の名前は時代区分として記憶され、その時代に何が起きたのか、その長はどのような人物であったのかが、歴史の知識をもつものによって語られる（cf. Baxter 1978）。

ところが、政治・軍事的な側面を強調する視点と儀礼や認識枠組みを重視する見方のふたつのアプローチのどちらも、ガダ体系が空間的にどのように社会と関わっているのかについて語ってこなかった。政治的な役割を重視する立場は、ガダ体系が具体的に領域の獲得や支配にどのように関わっているのかについて、述べることはない。オロモの歴史研究においても想定されているように、ガダ体系が軍事的な機能をもち、オロモの領域の拡大に大きく寄与したのであれば、領域の支配と結びつくことが想定されるはずだが、ガダ体系で強調されるのは選挙によって選ばれた代表者が一定の期間のみ政治的な責務を社会全体に負うという時間的な側面である。

ガダ体系を儀礼の体系として見なす立場も同様である。儀礼によって時間が区切られ認識の枠組みが作られるのであるが、それらの儀礼は実際には特定の空間においてなされるにも関わらず、どのように空間を秩序づけているのかについては、触れられることはなかった。

このように、政治・軍事的な側面を強調するにせよ、儀礼や認識体系として見なすにせよ、ガダ体系の先行研究は空間に関することがらを度外視していたようだ。こうした視点は、年齢体系が本質的に空間というよりも時間の秩序に関係する社会体系であるという理由のほかに、ボラナが一定の領域にとらわれない、家畜とともに移動する自由な遊牧の民であるというイメージによって作り出されたのかもしれない。

これらのことを踏まえたうえで、本稿では試みとして、ガダ体系が時間の秩序とともにボラナ社会の空間の秩序とどのような形で関係しているのかを明らかにしていきたい。さらにその上で、空間の秩序と関連して現代の政治状況のなかでガダ体系自体がどのように変化しつつあるのかを示す。エチオピアにおける近年のオロモ・ナショナリズムの進展と民族単位の連邦制への移行によって、ガダ体系がオロモ固有の民主的政治制度として強調されるにつれ、民族のあり方とともにガダ体系自体も変化している。オロモは現在の政権においてオロミア（Oromia）というひとつの州をもち、ボラナもそのなかで行政区を与えられた。民族の形が国家の行政単位として示されるようになってきたのである。こうした国家政治の状況下で、ガダ体系を通してボラナの空間的領域に対する結びつきに変化が生じていることを示す。

具体的な記述の手順は次の通りである[1]。はじめにボラナ社会の概略と社会構造について述べる。このなかでクランが政治的に重要であり、ボラナ社会はそれらの離合集散の過程で成立したこと、しかし、クランは排他的な領域をともなっていないことを指摘する。次にガダ体系の基本的な構造を述べ、一定のクランの代表者が周期的にガダ体系の役職者となることによって、ガダ体系を通してクランがボラナ社会に取り込まれ、社会の構成要素となることを指摘する。また、ガダ体系は強制力をともなう領域的な支配という役割をもたないが、周期的な儀礼の実践においては、空間の秩序と結びついていることを示す。

後半部では、中央政府の興亡にともなうガダ体系の変化を示す。最後に、近代の領域国家における民族単位の自治制という現在の政治状況において、国家から政治的役割を付与されるというガダ体系の「政治化」が生じていることを記述する。この状況は、それまで排他的に領域を支配してこなかった民族のあり方が、近代の国家に取り込まれることによって変化している事例である。

II　出自体系と領域

1　社会の概要

ボラナは、エチオピア南部からケニア北部の半乾燥地帯に居住するオロモ系社会であり、主に牧畜を生業とし、ウシ、ヤギ、ヒツジなどの家畜を所有する。もともと農耕をほとんど行っていなかったが、近年、耕作可能な地域において農耕が重要な生業となりつつある。

彼らの居住地域は、東部のリーバン（Liiban）地域と西部のディレ（Dirre）地域に二分される。東部と西部という二つの地域は、祝福の際に「ディレとリーバンは平安だ（Liiban Dirre nagaya）」と述べられ、外婚半族のサッボ半族とゴーナ半族、ガダ体系の中枢のラーバ階梯とガダ階梯とともにボラナの社会を構成するふたつの要素としてしばしば語られる。ボラナの人口の多くは西部のディレ地域に居住しており、そのなかには政治や宗教的に重要な役職者も含まれる。一方、リーバン地域は西部に対して儀礼的に優位にあるとされるが、ボラナは他の民族と比べて人口が多いわけではない。

居住形態では、ボラナは数戸から数十戸までの集落をつくる。集落は季節的に移動することはなく、定住的な傾向が強い。集落は「集落の父（abba olla）」の名前にちなんで呼ばれる。「集落の父」とは、その集落の構成員のなかで名の知られた長老であることが多く、特定の社会的な役割があるわけではない。

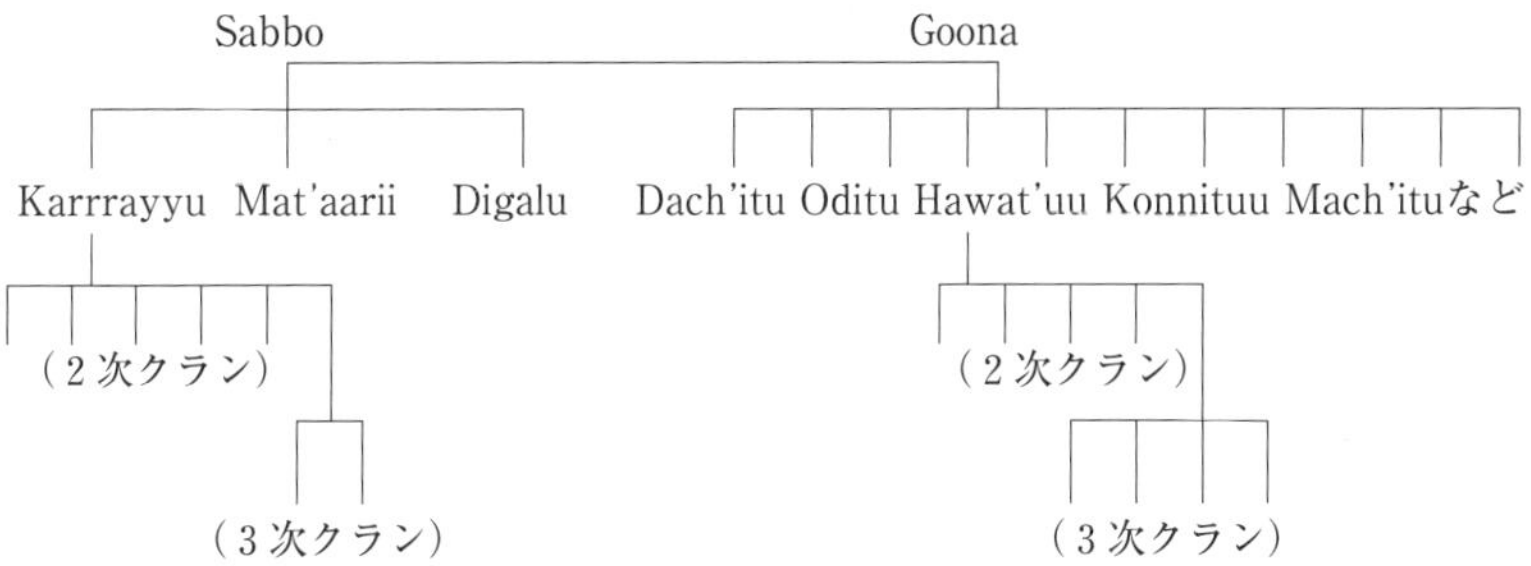

図８-１　クラン体系のモデル

註：ゴーナ半族はさらに二つの半族に分かれるがここでは省略してある

２　出自体系

ボラナ社会は、サッボ（Sabbo）とゴーナ（Goona）という外婚半族から成り立っている。この区分は、ボラナの根本的な婚姻規則であるが、外婚半族が政治的な集団として機能することはない。半族はゴサ（gosa）と呼ばれる父系クランによって構成される（図８-１参照）。父系クランは「マナ（mana）」（二次クラン）に、「マナ」は「バルバラ（balbala）」（三次クラン）に分節する。クランを指す「ゴサ」という言葉には、「範疇」や「種類」という意味ももつ。「マナ」は「家屋」、「バルバラ」は家屋の「戸口」という意味である。本稿では「ゴサ」をクラン、「マナ」を二次クラン、「バルバラ」を三次クランと便宜的に記述する。

クランの規模は一定ではなく、例えば、カライユ・クラン（Karrayyu）とハワットゥ・クラン（Hawat'uu）は規模が大きいが、アルチャイヤ（Alch'ayya）というクランは規模が小さく、他のクランとまとめてひとつと見なされる場合がある。クランを構成する下位クランの数も規模もまた一様ではない。規模の大きいクランの二次クランには、同様に規模の大きな二次クランが見受けられる。分節のレベルが深くなるにつれて成員間の結びつきは強くなる。特に三次クランやその下位分類が同じであれば強い結びつきが強調される。

クラン会合（kora gosa）では、成員に生じた問題を話し合う。会合で取り上げられる議題は、紛争調停、困窮者への援助、井戸やため池の建設維持、儀礼とそれを執行する役職者への援助、世代組の役職者の選抜に関する合意などである。結婚や離婚、家畜の帰属についてもクランに最終的な権限がある。異なるクランの成員との間に生じた問題では、ふたつのクランの成員が集まり会合を開くことになる。クランの会合に参加できるのは、成員の男性に限定され、他のクランの成員や女性が出席することはない。

また、クランは特定の住居領域をもたず、したがって、いかなる地域や村落においても、理論的にはすべての半族やクランの成員が居住している可能性がある。クランは土地に排他的な所有権と使用権をもたないのである。これは個人も同様で、どのような地位にあろうが、牧草地を含むすべての土地において排他的な権利を主張することはない。ただし、クランは特定の地域に特別なつながりをもつ。その関係をチョコルサ（choqorsa）という[2]。例えば、ハワットゥ・クランはヤベロ（Yabelo）という町の近辺にあたるゴーモレ（Goomole）という地域のチョコルサであり、ディガルというクランはアレーロ（Arero）という町の周辺地域のチョコルサである。これらの地域にはチョコルサとされているクランの成員が多く居住している。一方、すでにボラナの居住していない地域に対してチョコルサの関係をもつクランもある。フィールトゥ（Fiiltu）という地域は現在はソマリ系の民族の居住地域になっているが、ダンビトゥ・クラン（Danbitu）はそのチョコルサであるという。

また、井戸はクランの所有物とされており、その維持と管理もクランの責任であるが、他のクランや民族も使用できる。

3　ボラナ社会の成立とクランの脱領域化

ボラナの歴史は口承伝承によって一七世紀まで遡ることができる。それによれば、ボラナの祖先の「三〇人のボーロ（soddomi booroo）」と呼ばれる人々が、一七世紀中頃に現在の居住地の先住民を駆逐あるいは同化したのだという。「三〇人」は、東部のリーバン地方に侵入したとされ、駆逐された先住民には、同じオロモ系の集団も含まれる。例えば、その当時ワラダイ（Warra Day）という民族が深井戸をもっていたが、「三〇人」が呪術を使い彼らを混乱させ駆逐したといわれている。ワラダイとは、現在、ケニアのタナ川流域に住むオルマ（Orma）であると考えられている。

「三〇人」のボラナのリーダーは、アッバイ・バッボ・ホロ（Abbay Bobbo Horro）という「ガダの父」であった。現在のボラナの住民に系譜を尋ねると、始祖はアッバイの祖父にあたるホロに遡る。このようにボラナは自分たちが「三〇人」の子孫であるという認識をもつ。

先ほどの口頭伝承のように、現在の社会構造は、他民族の征服と同化といった複雑な生成の過程を経た結果であると考えられるが、この生成の過程は、少数のボラナの祖先が先住民を征服、同化した後も続いていたと思われる。例えば、カライユ・クランのなかに「出奔」という言葉にちなんだ下位クランがあるが、それはいったんボラナから分裂した後、再び合流したため、そのような名前がつけられたといわれている。このほかにも、現在、ボラナを構成しているクランや下位クランでも以前の敵対集団がボラナに合流したといわれるものがある。

こうした動態的な社会の生成過程を前提とすれば、クランや下位クランなどの出自集団は現在よりも自立した集団であり、離合集散を繰り返していたと考えることができよう。これは、主に北ケニアの諸社会の生成過程を口承伝承から明らかにしたシュレー（Schlee 1989）の述べるところと同じであるし、オロモ系諸社会の歴史からも同様なことが明らかにされている。

それでは、クランが特定の地域と特別な関係をもつことは、どのように考えるべきであろうか。例えば、カラーラ・クラン（Karaara）やクーク・クラン（Kuuku）はどちらともカッル（qallu）と呼ばれる世襲の儀礼リーダーを戴くが、これらのクランのもともとの居住地域は、現在はボラナの北に居住する同じオロモ系民族グジ（Guji）の地域となっている。さらに、その当時のカラーラ・クランは、ボラナの敵であったともいわれる。こうした伝承は、現在のようなボラナ社会が成り立つ以前には、排他的な権利を領域に主張していたかどうかは別として、クランがある程度は領域化されていた可能性を示すものであろう。

しかしその一方で、ハワットゥ・クランがゴーモレというヤベロ周辺の地域にチョコルサという特別の関係をもち、実際、現在もその地域は多くのハワットゥ・クランの成員によって占められるのに対して、ダンビトゥ・クランはソマリ系民族の現在の居住地に同様の関係をもっているという事実は、ボラナの居住する領域が徐々に失われていったことを示すものである。全体的にボラナの居住領域は、一九世紀からみてもグジによる南下とソマリ系諸集団の西進によって縮小してきている。この歴史の過程において、圧迫されたクランが、以前主に居住していた地域を離れて他の地域に移住し、クランの脱領域化が生じたと考えることはできよう。

オロモ系の他の社会においても、特定の領域を占める傾向にある出自集団が脱領域化することが推測されている。例えば、ナットソン（Knuttson 1967:39-40）はマチャ・オロモに関して、クラン名称と地域名称が同じであることから、当初はクランが一定の領域を占めていたが徐々に地域間の移動が起こり、さらに一九世紀末の帝国による征服や飢饉などによって移動が盛んになり、脱領域化に至ったのではないかと述べている。

それでは自立的なクランが、離合集散を経ながらどのようにボラナという社会を構成するに至ったのであろうか。

重要な機構と考えられるものは、他のオロモ諸社会にも見られる外婚規則をもつ双分制である。クランが自立した集団であったのならば、外婚規則をともなう双分制はクランの取り込みには都合のよい構造をもつ。クランが、どちらか一方の半族に加入すれば、その半族は類別的な兄弟となり、他方の半族は類別的な姻族という関係が成立するからである。このほかにもボラナのクラン間には冗談関係、忌避関係、友好関係などさまざまな関係が取り結ばれている。しかし、先行研究ではむしろガダ体系の統合機能が強調される。それでは、ガダ体系はボラナの社会統合の機能をもつのであろうか。

III　ガダ体系の時間秩序

1　ガダ体系の構造

ガダ体系は、階梯と世代組の複合した年齢体系である。（図8-2参照）[3] 現在のガダ体系の階梯の名称と期間は、第一階梯ダッバレ（dabbale）一六年、第二階梯ガッメ（gamme）一六年、第三階梯クーサ（kuusa）八年、第四階梯ラーバ（raaba）八年、第五階梯ドーリ（doori）五年、第六階梯ガダ（gadaa）八年、第七階梯ユーバ（yuuba）二七年、第八階梯ガダモッジ（gadamojji）八年であり、全期間は九六年となる。[4] 世代組は、六人の役職者が任命されることにより第三階梯において正式に発足する。世代組の発足は八年毎に行われる。すべてのボラナ男性は、自分の父親の世代組から五つ下の世代組に加入し、父親と息子の世代組の間隔は四〇年である。兄弟は世代規則に従い同じ世代組に所属する。

祖父の世代組、父親の世代組と息子の世代組、孫の世代組は、同じゴゲーサ（gogeesa）というカテゴリーにある。

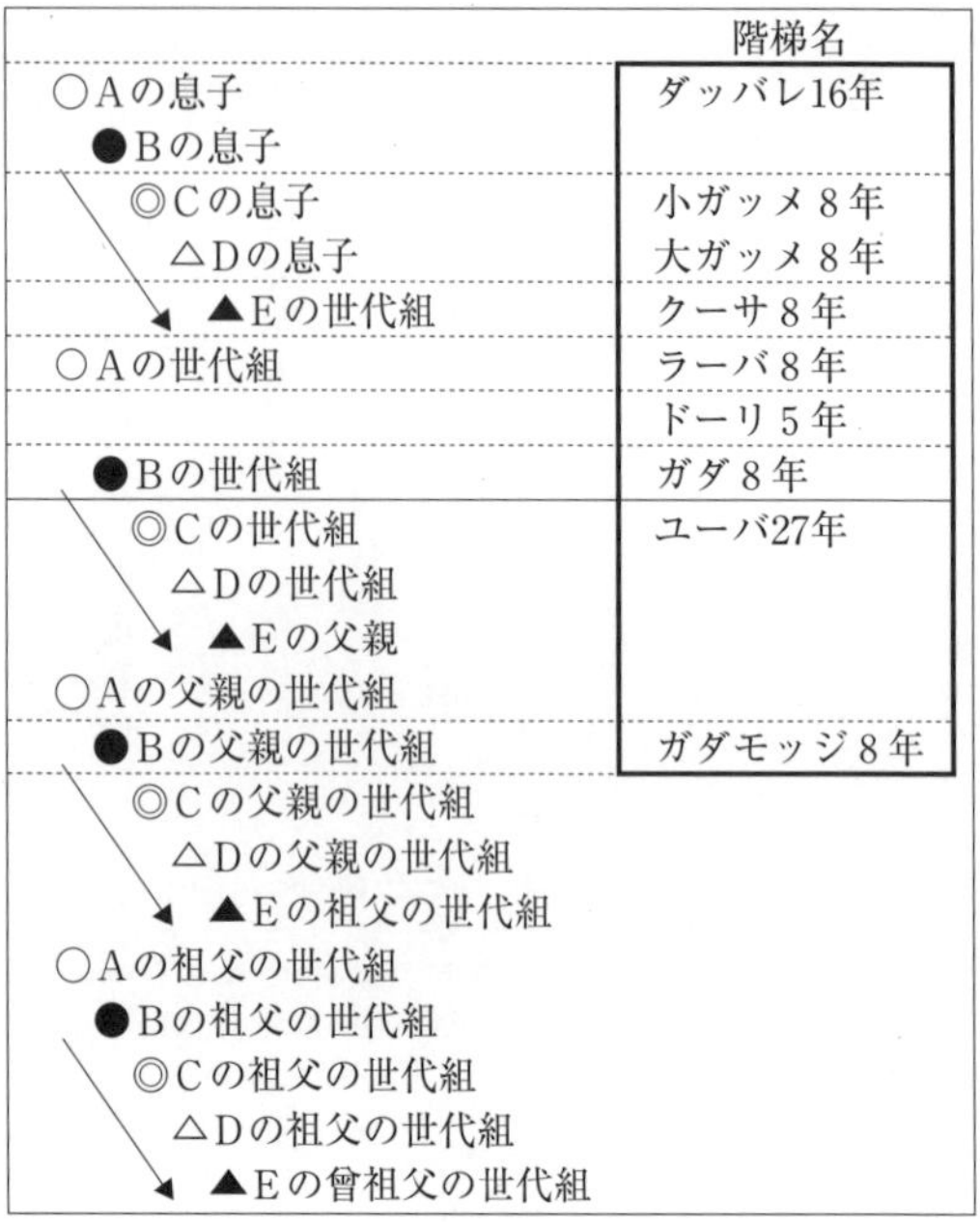

	階梯名
○Aの息子	ダッバレ16年
●Bの息子	
◎Cの息子	小ガッメ8年
△Dの息子	大ガッメ8年
▲Eの世代組	クーサ8年
○Aの世代組	ラーバ8年
	ドーリ5年
●Bの世代組	ガダ8年
◎Cの世代組	ユーバ27年
△Dの世代組	
▲Eの父親	
○Aの父親の世代組	
●Bの父親の世代組	ガダモッジ8年
◎Cの父親の世代組	
△Dの父親の世代組	
▲Eの祖父の世代組	
○Aの祖父の世代組	
●Bの祖父の世代組	
◎Cの祖父の世代組	
△Dの祖父の世代組	
▲Eの曾祖父の世代組	

図8-2　ガダ体系の基本構造（田川 2001：160 を修正）

註：この図は，現在のガダ体系の構造である．すくなくとも1980年以前，ラーバ階梯で結婚しても次のドーリ階梯まで子供の養育を禁止されていた．1980年以降ラーバ階梯においても子供の養育を正式に行なうようになった．したがって，それまで88年間であった全階梯の期間は，これ以降は96年になると思われる．また，この図はBの世代組がガダ階梯に移行してからの3年間の世代組の位置を示している．この3年の後に，Bの父親の世代組がガダモッジ階梯へ移行する．同じ年にAの世代組がドーリ階梯へ，Eの世代組はラーバ階梯へ，Dの息子の世代組はクーサ階梯へ，Bの息子の世代組はガッメ階梯へ移行する．なお，田川（2001）ではガダモッジ階梯を3年と記述しているが，継続調査のデータに基づき8年に修正する．

父親の世代組から五つ下がった世代組が息子の世代組である。このことは、ゴゲーサが五本あることをしめしている。ひとつのゴゲーサの世代組が任意の階梯を占めているとすると、その四〇年後に再び同じ階梯を同じゴゲーサの息子の世代組が占める。例えば、父親の世代組がガダ階梯にあった時期から四〇年後にその息子の世代組が再びガダ階梯を占めることになる。このことをボラナは「ゴゲーサは循環する（gogeesa hinmarani）」と表現する。

クーサ階梯の世代組の発足時に任命される役職者のなかで、もっとも高位にある役職者の名前にちなんで、世代組が命名される。世代組がガダ階梯に達すると、六人の役職者のうち三人が「ガダの父（abba gadaa）」という役職に就き、階梯にある八年間、儀礼的政治的にボラナ社会全体の安寧に責任をもつ。この八年間はボラナの時代区分として、もっとも高位の「ガダの父」の名前にちなんで語られることになる。[5]

このほか、世代組には「メーディチャ（meedhicha）」と「ガルバ（garba）」と呼ばれる役職があり、彼らは世代組がガダ階梯に移行するとき任命される。これらの役職者とその補助者らによって、役職者集団が形成される。役職者集団の主な役割は二つあり、一つは儀礼の遂行でありもう一つは紛争の解決である。ガダ階梯の役職者集団は、スケジュールに従い特定の儀礼地でさまざまな儀礼を行なわなくてはならない。

2　クランの循環 ── ガダ体系の役職者の選出

ガダ体系では八年ごとに役職者が交代する。その役職者は世襲ではなく人びとの合議によって選ばれることから、ガダ体系は「民主的な政治制度」と呼ばれる。

しかし、実際のところ、世代組が発足するときに選ばれる、将来の「ガダの父」を含む中心的な六人の役職者は、その家系に同様な役職者を選出していることがほとんどである。例えば、一九九三年から二〇〇一年まで「ガダの父」であったボル・マダ氏は、その父も祖父も同じように「ガダの父」であった。また、二〇〇四年現在「ガダの父」の地位にあるリーバン・ジャルデーサ氏の父も祖父も同じ地位にあり、さらに彼の系譜では多くの人々がその地位にあった。たとえ、息子の代で祖父や父親の就いていた役職を失うことがあっても、世代をへて再びその役職に子孫が就くこともある。さらに異なる系譜の出身者が役職に就くことがあっても、同じクランの出身者であることがほとんどである。このため、役職をめぐっては激しい紛争が出自集団内外で起こる。たとえば、二〇〇三年前後にハワットゥというクランでは、将来の「ガダの父」の役職者選出をめぐり三次クランがふたつに分裂し、名前をもつ下位分節が新たに生まれた。ふたつの集団は、同じ三次クランでありながらもそれぞれに独立して会合を開き、困窮者の援助なども個別に行うようになった。この分裂は、一度の役職者をめぐる紛争によるものではなく、数度にわたる長年の紛争の結果であるという。

シモンズと栗本（Simons and Kurimoto 1998）は、年齢体系の政治・軍事的な側面について、年長者と年少者、ジェンダー間の敵対関係によって生まれる政治過程に目を向けるべきであると述べるが、ボラナのガダ体系の事例は、出自集団間の紛争過程を示しており、この紛争は四〇年ごとに顕在化する。これは四〇年ごとに特定のクランが世代組に代表者を送ることの裏返しであり、ボラナは、特定の世代組に持ち回りで特定のクランから役職者が選出されることを「回ること」、つまり「順番」「循環」（maramara）と述べる。

したがって、ボラナのガダ体系は、年齢という基準にもとづく年長者と年少者間の敵対的対立や同年輩のつながりによる連帯という構造と機能をもつというよりも、ボラナ全体の安寧の責務を負う役職者をクランが周期的に排出するという、時間的差異によって作り出されるクラン間での役職の分配と循環の回路となっている。

このように考えると、ガダ体系はやはり直接的な領域の統治と関わっているというよりも、時間の秩序と結びついていることになる。一方、儀礼的な側面ではどのように空間的な秩序と結びつくのであろうか。

IV　ガダ体系の空間秩序

ボラナには、多くの儀礼地（arda jila）がある。通常、居住する村落で行われる家内的な儀礼とは異なり、社会全体に関わる儀礼は特別な儀礼地で執り行われることが多い。この章では、周期的に行われるふたつの儀礼を取り上げて、空間の秩序とどのように関わっているのかを示す。

1　最終階梯の儀礼——ガダモッジ儀礼

すべての人びとが参加する儀礼では、最終階梯のガダモッジの終了儀礼が最も重要である（Tagawa 1997）。この儀礼を終えることは、ボラナの人生の大きな目標である。階梯の期間をすべてあわせると、八八年あるいは九六年もの年数になる。このような年数を生き残ることは、たいていの人には難しい。しかし、この儀礼には多くの人々が参加し、社会全体が注目する。それが可能になるのは、第一階梯から人生をはじめた人のみが儀礼を執り行うとは限らないからである。つまり、特定の世代組以外は八八歳に満たなくても最終儀礼に参加できるのである。また、ガダモッジ儀礼を行うことなく死亡した自分の父親や祖父のために儀礼を行う人々もいる。このように幅広く多くの人々が儀礼に参加することができる。

ガダモッジ儀礼を行う場所は、ボラナの領域の広い範囲に見られる。わたしの調査ではエチオピアのボラナの東部ディレ地域に九つ、西部のリーバン地域に一つ、ケニア北部に一つの合計一一の儀礼地があると耳にした。ただし、儀礼地の数は一定ではなく、常にすべての儀礼地で儀礼が行われるわけではない。原則的には父親がガダモッジ儀礼を行った儀礼地で、息子も儀礼を執り行う。しかし、父親の儀礼地で儀礼が開かれない場合や、息子が父親の儀礼地から遠い場所に移住している場合がある。そのときは、父親の儀礼地に前もって出向き、たばこやミルクを儀礼地にささげ祝福することによって、自分の都合のよい儀礼地で執り行うことができる。

最終儀礼の日取りは暦によって決まっている。その日が近づくと、儀礼に参加する人びとはラクダに家財道具を積み込み、ウシなどの家畜とともに儀礼地にやってくる。一九九五年にわたしの調査したヤベロ平原の儀礼地では、七三人の儀礼参加者とその世帯が、普段はなにもない儀礼地に集合し突然に大きな村が切り開かれた。同じ日にボラナ全土で、同様に普段はブッシュとなっている儀礼地に少なければ十数戸、多ければ百戸以上の世帯が移住し、一ヶ月間ほど儀礼の村が出現することになる。この一ヶ月ほどのあいだ、家畜の供犠や近くにある井戸への巡礼など、さまざまな儀礼が行われる。

家屋の配置は、クランの秩序を表したものとなる。まず、半族毎に一列の家屋群を作る。一番右の端には、半族の中でもっとも優位とされるクランの成員が儀礼家屋を建て、「儀礼の父」となる。右から左へ半族内のクランの優劣の序列にしたがいそれぞれ儀礼参加者は儀礼家屋を建てる。「儀礼の父」の儀礼家屋以外は、隣同士、壁を共有する。通常の集落では、クランの秩序にしたがった家屋の建設はされない。これに対して、こうした儀礼における集落の構造では多くのクラン成員が集まり、ボラナ社会を構成するクランの秩序が儀礼集落の空間の秩序として可視化される。

儀礼の終了後、人々は同じ日に儀礼地を去る。儀礼地に移動する前に居住していた場所に戻ることもあれば、これを機会に他所に移住することもある。人々の去った儀礼地には儀礼家屋が残され、朽ち果てていくのを待つ。そして、八年後に再び次の世代組が儀礼を同じ場所で執り行う。

2　中枢階梯の儀礼――ガダ儀礼

ガダ階梯は、もっとも中枢の階梯である。三人の役職者が「ガダの父」に任命され、世代組はガダ階梯に移行する。「ガダの父」はボラナ全体の安寧に責任を負い、紛争を調停し儀礼を執行する。ひとつ前のドーリ階梯では役職者集団はひとつであるが、ガダ階梯では役職者集団は三つになり、それぞれの役職者集団は「ガダの父」を長にもつ。そのなかでもっとも上位の役職者集団の「ガダの父」が、歴史に名前を残す。三つの役職者集団はそれぞれ独立してキャンプを形成し、儀礼も個別に行うが、ほとんど同じスケジュールにしたがっている。ただし、それぞれの儀礼を行う場所が異なることもある。

役職者集団は「ヤア（yahaa）」というボラナ語であるが、この言葉は「行く（yahu）」という動詞から派生したといわれているように、移動を繰り返す。役職者集団の集落の家屋の配置もクランの序列にしたがっており、ひとつのウシ囲いを取り囲むように右から左へと家屋を建設する。ウシ囲いの出入り口はふたつ作られるが、これはふたつの半族を表すものである。役職者集団は、彼らがガダ階梯にある八年の間、「儀礼地を回る（gooroo marmaara）」という言葉で表現されるように、さまざまな儀礼地を巡り儀礼を執り行う。これこそが、役職者集団のもっとも重要な仕事であると役職者を含むボラナはいう。役職者集団が移動する範囲は、ボラナの領域において東部のリーバン地域の東端から西部のディレ地域の西端にまで及ぶ。西端とは、「ガダの父」が行くことのできる境界を意味する。

リーバン地域の儀礼は、世代組がガダ階梯に移行してから三年目に入る前にはじまり、役職者集団はリーバン地域にほぼ一年間滞在する。このことをボラナは「リーバンに帰る（Liiban oli gala）」と表現する。しかし、リーバン地域においてボラナは多数を占めているわけではなく、現在は同じオロモ系のグジやソマリ系の諸民族集団が居住する。もっとも西の端の儀礼地には、もはやボラナの集落はなく危険をともなう。

このほかディレ地域でもさまざまな儀礼地において儀礼を執り行う。ハワットゥ・クランの役職者集団では、リーバン地域への巡礼を終えた後に、現在はグジの居住する地域の儀礼地に巡礼に向かう。こうした他民族の居住する地域で儀礼を行うことは、政情不安定な時期にはあまりに危険であるため、代替地で行うことになる。また、警官をともない儀礼することもあるという。

3　ふたつの儀礼の相違点

ガダモッジ階梯の儀礼とガダ階梯の儀礼の相違点は、参加者に関していえば、ガダモッジ階梯では、条件がそろえば基本的に誰でも参加可能な開かれた儀礼であるが、ガダ階梯では役職者とその補助者に限定された儀礼である（Tagawa 1997）。前者は、社会全体の安寧と関わっているにせよ、実践のレベルにおいては個人が中心となっているのに対して、後者は個人レベルの儀礼ではなく、社会の代表者の儀礼となっている。

この参加者の相違は儀礼地にも反映され、ガダモッジ階梯の儀礼は、ボラナの居住地域に広く散在しているのに対して、ガダ階梯の儀礼地は、現在の居住地域だけでなく過去にボラナの居住地域であった場所を含む。つまり、ガダモッジ階梯の儀礼が現在のボラナの領域を示すのに対して、社会の代表者である「ガダの父」を中心としたガダ階梯の役職者集団は、現在の領域だけでなく過去のボラナの領域においても周期的に儀礼を行うことによって、ボラナ社会の永続性を示すことになる。ボラナが各地に点在する「儀礼地を回る」と述べることは、時間的な循環とも関係しているのである。

V　アビシニア帝国による征服と支配

このように述べると、ガダ体系は結局のところ、象徴的にボラナの居住領域との結びつきを示すだけで、強制力をもった領域の支配とは関わっていないようにみえる。確かに、ボラナでは牧草地、井戸やため池など土地に対する排他的な使用権も所有権もない。すでに述べたが、クランが井戸に対する権利をもっていたとしても、それは他の民族を含むクランの非成員を排除するものではない。また、ガリ（Garri）やガブラ（Gabra）といった他民族は、ボラナの家族と擬制的な親族関係を取り結び、平和時にはボラナの支配地域で安全に居住することができた。

しかし、口頭伝承で伝えられるガダ体系の姿は、現在のような強制力をもたないものではない。大昔にはリーバン地方に役職者集団があり、敵対者に死刑の執行を命じ追討隊を送っていたと語られる。さらに、ボラナの領域に侵入した外敵をラーバ階梯が追い払ったことも伝えられている。こうした戦いをめぐるの伝承には、ボラナ内部で争われたものもある。例えば、一九世紀末ごろにボラナでは世代組の役職者の選出をめぐり、ふたつに分かれ殺し合った。

ただし、このように戦いによってガダ体系が語られる時代は、アビシニア帝国がボラナを征服する以前のことである。一九世紀末頃、ボラナはアビシニア帝国に征服された。この時代はアビシニア帝国ではメネリクⅡ世の治世であり、現在のエチオピア国家の領域が形成された時期である。同じ頃ケニアの植民地化も進んでおり、エチオピアとイギリスの国境線の策定によって、ボラナはイギリスの植民地であった現在のケニアとアビシニア帝国の二つに分断された。

ボラナが現在の居住地に侵入したときにどのように先住民を駆逐したのか、あるいは南方から攻め込んできたコレ（Korre）と呼ばれる民族をどのように撃退したのかが語られているのに比べ、アビシニア人との邂逅についての歴史の語りをわたしはあまり耳にすることはなかった[6]。ある人は、ボラナの前に征服されたグジから、敵は手に負える相手ではないので抵抗しないようにと教えられたのだと述べる。また、別の人が述べるところによれば、馬に乗り槍を携えて敵の撃退に向かった。そのとき、ボラナは銃の存在を知らなかったため、騎手が銃で打ち落とされているにもかかわらず、銃声で腰を抜かして馬から落ちたと思い、撃たれた騎手を馬鹿にしていたが、次から次へと撃ち落とされるため恐れて降伏したのだという。ちなみに、わたしはボラナが「白人」とはじめて出会ったときの状況について、後者と同じ内容を耳にしたことがある[7]。

ボラナは、支配者のアビシニア人がどのように自分たちを扱ったのかについて次のように語る。村の男性も女性も徴発され、兵士の駐屯地の町でアビシニア人の家屋の建設に従事した。また、女性は召し使いとして身の回りの世話をさせられた。アビシニア人が村に現われたときは、ナイフで切れるほど硬い酸乳を求めるなど無理難題をボラナに吹っかけ、それを用意できなければ鞭で打った。さらに、馬に乗ったアビシニア人のサンダルを携えながら、従者として彼のあとを走って追わなくてはならなかった。アビシニア人が旅にでるときには、そのルートになる村にはあらかじめ知らせがあり、村の人々は食事や寝床などの準備怠りなく彼らの到着をまたなくてはならなかった。アビシニア人は何か気に食わなければ鞭でボラナを打つが、ボラナは殴られながらも「了解しました、ご主人様」というだけであった。アビシニア人のなかには山の中をすみかとする盗賊もおり、村にときおり現れては家畜を奪い去っていった。

このように横暴なアビシニア人と無力の情けないボラナの姿がしばしば語られるが、これらの語りは断片的であり、アビシニア人が実際にどのようにボラナを支配したのかということを、わたしが耳にすることはほとんどなかった。(8) せいぜいのところ、それぞれのクランには仕えなくてはならない特定のアビシニア人の主人がいたということを聞いた程度である。むしろ、ボラナは現地人行政官に任命されていた人びとについて語ることが多い。

ボラナがアビシニア帝国に組み入れられた後、カッルという世襲の儀礼リーダーとその親族が、帝国の現地人行政官であるバラッバト（balabbat）として徴税などを請け負っていた。彼らはそれぞれ自分の所属する半族を受け持ち、カライユ・クランのカッルは彼の属しているサッボ半族を、オディトゥ・クランのカッルはゴーナ半族を統治した。

カッルが強大な力をもつようになった時代については明確には分からないが、少なくとも一九世紀末にアビシニア帝国によって征服される以前から、そのような権力をもっていたことは歴史的な資料から推察される。例えば、一九世紀末にボラナの領域を通過した探検家ドナルドソン・スミスは、それまではばらばらであったボラナが、「強力な王」であるカライユ・クランのカッルのもとに統一されたことを記している（Smith 1897: 177-178）[9]。また、ヒッキイ（Hickey 1984: 111-113）によれば、アビシニア帝国に征服されたボラナのふたりのカッルが、イギリスの植民地政府に援助を求める使者を送ってきたことが記録されており、カッルがボラナにおいて強力な地位にあったことは確かであろう。現在もボラナの人びとは、カライユ・クランの当時のカッルが、「悪くて強い」存在であったことを、その巨大な墓とともに述べる。口頭伝承で先ほど示したボラナの内乱においても、カッルがガダ体系の役職者の選出に関わっており、その力が強かったことが語られている。

このため、一九世紀にはカッルの力が強大になり、ガダ体系は政治的に弱体化したとも考えられる。一九世紀末のアビシニア帝国の植民地化において、ガダ体系の役職者ではなくカッルが現地人行政官として権力を得たことも、その当時、すでにカッルがボラナ全体に対して力をもっていたからと解釈できよう。

現在、カッルはもはやボラナ社会全体に強い権限をもつことはない。カッルに代わったものは、近代的な行政制度であろう。次の章では、ボラナがどのように近代国家に取り込まれていったのかを述べてみよう。

VI　近代国家とガダ体系

1　帝政から軍事独裁政権——ガダ体系の近代化

第二次世界大戦以降のハイレ＝セラシエ時代から、ボラナの地方行政の近代化がはじまる（Helland 2001: 63）[10]。現金による徴税がはじまり、家畜はその対象となった。一九七四年に帝政が終焉を迎え、社会主義を標榜する軍事独裁政権が誕生し、地方行政の近代化はさらに強化される。ウォラダ（地区：wäräda）とカバレ（qäbäle）という末端の行政区分が整備され、その区分ごとに行政官が任命された。

また、この時代にエチオピアとソマリアの間でオガデン戦争がはじまり、ボラナの広い地域がソマリの武装勢力によって占領され、大きな被害を被った。ソマリを撃退した司令官が、ボラナ出身でボラナの行政官となったジャータニ・アリ氏（Jaatani Ali）である。[11] 彼はボラナの近代化を図ったが、それはガダ体系に対してもなされた。ボラナでは八年ごとに、グミ・ガーヨ（Gumi Gaayo）と呼ばれる全体集会が「ガダの父」の主催によって開かれる。この集会は、ボラナの紛争の最終判断を下す場であり、慣習について確認や廃止、新たに制定する場でもある。一九八〇年のグミ・ガーヨにおいてガダ体系の二つの規則が変更された。一つはラーバ階梯の嬰児遺棄を禁止したことである。この慣習はすでに帝政時代から悪習として法的に禁止されてきたが、村落部に住むボラナは隠れて嬰児の遺棄を行ってきた。ただし、「遺棄」といっても、町の住人などに養子に出すことも多かったという。[12] もう一つの変更は、ガダ体系の役職者の選出からカッルを排除したことである。カッルはそれまでガダ階梯の役職者選出に強い権限をもっていた。このため、カッルのもとには多くの候補者が日参して様々な贈り物を携えてきたという。しかし、この権限はアビシニア帝国がカッルに与えた権限であり、本来世代組の役職者はガダ体系の人びとだけで選んでいたとして、役職者の選定過程からカッルを排除した。

これらの変更には、その当時行政官であったジャータニ・アリ氏の意向が働いていたようだ。[13] 嬰児遺棄というヒューマニズムの立場からはとうてい受け入れられない慣習の廃止と、「民主主義」「社会主義」の立場からは耐え難い、帝国による植民地化の遺産として見られたカッルのガダ体系への関与を取り除くことは、ガダ体系の「近代化」といえよう。

この時代は、ハイレ＝セラシエ時代後期から進んでいた「近代的なもの」に、ボラナが広く直接に対面した時期といえるかもしれない。ここでいう「近代的なもの」とは、具体的には、自動車の通ることのできる道路の建設、土木機械によるため池の掘削、定住化と農耕の奨励、牧草地のリザーブの導入、学校の建設、家畜への予防接種などの巡回サービス、自然保護のための野焼きの禁止、貨幣経済の拡大と商業牧畜の導入である。

これらのことは、現政権に引き継がれ拡大していく。

2 一九九一年以降のオロミア州の成立と展開

一九九一年に軍事独裁政権が崩壊し、反政府組織であったエチオピア人民革命民主戦線（EPRDF）がエチオピアを掌握する。この後、EPRDF 政権は民族を単位とした連邦制を採用し、地方に大幅な自治を認めるという行政機構を取り入れる。[14] エチオピアは、アムハラ人主体のアムハラ州、ティグレ人主体のティグレ州、ソマリ人主体のソマリ州、オロモ人主体のオロミア州などによって構成されることになる。そして、オロミア州の地方行政区分は、ウォラダがアンナ（anna）、カバレがガンダ（ganda）というオロモ語の名称に変更されただけでなく、ガンダの下にカタナ（qaxana）という行政区分が創設されている。

さらに、オロミア州は公文書におけるオロモ語の使用、オロモ語やオロモ文化の教育など「オロモ化」を進める。こうしたオロモ・ナショナリズムは一九六〇年代のハイレ＝セラシエ皇帝時代にエリートを中心としてはじまり、社会主義軍事政権時代を通して徐々に発展してきたものである（Asafa 1993）。

オロモ・ナショナリズムの潮流のなかで、ボラナは「純粋なオロモ」として表象され、そのガダ体系はオロモの「民主主義的」な本質を示す政治制度として扱われる。このような現在のエチオピアの政治状況において、ボラナがどのように扱われ、それともにボラナのガダ体系がどのように変化していこうとしているのかはすでに別稿で述べたが、さらに新しい展開がみられる。

（1）「ラーバとガダの会合」の創設

二〇〇一年一〇月におけるボラナ地方西部に居住するソマリ系のガリとボラナとの戦闘が勃発した。同じ年の一二月にわたしが調査に訪れたとき、ボラナではこの事件は二つの側面から語られていた[15]。

一つは、井戸をめぐる問題が原因であったというものである。ボラナがいうには、本来ボラナの所有する深井戸を両者が共同で使用していたが、あるときからガリが自分たちのものとして所有権を主張しはじめ、武力によってボラナを排除したというものである。ガリとの井戸の問題は今回に限らず、数年前の調査においても耳にした事柄である。もう一つは、ガリは自分たちの居住するオロモ州ボラナ地方の西部地域を、ソマリ州に編入されることを目指しており、それが武力紛争に発展したというものである。

井戸をめぐる紛争は今回に限らず、過去に何度か耳にすることがあった。ここで注目するべきことは、二つの噂の真偽を確かめることではなく、井戸をめぐる紛争が民族単位の行政自治の領域区分をめぐる国家政治の問題とともに語られはじめたことであろう。井戸はボラナにおいてクランの所有とされるが、排他的な使用権は伴っていない。それは牧草地に対しても同様であり、クランは地域によって人口の分布の濃淡は示すが、排他的な土地使用を行なうことはない。それに対して、今回のガリとの紛争は国家政治の政策による排他的な民族領域にボラナが直面したことを示すものであろう。

このガリ人との武力紛争を契機に「ラーバとガダの会合（kora raaba gadaa）」という集会が新たに開かれた。「ラーバとガダ」とは、概要において述べたようにガダ体系の中心的な位置にある二つの階梯の人びとを意味し、「ガダの父」

をはじめとする役職者は儀礼および紛争調停において最も高い権威をもつ。この会合は、ガリとの紛争において死亡した者の家族や負傷者への援助と、今後の防御のための武器の購入のために金銭を集めることが目的とされたが、それ以外にも会合の開かれた地域の紛争調停が持ちこまれたという。

「ラーバとガダの会合」とクランや役職者集団が主催する会合との相違は、次の四点にまとめられる。第一に開催地が行政区分ごとに順番に開かれる点、第二に会合の主催者は地域の金持ちであり、その人物の村のそばで開かれる点、第三に会合の開催のために地域のボラナ人行政官が協力する点、最後に会合の開催のために地域の住民から現金やミルクなどが行政官によって徴収される点である。特にガダ体系がエチオピア国家の行政区分とその末端の行政官と結びついている点は注目されるが、一方で町にいるボラナ。ゾーンの上位の行政官がこの会合に関わることはないと述べられていた。

（2）国家へのガダ体系の組み込み

「ラーバとガダの会合」は、ガリ人との武力紛争によって臨時に開かれたものであるが、そこで見られた行政とのつながりは、少なくとも一九九三年から二〇〇一年までの前任の「ガダの父」の時代にさかのぼることができる。ボラナは、ボル・マダ氏が「ガダの父」であった期間の後半から、「ガダの父」と行政機関が強い結びつきをもつようになったと述べる。その結びつきの大きな契機となったのが、一九九六年に開かれ当時の連邦大統領とオロモ州知事の出席した全ボラナ集会であったと思われる。それ以降、ボル・マダ氏は他の役職者とともにしばしばアディスアベバなどにさまざまな会合のために呼ばれ、彼には特別にピストルやお金が与えられていたと噂されていた。

ボル・マダ氏の後任はリーバン・ジャルデーサ氏であり、彼は二〇〇一年に「ガダの父」に就任した。リーバン・ジャルデーサ氏もドーリ階梯にあるときから、地方行政官とのつながりがあり、政府の車でさまざまな会合に連れられていたという。

二〇〇二年の八月にボラナでは、アルコールがボラナの慣習や伝統を弱めているという理由で、蜂蜜ワインと蒸留酒の村落への持ち込みと販売が禁止された。この決定を行なったのは、「ガダの父」を中心とする役職者の会合である。わたしは、これに関して「ガダの父」がマーケットに現れて、それらのアルコールの禁止を宣言したと耳にした。ボラナでは今やアルコールは儀礼につきものであり、特に名づけ儀礼には欠かせない。しかしその演説で、アルコールがなくて名づけ儀礼ができないというのであれば、名前をつける必要はないとまで述べたという。この禁止は「ガダの父」から地方行政府へ伝えられ、実際の取締りには警官と警防団があたっていた。警防団とは、行政地区に政府より任命された住民であり、原則として給料は支払われないが、行政官の命令にしたがい銃をもち容疑者の拘束や警護の任務を果たす。この事例は、ボラナの「ガダの父」がエチオピア国家の地方行政と結びついたことを明確に表している。

(3) ガダ体系と開発援助

一九九六年のグミ・ガーヨには、政府だけでなく援助団体も参加した。援助団体は、単に集会の開催に対して食糧配布や自動車などの移動手段を貸与するだけでなく、グミ・ガーヨを彼らの活動の場所とみなしており、エイズ教育のビデオを上映し、公衆衛生や家族計画の振興を図っていた。こうした傾向は二〇〇四年のグミ・ガーヨにおいても顕著にみられたという。例えば、エイズ教育に関して、一九九六年に当時の「ガダの父」がエイズを「呪詛」したが、同様のことは二〇〇四年にも行われ、さらに「ガダの父」がエイズを「呪詛」したポスターも作られていた。また、エイズだけでなく森林や野生動物といった自然資源の保護も「ガダの父」を通して訴えられたという。

近年、ボラナでは生態資源の保護と管理のプロジェクトが進められている。一時期、こうしたプロジェクトの推進において、ガダ体系の活用が成功の鍵と見なされたという（Watson 2003）。援助団体の考えでは、一九七四年から一九九一年のデルグ政権時代に作られた農民共同体によって、人びとの移動が制限されたため環境の劣化を招いた。また、伝統的な政治制度に代わる近代的行政制度によって、ガダ体系などの伝統的な生態資源の管理の決定機構が弱体化したのだという（Watson 2003:14）。その後、伝統的な組織のみを利用することは実際的ではないとして、この方針は放棄されたというが、ガダ体系などの伝統的な組織も、政府やその下部組織とともにプロジェクトの推進に必要な現地組織として組み入れられている（Watson 2003）。

最後に、最近のボラナ地方の政治状況を示してみよう。二〇〇三年まで東部地域の町であるネゲレ（Negelle）がボラナ地方の首都であったが、その年に行政区分が変更され、東部のリーバン地域は同じオロミア州のグジ地方に編入され、現在は西部地域のヤベロという町がボラナ地方の首都となっている。それとともにヤベロでは開発プロジェクトが進み、農業カレッジの建設などが進められている。

しかし、一方でボラナにとって歴史的儀礼的に重要なリーバン地域は、ボラナ地方からは切り離され、グジ地方となった。また、リーバン地域の東部は、現在、ソマリ州が自州の領域に組み込むことを主張し紛争がおきている。このような危機的な状況をめぐり、リーバン地域のボラナが、二〇〇四年のグミ・ガーヨにガリがボラナの領域を占領したままになっていることを訴えたという。ガダ体系の行事であるこの会合そのものもまた、前回よりも国家の関与が大きくなり、「ガダの父」は国家政策に沿った演説をマイクをとおして人びとに語ったと聞く。

VII　結びに

過去において、ボラナのクランは自立的な集団であったことが想定される。しかし、クランは最終的には領域化には至らず、現在、理論的にはすべての領域にすべてのクランの成員が見いだされる。ガダ体系は、排他的な領域化を遂げなかったクランを、ボラナ社会における時間の循環システムに取り込んでいく回路であったのかもしれない。ガダ体系は空間を配分するのではなく、時間の配分によってボラナ社会にクランを取り込んでいったのである。また、ガダ体系は、領域を支配する強い機構を持ち合わせていなかったために、弱体化していったとも考えられるし、現在まで変化をともないつつも維持されてきたとも思われる。

ところが近年、オロモ・ナショナリズムの進展によってガダ体系がオロモのシンボルとなり、オロミア州はガダ体系を自らの行政枠組みに取り込むことを試みている。ガダ体系は、ボラナの人びとを国家の枠組みの中に、さらにいえば国家の末端であるボラナ地方に組み込むための回路となりはじめている、といえるのかもしれない。

註

（1）地方役所の文書からボラナの人口は二〇万から三〇万人ほどと思われる。ボラナの民族誌的記述は、すでにアスマロム（Asmarom 1973）、バクスター（Baxter 1978）、バッシ（Bassi 1996）らによって行なわれており、本稿の記述はそれらと重複する部分が多い。しかし、本稿の記述は、引用文献を示さないもの以外は、わたしの現地調査によって得られたデータに基づく。現地調査はエチオピア側で行なった。エチオピア側とほとんど交渉のないケニア中部のイシオロ県のボラナは考察には含まれない。

（2）ひとりのインフォーマントは、チョコルサを「土地の父」とも言い換えていた。一方、グフ（Gufu 1998:19-20）は、チョコルサのクランは、もともと「三〇人のボラナ」によって征服、同化された先住民族のクランであり、「三〇人のボラナ」のクランは絶えてしまったという語りを、ひとりのインフォーマントから得ている。わたしの印象では、チョコルサについての知識を多くの人はもっていない。
（3）ガダ体系の詳細についてはアスマロム（Asmarom 1973）、バクスター（Baxter 1978）、バッシ（Bassi 1996）、田川（2001）などを参照。世代組とは、成員がその父親の組にしたがって自分の所属する組が決まる年齢集団のことである。生まれてからの年数を基本原理とする年齢組とは異なる。ボラナにはガダ体系のほかに年齢を原理とする年齢組がある。
（4）二〇〇三年の調査にもとづきユーバ階梯の年数を二七年、ガダモッジ階梯を八年と改める。
（5）世代組の発足時に任命される六人の役職者は、「アドゥラ（adula）」と呼ばれる。六人のなかで「ガダの父」になる役職者は発足時にすでに決まっている。下位のふたりの「ガダの父」は、ハワットゥ・クランとコンニトゥ・クランから選出される。
（6）コレとは、現在ケニアに居住するナイロート系サンブル（Samburu）であるといわれる。
（7）ボラナがアビシニア人の圧倒的な銃器に恐れをなして抵抗できなかったことはヒッキイ（Hickey 1984: 109-219）もアーカイブ資料から示している。
（8）ボラナ地域の支配方法は近代的に整備されていたわけではなく、中央から派遣された行政官や兵士はときには盗賊まがいのこともしていたという。このほか象牙を目当てにやってきたアムハラ人の活動も盛んで、ボラナの地域はいわば無法状態であったようだ。（Hickey 1984: 109-219）
（9）一九世紀末にドナルドソン・スミス（Smith 1897）がボラナの領域を通過している。その際、カライユのカッルの指示によってボラナが襲撃してきたことが旅行記に記されている。
（10）カッルはハイレ＝セラシエ皇帝の時代に行政方法が近代化されるまで、税を納めるために自分たちの取り分を含め人びとから家畜を徴収していた（Hickey 1984:109-219）。
（11）ジャータニ・アリ氏は、ハイレ＝セラシエ皇帝時代に近代教育を受けた第一世代のボラナであった。有名な行政官であり、彼によってボラナは政治的に優遇されていた。社会主義政権の崩壊後に彼はケニアに逃亡したが、何者かによってナイロビで殺害された。
（12）一九八〇年の全ボラナ集会の決定によって、すべての人々がその慣習をやめたとは限らないようだ。また、慣習をやめた理由として、ソマリにボラナが占領されたときに第四階梯の役職者集団もソマリ占領地域に入っており、このときにソマリによって強制的にやめさせられたとも聞いた。
（13）アスマロム（Asmarom 2002）も、一九八〇年のガダ体系の役職者任命の慣習の改変が、地方行政官の立ち会うなかで行われたことに触れている。
（14）エチオピア連邦の正式の発足は、一九九五年に施行された憲法に基づく。
（15）今回に限らずガリとは散発的に戦闘が発生する。今回の戦闘は最終的に連邦政府軍が介入することによって鎮圧された。ガリはボラナを上回る武器をもっているという噂が流れていた。

第9章 繰り返される戦いと空間の社会化

スルマ系諸社会における統合と排他性の文化装置

福井勝義

I　繰り返される戦い

わずか一瞬の光景やたった一言が、わたしたちの生涯を決定づけてしまう。戦争を経験した先人たちが一瞬にして消えていった人間の命を目の当たりにした光景は、そのさいたるものであろう。

「簡単に人を殺す」という報告書のなかの一言（Harberland 1959）、それにつづいて実際に目撃した「戦場」の光景（たとえば、福井 1984b, 1985, 1987a, 1988; Fukui & Turton 1979 など）は、その後三〇年あまり、わたしにとってけっして忘れえぬものとなった。わたしにとっての戦場とは、北東アフリカのエチオピア西南部、スーダン東南部に位置する。その地域では、あまりにも日常茶飯に戦いが繰り返されていた。日常生活が戦場ではないか、と思うほどである。戦いは、国家レベルとはべつに、今日までつづいている。

スーダン南部のナーリム社会では、銃声を耳にしない日はなかった。昼間ならまだしも、夜明け前に響く銃声はた

写真9-1　自動小銃を手に進軍するナーリムの若者．1979年ウガンダのアミン政権が崩壊すると，大量の自動小銃がスーダン南部の牧畜社会を中心に浸透していった．相場は銃1丁あたり通常ウシ4頭，ときにはウシ1頭とも交換され，実弾はスーダン政府軍から闇で流れていた．ブッシュの中で年齢集団の儀礼を終え，仕留めたレイヨウ類の頭皮を頭に攻撃性をあらわす（1983年2月撮影）．

だならぬものを感じた。一週間に一度は、近隣の敵を襲撃に出かけ、また敵からも襲撃をうけていた。そうしたなかで、携帯ラジオから流れてくるサッカーの実況放送がいかに「平和の音」に思えたことか（写真9-1）。

突如、砂埃をけって敵の襲撃を知らせる若者のけたたましい叫び。ナーリム集落のどこまで敵が攻め込んでくるかわからない。わたしは、服装を整え、カメラに望遠レンズをそなえ、その瞬間の時間をフィールドノートに記録したこともあった。

その一方で、彼らが敵の襲撃に出発するときは、まったく緊張感が見られない。どこか旅に出ていくような、じつにのんびりした光景である。水入れのヒョウタンひとつを肩に、二本の槍を手にゆっくりとした足取りででかける。手にもっている武器が、単発銃に、さらには自動小銃に変わると、見ている方はつらぬく川辺林の一点に集まる。そこで、攻撃目標に送った偵察隊の情報をもとに、体制を整えて出撃していく。緊迫感がますものの、彼らの表情はさほど変わらない。こうして、彼らは三々五々自分の集落を出発し、サバンナを

1　戦いを記載する

フィールドにおいて、戦いを記載していくことは、たいへん限られている。人類学の特徴は「参与観察」であるが、直接戦いの現場に参加しながら観察することはきわめて困難である。そんな状況の中で、戦闘に出かける前後の光景や、戦いから帰ってきた人たちから戦闘の様子を聞き取ることしか方法がない。戦場においてなにが起こったのか、その前後、戦闘参加者たちはどのような組織のもとに、どのような行動をとったのか。被害者は、敵からの攻撃状況を細かく語ってくれるかもしれない。ところが、その逆は「犯罪」性をおびている。戦いには、しばしば殺りくや略奪をともなうからである。

そうしたじれったさのなかで、わたしは、ぜひ戦いの「参与観察」を試みようとしたことがある。エチオピア西南部のボディ社会で、彼らの襲撃に連れていってくれるようにと、わたしは首長に懇願した。それは、一九七六年二月のことだ。ボディはその前年に引きつづいて、北東部の農耕民をかなり大規模に襲撃しようとしていたのである。[1] いまから思えば、大胆な言動にでたものである。首長はしばらく黙っていたが、もの静かに「やめた方がよい」と静止した。

わたしは、この大襲撃の計画について、何人ものボディから事前に情報を入手していた。親しい友人は、「まもなく、ス（山岳農耕民）を攻撃にでかける。このことを妻にいうと、子どもはまだ小さいし、もしものことがあったらどうするの、と妻は問いかえした」と語った。結果的には、彼は道中、病気にかかり目的地まで到着することができず、

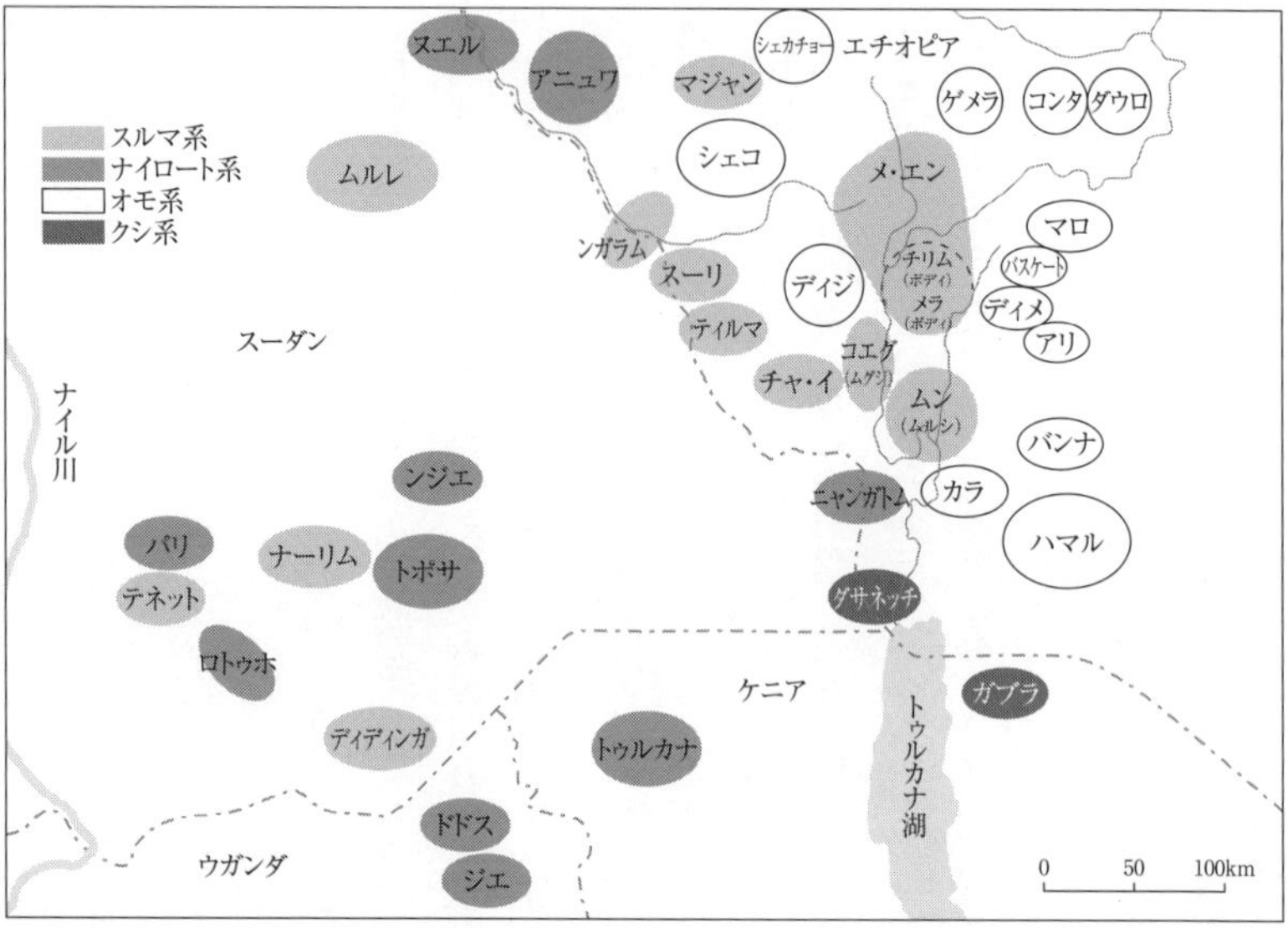

図9－1　エチオピア西南部とスーダン東南部における主要な民族の分布

本隊が帰るのをブッシュで待っていた、という。その目的地とは、本書第3章で藤本がふれているマロの中心地ラーハ（ラハ）であった（図9－1）。

実際、彼らはどのような襲撃態勢を組織し、目的地までどのような行動をとるのか。そして、どのように目標である集落を襲撃し、その結果略奪したウシなどは、どのように分配されるのか。戦いの研究において、なにより重要なことは「事実」の記載である。そうして集積された事実をもとに分析し、より普遍的な視点あるいは枠組みを提示していく。

2　攻撃される側の「事実」

わたしは、攻撃する側のボディ社会に三〇年にわたってしばしば通った。その過程で、いくつもの事例から、彼らの攻撃前後の行動に関して、かなり「事実」を描き出すことことができた。そこで気になるのは、一方的にボディに攻撃されてきた山岳農耕民側からの「事実」の収集である。攻撃する側の情報は、どの程度攻撃される側の情報と対応しているのか。なにはともあれ、ボディを含むと想定される集団が襲った山岳農耕民の地を訪れることにした。それは、オモ川の北部に展開する山岳地帯である。

二〇〇〇年末から翌一月にかけて、およそ三〇年間、攻撃されてきた村々をラバや足で歩いた。山岳農耕民の被害状況は、行政の側で一軒一軒世帯ごとに記録されていたし、遺族は突然襲撃してくる彼らの行動を新鮮に覚えていた。彼らの攻撃は、きまって夜が明けるころである。

農耕民の朝は遅い。たいていまだぐっすり眠っている。突然のすさまじい銃声で、村人は襲撃を直感する。すでに尾根という尾根は敵に囲まれている。敵は、尾根から攻撃目標である家々に向かってくる。逃げ場を失った村人は、近くのブッシュに隠れる。敵に見つかれば、間違いなく殺されてしまう。農耕民の家には、防衛のためであろうか、ふたつの入り口がある。一方の入り口から侵入してきたら、他方の入り口から逃げる。

逃げ延びた者は、見晴らしのよいところから敵の襲撃の様子を観察することがある。どういう人物がリーダーらしく振る舞って、どのように家畜を略奪して逃げていくか。時間がかなりたってしまえば、昔話のようにクールに、ときにはその時の不思議な光景を笑いながら、話してくれる。

ノートには、家々でだれが殺され、なにが奪われていったかを書きこんでいく。一家皆殺しの事例もある。ウシやヤギはむろんのこと、家財道具や蓄えられていた現金も、略奪の対象となる。そのひとつひとつを記載していくのは、心がひどく痛む。

一九七六年の乾季のさなか、わたしは妻とボディ社会に住み込んでいた。ひとりの男が略奪をしたウシとともに放牧キャンプに帰ってきた。風が砂塵を巻きあげるなか、男は放牧キャンプの外で立ったままである。彼が連れて帰ったのはオイ　ダ　ニャガジ（橙をした毛色の種ウシ）であった。長いあいだ留守を預かっていた妻が水を入れたヒョウタンを彼のところに運ぶ。四、五歳の少年が、両手を頭上にあげ、ウシをまねて、広場をなんども飛びまわる。少年は、このうえなく嬉しそうだった。子どもたちには、父親が勇者に映ったにちがいない。

それから、三〇年近い歳月が流れた。いまやその子は家族をもち、かつての父親と同じように山岳農耕民を攻撃するようになった。そうしたかつての少年の腕に、リルとよばれる深い切れ込みがある。それは、他民族を殺したあとに施す証である。

3　ボディとムルシ

当時のわたしの姿勢は、「事実」の把握にあまりにもこだわりすぎていた。何十人もの、何百人もの農耕民が殺りくされていく。そうした情報を事前に入手しながら、予想される農耕民の犠牲になんら対策を講じようとしなかった。「冷たい観察者」としての立場をとっていたのである。ひとりの「よそ者」になにができるのか、と。

わたしが妻とはじめてボディ社会に住み込んだのは、一九七四年一月のことである。なにもわからないまま、わたしたちは、川辺林にテントを張って生活をはじめた。まわりは、シロクロコロブスが奇天烈な鳴き声を発しながら徘徊する森である。広大なサバンナを帯のように続いていく小さな川辺林が、その中に住むと深い森のようであった。テントから二〇〇メートルほどのところに、ハナとよばれる小さなカタマ（町）がある。

一週間もたたないうちに、突然一発の銃声が聞こえた。やがて若者たちがわたしたちのところにやってきた。彼らは、銃をテントの中に隠すように指示すると、ブッシュに消えていった。まもなくして警官が走ってきた。

「ボディを見なかったか」

わたしたちは、素知らぬ顔で通した。ムルシの長老が水浴中に、ボディによって射殺された、という。ムルシというのは、ボディの南隣に住む牧畜民のことである（図9-2参照）。ボディとはときには戦い、お互いの敵に対してはよき同盟者となる。ハナから、四〇キロメートルほど南の草原で放牧を営んでいる。この地には、イギリスの人類学者D・タートン博士が長期間住み込んでいた。

タートン博士は、ムルシの人たちのために飢餓の救援物資をイギリスの大使館に依頼していた。空輸で届いたトウモロコシを、十数人のムルシが取りに来ていたのである。一九七四年は、エチオピア全体が「飢餓」にみまわれていた。その長老の死からまもなくして、ムルシは放牧中のボディの少年ふたりを射殺した。戦いは「飢え」とは異なる次元で一年近くにわたってつづいた。

タートン博士は、その間、ムルシとボディの戦いに終止符を打てないものかと、ボディの首長などと掛け合い、いろいろ調停を画策した。しかし、戦闘は止まなかった。のちになって、彼はこのときの交渉を悔いていた。それは、民族間の戦いに和平の道を探ることのむなしさからだったろうか。

4　敵対・同盟関係を求めて

どうして彼らは、相互に戦い、殺しあうのか。そこには、長い歴史的な過程で育まれてきた背景があるはずである。わたしたちは、たまたまある歴史の断面をみているにすぎない。現象的には、近隣の民族を殺りくし、おおくの家畜を略奪している。

ボディは、一九七三年までは東隣の山岳民族ディメをしばしば襲撃し、殺害してきた。一九六〇年代の後半、その地を訪れたアメリカの言語人類学者H・フレミングは、ディメは消滅するのではないかと案じ、ボディを政府に訴えたほどである。

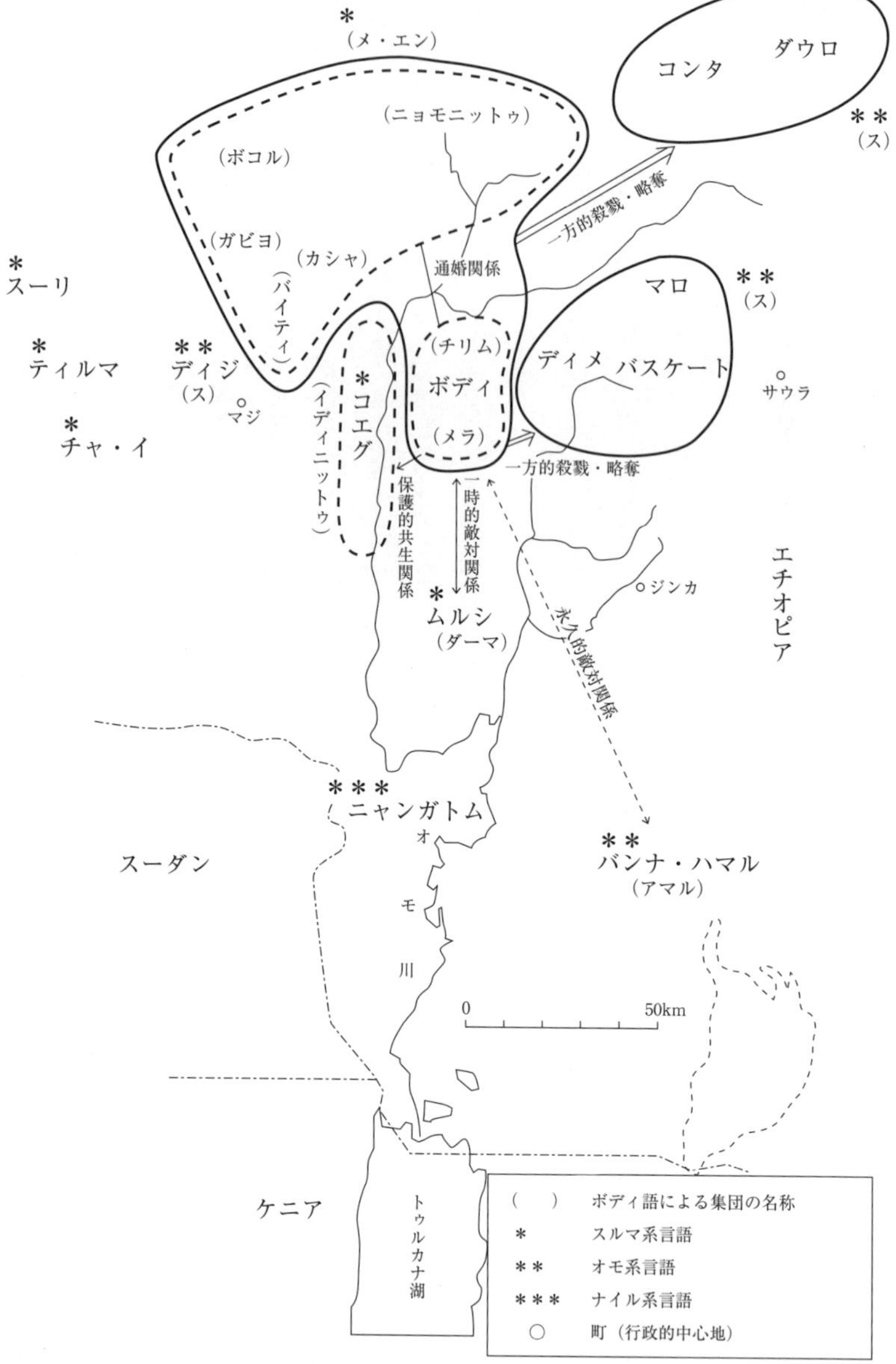

図9-2　ボディをめぐる集団関係

一九七四年、ディメとのあいだに儀礼がおこなわれた。それは、和平の調停であったと思われる。それ以後、ボディとディメのあいだで日常的な交流がおこなわれるようになった。

どのように、近隣の諸民族の敵対・同盟関係が育まれ、それが歴史の流れの中で動いてきたのか。わたしは、ボディの調査をつづけていくかたわら、その周辺の民族を歩くようになった。そもそも民族自体の名称すら、あいまいである。自称と他称が入り交じり、言語学者の間ですら、言語名が一致していない。

一九七九年から二〇〇四年一月にかけて、機会あるごとにスーダン東南部からエチオピア西南部を歩き、この地域に住んでいる諸民族に出会い、その名称の確認をするとともに、敵対・同盟関係を尋ねていった。

どういう状況のときに、和平が結ばれ、どういう状況のときに、新たな敵を攻撃していくのか。同盟を結んで、敵を攻撃するには、「あうん」の呼吸が欠かせない。個人的なつきあいを超えた民族の間柄で、その呼吸はどのように形成されるのか（福井 1994）。同一の社会内において、どのような人間関係が戦闘の単位になっていくのか。

彼ら民族間の戦いの底流にあるものは、なにか。その流れにふれないことには、目の前で展開されてきた殺りくや略奪をともなう戦いの視点は浮き彫りにされてこないのではないだろうか。

II　変革期における大襲撃

戦いの情報は、思わぬところから展開していった。わたしは、一九七四年以来、ボディ社会の放牧キャンプにおけるウシの「戸籍」を綿密に記録してきた。そこから、たんにウシの性別・年齢の頭数だけではなく、ウシと人間の関係が具体的に浮き彫りにされてきたのである。

二〇〇一年七月から八月にかけて、わたしはボディの社会を訪れていた。オイヤ（以下の人名はすべて仮名）の柵内におけるウシの「戸籍」を聞いていった。彼は、一九七四年来のつきあいであるが、いまや年齢は五〇歳代前半であろうか。当時は未婚の若者だったが、いまは二人の妻をもち、六人の子どもの父親である。彼の柵内におけるウシの名前と系譜を一頭一頭尋ねていくと、その一部が過去の戦いによる略奪に由来するものであることがわかってきた。当時の彼の柵内にいるウシは、計二八頭であった。

母ウシ、種ウシの系譜をたどっていく。ボディは、基本的に自分の柵内で生まれたウシである限り、親子関係をはっきりと認識している。その知識たるや、同じ放牧キャンプにいる近隣のウシや、近い親族のウシの親子関係におよぶ。オイヤの柵内の三頭の母方の「先祖」は、いずれも山岳農耕民から略奪してきたことがわかってきた。

（1）ビデ　バニャガジ（腹が白く全体が橙の経産牛）の四代前の雌ウシは、山岳農耕民からオイヤが略奪したものである。その略奪は、一九八六年三月下旬から四月上旬にかけて行ったオモ川の北部山岳地帯への襲撃によるものである。

（2）オイ　デ　チョブリ・ゴロニ（赤いぶちのある種ウシ）の母の母ウシは、一九七六年二月下旬から三月上旬にかけて北東部の山岳農耕民マロから略奪してきた。最初にふれたように、この大襲撃の前後の光景を、わたしは放牧キャンプで目撃していた。

（3）ビ　デ　チャイ（青っぽい粕毛の経産牛）の母は、一九九一年やはりマロへの襲撃の際に略奪したものである。

一九九一年四月、わたしは第一一回国際エチオピア学会に参加するために、首都アディスアベバに滞在していた。当時のメンギストゥ元首は、本学会の式典に参加し、その夕方、わたしたち参加者を彼の住んでいる宮廷に招いた。会場の奥には、かつてのハイレ＝セラシエ皇帝の玉座がカーテンで仕切られていた。ところがその一月後、メンギストゥは逃亡し、社会主義政権は崩壊したのである。

ボディによるマロへの襲撃は、この国家の変革期と対応している。一九九一年六月上旬マロの襲撃から帰ってきたとき、あたらしい政府軍がボディの中心地ハナにやってきた。かつてこの地域を管理していた役人たちは、スーダンなどに逃亡していった、という。

1　マロ襲撃への旅立ち

マロへ旅立ったのは、焼畑の主要作物モロコシの花が咲いていた頃だった。一九九一年五月下旬で、まさにエチオピアの政変直後のことである。ボディは、共通語であるアムハラ語をほとんど理解することができないが、中心地ハナの行政役人から情報を得ていた。ハナを出発して、最初に夜を過ごしたのは、バンコというチリムの地である。チリムには、三人の首長（コモルットゥ）がいるが、バンコはカムトゥの地だ、という。

ところで、ボディというのは、他称である。メ・エンというのが、彼らにとって「われわれ」意識をもったもっとも大きな集団である。メ・エンのなかに下位集団が七つある（図9-2参照）。このうちオモ川の東に住んでいるのがメラと北のチリムで、両者をあわせて政府関係者などからボディとよばれているのである。オモ川の北部にはニョモニットゥが、オモ川の西にはボコル、ガビヨ、バイティ、カシャの集団がいる。とりわけ、カシャ、ニョモニットゥ、バイティは、いまだアプローチが困難な山岳地帯や草原に住んでいる。

今回の襲撃に参加したのは、ハナとチリムの若者たちがほとんどであった。まずはみんな、チリムのバンコに集結した。オイヤは、同母兄の妻の弟と一緒にこの地までやってきた。ここで、ボティサ（モロコシでつくった携帯食）と青いトウモロコシを食べた。

二日目は、ムルクで夜を過ごした。ここは、チリムをさらに東に行った、もはやスの地である。ボディでは、山岳農耕民をそれぞれの民族名ではよばず、総称してスとよんで、蔑んでいる。夜空に浮かんでいるのは、十日月だった。もっていたボティサを少し食べた。ムルクは、すでにマロの地に近い。話にでてくる周辺の地理から類推すると、襲撃地点まで四キロメートルぐらい。午後四時頃、ムルクを出発し、こっそりと進んでいった。総勢一六〇人ほどの人数である。

三日目は、目標地点のすぐ近くで夜を過ごした。あと一キロメートルぐらいの距離だ。チリムはひとかたまりで、それより一〇〇メートルほど離れてメラの連中は休んだ。

2　襲撃開始

四日目の朝、襲撃を開始した。チリムの首長ムルクと首長筋のゴロンドのふたりがリーダー格である。ラッパを吹いたのは、やはりチリムのふたりで、年齢からすれば四五歳くらい。ラッパは、進軍の合図だ。

ムルクとゴロンドがそれぞれ儀礼用の黒い槍を左手にもって、先頭をきった。ふたりは、銃をもっていない。まず、もっていたわずかな酸乳を口に含んで、左手の槍に吹きかける。最初にムルクが、ついでゴロンドがこの儀礼をおこなう。襲撃目標である集落の手前まできたとき、チリムがスの家に向けて銃の引き金をひいた。オイヤたちは、その集落の背後にまわって、銃を放った。スは逃げていった。しかし、そこには、ウシはわずかで、ほとんどヤギだった。

つぎの集落を襲撃した。そこでは、銃の音を聞くや、スはウシと一緒にブッシュのなかに逃げていった。オイヤと同じ襲撃チームは、オイヤの同母兄ケンゴ、ケンゴと同じ年齢組のクムリ、同母兄キリマの妻の弟（ケンゴと同じ年齢組）、同母兄キリマの息子バサモ、父方の叔母の息子でオイヤよりひとつ若いアオダである。以上の計六人が今回のマロ襲撃の際に行動をともにしたことになる。その編成原理は、父方の近い親族と同じ年齢組である。バサモが一番若く、当時二五歳くらいだろうか。

彼らは、ブッシュのなかに逃げていったスの足跡をたどり、姿をみつけると、狙い撃ちをした。アオダが先頭をきった。スは、ただ逃げていくだけだった。追撃してくる警官などいない。残したウシの脚を紐で木に縛りつける。ヤギもヒツジも、木に縛る。

3　略奪したウシなど

午後五時頃まで、その場に残って家のなかを捜した。いろいろなものを盗った。家の中にあったショル（モロコシ・ビール）を飲み、食べ物もとった。夕方になって、その場をあとにし、近くのブッシュのなかで夜を過ごした。

オイヤのチームが略奪したウシなどの家畜は、以下のとおりである。（　）内は、携帯していた銃を示す。銃以外の武器は、槍やナタ、ナイフである。

（1）オイヤ（自動小銃）：赤い未経産牛一頭。その他にヒツジ一頭いたが、帰る道中だれかに盗られた。
（2）アオダ：黒い未経産牛一頭、そのほかヤギ一頭。
（3）クムリ（ミシリとよばれる古くからの単発銃）：赤い毛色の経産牛。
（4）アル：白い毛色の経産牛とその乳飲み仔で黄色の雄ウシ。さらに白い未経産牛一頭。
（5）ケンゴ（ミシリとよばれる古くからの単発銃）：暗褐色の経産牛と赤い毛色の経産牛を一頭ずつ。
（6）バサモ：暗褐色の経産牛とその乳飲み仔で赤い毛色の雄ウシ。暗褐色の未経産牛。

オイヤがわずかウシ一頭しかとれなかったのは、切り株が足の甲に刺さり、あまり動けなかったからだ。その一〇年後、オイヤは戦いの状況をわたしに語りながら、大きな古傷をみせてくれた。

4　銃と弾の入手経路

彼らは、どのように銃や銃弾を入手するのだろうか。古い単発銃は、南東部にある山岳農耕民アリの町トリットで、アムハラ交易商人から入手していた。銃との交換物は、象牙だった。ヒョウの皮は、銃弾の交換に使われた。わたしが一九七四年ボディに住み込んでいたとき、若者が首長によって象牙をトリットまでもっていくように命じられたのを耳にしたことがある。当時、このあたりには、ずいぶんゾウがいた。ボディまでの道中、ゾウそのものには出会わなかったものの、ゾウの深い足跡や大きな糞をいくつもみた。ゾウはこの地域では絶滅したとも、あるいは川の上流にはまだいるともいわれている。

カラシニコフなどの自動小銃は、早くからスーダン南東部の牧畜民に急速に普及していった。それは、一九七九年ウガンダのイディ・アミン政権が崩壊した後、敗残兵たちが食の確保のため、ウガンダの国境で牧畜民にウシと交換したのである。わたしは、スーダン南部のナーリム社会で一九八〇〜八十五年に調査していた。そのときの相場は、自動小銃一丁がウシ四頭であった。ときには、ウシ一頭で自動小銃が手に入ったとも聞いている。当時、近隣の農耕民がナーリムの集落に数箱の銃弾をもってきて、売却の交渉していた。わたしの親しかったナーリムの友人は、家の土間の穴に大量に実弾を蓄えていた。一九八四年政府軍が突如、彼の集落を襲撃した際に、そのおびただしい実弾で政府軍に抵抗した、とその直後彼は語ってくれた。

ボディ社会やその周辺のエチオピア西南部に自動小銃がひろまったのは、一九八〇年代の後半と推測される。スーダン南東部でナーリムの強敵である牧畜民トポサは、一九八〇年代の前半、自動小銃をフルに使って、近隣のナーリムたちときびしい戦闘を繰り返していた。このトポサは、エチオピア西南部における牧畜民ニャンガトムと古くから強力な同盟関係にある。両者は、言語的にもきわめて近く、じゅうぶん通じあう。言語がいくら近くても、トポサとケニア北西部の牧畜民トゥルカナのような犬猿の宿敵関係もみられる。それは、長い歴史的過程で育まれた相互の信頼関係やその逆の怨念関係にあるように思われる。自動小銃がエチオピア西南部に普及したのは、トポサとニャンガトムのパイプが大きい。この同盟軍が、一九八〇年代の後半、スーダン国境に近いエチオピア西南部のスルマ系の牧畜民に大襲撃をかけたのである。話しに聞くと、ことのときまだトポサやニャンガトムと、スルマ系牧畜民のあいだで、武器の差は歴然としていたようである。

わたしがエチオピア西南部で牧畜民の自動小銃をじかに目撃したのは、一九八九年一〇月であった。わたしは、西南部の中心地マジから東へ歩いて一日のサイへ、また西のスルマ系牧畜民の社会を訪れた。マジは、かつての奴隷交易の中心地としてたいへん有名である。サイはボディの主要な首長筋の母村である。口頭伝承によれば、彼らの先祖は一〇世代前に、先住民を征服し同化しながら、現在のハナ周辺に移住してきたのである。

奴隷の町マジは、ゴールド・タウン、つまり金の集積地に変わっていた。スルマ系牧畜民たちは、砂金をたくさん集めては、このマジの町でアムハラ商人に売っていた。砂金で稼いだカネをもとに、マジの定期市でウシを入手し、自分たちの放牧キャンプに連れて帰る。そのひとりは、台座のついたマシンガンをかついでいた。トポサとニャンガトムの連合軍の大襲撃にさらされ、彼らは故地を離れて北のマジやサイの近くまで避難せざるをえなかった。彼らは、急速に重装備化していったのである。

ボディ社会で自動小銃が普及していくのは、その後のことである。マロ襲撃に参加したオイヤが自動小銃を入手したのは、一九九〇年六月上旬のことである。マロを襲撃する一年前である。その銃を入手したのは、オモ川を西にこえて三〜四日間歩いていったボコルの地だった。ボコルは、言語的にはボディと同じメ・エン語を話すが、生業的には農耕民である。彼らの分布域は、地理的にスルマ系牧畜民やスーダン国境のアニュワに近い。

オイヤは、そのボコルの地まで四頭のウシを連れてゆき、一丁の自動小銃と交換した。オモ川は、川辺の民コエグ（イディニットウ、図9-2参照）のカヌーにのり、ウシのあごを手であげながら渡した。同行したのは、オイヤのほかにボディが三人、コエグがふたりである。ボコルの地では、アニュワがつぎつぎと銃をもってきては、ウシと交換して去っていった。アニュワはとても色が黒く、ボディの南隣のムルシのようだった、という。

銃弾は、もう一方の銃の交易地である東南部にあるアリの町トルタでアムハラ商人から入手した。山岳農耕民からオイヤが略奪してきた大きな去勢牛（橙の毛色）を、同母兄のケンゴがトルタにもっていって売り、銃弾を買った。そのウシの売却金で、三九個の弾を仕入れることができた。換算すると、一発の実弾が一五〇円くらいになる。ケンゴは、その去勢牛のかわりにオイヤに一頭の未経産牛（腹が白くほかは橙の毛色）を与えた。このウシは、オイヤのところに長くいたがすでに死んでしまった。その仔は、種ウシ（赤いぶちの毛色）となり、いまも彼の柵にいる。

5　略奪したウシの行方

マロの襲撃で略奪したウシは、その後どうなっていくのか。そこから、ボディ社会における特徴を読みとることができる。

襲撃したマロの村の近くで夜を過ごしたのち、ボディに向かって歩きはじめた。足をけがしたオイヤは、ひとりでゆっくり帰った。エルマ川までくると、チリムの地である。ここで、同じ襲撃チームだった同母の兄ケンゴなどと落ちあった。スで盗ってきたテラ　デ　ホリ（白っぽい粉食）やハチミツを食べて夜をしのいだ。つぎの夜は、チリムの南チャデミソで過ごした。その翌日は、もう自分たちの放牧キャンプである。今回の襲撃で、ボディの犠牲者はひとりもでなかった、という。

当時、オイヤ、バサモ、ケンゴ、そしてアルは、ククニットゥという同じ放牧キャンプで、アオダとクムリはバンシャバルという地で放牧キャンプを形成していた。

彼らがマロで略奪してきたウシの行方を追っていく。先ほどの、同じ襲撃チームのメンバーを具体的に取りあげると、左記のようになる。

(1)オイヤ：赤い未経産牛は、のちに橙毛色の雌ウシを出産して死んだ。

(2)アオダ：黒い毛色の未経産牛とヤギは、いまもアオダの柵内にいる。

(3)クムリ：赤い毛色の経産牛は、いまも彼の柵内にいる。

(4)ケンゴ：暗褐色の毛色の経産牛は、仔を産まないまま死亡。赤い経産牛は彼の母に渡したが、仔を産まないで早く死んでしまった。

(5)バサモ：赤い毛色の雄子ウシが死亡し、ついで暗褐色の経産牛も死んだ。彼の父キリマ(当時の首長)の第二夫人が肉をとった。もう一頭の暗褐色の未経産牛は、先代の首長の長男ショルビに渡した。ショルビは、バサモの父方のいとこにあたるが、将来の有力な首長候補である。ショルビは、このウシを彼の第一夫人をめとる際の婚資に使った。そのウシは、いまも第一夫人の同母兄の柵にいる。

(6)アル：白い毛色の経産牛はすぐ死んでしまい、肉を食べただけ。黄色の雄子ウシも、すぐ死んでしまった。もう一頭の白い経産牛は、彼の妻の婚資に使った。いまも、そのウシは妻の父のところにいる。

6 社会変革期における山岳農耕民への大襲撃

一九八六年三月下旬から四月上旬にかけて、ボディを含むメ・エン集団は、オモ川北部の山岳農耕民の地マル・ロロを大襲撃した。この襲撃は、首長代理の就任儀礼が彼らの母村サイ(オモ川西のマジの近く)で行われた二ヶ月後

写真９-２　山岳農耕民を虐殺したあと，それぞれの放牧キャンプでウシを犠牲にして，その血で身体を「浄める」ボディの若者．彼は，オモ川の北部で農耕民コンタを２人殺した，と語った（1976年４月撮影）．

のことである。

　このときは、同一の言語集団であるメ・エンがたくさん参加した。メ・エンのほか襲撃に加わったのは、スルマ系のチャ・イである。彼らは、すでにのべたようにトポサとニャンガトムの連合軍に襲撃され、北へ逃げ延びてきた牧畜民である。チャ・イは、言語的にはムルシとたいへん近く、ボディを含むメ・エン集団とは敵対関係にあることがおおい。ところが、このマル・ロロへの襲撃時は、北部の山岳農耕民をメ・エンと共通の攻撃目標にしていたのである。

　このときの襲撃ではそれぞれの集団によって、殺りくの仕方に特徴がみられた。ガビヨは槍で、カシャは伐採に使うナタで、チャ・イは自動小銃や槍で、おおくのスを殺害した。一方、ニョモニットゥやメラが殺したのは、単発銃でわずかな人数だった、という。一九八九年一月二四日にボディを訪れた際に、ハナの役人から得た情報によると、この襲撃で、八二人の山岳農耕民が殺され、一〇六二頭のウシと約四〇〇頭のヤギが略奪された。

ここでは、その襲撃を受けた山岳農耕民の立場にたって、彼らが襲撃された状況をみていきたい。一九七四年から一九九九年に至るまで、ボディを含むメ・エン集団は、オモ川の北部における山岳農耕民を繰り返し襲撃してきた（写真9-2）。その地を訪れて話を聞いていくにつれ、農耕民の犠牲者がいかにおびただしいものか、その実態をかなり浮き彫りにすることができた。

ボディ側のいう地名と北部の山岳農耕民側の地名は、ほとんど一致していないから、その照合はなかなかむずかしい。ただ、時期的な対応関係から調べていくと、先の一九八六年に起きたマル・ロロ襲撃に該当する集落をわたしのフィールドノートから見いだすことができた（C村）。オモ川の北部山岳農耕民は、ボディたちのことをゴルディヤとよんでいる。

7　襲撃を受けた村から

ゴルディヤが襲撃してきたのは、エチオピア暦で一九七八年ミアジヤ一〇日だった。西暦では、一九八六年四月にあたる。彼らが家に入ってきたのは、朝九時頃だった。D（情報提供者）は、よその家にゴルディヤがきたというので、銃をもって外に飛び出していった。その間、ゴルディヤが自分の家に入って、妻を殺してしまった。

さらに、彼は、その前後にゴルディヤに殺害された四人の子どもについて語ってくれた。

（1）一九六八年ミアジヤ（西暦一九七六年四月）

朝七時頃、家を襲ってきた。当時九歳と二歳の男の子が家にいたが、外に逃げてブッシュの中に隠れていた。しかし、ブッシュまで追跡してきたゴルディャに槍で殺された。このとき、二〇頭ほどのウシが略奪された。彼らは、この村に五時間ほどいた。

（2）一九八三年ミアジヤ八日（西暦一九九一年四月一六日）

当時一四歳と七歳の女の子が殺された。一四歳の娘は川のそばのブッシュに隠れているところをバンガ（ナタ）で殺され、もうひとりの七歳の娘は逃げていくところを撃たれた。

C村は、これまでしばしばゴルディャに襲撃されてきた。その被害は、じつにおびただしい。記録によると、ゴルディヤの襲撃が始まった一九七四年以降、C村における犠牲者は計三八六名、略奪されたウシは七六〇八頭、襲撃にともなう離村者は三八〇名にもなる。

一九九一年の同じ時期に襲撃された別の家族S（五〇歳）の事例から。

（3）朝九時頃、およそ一〇人のゴルディヤが家に入ってきた。彼の四人の娘は同じ家の中で殺された。一人は槍で、他の三人はバンガ（ナタ）で殺された。小さな子どもだけが逃げ遅れて殺された。両親とふたりの娘は、裏口から逃げた。すでにのべたように、この地域の家々には、表口と裏口がある。ウシ三〇頭のほかに、ヤギやヒツジが略奪された。

一九七六年ミアジヤ（西暦一九八四年四月）に襲撃された、やはりSの事例から。

（4）朝六時頃、五人のゴルディヤが家に入ってきて、夫の両親と七人の兄弟姉妹がバンガ（ナタ）で殺された。彼女の夫は、銃で抵抗しながら逃げた。一五頭のウシが盗まれた。

このように、わたしは、ゴルディヤによってしばしば襲撃されてきた北部の山岳農耕民の集落をいくつか選び、彼らの親族のひとりひとりを具体的に尋ねていった。「攻撃される側」の痛ましい事例には、しばしば耳をふせぎたくなるものがあった。

8 攻撃に対する政府の対応

こうした殺りくに、どの集団が、どのようにかかわっていたか、あきらかではない。山岳農耕民からすれば、襲撃してくる集団を包括的に「ゴルディヤ」とよんでいるだけである。ただ、これまで攻撃してきた側の事例からすれば、メ・エン集団のほかに、スルマ系の牧畜民も参加している。また、かつてボディの先祖によって征服された川辺林の民コエグや、驚くべきことに新たに同盟を組むようになった近隣の山岳農耕民（ディメ）も参加しているのである。

ところで、こうしたたびかさなる襲撃にたいして、政府はどのように対応してきたのか。これまで具体的に記載してきた一九九一年のマロへの襲撃と一九八六年のマル・ロロへの襲撃への対応だけをここではみておきたい。

すでにのべたように、このマロへの攻撃は、メンギストゥ社会主義政権の崩壊直後に企てられたものである。彼らが自分たちの放牧キャンプに帰ってみると、新政府の軍隊がきていた。新政府の「報復」は、ハナの町の近くに放牧キャンプを構えていたバシマのヤギを奪った程度だった、という。このとき、新政府軍は銃を空に向かって撃ち、放牧キャンプを襲いウシをとったが、のちにウシはボディ側に返却した、という。政府による裁判も、処罰もなかった。政権の交代時においては、戦いに対する処置がいかにあいまいなものか、よく示している。

一九八六年におけるマル・ロロへの攻撃に対する政府側の処置も、農耕民の被害にくらべれば、それほどのものではなかった。首長をはじめおおくのボディの要人を逮捕し、七日間刑務所に監禁した。また政府は、計一九六頭のウシをメ・エン側から徴収して、ジンカにもっていった。マル・ロロへの戦いに参加したオイヤは二頭の雄仔ウシ、その他同母兄のケンゴ、キリマ、アルムも、それぞれ二頭ずつ政府に返却した。

政府はこれまでなんども調停を試みてきたが、ほとんど功を奏しなかった。北部の山岳農耕民コンタに限っても、一九七四年以降の四半世紀、ゴルディヤによって襲撃された村々で合計一万七六五八人が犠牲になった、という細かい記録が残っている。人びとは、他民族ならどうして子どもまで簡単に殺してしまうのか。

III　戦いによって社会化されるテリトリー

人間は、どうして戦い、おおくの人びとを殺してきたのか。最近の報道によると、スーダン西部ダルフールで一万人以上の地域住民がアラブ系の人びとによって殺され、「人権問題」として国際的に大きく取りあげられている、という。一九六八年三月、このダルフール地方を訪れたことがあるが、おたがいに手をふって別れた光景が印象に残っている。

いっぽう、わたしが三年間にわたって調査してきたスーダン南部の牧畜民ナーリムが、一九八四年一一月スーダン政府軍によって襲撃され、虐殺された。その直後にナーリムの村に入って目にした光景は、まるで「遺跡」だった。その一年前の生き生きとした集落は、無惨にも焼き払われ、そこには人骨がむなしく散乱していた（写真9-3）。わたしは、ひとりひとりの犠牲者の名前を遺族から聞きとっていった。そこには、わたしが親しくしていた近所の老婆や少女の名前もあった。

「どうして死んだ者の名前を記録するのか」と、彼らはわたしにたずねた。

彼らにとって、「死」とはなんなのか。それは、戦いや殺りくの根底にかかわってくる問いかけである。ルワンダやカンボジアの虐殺は記憶に新しい。トルコによるアルメニア人やドイツにおけるユダヤ人の虐殺、さらには考古学的証拠（Carran & Harding 1999）によれば、もっと過去にさかのぼる数々の虐殺。それらのほとんどは、なにも特別な残虐者によるものではなく、なにげない平穏な日常生活を営んでいる、あるいは営んできた人たちのあ

写真9-3　政府軍による虐殺後，焼き払われた集落のあとに散在する老婆の肋骨．1984年11月22日午前7時過ぎ，スーダン政府軍はナーリム社会を突如襲撃し，いきなり自動小銃を乱射はじめた．やがて集落に火を放ち，家に隠れた村人を焼き殺してしまった．その後，ナーリムは集落の背後の岩陰から反撃し，結果的に政府軍に31名の死傷者，村人に約40名の犠牲者がでた（1984年12月撮影）．

いだでおこなわれてきたのである。

黒澤明の名画『七人の侍』では、野武士によって襲撃される農民の村をめぐってシーンが展開される。一瞬ではあるが、そこに表現されている野武士は、女をはべらせ、酒を飲んでいる、いかにも「悪役者」である。それは、フィクションだから、視聴者を印象づけるためにおおげさな脚色をなされたものかもしれない。しかし現実は、もっと異なっているのではないか、とわたしは思っている。当時の野武士も、たんなる「盗賊団」ではなく、それぞれの家庭を持ち、そのおおくは平穏な日常生活を送っていた、という可能性が高いのではないか。さもなければ、農民の収穫時期以外の季節、彼らはどのように日々を過ごしていたのか。[2]

1　豊かな情緒と攻撃性

ボディの生活は、わたしたちと同じように、あるいはまして劣らず情緒に満ちた、喜怒哀楽の日常である[3]。三〇年あまりにわたって、ボディの日常生活をみていると、戦いにおける彼らの殺りくを想像することはなかなかできるものではない。テーブルの上をはいまわっている虫を、わたしが殺そうとする瞬間を見て、彼らはひどく怒った。「どうして殺すのか」と。

こうした彼らの情緒は、近隣のバンナ社会(増田による本書の第4章を参照)とはずいぶん異なっている。四～五年前、バンナが和平の調停のためにボディにやってきたことがある。その折、バンナは見る限りのシマウマを自動小銃で「虐殺」してしまった、という。ボディの草原で、シマウマは自由に群れて草をはんでいる。わたしはこれまでライオンに襲われたシマウマの亡骸を見たことはあるが、人によって殺された姿は皆無であった。ボディの地で、シマウマは人を恐れることなく、近くまでやってきていた。いったい、こうしたボディとバンナはどうしてこれほどまで異なってくるのか。

それ以後ボディ社会で、わたしは彼らの前でむやみな殺生を慎むようになった。ボディによる鳥類の名称を調べようとしていると、だれかが鳥を捕ってきてくれることがある。わたしは、それを写真に納めて、一本の羽をとって逃がすことにしている。彼らは、それをみて、なんかほっとしたような表情をするのである。

ボディの人たちと接していると、こまやかなところまで、たいへん気をつかっていることがひしひしと伝わってくる。日常的に怒鳴り声をあげて、人に怒りをぶつけるような場面をほとんどみたことがない。子どもに対しては、しつけがきびしい。むしろ、わたしの方が恥ずかしい思いをすることがある。いまや三〇～四〇代の大人を幼いときから知っているから、その当時の関係をいまだにひきずってしまうのである。

最近になって、大人としての「つきあい」という面からみるとボディの人たちから学ぶべきところが多いのでは、とつくづく思っている。挨拶をはじめ、彼らの態度はまさに「紳士」的である。ただ、そうした日常的な情緒から、あるいはふるまいから、一方では納得できないことがいくつか浮かんでくる。その最大のポイントは、戦場における彼らの攻撃性、さらには残虐性である。彼らは、どうして「簡単に人を殺す」のか。

2 攻撃性を育む文化装置

人間における攻撃性が生得的なものなのか、あるいは文化的なものなのか、これまでずいぶん議論がなされてきた。わたしは、ボディの文化をひもといていくうちに、彼らの攻撃性が彼らの社会で育まれた文化装置によるものではないか、と思うようになった。むろん、これは、たいへん大胆な仮説である。しかし、わたしはその裏づけを十分用意することができたように思う（福井 1977, 1991; Fukui & Turton 1979）。

生後まもなく、名付け親から彼あるいは彼女の生涯になう特定の色・模様を継承するとともに、その色・模様にちなんだ名前をつけてもらう。この特定の色・模様は、モラレとよばれ、彼らが社会で生きていくための世界認識の核になっている。その子は、ビーズを組み合わせたモラレの首飾りを身につけ、モラレにちなんだ歌を聞きながら育っていく。すると、その子はしだいに自分のアイデンティティの対象としてモラレをみなすようになる。

そのモラレは、思春期になるとそのモラレと同じ毛色のウシにかわっていく。やがて、その仔ウシをりっぱに育てることが彼らの青春の生きがいになっていくのである。放牧中、若者が自分のモラレの名前をよぶと、そのウシだけが彼の方をふり向くのを観察したことがある。それほど、人間とウシは、まさしく「一体化している」。ウシの年齢は平均一二〜一五歳くらいであろうか。老いてまもなく死ぬことがわかると、同じ年齢組の若者たちがそのモラレのウシを首長の庭に連れていって、儀礼的に屠殺する。わたしは、その現場を目撃していないが、そのモラレのウシといっしょに青春を過ごしてきた若者はひどく嘆き悲しむ、という。

その激情を仲間たちがしばらくなぐさめ抑えているが、やがて若者は他民族の殺りくに出かけていく。それを、ボディではとくにルファとよんでいる。三〇年前からわたしは、彼らのルファの事例をいくつも聞いてきた。その後、一部の若者は腕に深い切れ込みをほどこす。それはリルとよばれ、ルファにより他民族を殺した証となっている(写真9-4)。かつての一〇歳くらいの少年の腕にそのリルを見たとき、この子もメラ(ボディの自称)として大きくなったものだ、と正直なところわたしは感嘆してしまった。彼にも、その特定の文化装置によって大人への過程で排他的な激しい攻撃性が育まれていったにちがいない。

わたしは、二〇〇〇年一月、ムルシの男性とゆっくり話す機会があった。その折、彼はムルシ社会にもモラレのウシの死にともなう他民族の殺りくルファがあることを語ってくれたのである。話を聞いた二日前、ムルシが南隣の牧畜民ニャンガトムの地に行き、四人を殺した。これは、ルファによるものであることを教えてくれた。その襲撃で、ムルシひとりが殺され、ふたりが無事帰ってきた、という。

ハマル(バンナをボディはこう呼ぶ)は、かつてボディの地にやってきて、二、三人のボディを殺して帰ったことがある。ボディによれば、殺すことだけが目的のルファだ、と説明した。エチオピア西南部には、ボディやムルシと同じように、色・模様を介した特定のウシへのアイデンティティから他民族の殺りくを導いていくルファのような文化装置がまちがいなく存在している、とわたしは思っている。たとえばスルマ系グループは、ボディと同じように、特定のモラレのウシをアイデンティティの対象とし、強烈な攻撃性を周辺の諸民族に示す。ただ、モラレやルファに相当する社会の核的概念との出会いは、なみたいていのことではできるものではない。

写真9-4　腕に刻まれたリルとよばれる瘢痕．他民族を殺した証である．最初にボディ社会を訪れた1974年に10歳にも満たなかった少年の腕にも，その後およそ25年の流れの中でリルが刻まれていた（2000年1月撮影）．

おおくの社会は、彼らの社会にみずからの帰属性をみいだすよう、また「他者」に対して排他性を示していく文化装置を、長い歴史的過程のなかで育んできたものと思われる（図9-3）。

3　女性を攻撃するか否か

そうした装置を背景に、彼らは、自分の家族は大切にしながら、ほかの社会では家族まで殺してしまうことになる。

ボディ社会では、「敵」がふたつに分類されている。その大きな基準は、攻撃の対象に女性を含めるか、そうでないか、である。敵対・同盟関係を結ぶ社会とは、原則として女性を攻撃しない。ところが、ボディにとってバンナのような「永久的敵対関係」（図9-2参照）に相当する宿敵とは、そうした了解はない。両者の戦いにおいては、基本的に皆殺しである。ボディなどを含む「ゴルディヤ」による山岳農耕民スは、この皆殺しの対象である。このことは、

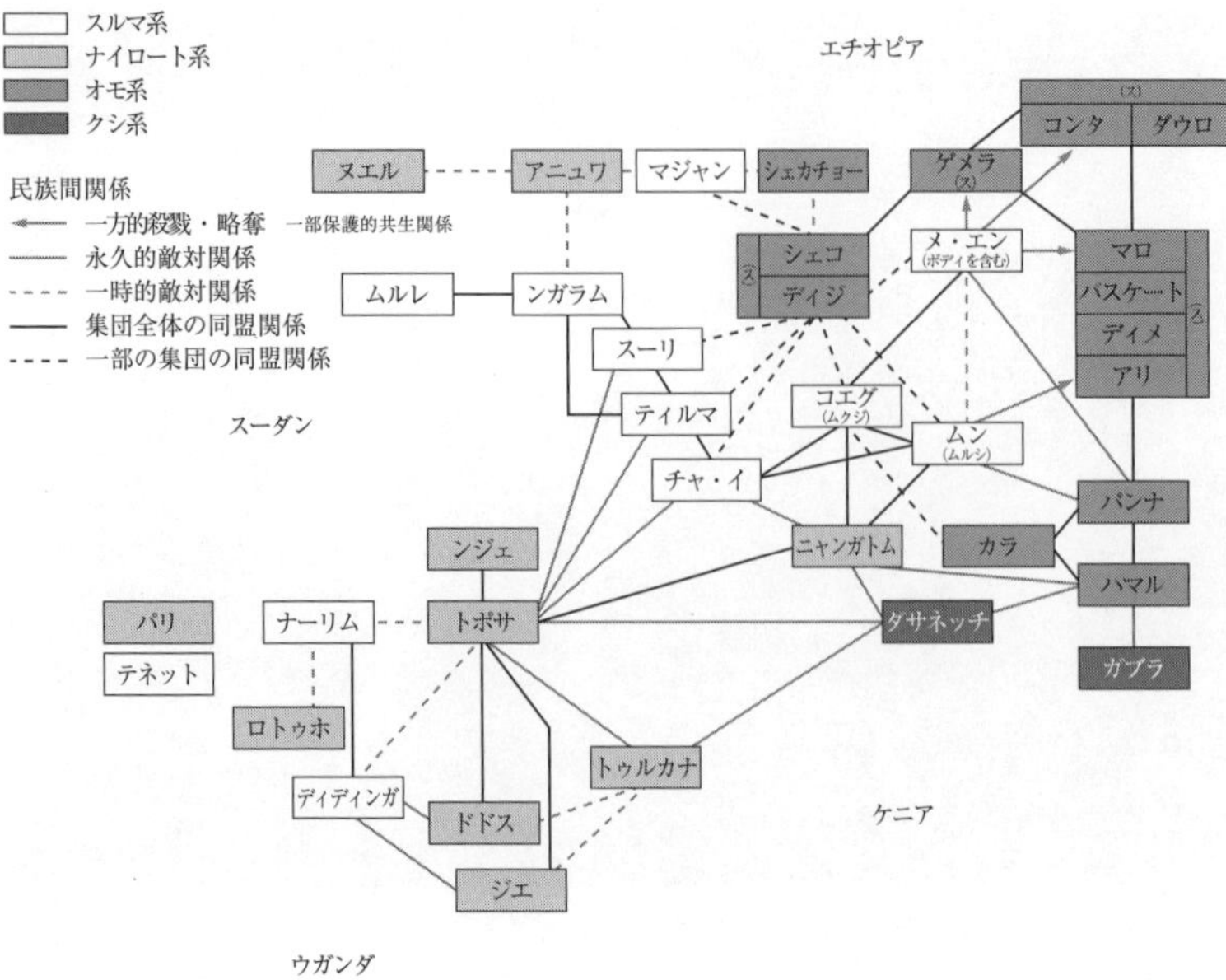

図9-3　エチオピア西南部とスーダン東南部における主要な民族間関係

戦いの特徴を知るうえで、たいへん大きい。

ボディやスーダンのナーリム社会では、過ちであろうが、殺人を犯したものはまず近親者からの報復を恐れて遠い地に隠れる。しばらくして調停がおこなわれ、裁判の結果、多数のウシの賠償が遺族に支払われる。賠償は、被害者が男性の場合は二〇頭、女性の場合は四〇頭が標準になっている。ボディ社会では、女性の命を奪ったら、その賠償は想像がつかない、とも話してくれた。

スーダンのナーリム社会では、戦いによって攻撃対象に女性を含むかどうか慎重に吟味する。たんにウシの略奪（写真9-5）を主目的にしているときは、攻撃対象に女性を含めない。ところが、敵のトポサがナーリムのテリトリーをしばらく占拠したとき、自分たちの土地を奪われることを恐れたナーリムは会議を重ね、彼らの放牧キャンプを夜明けに奇襲して、皆殺し作戦をとったことがある。

このように、彼らは戦いにおいて女性を攻撃対象にするかしないか、きわめて慎重に見極めて作戦を展開す

写真9－5　乾季のさなか，ウシに水を飲ませるナーリム．限られた水場は，敵にもっともねらわれやすい．特定の時間にたくさんの家畜が集まるものの，防衛は手薄である．こうした貴重なテリトリーは，それぞれの集団内で社会化されて継承されていく．それを犯した場合には，壮絶な集団間の組織的な武力衝突となる（1983年1月撮影）．

る。このことは、彼らの戦いにおける特徴を物語っている。戦いにおいて、戦闘している間は当然のことながら敵を憎まざるをえない。しかし、宿敵でない限り、戦いの後には、両者のあいだに和平がもたらされる。和平協定を結べば、彼らの間には日常的なつきあいがよみがえってくる。このことを、長い歴史の過程で繰り返されてきた民族間の戦いで、彼らはお互いよく理解している。おおくの戦いは、和平を前提としたものなのである。

世の中で「きれいな」戦いなど、ありえない。ただ、女性を犠牲にするときは、戦後の和平が崩れてしまう危険性がある。それは、将来の集団の存亡がかかわっていると判断されるからであろう。それほど彼らの社会において、女性と次世代をになう子どもの命は特別視されている。わたしたちは、いま地球上で起こっている戦いの特徴を、この基準でみていくことはたいへん重要である。

4　統合と排他性の基盤は

ボディ社会でも、スーダンのナーリム社会においても、わたしは彼らに「どうしてわたしを殺さないのか」と尋ねた。すると、「我々はむやみに人を殺しているのではない」、「おまえたちを殺したら、ウシが腐る」という答えが返ってきた。彼らの社会において「ウシが腐る」という表現は、「この世が存在しない」という意味にとれる。

ナーリム社会に住み込んでいたとき、敵のトポサのリーダーたちが二、三人やってきて、和平を模索する会議が開かれた。わたしは二度ほど、そうした機会に立ち会うことができた。そこでは、戦いのマナーについても話題にのぼった。たとえば、わたしのような「外部の人間」は攻撃対象に含めない、といった約束事も。ただ、それを守ってくれるかどうかは別である。わたしとしてはただ信ずるしかない。

ところで、情緒深いはずのボディは、彼らに害を与えるものに対しては、強烈な敵愾心をあらわす。たとえば、経済的にも精神的にも彼の拠り所であるウシに病をもたらすツェツェバエをみた瞬間、彼らは憤りを示して、それを葉にくるんで「つぶす」のである。ボディの地には、ツェツェバエはほとんどいないが、たとえばわたしがボディへ向かう道中、ツェツェバエが車の中にたくさん侵入してくる。その一部が、ボディまでたどりつくことがある。彼らは、きびしくわたしを注意して、ツェツェバエをたちまち殺してしまう。

わたしたちの社会では、どうであろうか。メダカは、自然保護の「愛着的」シンボル対象になっている。いまでは、メダカを守ろうというと、みんなが立ち上がるほどである。ところが、ボウフラでは、どうだろうか。わたしたちは、みんなで立ち上がって、こんどはそれを駆除しようとする。じつにいい加減なものである。しょせん、人間が中心なのだ。わたしたちは、なにかの価値観で、あるいは状況によって、受容すべきものと排除すべきものをはっきりと分類してしまう。

その基本は、「我らと彼ら」である。グローバリゼーションがいかに進んでも、「人類みな兄弟」に決してなることはない、とわたしは思っている。それは、わたしたちをとりまくもろもろのものを、わたしたちは分類し、それにしたがって日常的な秩序づけを行っているからである。それは、人間のもっとも基本的な属性である、ということができる。「我らと彼ら」という集団分類は、わたしたちが社会に生きていく以上、避けられない人間の属性である。

「我ら」のもっとも基本的な単位は、一般的には家族である。それは、血縁的にももっとも近く、ともに生きていく資源を共有するからである。それを核として、「我ら」意識をわかちあう集団は、レベルによっていくつにもことなってくる。たとえば、ボディ社会では父方親族、姻族、地域、歴史……の共有度によって、「我ら」意識はひろがっていく（福井 1984a）。もめ事が生じた場合、近い「身内」であれば話し合いで、地域になると裁判で、さらにひろくなれば、「報復」を基盤にした戦いに発展していく。そこには、たえず「我らと彼ら」の範疇が伸縮自在に動いていく。

重要な点は、この「我らと彼ら」の分類概念と「統合と排他性」という対立的価値観がどう対応してくるか、ということである。ここでいう「統合と排他性」を弁別していくものは、伸縮自在の「我ら」意識であるが、排他性をともなうもっとも基本的な属性は資源であり、資源へのアクセス度である。さらにいえば、何を基準にして、資源を共有するか、あるいは資源へより有効にアクセスすることができるか、ということではなかろうか。資源はほとんど継承をともなうものであり、その継承のメカニズムが「我ら」意識の持続性に深くかかわってくる。

ここで注目しておくことは、「我らと彼ら」はもうひとつの他者によって相対的に動いていくものである。そうした「我らと彼ら」、さらには他者の存在によって、それぞれの帰属先が多元的・多層的に動いていく背景をどうとら

写真9-6　トゲの木の垣根越しに握手をする敵対同士．政府主導による和平の調停の際に，ナーリム側に訪れた敵トポサは，筆者の基地内で夜を過ごした．その翌朝，旧知の間柄であるナーリムと出会った瞬間お互いにかたい握手をしたものの，また戦乱の中にもどっていった（1982年12月撮影）

えていけばよいのか。そこには、「我らと彼ら」、さらにはそれをとりまく他者関係を育んできた歴史が大きく横たわっている（写真9-6）。

わたしたちは、そうした「歴史」を背景にして、日常的には「感覚文化」を、非日常的に「意識文化」を学び、継承していく。そこに、「統合と排他性」にかかわる文化装置が潜んでいるように思われるのである。

5　社会化されるテリトリー

国家のもっとも大きな基盤は領土、すなわちテリトリーである。このテリトリーを守り維持するために、どの国も軍事力をもつにいたることになるが、テリトリーを共有する「我ら」集団もテリトリーのために他者に対して排他性を示すようになる。そのテリトリーの継承は、私的には財産相続というかたちをとるが、「我ら」集団としては系譜を含む「歴史」が大きくかかわってくる。

戦いがどのように、この「歴史」に刻み込まれていくか。戦いは、ひとつの過程である。これまでの人類の歴史におけるテリトリーの変化の九〇パーセントは、戦いの結果である。異なる政治統合をもつ集団間における組織的武力衝突である戦争といえるが、集団間の戦いも基本的には同じではないだろうか[4]。

わたしは、二〇〇一年一月、ボディの東隣の山岳地帯を歩いた。それは、ボディが一九七三年にいたるまで東部の農耕民ディメをさんざん襲撃した結果、両者のあいだになにがかわったのかを自分の目でたしかめたかったからである。その殺りくのひどさは、最初にのべたように、ディメが消滅してしまうのでは、とアメリカの言語人類学者が不安をおぼえたほどである。

現象的には、モラレという文化装置による殺りくルファ、さらにはウシの略奪といったものが深くかかわっているが、もっと底流に動いているものを確認したかったのである。現場で見たものは、かつてのディメの地にボディの家族が住んで、農耕を営んでいることであった。明らかに、ボディのテリトリーは東部に拡大されていた。

わたしは、かつてス（山岳農耕民）の地でいまボディの地になっている地名を尋ねていった。それらは、チャルガ、マティカンガ、シェーマなど、一一ヵ所におよんでいる。さらに、アゾという地では、ボディがスと交渉しながら少しずつ耕しはじめている、という。それは、スという布地にボディ染色が長い時間にわたってしだいに染みていくようである。

土地という資源は、こうして我らと彼らを分かつ文化装置を介して、それぞれの「テリトリー」として社会化される。わたしがこれまでみてきた民族間の戦いは、この資源化された空間の共有範囲をめぐる争いでもあった。つまり、繰り返される戦いの底流には、新たな資源空間の社会化が胎動している、といえるのではなかろうか。

註

（1）この襲撃に関して、拙論（福井 2002）で詳しく記載している。

（2）日本における中世の社会では、戦いはかなりひんぱんに繰り返されていたようである。たとえば、藤木（2001）参照。

（3）福井正子（1981）は、わたしたちと同じように同時代に生きていくボディの日常生活を描いている。

（4）戦争の定義に関しては、福井（1987b）を参照。

付　記

本稿は、『季刊民族学』一〇九号（二〇〇四年・夏）の「特集　人はなぜ戦うのか」に寄稿した文章をもとに加筆修正したものである（福井 2004）。

エチオピア近・現代史年表

	中央	地方
一八〇〇年前後		・ギベ川流域にオロモ五王国成立。
一八五五	・テオドロスⅡ世エチオピア高地を統一。	
一八六八	・マグダラの戦い。テオドロス、イギリスに敗れ自死。	
一八七一	・ヨハンネスⅣ世、帝位につく。	
一八八二	・メネリク、エンバボの戦いでゴジャム領主タクラ＝ハイマノートを破り、西南部への領土拡大を開始。	・このころソマリ長距離交易、象牙を求めてエチオピア西南部へ。
一八八七		・イタリア、マッサワを植民地化 ・西部オロモ、メネリクに貢属（一八八〇年代）
一八八九	・ヨハンネス、スーダン・マハディ勢力との戦いで戦死。 ・メネリクⅡ世、エチオピア皇帝となる。	・メネリク、東部のハラルを征服。東部沿岸部から西南部への交易路を掌握。 ・ウォライタ、カファ、ベラ―シャングルなど南西部がメネリク軍に征服される。（一九九四―九七年）
一八九六	・アドワの戦い。エチオピア、エリトリアから侵入	

	したイタリア軍を破る。	
一八九七—九八		・現在のエチオピア国境地域（ボラナ、オモ川流域、ガンベラ）をメネリク軍が征服。 ・西南部で象牙狩り盛ん。象牙はたちまち枯渇。（一九〇〇年代初頭）
一九〇八	・メネリクの病状悪化、妻タイトゥが政治的実権を握る。	・中央の統制が弱まり、地方では行政官による現地住民への略奪や奴隷狩りが常態化。
一九一一	・メネリクの孫、イヤスが実権を握る。保守派と対立。	
一九一六	・イヤス廃位、メネリクの娘ザウディトゥが皇帝に。ラス・タファリが摂政となる。	
一九一七	・ジブチ、アディスアベバ間に鉄道開通。	
一九三一	・タファリ、ハイレ＝セラシエⅠ世としてエチオピア皇帝に。憲法制定。	・マジ周辺での奴隷狩りとそれに対する現地住民の抵抗が激化。 ・西南部低地国境付近では、ネフテンニャと牧畜民による越境・略奪が頻繁に行われる。 ・西南部高地ではコーヒーの栽培が盛んになる。
一九三五	・イタリア、エチオピアへ侵攻。エチオピアを統治。	・旧支配層、地方で対イタリアゲリラ活動。

	（―一九四一）	
一九四一	・ハイレ＝セラシエ、エチオピアへ復帰。	・ネフテンニャ＝ガッバル制度を廃止。中央集権的な行政機構の整備と中央による地方支配の確立。
一九五五	・憲法改定。 ・アディスアベバでは軽工業が勃興。	・西南部では支配層による土地の占有・地主化と農民の小作農化が進行。
一九六〇	・アディスアベバでクーデタ未遂。	
一九六二		・エリトリア併合。ＥＬＦ軍事抵抗を開始。
一九六三		・ソマリアと国境紛争。
一九七三		・北部で大飢饉。政府の対応遅れる。
一九七四	・エチオピア革命、デルグが政権に。	
一九七五		・大規模な土地改革。農民組合の設立。旧地主層の没落。
一九七七	・メンギストゥ、「赤色テロ」により独裁的権力確立。ソ連と同盟関係に。	・エチオピア―ソマリア戦争（一九七七―七八）
一九八三―八五		・北部で大飢饉。
一九九〇	・デルグ、社会主義の放棄を宣言。	・北部ではＥＰＬＦ、ＴＰＬＦの、南部ではＯＬＦのゲリラ活動が激化。
一九九一	・ＴＰＬＦ、ＥＰＬＦ、アディスアベバを制圧。Ｅ	

	ＰＲＤＦによる暫定政権樹立。	
一九九三		・エリトリア分離独立。
一九九四	・新憲法発布。九つの州からなる連邦制に。	
一九九五	・エチオピア連邦民主共和国成立。	
一九九八—二〇〇〇	・エチオピア—エリトリア国境紛争。	

prikladnoi botanike i selektsii(Bulletin of Applied Botany and Selection Plant Breeding) 16: 139-248.
Vavilov, Nikolai I.(K. Starr Chester trans.) (1951) The Origin, Variation, Immunity, and Breeding of Cultivated Olants. *Chronica Botanica* 13: 1-364.
ウォルマン，サンドラ(1996)『家庭の三つの資源―時間・情報・アイデンティティ：ロンドン下町の８つの家』(福井正子訳)河出書房新社.（Wallman, Sandra 1984 *Eight London Households*. London: Tavistock Publications Ltd.)
Watson, Elizabeth E.(2003) Examining the Potential of Indigenous Institutions for Development: A Perspective from Borana, Ethiopia. *Development and Change* 34 (2): 287-310.
Westphal, E.(1975) *Agricultural Systems in Ethiopia*. Wageningen: Centre for Agricultural Publishing and Documentation.
Wetterstrom, W.(1993) Foraging and Farming in Egypt: the Transition from Hunting and Gathering to Horticulture in the Nile Valley. In T. Shaw, P. Sinclair, B. Andah and A. Okpoko. (eds.), pp. 165-226.
Woodburn, James (1982) Egalitarian Societies. *Man* 17(3): 431-451.
WRM (World Rainforest Movement) (2002) Ethiopia: Deforestation and Monoculture Plantations Behind the Fires. *WRM Bulletin* 55 (February 2002).
山田憲太郎(1985)『スパイスの歴史：薬味から香辛料へ』法政大学出版局.
Yeraswork Admassie (2000) *Twenty Years to Nowhere: Property Rights, Land Management and Conservation in Ethiopia*. Lawrenceville: The Red Sea Press.
Yilma D. Abebe (2000) Sustainable Utilization of the African Civet (*Civettictis civetta*) in Ethiopia. Paper Presented at the 2nd Pan-African Symposium on the Sustainable Use of Natural Resources in Africa, at Ouagadougou.
Yirmed Demeke and Afework Bekele (2000) Study on the Elephant of Mago National Park, Ethiopia. *Pachydem* 28 (Jan-Jun): 32-43.
Zemede Asfaw (1990) An Ethnobotanical Study of Barley in the Central Highlands of Ethiopia. *Biologisches Zentralblatt* 109(1): 51-62.
Zemede Asfaw (1996) Barley in Ethiopia: the Link between Botany and Tradition. In Haile Gebre-Mariam, D.G. Tanner and Mengistu Hulluka (eds.), pp. 182-192.
Zemede Asfaw (1999) The Barleys of Ethiopia. In S. B. Brush (ed.), pp. 77-107.
Zeven, A. C.(1991) Wheats with Purple and Blue Grains: a Review. *Euphytica* 56: 243-258.
Zohary, Daniel and Maria Hopf (2000) *Domestication of Plants in the Old World: The Origin and Spread of Cultivated Plants in West Asia, Europe, and Nile Valley*. (Third Ed.) Oxford: Oxford University Press.

ビデオ映像

Head, Joanna and Jean Lydall (1990) *Women Who Smile*. BBC Enterprises.
The Osprey Filming Company (1993) *Hunting Ethiopia and Zambia*.

高橋庸一郎(1988)「中国文献に見える麝香について―その香と薬の効用―」『阪南論集(人文・自然科学編)』23(3): 1-16.
Tadesse Gebre Mikael(1995)Investment bä t'rign yizotanna bä zibad nigd lay (Investment for owning the civet cat and civet trading). In *Proceedings for the Workshop on the Civet Cat Farming and Civet Production and Trade*. Addis Ababa, pp. 54-61.(in Amharic)
Tesfaye Tesemma(1991)Improvement of Indigenous Durum Wheat Landraces in Ethiopia. In M. M. Engels, J. G. Hawkes and Melaku Worede.(eds.), pp. 288-295.
Tesfaye Tesemma and Getachew Belay(1991)Aspects of Ethiopian Tetraploid Wheats with Emphasis on Durum Wheat Genetics and Breeding Research. In Hailu Gebre-Mariam, D. G. Tanner and Mengistu Hulluka.(eds.), pp. 47-71.
Teshome Bantyirgu(1987)*Yä t'rign irbatanna zibad mirt t'inat*(Civet Farming and Civet Production Study). Neqemte: Wollega Region Planning Office.(in Amharic)
Thomas, Hugh(1995)Oats. In J. Smartt and N. W. Simmonds.(eds.), pp. 132-136.
Tilahun Gamta(1989)*Oromo-English Dictionary*. Addis Ababa: Addis Ababa University Printing Press.
Tominaga, Tohru and Takeshi Fujimoto(2004)Awn of Darnel(*Lolium temulentum* L.)as an Anthropogenic Dispersal Organ: a Case Study in Malo, Southwestern Ethiopia. *Weed Biology and Management* 4(4): 218-224.
Tornay, Serge(1979)Armed Conflicts in the Lower Omo Valley, 1970-6. In K. Fukui, and D. Turton.(eds.), pp. 97-117.
Tornay, Serge(1981)The Nyangatom: An Outline of their Ecology and Social Organization. In M. Bender(ed.)*Peoples and Cultures of the Ethio-Sudan Borderlands*. East Lansing: African Studies Center, Michigan State University.
Turton, David(1973)*The Social Organization of the Mursi: A Pastoral Tribe of the Lower Omo Valley, South West Ethiopia*. Unpublished PhD Thesis, University of London.
Turton, David(1986)A Problem of Domination at the Periphery: the Kwegu and the Mursi. In Donham, D. and W. James(eds.), pp. 148-171.
Turton, David(1991)Movement, Warfare and Ethnicity in the Lower Omo Valley. In Galaty, J. and P. Bonte(eds.)*Herders, Warriors, and Traders: Pastoralism in Africa*. Boulder: Westview Press, pp. 145-169.
Turton, David(1995)*Pastoral Livelihoods in Danger: Cattle Disease, Drought, and Wildlife Conservation in Mursiland, South-Western Ethiopia*. Working Paper. Oxford: Oxfam.
Turton, David(2004)Mursi Lip-plates and Thieving Tourists, *Anthropology Today*. 20(3): 3-8
梅崎義人(2001)『動物保護運動の虚像：その源流と真の狙い』成山堂.
Unseth, Peter(1990)*Linguistic Bibliography of the Non-Semitic Languages of Ethiopia*. East Lansing: African Studies Center, Michigan State University.
Vavilov, Nikolai I.(1926)Studies on the Origin of Cultivated Plants. *Trudy po*

Lansing: African Studies Center, Michigan State University.
Rouk, Hugh F. and Hailu Mengesha (1963) Ethiopian Civet (*Civettictis civetta*). *Experiment Station Bulletin* 21: 2-7.
サーリンズ，マーシャル（1984）『石器時代の経済学』（山内昶訳）法政大学出版局.
阪本寧男（1996）『ムギの民族植物誌：フィールド調査から』学会出版センター.
佐藤廉也（1995）「焼畑農耕システムにおける労働の季節配分と多様化戦略―エチオピア西南部のマジャンギルを事例として―」『人文地理』47（6）：21-41.
佐藤廉也（2000）「地方分権体制のエチオピアと辺境の民族―州境をめぐる紛争とある開発プロジェクトの崩壊」『アフリカレポート』30: 12-15.
佐藤廉也（2004）「森の民マジャン：自然の要塞としての森」『季刊民族学』109: 34-40.
Schlee, Günter (1989) *Identities on the Move: Clanship and Pastoralism in Northern Kenya*. Manchester: Manchester University Press.
Sezgin, Fuat (ed.) (1995) *Kitab al-Jami' li-sifat ashtat al-nabat wa surub anwa' al-mufradat. By al-Idrisi (d.c.1165)*. Frankfurt: Institute for the History of Arabic-Islamic Science at the Johann Wolfgang Goethe University.
Shack, William A. (1966) *The Gurage: A People of the Ensete Culture*. Oxford: Oxford University Press.
Shaw, Thurstan, Paul Sinclair, Bassey Andah and Alex Okpoko (eds.) 1993 *The Archaeology of Africa: Food, Metals and Towns*. London: Routledge.
Simonse, Simon and Eisei Kurimoto (1998) Introduction. In E. Kurimoto and S. Simonse (eds.) *Conflict, Age and Power in North East Africa: Age Systems in Transition*. Oxford: James Currey, pp.1-28.
Simoons, Frederick J. (1960) *Northwest Ethiopia: Peoples and Economy*. Madison: University of Wisconsin Press.
Smartt, J. and N. W. Simmonds. (eds.) (1995) *Evolution of Crop Plants*. 2nd ed. Harlow: Longman Scientific & Technical.
Smith, A. Donaldson (1897) *Through Unknown African Countries: The First Expedition from Somaliland to Lake Lamu*. London: Edward Arnold.
Sobania, Neal (1980) *The Historical Tradition of the Peoples of the Eastern Lake Turkana Basin c.1840-1925*. Unpublished PhD Thesis, School of Oriental and African Studies, University of London.
Stauder, Jack (1971) *The Majangir: Ecology and Society of a Southwest Ethiopian People*. London: Cambridge University Press.
諏訪兼位（1997）『裂ける大地：アフリカ大地溝帯の謎』講談社.
田川　玄（1998）「語られる年齢体系と民族主義―南部エチオピア，オロモ系牧畜民ボラナのグミ・ガーヨの報告―」『社会人類学年報』24: 99-122.
田川　玄（2001）「「生れる」世代組と「消える」年齢組―南エチオピアのオロモ語系社会ボラナの二つの年齢体系―」『民族学研究』66（2）: 157-177.
Tagawa, Gen (1997) Rituals of the Gada System of the Borana: With Special Reference to Latecomers of a Generation-set. In K. Fukui, E. Kurimoto and M. Shigeta. (eds.) Vol. II, pp. 616-31.

Varieties in the Hoor of Southwestern Ethiopia. In S. Sato and E. Kurimoto (eds.) *Essays in Northeast African Studies.* (Senri Ethnological Studies 43) Osaka: National Museum of Ethnology.
Mohammed Hassen (1990) *The Oromo of Ethiopia: A History, 1570-1860.* Cambridge: Cambridge University Press.
モーリス＝鈴木，テッサ(2000)『辺境から眺める：アイヌが経験する近代』(大川正彦訳)みすず書房.
Mulugeta Negassa (1985) Patterns of Phenotypic Diversity in an Ethiopian Barley Collection, and the Arussi-Bale Highland as a Centre of Origin of Barley. *Hereditas* 102: 139-150.
Murdock, George P. (1960) Staple Subsistence Crops of Africa. *Geographical Review* 50: 523-540.
中村尚司(1989)「南アジアの人口と過剰開発」，後藤明ほか『歴史における自然』岩波書店，pp.83-113.
中尾佐助(1972)『料理の起源』日本放送出版協会.
National Research Council (1996) *Lost Crops of Africa. Volume 1: Grains.* Washington D.C.: National Academy Press.
西崎伸子(2001)「人と土地を分かつ自然保護：エチオピア，センケレ・スウェニーズハーテビースト・サンクチュアリーと地域住民の関係」『アフリカ研究』58: 59-73 頁.
農林水産省大臣官房統計情報部(編)(2003)『作物統計：普通作物・飼料作物・工芸農作物』農林統計協会.
Pajella, A. (1938) *L'allevamento dello zibetto nel Galla e Sidama.* Firenze: Istituto Agricolo Coloniale Italiano.
Pankhurst, Richard (1968) *Economic History of Ethiopia, 1800-1935.* Addis Ababa: Haile Sellassie I University Press.
Pankhurst, Richard (1985) *The History of Famine and Epidemics in Ethiopia.* Addis Ababa: Relief and Rehabilitation Commission.
Pankhurst, Richard (1990) *A Social History of Ethiopia.* Addis Ababa: Addis Ababa University Press.
Pankhurst, Rita (1997) The Coffee Ceremony and the History of Coffee Consumption in Ethiopia. In K. Fukui, E. Kurimoto and M. Shigeta. (eds.) Vol. II, pp. 516-539.
Phillipson, David W. (1998) *Ancient Ethiopia.* London: British Museum Press.
ポンティング，クライブ(1994)『緑の世界史(上)』(石弘之・京都大学環境史研究会訳)朝日新聞社.
Pugh, Mike (1998) *Civet Farming: An Ethiopian Investigation.* London: World Society for the Protection of Animals.
Purseglove, John W. (1972) *Tropical Crops: Monocotyledons.* London: Longman.
Rao, M. V. (1974) Wheat. In Hutchinson, J. (ed.) *Evolutionary Studies in World Crops: Diversity and Change in the Indian Subcontinent.* Cambridge: Cambridge University Press, pp. 33-45.
Rosenfeld, Chris P. (1976) *A Chronology of Menilek II of Ethiopia, 1844-1913.* East

Lewis, Herbert S. (2001 (1965)) *Jimma Abba Jifar: An Oromo Monarchy.* Lawrenceville: The Red Sea Press.

Lewis, Ioan M. (1980) *A Modern History of Somalia: Nation and State in the Horn of Africa.* London: Longman.

ロレンツ，コンラート（1983）『ソロモンの指環：動物行動学入門』（日高敏隆訳）早川書房.

Lydall, Jean and Ivo Strecker (1979) *The Hamar of Southern Ethiopia 2: Baldambe Explains.* Hohenschaftlar: Klaus Renner Verlag.

Marcus, Harold (2002) *A History of Ethiopia* (Updated Edition). Berkeley: University of California Press.

Markakis John (1974) Ethiopia: Anatomy of Traditional Polity. Oxford: Clarendon Press.

Massaia, Guglielmo (1885-1895) *I miei trentacinque anni di missione nell'alta Etiopia.* Roma: Tipografia Poliglotta.

松田　凡（1988）「オモ川下流低地の河岸堤防農耕：エチオピア西南部カロの集約的農法」『アフリカ研究』32: 45-67.

松田　凡（1991）「民族集団の『併合』と『同化』：エチオピア西南部 KOEGU をめぐる民族間関係」『アフリカ研究』38: 17-32.

松田　凡（1998）「余剰はどこへいったのか」『経済セミナー』525，日本評論社.

松田　凡（2002）「ポストコロニアリズムからみたエチオピア西南部の近代：周辺マイノリティと自動小銃」，宮本正興・松田素二（編）『現代アフリカの社会変動：ことばと文化の動態観察』，人文書院，pp.93-114.

松村圭一郎（2002）「社会主義政策と農民－土地関係をめぐる歴史過程：エチオピア西南部・コーヒー栽培農村の事例から」『アフリカ研究』61: 1-20.

増田 研（1995）「エチオピア西南部オモ系農牧民バンナのマーケット活動」『大阪外大スワヒリ＆アフリカ研究』6: 83-101.

増田 研（2001）「武装する周辺：エチオピア南部における銃・国家・民族間関係」『民族學研究』65 (4): 313-340.

McCann, James C. (1995) *People of the Plow: An Agricultural History of Ethiopia, 1800-1990.* Madison: University of Wisconsin Press.

McCann, James C. (1999) *Green Land, Brown Land, Black Land: An Environmental History of Africa, 1800-1990.* Portsmouth: Heinemann/ Oxford: James Curry.

McCorriston, Joy (2000) Barley. In K. F. Kiple and K. C. Ornelas. (eds.) *The Cambridge World History of Food, Vol.1* Cambridge: Cambridge University Press, pp. 81-89.

宮脇幸生（2002）「外部の馴化と公共空間の成立―エチオピア西南部クシ系農牧民ホールの首長制をめぐる象徴空間についての考察」『アジア・アフリカ言語文化研究』64：1-35.

Miyawaki, Yukio (1994) Sorghum Cultivation and Cultivar Selection by the Arbore of Southwestern Ethiopia. *Nilo-Ethiopian Studies* 2: 27-43.

Miyawaki, Yukio (1996) Cultivation Strategy and Historical Change of Sorghum

Southern Borderlands, 1916-1935. Unpublished PhD Thesis. Northwestern University.

Hillman, Jesse C.(1987)*Civet Utilization and Research.* Unpublished Report. Addis Ababa: Ethiopian Wildlife Conservation Organization.

広山　均(1983)「シベット(霊猫香)」『香料』141: 21-24.

Hoben, Allan(1996)The Cultural Construction of Environmental Policy: Paradigms and Politics in Ethiopia. In M. Leach and R. Mearns(eds.)*The Lie of the Land: Challenging Received Wisdom on the African Environment.* Portsmouth: Heinemann/ Oxford: James Curry.

Hodson, Arnold(1970(1927))*Seven Years in Southern Abyssinia.* Westport: Negro Universities Press.

Hoekstra, Harvey T.(1995)*Honey, We're Going to Africa!* Mukilteo: Wine Press Publishing.

Howell, Nancy(1979)*Demography of the Dobe !Kung.* New York: Aldine de Gruyter.

Huffnagel, H. P.(1961)*Agriculture in Ethiopia.* Rome: FAO.

石原美奈子(1996)「オロモのクランの歴史研究の可能性について」『アフリカ研究』49: 27-52.

石原美奈子(2001)「エチオピアにおける地方分権化と民族政治」『アフリカ研究』59: 85-100.

Ishihara, Minako(2003)The Religious Roles of the Naggaadie in the Historical Gibe Oromo Kingdoms(第15回国際エチオピア学会(於ハンブルク)発表原稿)

Jacobs, M. J. and C. A. Schroeder(2001)Impacts of Conflict on Biodiversity and Protected Areas in Ethiopia. Washington D.C.: Biodiversity Support Program.(http://www.bsponline/publications/africa/147.htm)

Jain, S. K., C. O. Qualset, G. M. Bhatt and K. K. Wu(1975)Geographical Patterns of Phenotypic Diversity in a World Collection of Durum Wheats. *Crop Science* 15: 700-704.

掛谷誠(1994)「環境の社会化の諸相」, 掛谷誠(編)『環境の社会化:生存の自然認識』(講座地球に生きる第二巻)雄山閣, pp.3-15.

Keegan, William F.(1986)Optimal Foraging Analysis of Horticultural Production. *American Anthropologist* 88(1): 92-107.

Knutsson, Karl E.(1967)*Authority and Change: A Study of the Kallu Institution among the Macha Galla of Ethiopia.* Göteborg: Etnografiska Museet.

児玉由佳(2003)「エチオピアのコーヒー流通におけるオークションの役割」高根務(編)『アフリカとアジアの農産物流通』, アジア経済研究所, pp.155-187.

Ladizinsky, Gideon(1975)Oats in Ethiopia. *Economic Botany* 29: 238-241.

Last, Geoffrey C.(1965)*A Geography of Ethiopia for Senior Secondary Schools.* Addis Ababa: Department of Curriculum and Material Development, Min. of Education.

Lemessa D.(1999)*Prosperity Fades: Jimma and Ilubabor Zones of Oromia Region.* UN-EUE Field Mission Report, 5 to15 October 1999. Addis Ababa.

the Oromo in the Gibe Region, c. 1750-1889. M. A. Thesis, Addis Ababa University.
Guluma Gemeda (1986) Some Notes on Food Crop and Coffee Cultivation in Jimma and Limmu Awarajas, Kaffa Administrative Region (1959s to 1970s). In *Proceedings of the Third Annual Conference of the Department of History.* Addis Ababa: Addis Ababa University.
Guluma Gemeda (1988) Markets, Local Traders and Long-distance Merchants in Southwestern Ethiopia During the Nineteenth Century. In Taddese Beyene (ed.) *Proceedings of the Eighth International Conference of Ethiopian Studies, Vol.1.* Addis Ababa: Institute of Ethiopian Studies, pp. 375-389.
Guluma Gemeda (1994) Some Aspects of Agrarian Change in the Gibe Region: the Rise and Fall of Modern Coffee Farmers, 1948-76. In H. G. Marcus (ed.) *New Trends in Ethiopian Studies: Proceedings of the 12th International Conference of Ethiopian Studies, Vol. I,* pp. 723-736. Lawrenceville: The Red Sea Press.
Haberland, Eike (1959) Die Bodi. In Ad. E. Jensen (ed.) *Altvölker Süd-Äthiopiens,* Stuttgart: W. Kohlhammer, pp. 399-417.
Haberland, Eike (1963) *Galla Süd-Äthiopiens.* Stuttgart: W. Kohlhammer Verlag.
Hailu Gebre and Joop van Leur. (eds.) (1996) *Barley Research in Ethiopia: Past Work and Future Prospects.* Addis Ababa: Institute of Agricultural Research (IAR) and International Center for Agricultural Research in the Dry Areas (ICARDA).
Hailu Gebre-Mariam (1991) Bread Wheat Breeding and Genetics Research in Ethiopia. In Hailu Gebre-Mariam, D. G. Tanner and Mengistu Hulluka. (eds.), pp. 73-93.
Hailu Gebre-Mariam, Douglas G. Tanner and Mengistu Hulluka. (eds.) (1991) *Wheat Research in Ethiopia: A Historical Perspective.* Addis Ababa: Institute of Agricultural Research (IAR) and International Maize and Wheat Improvement Center (CIMMYT).
Hallpike, Christopher R. (1972) *The Konso of Ethiopia: a Study of the Values of a Cushitic People.* Oxford: Clarendon Press.
Harlan, Jack R. (1969) Ethiopia: a Center of Diversity. *Economic Botany* 23: 309-314.
Harlan, Jack R. (1993) The Tropical African Cereals. In T. Shaw, P.Sinclair, B. Andah and A. Okpoko. (eds.), pp. 53-60.
Harris, W. Cornwallis (1844) *The Highlands of Aethiopia, Vol. III.* London: Longman, Brown, Green, and Longmans.
Harrisson, J. (1901) A Journey from Zeila to Lake Rudolf. *Geographical Journal* 18 (3): 258-275.
Helland, Johan (2001) Participation and Governance in the Development of Borana: Southern Ethiopia. In M.A. Mohamed Salih, Ton Dietz and Abdel Ghaffar Mohamed Ahmed (eds.) *African Pastoralism: Conflict, Institutions and Government.* London: Sterling, VA: Pluto Press.
Hickey, Dennis C. (1984) *Ethiopia and Great Britain: Political Conflict in the*

ダン南部ナーリム族」『季刊民族学』43: 90-107.
福井勝義(1987a)「部族の戦いとゲリラの間で」(3)なおも続く部族間の戦闘―上ナイル・ナーリム族の調査から」『民博通信』38: 85-95.
福井勝義(1987b)「戦争」石川榮吉他編『文化人類学事典』弘文堂, pp.424-426.
福井勝義(1991)『認識と文化:色と模様の民族誌』(認勉科学選書 21)東京大学出版会.
福井勝義(1994)「オモ川・ナイル川流域におけるエスノシステム―錯綜する民族名と民族間関係の解読に向けて」『季刊民族学』90: 28-50.
福井勝義(1995)「自然を内在化する文化装置」福井勝義(編)『講座地球に生きる 4 自然と人間の共生―遺伝と文化の共進化―』雄山閣, pp.3-14.
福井勝義(2000)「どうして人間は多様性を志向してきたか:家畜・作物における変異の創出と文化」『地球環境シリーズ』31, 地球環境関西フォーラム.
福井勝義(2002)「牧畜民による農耕民への襲撃と略奪－エチオピア西南部において繰り返される戦いから」藤木久志・宇田川武久編『人類にとって戦いとは 4 攻撃と防衛の軌跡』東洋書林, pp.210-240.
福井勝義(2004)「特集 人はなぜ戦うのか」『季刊民族学』109:4-11, 18-24, 56-62.
Fukui, Katsuyoshi (1993) Networks as Resources. In Anthony P. Cohen & Fukui Katsuyoshi (eds.) *Humanising the City? Social Contexts of Urban Life at the Turn of the Millennium*, Edinburgh : Edinburgh University Press. pp.147-162.
Fukui, Katsuyoshi, Eisei Kurimoto and Masayoshi Shigeta (eds.) (1997) *Ethiopia in Broader Perspective. 3 vols.* Kyoto: Shokado Booksellers.
Fukui, Katsuyoshi and John Markakis (eds.) (1994) *Ethnicity and Conflict in the Horn of Africa.* London: James Currey.
Fukui, Katsuyoshi and David Turton (eds.) (1979) *Warfare among East African Herders* (Senri Ethnological Studies 3) Osaka: National Museum of Ethnology.
福井正子(1981)『キリントの歌』河出書房新社.
Gebru Tareke (1991) *Ethiopia, Power and Protest: Peasant Revolts in the Twenties Century.* Cambridge: Cambridge University Press.
Getachew Belay, T. Tesemma, E. Bechere and D. Mitiku (1995) Natural and Human Selection for Purple-grain Tetraploid Wheats in the Ethiopian Highlands. *Genetic Resources and Crop Evolution* 42: 387-391.
Gezahegn Petros (2000) *The Karo of the Lower Omo Valley: Subsistence, Social Organization and Relations with Neighbouring Groups.* Addis Ababa: Department of Social Anthropology, Addis Ababa University.
Girma Gustav (1995) Silä zibad nigdinna ilalak (On trade and export of civet). In *Proceedings for the Workshop on the Civet Cat Farming and Civet Production and Trade.* Addis Ababa, pp. 45-53.
Gufu Oba (1998) *Assessment of Indigenous Range Management Knowledge of the Boran Pastoralists of Southern Ethiopia.* Research Report for Borana Lowland Pastoral Development Programme in Cooperation with Oromiya Regional Bureau for Agriculture Development, Negelle, Ethiopia.
Guluma Gemeda (1984) *Gomma and Limmu: The Process of State Formation among*

Fairhead, James and Melissa Leach (1996) *Misreading the African Landscape: Society and Ecology in a Forest-Savanna Mosaic*. Cambridge: Cambridge University Press.

FAO (Food and Agriculture Organization of the United Nations) (1997) *State of the World's Forests, 1997*. Rome: FAO.

FAO (2001) *State of the World's Forests*, 2001. Rome: FAO.

Feldman, Moshe, F. G. H. Lupton, and T. E. Miller (1995) Wheats. In J. Smartt and N. W. Simmonds. (eds.), pp. 184-192.

Foster, William (ed.) (1967 (1949)) *The Red Sea and Adjacent Countries at the Close of the Seventeenth Century, as Described by Joseph Pitts, William Daniel and Charles Jacques Poncet*. Liechtenstein: Kraus Reprint Ltd. (originally published by Hakluyt Society).

藤木久志(2001)『飢餓と戦争の戦国を行く』朝日選書 687, 朝日新聞社.

藤本　武(1997)「品種分類に映し出される人びとと植物との関わり：エチオピア西南部の農耕民マロの事例から」『アフリカ研究』51: 29-50.

藤本　武(2002)『エチオピア西南部マロ社会における農耕の多様性とその構築に関する文化人類学的研究』京都大学大学院人間・環境学研究科(博士論文).

藤本　武(2003)「エチオピア西南部の山地農耕民マロのタロイモ栽培」吉田集而・堀田満・印東道子(編)『イモとヒト：人類の生存を支えた根栽農耕』平凡社, pp.189-202.

藤本　武(印刷中)「マロ」福井勝義・竹沢尚一郎(編)『講座ファースト・ピープルズ第五巻：サハラ以南アフリカ』明石書店.

Fujimoto, Takeshi (1997) Enset and its Varieties among the Malo, Southwestern Ethiopia. In Fukui, *et al.* (eds.), Vol. III, pp. 867-882.

Fujimoto, Takeshi (2003a) T'ef (*Eragrostis tef* (Zucc.) Trotter) Cultivation among the Malo, Southwestern Ethiopia. In Baye Y., R. Pankhurst, D. Chapple, Yonas A., A. Pankhurst and Birhanu T. (eds.) *Ethiopian Studies at the End of the Second Millennium*. Addis Ababa: Addis Ababa University Press, pp. 767-784.

Fujimoto, Takeshi (2003b) Malo. In Freeman, D. and A. Pankhurst (eds.) *Peripheral People: The Excluded Minorities of Ethiopia*. London: Hurst, pp. 137-148.

福井勝義(1971)「エチオピアの栽培植物の呼称とその史的考察：雑穀類をめぐって」『季刊人類学』2(1)：3-86.

福井勝義(1981)「コーヒーの文化的特性—エチオピア西南部の事例から」守屋毅(編)『茶の文化：その総合的研究』(第二部)淡交社，pp.165-211.

福井勝義(1983)「焼畑農耕の普遍性と進化—民俗生態学的視点から」『山民と海人—非平地民の生活と伝承』(日本民俗文化大系第五巻)小学館，pp.235-274.

福井勝義(1984a)「戦いからみた部族関係：東アフリカにおけるウシ牧畜民 Bodi (Meken)を中心に」『民族学研究』48(4): 471-480.

福井勝義(1984b)「ナーリム族の戦いと平和」『季刊民族学』29: 6-23.

福井勝義(1985)「消えた集落　ナーリム族の戦いと平和２」『季刊民族学』33: 32-111.

福井勝義(1986)「繰り返される戦いのメカニズム　牧畜社会における家畜略奪：スー

from the Thirteenth to the Twentieth Century. Urbana: University of Illinois Press.

CSA(Central Statistics Authority)(1996) *The 1994 Population and Housing Census of Ethiopia, Results for Oromia Region Volume I: Part VI, Statistical Report on Population Size of Kebeles*. Addis Ababa.

Dahl, Gudrun and Anders Hjort(1976)*Having Herds: Pastoral Herd Growth and Household Economy*. Stockholm: Department of Social Anthropology, University of Stockholm.

Dalleo Peter T.(1975)*Trade and Pastoralism: Economic Factors in the History of the Somali of Northeastern Kenya, 1892-1948*. Unpublished PhD Thesis, Syracuse University.

D'Andrea, A. Catherine and Mitiku Haile(2002)Traditional Emmer Processing in Highland Ethiopia. *Journal of Ethnobiology* 22(2): 179-217.

Daniel Gamachu(1977)*Aspects of Climate and Water Budget in Ethiopia*. Addis Ababa: Addis Ababa University Press.

Demel Teketay(1999)History, Botany and Ecological Requirements of Coffee. *Walia* 20: 46.

Dessalegn Rahmato(1984)*Agrarian Reform in Ethiopia*. Uppsala: Scandinavian Institute of African Studies.

Donham, Donald(1986)Old Abyssinia and the New Ethiopian Empire: Themes in Social History. In D. Donham and W. James(eds.), pp. 3-48.

Donham, Donald and Wendy James(eds.)(1986) *The Southern Marches of Imperial Ethiopia: Essays in History and Social Anthropology*. Cambridge: Cambridge University Press.

Dove, Michael R.(1985)*Swidden Agriculture in Indonesia: The Subsistence Strategies of the Kalimantan Kantu'*. Berlin: Mouton Publishers.

Duckworth, F. W.(2002)An Assessment of Ethiopia's Wildlife Situation. *Ethiopian Reporter* 285(Feb 20, 2002).

Ehret, C.(1982)Population movement and culture contact in the Southern Sudan, c. 3000 BC to AD 1000: apreliminary linguistic overview. In J. Mark and P. Robertshaw(eds.)*Culture History in the Sudan: Arcaeology, Linguistics and Ethnohistory*, British Institute in Eastern Africa, pp.19-48.

Ehret, Christopher(1979)On the Antiquity of Agriculture in Ethiopia. *Journal of African History* 20: 161-177.

Endashaw Bekele(1983)A Differential Rate of Regional Distribution of Barley Flavonoid Patterns in Ethiopia, and a View on the Center of Origin of Barley. *Hereditas* 98: 269-280.

Engels, J. M. M. and J. G. Hawkes(1991)The Ethiopian Gene Centre and its Genetic Diversity. In J. M. M. Engels, J. G. Hawkes and Melaku Worede(eds.), pp. 23-41.

Engels, J. M. M., J. G. Hawkes and Melaku Worede(eds.)(1991)*Plant Genetic Resources of Ethiopia*. Cambridge: Cambridge University Press.

Afrikainstitutet.
Beckingham, Charles F. and G. W. B. Huntingford (trans. and eds.) (1967 (1954)) *Some Records of Ethiopia 1593-1646.* Liechtenstein: Kraus Reprint Ltd. (originally published by Hakluyt Society).
Blower, J. (n.d.) *Big Game in Ethiopia: Hunting and Photographic Safaris in Africa's Newest Game Country.* Addis Ababa; Ethiopian Tourism Organization.
Boardman, Sheila (1999) The Agricultural Foundation of the Aksumite Empire, Ethiopia: an Interim Report. In M. van der Veen (ed.) *The Exploitation of Plant Resources in Ancient Africa.* New York: Plenum, pp. 137-147.
Briggs, Dennis E. (1978) *Barley.* London: Chapman and Hall.
Brooks, Miguel F. (ed.) (1996) *Kebra Nagast (The Glory of the Kings): The True Ark of the Covenant.* Lawrenceville: The Red Sea Press.
Bruce, James (1790) *Travels to Discover the Source of the Nile: In the Years 1768, 1769, 1770, 1771, 1772, and 1773. Vol.4.* London: Ruthven.
Brush, Stephen B. (ed.) (1999) *Genes in the Field: On-Farm Conservation of Crop Diversity.* Boca Raton: Lewis Publishers.
CACC (Central Agricultural Census Commission) (2003) *Ethiopian Agricultural Sample Enumeration, 2001/02 (1994 E.C.). Results at Country Level, Part I: Statistical Report on Socio-Economic Characteristics of the Population in Agricultural Households, Land Use, and Area and Production on Crops.* Addis Ababa: Central Statistical Authority.
Carrman, J. and A. Harding (1999) *Ancient Warfare: Archaeological Perspectives.* Gloucestershire: Sutton Publishing LTD.
Cecchi, Antonio (1886) *Da Zeila alle Frontiere del Caffa.* Roma: Ermanno Loescher.
Cerulli, Enrico (1922) *Folk Literature of the Galla of Southern Abyssinia.* Harvard African Studies III. Cambridge, MA: The Peabody Museum, Harvard University.
Ciferri, Raffaele, e Guido Renzo Giglioli (1939) *I cereali dell'Africa Italiana, I: frumenti dell'Africa Orientale Italiana, studiati su materiali originali.* Firenze: Regio Istituto Agronomico Per L'Africa Italiana.
Clapham, Christopher (1988) *Transformation and Continuity in Revolutionary Ethiopia.* Cambridge: Cambridge University Press.
Clapham, Chirstopher (2002) Controlling Space in Ethiopia. In James, W., D. Donham, E. Kurimoto and A. Triulzi (eds.) *Remapping Ethiopia: Socialism and After.* Oxford: James Currey.
Classen, Constance, David Howes and Anthony Synnott (1994) *Aroma: The Cultural History of Smell.* London: Routledge. (時田正博訳『アローマ：匂いの文化史』筑摩書房)
Conti Rossini, Carlo (1929) *L'Abissinia.* Rome.
Croll, E. and D. Parkin (1992) *Bush Base-Forest Farm : Culture, Environment and Development.* London : Routledge.
Crummey, Donald (2000) *Land and Society in the Christian Kingdom of Ethiopia:*

引用文献

（エチオピア人の名前には姓が存在せず，個人名のあとに父親の名をつけて識別する．そのため個人名にもとづいて配列することが一般的である．本書もその慣行に従う．）

Abir, Mordechai (1970) Southern Ethiopia. In R. Gray, and D. Birmingham (eds.) *Pre-Colonial African Trade: Essays on Trade in Central and Eastern Africa Before 1900.* London: Oxford University Press, pp. 119-137.

Almagor, Uri (1978) *Pastoral Partners: Affinity and Bond Partnership among the Dassanetch of South-west Ethiopia.* Manchester: Manchester University Press.

Amare Getahun (1990) Tropical African Mountains and their Farming Systems. In K. W. Riley, N. Mateo, G. C. Hawtin and R. Yadav (eds.) *Mountain Agriculture and Crop Genetic Resources.* New Delhi: Oxford & IBH, pp. 105-124.

Andargachew Tiruneh (1993) *The Ethiopian Revolution, 1974-1987: A Transformation from an Aristocratic to a Totalitarian Autocracy.* Cambridge: Cambridge University Press.

Anderson, Edgar (1960) The Evolution of Domestication. In S. Tax. (ed.) *Evolution After Darwin, Vol. II: The Evolution of Man.* Chicago: University of Chicago Press, pp. 67-84.

Anonis, Danute Pajaujis (1997) Civet and Civet Compounds. *Perfumer and Flavorist* 22: 43-47.

Århem, Kaj (1996) The Cosmic Food Web: Human-nature relatedness in the Northwest Amazon. In P. Descola and G. Pálson (eds,) *Nature and Society : Anthropological Perspectives.* London : Routlesge. pp. 185-204.

Bahru Zewde (1991) *A History of Modern Ethiopia, 1855-1974.* London: James Currey.

Asmare Yallew, Alemu Hailye and Halima Hassen (1998) Farmers' Food Habit and Barley Utilization in Northwest Ethiopia. In Chilot Yirga, Fekadu Alemayehu, and Woldeyesus Sinebo (eds.) *Barley-based Farming Systems in the Highlands of Ethiopia.* Addis Ababa: Ethiopian Agricultural Research Organization, pp. 107-112.

Asmarom Legesse (1973) *Gada: Three Approaches to the Study of African Society.* New York: Free Press.

Asmarom Legesse (2000) *Oromo Democracy: An Indigenous African Political System.* Lawrenceville: The Red Sea Press.

Bassi, Marco (1996) Power's Ambiguity or the Political Significance of Gada. In P. T. W. Baxter, J. Hultin and A. Triulzi (eds.), pp.150-61.

Baxter, Paul T. W. (1978) Boran Age-Sets and Generation Sets: Gada, a Puzzle or a Maze? In P. T. W. Baxter and Uri Almagor (eds.) *Age, Generation and Time: Some Features of East African Age Organization.* London: Hurst, pp.183-206.

Baxter, Paul T. W., Jan Hultin and Alessandro Triulzi (eds.) (1996) *Being and Becoming Oromo: Historical and Anthropological Enquiries.* Uppsala: Nordiska

[サ行]

索　引

増田 研（ますだ けん）

長崎大学環境科学部助教授，社会人類学博士.

主著 「武装する周辺：エチオピア南部における銃・国家・民族間関係」『民族學研究』65（4）: 313-340, 2001.「教育をめぐる政治と文化：エチオピア南部における紛争事例を中心に」『アジア・アフリカ言語文化研究』62: 165-200, 2001.

関心領域 近代化をめぐる周辺民と国家との関係.

松田 凡（まつだ ひろし）

京都文教大学人間学部文化人類学科助教授，農学修士.

主著 Political Visibility and Automatic Rifles: The Muguji in the 1990s. In James, W. et al. (eds.) Remapping Ethiopia: Socialism and After, Oxford: James & Currey, pp.173-184, 2002.「交換を促す「地域の力」：エチオピア西南部ムグジ人のベルモ関係」祖田修監修，大原興太郎・加古敏之・池上甲一・末原達郎編『持続的農村の展望』大明堂, pp.324-40, 2003.

関心領域 経済と生態の中間領域.

松村圭一郎（まつむら けいいちろう）

日本学術振興会特別研究員（京都大学大学院人間・環境学研究科），博士（人間・環境学）.

主著 「共同放牧をめぐる資源利用と土地所有：沖縄県・黒島の組合牧場の事例から」『エコソフィア』6:100-119, 2000.「社会主義政策と農民-土地関係をめぐる歴史過程：エチオピア西南部・コーヒー栽培農村の事例から」『アフリカ研究』61: 1-20, 2002.

関心領域 土地所有と資源利用の関係，所有論.

宮脇幸生（みやわき ゆきお）

大阪府立大学人間社会学部助教授，文学修士（社会学）.

主著 「外部の馴化と公共空間の成立：エチオピア西南部クシ系農牧民ホールの首長制をめぐる象徴空間についての考察」『アジア・アフリカ言語文化研究』64:1－36, 2002.「国家と伝統のはざまで：エチオピア西南部クシ系農牧民ホールにおける女子「割礼」」『地域研究論集』第1巻1号, 2004.

関心領域 開発をめぐる国家支配と地域住民の抵抗について.

編著者

福井勝義（ふくい　かつよし）

京都大学大学院人間・環境学研究科教授，農学博士.

主著 『認識と文化：色と模様の民族誌』（認知科学選書 21）東京大学出版会，1991.『民族とは何か』岩波書店，1988（共編著）. Ethnicity and Conflict in the Horn of Africa, London: James Currey, 1994（共編著）. Redefining Nature: Ecology, Culture and Nature, Oxford: Berg, 1996（共編著）. その他，学術雑誌『エコソフィア』（昭和堂）編集代表.

関心領域　民族間の戦い．民俗生態学.

著者（50 音順）

石原美奈子（いしはら　みなこ）

南山大学人文学部講師，修士（学術）.

主著　Textual Analysis of a Poetic Verse in a Muslim Oromo Society in Jimma Area, Southwestern Ethiopia. In Shun Sato and Eisei Kurimoto (eds), Essays in Northeast African Studies, Senri Ethnological Studies 43: 207-232, 1996. The Cultural Logic of Civiculture in Ethiopia. Nilo-Ethioipian Studies, 8-9: 35-60, 2003.

関心領域　イスラーム化と文化変容.

佐藤廉也（さとう　れんや）

九州大学大学院比較社会文化研究院助教授，博士（文学）.

主著　Evangelical Christianity and Ethnic Consciousness in Majangir. In James, W. et al. (eds.) Remapping Ethiopia: Socialism and After. Oxford: James & Currey, pp.185-197, 2002.「森林への人為的作用の解読法」池谷和信編『地球環境問題の人類学』世界思想社 , pp.65-91, 2003.

関心領域　小規模社会の生態人類学，焼畑農耕社会の生活史と人口動態.

田川　玄（たがわ　げん）

広島市立大学国際学部助教授，社会学博士.

主著 「ガダとガダモッジ:南部エチオピアのオロモ語系ボラナ人のガダ体系の「構造的問題」」『リトルワールド研究報告』17: 1-26, 2001.「「生まれる」世代組と「消える」年齢組：南部エチオピアのオロモ語系社会ボラナの二つの年齢体系」『民族學研究』66（2）: 157-177, 2001.

関心領域　近代における周辺社会の変容.

藤本　武（ふじもと　たけし）

人間環境大学人間環境学部助教授，博士（人間・環境学).

主著　Malo. In Freeman, D. and A. Pankhurst (eds.) Peripheral People: The Excluded Minorities of Ethiopia, London: C. Hurst, pp. 137-148, 2003.「戦いを奪われた民：農耕民マロ」『季刊民族学』109: 25-31, 2004.

関心領域　山地における社会と資源利用の動態，根栽農耕や食物加工など人類の植物利用全般.

社会化される生態資源
――エチオピア 絶え間なき再生

2005（平成17）年3月31日　初版第一刷発行

編著者　福　井　勝　義
発行者　阪　上　孝
発行所　京都大学学術出版会
京都市左京区吉田河原町15-9
京大会館内　（606-8305）
電　話　075-761-6182
FAX　075-761-6190
振　替　01000-8-64677
http://www.kyoto-up.gr.jp/

印刷・製本　株式会社 太洋社

ISBN4-87698-652-5
Printed in Japan